레비나스의
타자물음과
현대철학

레비나스의
타자물음과
현대철학

윤대선 지음

문예출판사

머리말

레비나스가 들려주는 철학 이야기는 무엇일까? 필자가 이에 대해 늘 생각하고 공부하며, 또 철학 수업을 통해 말하고자 하는 것은 그때마다 다르다. 항상 주제가 다르다는 것은 늘 새롭게 생각할 여지가 있기 때문이다. 젊어서 한창 그의 철학을 알고자 노력하고 박사 학위논문을 쓰고자 할 때는 당연히 '타자는 무엇인가?'라는 문제의 답을 찾아내는 데 주된 관심이 있었다. 서구 사상사에서 마치 변종처럼 새로운 얼굴을 들고 헤쳐 나온 그의 타자철학이란 무엇일까, 이웃한 철학자들이 말하는 타자의 개념과 어떻게 다른 것인가, 그는 과연 종교철학자의 연장에 있는 것인가, 혹시 유대인들의 전통적인 사념들을 현대적인 사고로 각색한 것은 아닐까 등이 주요 관심이었다. 그러나 지금도 마찬가지이지만 결코 속단할 수 없는 것이 레비나스의 철학이었다. 그를 단순히 윤리학자라고 부르는 것도, 유대인의 학자라고 평가하는 것도 편견에 가까울 수 있다. 그리고 분명한 점은, 그의 철학은 언제나 다른 관점들에 의해서 다양하게 해석될 수 있다는 것이다.

사실 필자가 그의 텍스트를 읽어 가면서 어렴풋한 가정들을 세우고 매력적인 답안을 얻기라도 할 때면 희망이 보이기도 했다가, 어려운 문장들을 읽어 가면서 해석이 잘 안 될 때는 '진짜 모를 사람이야'라고 푸념하기도 했다. 지금도 그렇다. 그의 철학은 하나의 체계성을 향해 달려가는 것이 아니라, 마치 하나의 줄기에서 여러 고구마들이 덩달아 매달려 나오듯이 텍스트를 구성하는 하나하나의 문장에서 또 다른 문제의식들과 함께 튀어 나온다. 특히 타자나 에로스에 대한 그의 철학적 상상력은 사유의 체계성을 넘어서서 인간의 실존적 삶에 대한 심오한 깊이를 담아내고 있으며 낯선 단어들로 상기되곤 하는 직관적인 표현력은 언어 바깥으로 그 깊이를 엿보게 한다. 이를테면 에로스에 대한 그의 시각도 이것에 대한 플로티노스와 프로이트의 주요 정의들에 이르기까지 걸쳐 있다. 그는 에로스를 통해 인간의 정신적 영혼과 신체적 성(性)에 대한 것을 사유한다. 형이상학적 일원론에서 다원주의적 실존주의 등의 입장까지 설명될 수 있는 것이 그의 철학이기도 하다.

그의 초기 작품《시간과 타자》(1948)에서 중요한 물음으로 제시되고 있는 죽음의 문제에 대해 생각해 보자. 죽음은 존재의 역사성과 타자의 부재를 알게 하는 사건이다. 그 책은 죽음에 관한 물음에 그치는 것이 아니라 그 답도 제시하고 있다는 것을 눈여겨볼 수 있다. 그의 철학적 발상과 해석은 적지 않게 직관적이다. 그리고 죽음이나 타자에 대한 그의 철학적 물음과 사유의 결과는 말년의 다른 텍스트들과 비교할 때 언제나 일관된다. 어쩌면 독자의 입장에서 읽고자 하고 알고자 하는 관심에 따라 이때마다 늘 다르게 읽히고 이해되는 것은 아닐까 하고 생각해 본다. 마치 할머니가 들려주는 옛날이야기가 이것을 듣는 아이의 호기심과 관심에 따라 언제나 각색되곤 하듯이 레비나스의 철학 이야기는 늘 새롭게 읽히곤 한다. 그래서 오늘도 달리 해석하고 싶은 희열을 느끼게 한다. 이런 매력은 아직도 레비나스의 책들로부터 벗어나지 못하고 있는 이유가 되고 있다. 그리고 그의 철학을 일상에서 생각해 볼 때, 예컨대 수업 시간에 늦은 학생에게 타인들에 대한 배려를 말할 것인지, 아니면 그 학생의 처지를 위로할 것인지 등도 고민하면서 필자는 지금도 나와 타인의 관계에 대한 어려운 문제들을 풀고 있다.

레비나스에게 있어 타자는 한마디로 나의 존재 이유를 설명하고 있는 존재의 현실이다. 하늘 아래 그리고 땅 위에 내가 홀로 태어난 것이 아니며, 더욱이 무로부터 나 자신의 기원을 설명할 수 없으며, 나는 타자들 사이에서 이런 현실을 갖고 이 세상에 태어난다. 그래서 심지어 실존의 본질적인 문제라고 주장될 수 있는 죽음마저도 타인의 죽음으로부터 치명적으로 사유된 결과라고 생각해 보자. 먼저 그에게 고독은 죽음에 대한 사유만큼이나 큰 비중을 차지하며, 그것은 실존이 본질적으로 지니고 있는 부재로부터 발생한다. 이런 부재는 존재가 이미 안고 태어나는 의식의 배후다. 이것은 무가 아니며, 없다는 것이 아니다. 죽음의 문제도 나와 고인 사이에서 그의 부재로 인해 나에게 엄습하는 고독으로서 인식된다. 그리고 고독은 고인 앞에서 어떤 것도 할 수 없다는 죄책감 즉 무책임성에 사로잡히게 한다. 그래서 죽음은 타자에 대한 영원한 책임감을 알게 하는 사건이다.

그렇다면 나와 타자는 어떤 관계에 있는가? 타자는 내 앞에 얼굴을 갖고 있는 사람이면서, 더 나아가 존재의 과거이고 현재이며 미래이기도 하다. 이런 타자와의 관계 때문에 누구든지 자신의 삶과 생명을 자기의 것이라고 주장할 수 없다. 인간은 태어날 때부터 나의 본질을 타자성이라고 말해야 하며, 미래의 지평을 채우게 될 타자의 현실 앞에 여기에 복종할 수밖에 없는 것이 주체의 운명이라는 것을 인정해야 한다. 레비나스가 은유적 표현으로 늘 말하듯이 신은 타자다. 이런 입장에서 본다면 타자는 죽음이 있는 세상의 단절적 공간에서 신의 부재를 현시하는 존재다. 그래서 타자는 법이고 윤리다. 타자는 얼굴을 가지고 있으며 이 얼굴은 세상의 모든 법과 윤리가 비롯되는 신비이며 그 앞에 있는 나 자신의 존재 이유라고 설명해야 할 것이다. 마치 모리스 메를로퐁티의 철학에서 신체성이 모든 사유의 근거가 되듯, 레비나스에게 모든 사유의 근거는 얼굴이다. 신체성이 근거가 되어 세계와 소통한다고 하듯 얼굴도 그렇다.

레비나스는 적지 않은 부분에서 동시대의 철학자들이 제기하고 있는 다양한 가치들을 비교하기도 한다. 예를 들어 그는 앙리 베르그송의 철학은 죽음을 고려하고 있지 않다고 말하며, 마르틴 하이데거의 존재론에는 타자가 없다고 한다. 그는 장폴 사르트르가 말하는 존재의 본질, 즉 무를 부재에 의해 설명하기도 하고, 마르셀 모스 등의 인류학자들이 주장하는 집단적 의식을 부정한다. 또한 그는 메를로퐁티의 상호주체성에 대해 나와 타자들은 서로 다르듯이 누구나 같은 주체성을 가질 수 없다고 주장한다. 물론 라캉과 마찬가지로 그도 타자(Autre)를 말하지만 이들의 타자욕망은 전혀 다른 근거를 갖고 있다. 우선 주목해 볼 수 있는 철학자는 베르그송이다. 그에게 생명의 지속은 존재의 본질이며 창조적 지속은 생명의 비약을 가져온다. 레비나스도 생명의 영속성을 주장하지만, 생명의 비약이 있다면 이것은 죽음의 목적을 생각하는 이유가 된다. 우리가 레비나스의 철학을 베르그송 이후 메를로퐁티나 질 들뢰즈의 철학, 그리고 라캉의 욕망 이론과 비교해서 이해한다면 적지 않은 흥밋거리를 제공받을 수 있다. 이런 점들은 이 책에서 필자가 관심을 두고 있는 부분이기도 하다.

이제 과거의 졸저《레비나스의 타자철학》(2009)에 이어《레비나스의 타자 물음과 현대 철학》을 발표할 기회를 얻게 되었다. 과거의 책에 대해 이 책은 끊임없는 보충의 기능을 하고 있으며, 특히 그의 철학을 다른 관점들을 통해 돌아보고 싶은 의도를 반영하고 있다. 그의 타자철학을

형성하고 있는 기원을 설명하고 '주체 바깥에로'의 논리에 의해 타자에
의 욕망을 찾고 싶었던 것이 전자의 경우라면 에로스의 통시성과 발생을
신과 타자와의 관계에서 모색하고 타자의 형상을 애매성의 관점에서 그
려 내거나 현대 철학의 입장에서 이런 맥락을 짚어 보고자 한 것은 후자
의 경우라고 볼 수 있다. 많은 인공위성들이 지구를 돌고 있듯이 다른 궤
도로 돌며 새로운 지형을 탐색하고 싶었고, 또 다른 위성을 필요로 할지
모른다는 아쉬움과 기대감이 교차하면서 이 책을 마무리하게 되었다. 이
책은 레비나스의 타자철학을 구성하고 있는 핵심적인 물음과 이에 대한
새로운 해석을 제시하고 있다. 특히 그의 타자 물음이 갖는 의미를 현대
의 다른 이웃한 철학자들이 주장하는 타자 이해들과 비교하고 있다. 그
래서 이 책은 크게 두 가지 관점에서 다뤄지고 있다고 볼 수 있다.

첫째, 레비나스의 타자철학에 있어 타자의 문제가 발생하게 된 철학적
주요 배경을 에로스와 애매성의 입장에서 살펴보고 있다. 필자는 플라톤
이후 에로스의 본성에 관한 문제가 레비나스에게 있어서는 무엇을 근거
로 타자에의 욕망으로 진행되고 있는지를 설명할 것이며, 특히 그의 윤
리학이 나와 타자의 '사이'에서 발생하는 형이상학으로부터 발전될 수
있는 이유를 제시할 것이다. 그리고 영속성과 현실 사이에서 타자의 애
매성이 갖는 의미를 베르그송 이후 메를로퐁티, 들뢰즈의 철학에서 발견
할 수 있는 비결정성 내지 애매성의 철학적 경향과 연관시켜 이해하고자
한다.

둘째, 필자는 레비나스의 타자 물음을 메를로퐁티, 들뢰즈 등의 신체
및 지각 이론에서뿐만 아니라 라캉의 정신분석학 등의 관점에서 바라보
면서 그 특수성과 보편성을 검토할 것이다. 다양한 비교와 예시를 위해
미학적 이미지들을 적절하게 활용하면서 내용의 이해를 돕고자 했다. 이
런 분석과 검토를 통해 필자는 근대의 데카르트 이후 타자에 대한 사유

가 현대 철학에서 어떤 이유로 다양하게 해석되고 있는지를 탐구해 나감으로써 결과적으로 레비나스의 타자철학을 시대의 한 흐름 속에서 좀 더 객관적인 시각에서 설명하고 그 의미를 진단하고자 한다. 즉 현대철학에서 그의 철학적 의미가 갖는 사상적 맥락을 짚어 보고자 한 것은 이 책의 중요한 부분이라고 할 수 있다.

위대한 현대의 철학자들이 있다. 이들은 인간의 새로운 생각과 가치를 열게 한 사람들이다. 그리고 그들은 한 시대의 사상적 지평을 바라보면서 우리 시대의 가치와 호흡하고 있다. 이 책에서 언급하고 있는 철학자들도 그렇다. 필자는 레비나스도 그중 한 사람이라는 것을 강조하고 싶다. 따라서 이 한 사람을 이해한다는 것은 또한 우리가 호흡하고 있는 시대를 배우는 것이며, 더 나아가 나 자신을 이해하는 방법이라고 생각한다. 필자의 이런 생각이 독자들에게도 잘 전해지기를 기대한다.

끝으로 이 저서의 마지막 교정본을 받아보면서 매우 슬프고 안타까운 소식을 전해 듣게 되었다. 문예출판사의 전병석 회장님께서 최근 항암치료를 받으시며 어려운 시간을 이겨내시다가 지난주에 임종하셨다고 한다. 그리고 고인의 뜻대로 주변에 부음을 알리지 않고 조용히 가족장을 치렀다는 얘기도 들었다. 지난해 여름 이 책의 계약을 앞두고 뵈었던 고인의 모습은 무척 정정하셨고 평소의 소탈하신 모습 그대로였다. 필자의 두 번째 책까지 거두어주실 정도로 언제나 인문학에 대한 관심과 소신이 지대하신 분이시기도 했다. 지식에 대한 고인의 사랑과 배려가 있었기에 이 책이 나올 수 있었다는 것은 너무도 당연하다. 살아가면서 그렇게 마음의 빚을 진다는 것은 세상에 갚아야 할 중요한 책임이라고 생각한다.

참고로 필자가 이 책을 집필하면서 기본 자료로 일부 반영하고 있거나 활용하고 있는 주요 논문들의 출처는 다음과 같다. 물론 단행본의 주제에 따른 체계적인 구성과 내용의 가독성을 위해 많은 부분에서 가필되었거나 수정되었음을 밝혀 둔다.

1. 〈메를로-퐁티의 현상학적 신체주의와 세잔의 예술세계〉, 《미학》 제56집, 한국미학회, 2008.
2. 〈들뢰즈에게 있어 형상의 미학이란 무엇인가?〉, 《미학》 제64집, 한국미학회, 2010.
3. 〈레비나스의 타자철학과 예술적 상상력〉, 《대동철학》 제57집, 대동철학회, 2011.
4. 〈레비나스의 윤리사상과 공공행복〉, 《윤리교육연구》 제29호, 한국윤리교육학회, 2012.
5. 〈베르그송 이후 애매성의 존재물음과 형이상학〉, 《철학논총》 제71집, 새한철학회, 2013.
6. 〈레비나스의 타자철학에 나타난 영혼의 운동과 초월성에 관한 연구〉, 《대동철학》 제66집, 대동철학회, 2013.
7. 〈데카르트 이후 탈(脫)코기토의 주체성과 소통중심의 주체윤리〉, 《철학논총》 제75집, 새한철학회, 2014.
8. 〈다문화 공동체 사회의 갈등문제에 대한 철학적 이해〉, 《동서철학연구》 제78호, 동서철학연구회, 2015.
9. 〈지각의 존재론적 이미지와 예술비평〉, 《철학탐구》 제41집, 중앙대학교 철학연구소, 2016.
10. 〈레비나스의 타자로서의 주체물음과 정신분석학〉, 《동서철학연구》 제82호, 동서철학연구회, 2016.

차례

레비나스 저서의 약호표기

- *Théorie de l'intuition dans la phénoménologie de Husserl* (후설의 현상학에서 직관이론), Paris: Alcan, 1930. ; Vrin, 1963. : TIH
- *De l'existence à l'existant* (존재에서 존재자로), 1947 ; Paris: Vrin, 1990. : EE
- *Le Temps et l'Autre* (시간과 타자), Paris: Arthaud, 1948 ; Paris: PUF, 1983. : TA
- *En découvrant l'existence avec Husserl et Heidegger* (후설, 하이데거와 함께 존재를 발견하며), Paris: Vrin, 1949. ; 1967, avec des "Essais nouveaux". : EDE
- *Totalité et Infini. Essais sur l'extériorité* (전체성과 무한, 외부성에 관한 에세이), La Haye: Martinus Nijhoff, 1961. : TI
- *Difficile liberté. Essais sur le judaïsme* (힘겨운 자유, 유다이즘에 관한 에세이), Paris: Albin Michel, 1963. : DL
- *Humanisme de l'autre homme* (타인을 위한 휴머니즘), Montpellier: Fata Morgana, 1972. ; "Le livre de poche", 1987. : HA
- *Autrement qu'être ou au-delà de l'essence* (존재와 또 다르게), La Haye: Marinus Nijhoff, 1974. : AE
- *Du sacré au saint. Cinq nouvelles lectures talmudiques* (성스러움에서 성자에게로, 탈무드의 다섯 가지 새로운 강독), Paris: Ed. de Minuit, 1977. : DSAS
- *Éthique et infini*, dialogues avec P. Nemo (윤리와 무한, P.네모와의 대화), Paris: Fayard, 1982. : EI

- *De Dieu qui vient à l'idée* (사념 속에 들어온 신에 관해), Paris: Vrin, 1982. : DQVI
- *L'Au-delà du verset. Lectures et discours talmudiques* (성서의 구절 저편에서, 탈무드의 강독과 담론), Paris: Ed. de Minuit, 1982. : ADV
- *De l'évasion* (도피에 관해), introduit et annoté par J. Rolland, Montpellier: Fata Morgana, 1982. : DE
- Hors sujet (주체바깥으로), Montpellier: Fata Morgana, 1987 : HS
- *A l'heure des nations* (열방의 시간에), Paris: Ed. de Minuit, 1988. : AHN
- *Entre nous. Essais sur le penser-à l'autre* (우리들 사이에, 타자의 사유에 관한 에세이), Paris: Grasset, 1991. : EN
- Dieu, la mort et le temps (신, 죽음 그리고 시간), Paris: Grasset, 《Le Livre de Poche》, 1993. : DMT
- Altérité et transcendance (타자성과 초월), Montpellier: Fata Morgana, 1995. : AT
- Nouvelles lectures talmudiques (탈무드의 새로운 강독), Paris: Ed. de Minuit, 1996. : NLT
- Transcendance et intelligibilité (초월과 이해가능성), Genève: Labor et Fides, 1996. : TRI

1부
———

에로스와
'사이'의
정신

우주와 만물에 섭리가 있고 일정한 법칙과 작용이 있다는 것을 부정할 사람은 없다. 그리고 사람들 사이에도 사랑이 있고 도리가 있다고 말한다. 특히 인간의 가치를 탐구하고 성찰하는 것이 철학이라고 한다면 "그런 사랑과 도리란 무엇인가, 이것들은 어디서 왔는가, 그래서 어떻게 사는 것이 가장 인간적인가"라는 문제를 피할 수는 없을 것이다. 특히 필자가 그런 관점에서 에마뉘엘 레비나스(Emmanuel Levinas, 1906~1995)와 플로티노스(Plotinos, 205~270)의 철학적 가치, 에로스와 '사이'의 정신을 살펴보고자 하는 이유는 무엇보다 우리 인간의 생애가 너무 짧기 때문이다. 그렇다고 평생 죽음에 관한 생각에 사무쳐 살 수는 없는 것이며, 죽기 직전까지 죽음을 거부할 수는 없는 것이다. 엘리아데는 모든 인간은 종교인이라고 하지 않았던가. 더 중요한 것은 좀 더 나은 가치를 찾아 내일의 삶을 희구하며 사는 것이다. 그리고 영혼이 있는 오늘 하루의 일과를 생각하는 것이다. 그렇다고 영혼이 매일같이 혼자 산책하러 다니는 것은 아닐 것이고, 분명한 점은 그 철학자들에게 영혼에는 기원이 있다는 것이고 함께 나눌 수 있는 세상이 있다는 사실이다. 그렇다면 우리는 영혼을 가진 주체로서 주어진 삶을 어떻게 살아야 할까? 레비나스와 플로티노스에게서 그 실마리를 찾도록 하자.

1장

에로스의 통시성:
플로티노스의 에로스와 비교하며

(1) 영혼과 초월성의 문제: 헤브라이즘과 헬레니즘 사이에서

레비나스에게 인간의 영혼은 신적 정신의 분신이다. 그리고 그 분신은 생명과 신체를 얻고 이 세상에 태어난다. 곧 실존의 시작이다. 그가 세속적 삶을 얘기할 때 흔히 사용하는 용어, 존재의 분리(séparation)는 마치 아담과 이브가 금단의 열매를 훔쳐 먹은 대가로 이 세상에 내쫓기는 운명을 당한 것과 같은 고난의 삶을 일컫는다. 그에게 영혼은 탯줄과 같은 생명의 끈이며, 그가 궁극적인 삶의 목적으로 생각하는 구원도 그런 영혼의 구원을 의미한다.

이런 측면에서 분명해지는 것은 그의 타자철학은 타자에 대한 주체의 경외의 태도와 윤리적 책임을 강조하는 것으로 끝나지 않는다는 점이다. 무엇보다도 타자철학에서는 신이 이 세상을 축복하고 구원하는 방법이 이야기되고 있으며, 인간의 삶의 목적, '나'라는 존재의 가치와 본질이 적극적으로 주장되고 있다. 그래서 우리는 레비나스의 타자철학을 논의할 때 유다이즘(Judaism)의 전통에서 말하는 고난과 구원의 삶, 그리고 보살핌을 받는 삶의 목적을 가정해야 한다. 그의 철학은 삶의 주체가 영혼을 가진 주체라는 인식에서 시작한다.

레비나스는 자신의 탈무드 주해서에서 이렇게 말을 빌려온다. "어둠이 나를 둘러싸고 낮의 빛이 나에 대해선 어둠으로 뒤바뀌어도 그 어둠일지라도 당신에 대해선 어두컴컴한 것이 아닙니다. 밤은 낮과 같이 빛이 나고 그 어두컴컴함은 당신에 대해선 밝음과 같습니다. 왜냐하면 나의 허리를 주조했고 나의 어머니의 은밀한 곳에서 나를 매만져 주신 것도 당신이기 때문입니다. 나를 이렇듯 놀랍도록 각별케 해주신 당신에게 은혜를 드립니다."[1] 즉 인간은 태어날 때부터 자신의 생명을 보호받는 삶을 선택받았고, 이런 삶에 신의 가호가 있고 늘 길이 있기에 두려워 말고 감사하는 마음으로 살아가야 한다는 메시지가 여기에 담겨 있다. 그런데 인간은 척박하고 힘든 세상을 살아가면서 어떻게 삶의 힘을 얻고 구원을 받을 수 있을까? 어쩌면 이것은 레비나스가 자신의 타자철학을 계획한 매우 중요한 이유가 될 것이다.

한마디로, 플라톤의 철학이 그렇듯이 레비나스의 철학에도 영혼이 있다. 그 영혼이 고독해지고 방황하며 이웃의 영혼들과 함께하는 것에서 그의 철학은 실존적인 삶을 있는 그대로 그려 나가고 있으며, 그 삶에 따뜻한 온기를 불어넣어 준다. 더 나아가 그가 말하는 영혼의 개념은 플라톤이나 플로티노스가 말하는 영혼의 개념과 같이 삶의 너머 궁극적 세계에 대한 열정을 가진 것이라는 것을 쉽게 이해할 수 있다. 레비나스에게 영혼은 인간의 본질적 욕망, 즉 에로스를 파악할 수 있는 중요한 열쇠가 되며, 그런 욕망을 타자와의 관계에서 규명해 나갈 때 그의 타자철학을 좀 더 명확히 설명해 나갈 수 있을 것이다. 이런 의미에서 먼저 그리스철학에서 말하는 영혼의 사유와 전통을 살펴볼 필요가 있다. 그의 타자철

---

1 Lévinas, *Du sacré au saint. Cinq nouvelles lectures talmudiques*, Paris: Ed. de Minuit, 1977, p.131.
   (이하 DSAS로 약칭한다.)

학과 그 기초는 헤브라이즘과 헬레니즘의 전통에서 연관을 갖고 생각해 볼 때 더욱 설득력 있게 이해될 수 있다.

고대 그리스 시대에 영혼은 지고의 정신에 이를 수 있는 존재의 정수(精髓)였음에도 불구하고 서구 근대 이후 이성 중심적 사유가 정신 개념의 중심을 차지하게 되면서 영혼은 단순히 신앙과 구원을 위한 종교적 관념으로 여겨지기 시작한다. 르네 데카르트(René Descartes, 1596~1650)에게 영혼은 불멸의 실체이며 '이성적 영혼'(l'âme raisonnable)이다. 그는 이런 영혼을 신을 믿지 않은 사람들에게도 설명해야 했기 때문에 그가 주장한 코기티즘(cogitisme)이라고 하는 사유주의는 '나는 생각한다, 고로 존재한다'라는 명제적 표현을 통해 인간의 본유적인 관념과 그 완전성(perfection)을 증명하고자 한다.

물론 이런 완전성은 더 완전한 존재, 즉 신에 의해 인간이 태어날 때부터 주어진 것이다. 그래서 호랑이 굴에 들어가도 정신만 바짝 차리면 살 수 있다고 하듯이, 정신이 있어야 존재한다는 논리가 그에 의해 설파된다. 곧 서양철학의 사유주의가 이성을 중심으로 통합되는 근대 철학의 기초가 닦이게 된다. 데카르트를 근대 철학의 아버지라고 부르는 이유가 여기에 있다. 그에게 모든 학문의 근원은 더 이상 신학이 아니라 수학이고, 이런 수학이 갖는 명증성의 원리가 모든 지식에 적용될 수 있어야 비로소 지식이 될 수 있다. 신앙에 기대고 있는 신학은 지식이 될 수 없으며, 철학도 이성에 기초를 두고 논리적으로 탐구될 수 있어야 한다. 더 나아가 그는 모든 정신적 활동을 사유의 범주에 귀속시킨다. 그래서 "사유하는 것(res cogitans), 즉 정신, 영혼, 지성 혹은 이성이다."[2]

일찍이 고대철학 이후 영혼에 관한 인식은, 우주 속의 한 존재로서 위

---

2 《성찰》, 데카르트, 이현복 옮김, 문예출판사, 2006, 46쪽.

치한 인간의 본성을 본질적으로 논의하고자 할 때 철학적 사유와 논쟁이 피해 갈 수 없는 중요한 부분을 차지해 왔다. 일례로 아낙사고라스(Anaxagoras, BC 400년경에 활동했던 학자)에 따르면, 수많은 종자(種子, spermata) 가운데 가장 순수하고 만물을 지배하는 힘이면서 모든 것의 운동을 일으키는 원인이 바로 정신(精神, nous)이라고 한다. 이것은 인간에게 생기를 넣어 주며 우주의 질서를 형성하는 근본적 지위를 갖는다. 고대 그리스 철학자들에게 지고의 정신으로서 그런 '누스'는 마치 영혼의 뿌리와 같다. 그래서 개체들이 지니고 있는 영혼도 불멸의 정신적 속성을 지니고 있으며, 우주적 신들의 것과 닮은 것이라고 생각되어 왔다.[3] 물론 동시대의 데모크리토스는 영혼도 원자(atom)라는 더 이상 쪼개질 수 없는 물질로 구성되어 있다고 주장했지만, 일찍이 정신은 신적인 차원에서 설명되어 왔으며 인간의 영혼은 정신과 인과적 관계를 맺고 있다는 것이 정설이다.

그렇다면 철학사에서 꾸준히 제기되고 있는 영혼의 존재란 무엇이고, 신 또는 무한성 그리고 인간 사이에서 영혼은 인간에게 어떤 실천적 본성을 부여할 수 있는가? 애초에 영혼은 우주의 혼(魂) 또는 높은 차원의 정신적 범주 속에서 이해 가능했던 것으로 살펴볼 수 있다. 그리스 자연철학자들의 시대 이후 플라톤의 《티마이오스(Timaios)》에서도 우주의 혼을 확인할 수 있다. 《티마이오스》는 우주를 정신(nous), 혼(psyche), 육체(soma)로 구성된 창조물로 이해한다. "이 우주는 진실로 신의 '선견과 배

---

3 그리스 시대의 영혼에 대한 이해는 대략 소크라테스 생존 전후 시기로 나눠 생각해 볼 수 있다. "파르메니데스, 엠페도클레스, 데모크리토스에 따르면 누스(nous)와 영혼(psyche)은 같은 것이다."《소크라테스 이전 철학자들의 단편선집》, 탈레스 외, 김인곤 옮김, 아카넷, 2005, 305쪽) "호메로스 시대에는 아예 영혼이라는 개념이 없었으며, 자연철학자들의 시대에도 이 개념은 형성 과정에 머물러 있었다. 사유와 행동의 주체로서의 영혼 개념이 확립된 것은 소크라테스 시대에 이르러서이다."《플라톤: 서양철학의 기원과 토대》, 남경희, 아카넷, 2006, 171쪽)

려'에 의해서 '그 안에 혼(생명)을 지녔으며 또한 '지성을 지닌 살아 있는 것'으로 생기게 된 것이라고 말해야 합니다."[4]

그리고 우리는 그런 사유의 예를 플라톤의《향연》에서도 어렵지 않게 찾아볼 수 있다. 여기서 파이드로스는 헤시오도스(BC 8세기에 활동했던 시인)의《신통기(Theogony)》에서 말을 빌려와, 태초에 맨 먼저 카오스가 생겼고 그다음에 만물의 영원한 보금자리인 넓은 가슴의 대지와 에로스가 생겼다고 주장한다. 가장 오래된 신(神)이기도 한 에로스(Eros)는 대지에 생기를 가져온 영혼의 근원이며, 인간은 그 신으로부터 행복의 근원이 될 수 있는 선천적인 덕성을 갖고 태어난다고 한다. 즉 에로스는 창조의 신이자 높은 차원의 정신적 존재인 것이다. 분명한 점은 고대 철학자들은 인간의 본성을 논할 때 그 근거를 물질의 저편에 있는 정신적 생명의 근원 또는 높은 차원의 지성이나 정신과 연관시켜 이해하고자 했다는 사실이다.[5]

그런데 왜 인간은 영혼의 문제를 심층적으로 이해하고자 할까? 인간은 신체적으로 자신의 죽음을 뛰어넘을 수 없는 불가항력의 존재인 반면 신적 존재로부터 기운을 얻고 태어난 영혼은 사라지고 없어져 버리곤 하는 실존의 한계를 넘어서서 영원한 세계로 갈 수 있도록 안내된다. 이에 비해 신적 존재는 인간의 영혼을 낳은 영원한 존재이며, 영혼은 무한의 세

---

4 《티마이오스》, 플라톤, 박종현 외 옮김, 서광사, 2000, 84쪽.

5 플라톤은《향연(Symposion)》에서 에로스에 관한 여러 철학자들, 파이드로스, 파우사니아스, 아리스토파네스 등의 주장을 논쟁적으로 다루었다. 소크라테스는 에로스를 인간의 본성이나 중간자(中間子)로서 설명하기도 하지만 동시대에도 인간 영혼의 근원이거나 생성의 원천 또는 최초의 신이기도 했다. "에릭시마코스의 에로스론은 우주 자연이 생기로 가득한 세계라는 고대 그리스의 전승된 믿음을, 에로스 개념을 빌려 표현하고 발전시킨 것으로 볼 수 있다. 그런데 에릭시마코스는 에로스를 역동적 생성과 변화의 원리일 뿐 아니라, 조화와 선의 원리라고 본 점에서 기존의 퓌시스 개념보다 진일보한 견해를 제시하고 있다." (《플라톤: 서양 철학의 기원과 토대》, 남경희, 아카넷, 2006, 171~171쪽)

계를 꿈꾸고 찾게 할 수 있는 정신적인 힘이 될 수 있다.[6] 그래서 인간은 영혼의 고양(高揚) 또는 구원을 통해 비로소 자신을 뛰어넘어 신 또는 무한의 세계에 이를 수 있다고 생각했고, 그런 영혼의 본성 때문에 생겨나는 욕망을 에로스라고 부르게 되었다.

특히 플라톤이나 플로티노스에게 이데아 또는 일자세계는 영혼이 돌아가야 할 영원한 세계다. 그들에게 있어서도 인간은 영혼의 주체로서 불멸의 세계로 들어가기 위해 늘 자신의 영혼을 고양하지 않으면 안 된다. 우리는 그런 영혼이 스스로 생기를 지니고 있고 자신이 생성되었던 곳으로 돌아가거나 상위의 정신을 실현하기 위한 자체적인 역량을 갖는다는 점에 철학적 관심을 가질 수 있다.

특히 필자는 인간의 본성을 지배할 수 있는 근본적 문제로서 영혼의 존재와 그 속성을 탐구해 나가기 위해 서양철학의 역사에서 영혼의 이해를 누구보다도 형이상학의 중요한 몫으로서 사유했던 플로티노스와 레비나스에게 주목하고자 한다. 이들은 자신들을 플라톤주의자라고 부르는 데 주저하지 않으며 초월적인 신의 존재를 믿는다.[7] 우리는 그들 사상의 근저에 일자의 형이상학이 자리 잡고 있다는 것을 부정할 수 없다. 공통적으로 인간의 영혼은 초월의 신으로부터 부여된 것으로, 물질적인 이

---

6 "영혼은 생명 자체나 다름없다. 영혼이 결여된 인간의 육체는 죽음의 전리품에 불과하다. 인간은 왜 언젠가 죽음에 이를 수밖에 없으며, 신처럼 불멸하지 못하는 것인가? 그리스 신화에서 신과 인간의 가장 큰 차이점은 '죽느냐, 죽지 않느냐'에 있다. (…) 그런데 인간이 죽은 후에 영혼이 소멸되지 않는다면 어떤가? 인간도 신처럼 불멸하는 부분을 가진 것 아닌가?" (《그리스 신화와 철학으로 보는 영혼의 역사》, 장영란, 글항아리, 2010, 48쪽)

7 플로티노스의 신은 헬레니즘의 신이며, 레비나스의 신은 헤브라이즘의 신이다. "일반적으로 전통적인 유다이즘에서 말하는 신의 관념은 유일신주의(monothéisme)에 근거하며 유대인 공동체가 받아들인 그 성격은 창조적이고 계시적이며 역사적이다. 이스라엘의 신은 초월적이며 주권적이다. 그 유일신은 전통적으로 YHVH('존재한다'는 동사적 어원을 가진 문자조합)와 함께 창조주로 지칭되는 *El, Elohim, El Shadaï* 등으로 표현된다." (졸저 《레비나스의 타자철학》, 문예출판사, 2009, 66쪽)

편의 세상에서 존재가 생명력을 갖게 되는 이유가 된다. 특히 레비나스의 신은 타인의 얼굴들 사이에서 현시되는 계시의 신이기 때문에 '신은 곧 타자다'라고 말하기도 한다.[8] 그래서 초월의 신은 그들에게 있어 각각 일자 또는 타자로서 지칭되고 있는데, 이것들은 영혼의 운동에 그 목적과 지향성을 부여하는 중요한 역할을 한다. 어머니에게서 태어난 생명의 존재가 자신의 근원을 늘 찾고자 하는 것은 당연한 섭리다.

결국 그 사상가들에게 일자 또는 타자로 향하는 개체영혼의 운동과 목적이 필연적으로 존재한다는 것은 분명해 보인다. 그렇다면 그 철학자들은 영혼에 관한 사유를 통해 궁극적으로 무엇을 이해하고자 하는 것일까? 필자가 영혼을 중심으로 플로티노스의 사상을 살펴보고자 하는 것은 무엇보다도 레비나스의 타자철학에 나타난 영혼의 운동과 초월성을 통시적 관점으로 이해하기 위해서다. 통시성(diachronie)은 우리가 알고 있는 시간을 초월해서 신의 뜻이 실현되는 부성(paternité)으로부터의 시간성이다. 하이데거가 말하는 존재의 시간성과 구분된다. 굳이 말하자면 레비나스에게 있어 타자에게 향하는 영혼의 운동은, 통시적 관점에서 볼 때, 곧 부성의 뜻이 이 세상에서 실현되는 방식이라고 볼 수 있다. 필자는 그런 영혼의 이해를 위해 플로티노스의 신과 영혼의 관계를 주목하게 되는데, 사실 그와 레비나스 사이에서는 유사한 철학적 관념을 적지 않게 발견하게 된다.

기본적으로 그들은 존재자신을 일컫게 될 때 자립체(自立體, hypostase)라는 말을 사용하거나 이 세상에서의 존재의 기원을 설명할 때도 각각

---

8 유다이즘의 신은 성경이나 탈무드에서 언급되고 있는 토라(Torah, 신의 말씀)로서 존재한다고 한다. 특히 이것은 레비나스도 전적으로 공감하는 부분이다. "토라는 이스라엘의 지혜가 아니라 운명이다. 그것은 사색과 시인의 영감에 의한 것이 아니라 예언(prophétie)과 계시(révélation)에 의해 밝혀지는 것이다." (Heschel, Abraham, *Dieu en quête de l'homme. Philosophie du judaisme*, Paris: Seuil, 1968, p.181)

유출설이나 분리론을 쓰게 되고, 영혼의 상기 작용이나 운동 등을 이해할 때도 비슷한 점을 적지 않게 마주치게 된다. 그래서 이런 점들은 이 글을 쓰게 되는 동기가 되고 있다. 그렇다고 레비나스가 플로티노스에게서 상당한 부분에서 철학적 빚을 지고 있다는 것은 결코 아니며, 다만 그의 타자철학이 지향하는 궁극적 의미가 무엇인지를 생각해 볼 때 중요한 메시지를 던져 주고 있다는 것은 사실이다.

그렇다면 레비나스의 경우 영혼의 초월성은 왜, 어떻게 죽음을 뛰어넘는 가능성이 될 수 있는가? 과연 그에게 있어 물질세계 또는 이편의 세계에도 그런 초월성이 존재할 수 있는가? 초월성이 존재한다면, 어떻게 존재할 수 있는가? 어쩌면 그에게 영혼에 대한 사유는 구원을 위한 관심이라기보다는 영혼의 운동으로 인해 출현하게 될 신적 존재의 초월성 또는 생산성에 관한 깊은 이해를 나타내고 있는지도 모른다. 분명한 점은 영혼의 초월성을 말하게 될 때 영혼의 주체는 인간이 될 수 있지만 그 초월성의 주체는 인간 자신이 아니라는 사실이다. 우리는 플로티노스의 일자철학과 레비나스의 타자철학에서 제시되고 있는 영혼의 운동과 그 실현에 관한 사유들을 비교·분석해 나감으로써 영혼의 운동이 지향하는 목적과 이편 세계에 대한 긍정의 관심이 어떻게 성찰될 수 있는지 살펴볼 수 있을 것이다.

우선 그들의 사상을 살펴볼 때 인간을 비롯한 모든 존재는 신 또는 일자로부터 영적으로 창조되거나 유출(流出, emanation)되었기 때문에 그런 존재들은 다시 신이나 일자에게로 되돌아가려는 욕망, 즉 에로스와 같은 근원적인 본성을 갖는다. 따라서 그런 본성의 활동 속에는 하나의 목적을 갖고 운동을 가능케 하는 필연성이 내재하며 상승, 회귀 등과 같은 영혼의 속성이 나타나는 것을 가정해 볼 수 있다. 그리고 그런 영혼의 실현을 위해 삶의 가치와 윤리가 결정된다는 것도 그 철학자들에게는 자연스러운 결과일 것이다. 그래서 그들에게 운명애 또는 결정론적 세계관 등은 공통적인 관심으로 나타날 수 있다. 그 결과 우리는 신과 영혼에 관한 플로티노스와 레비나스의 철학적 사유를 비교해 봄으로써 헤브라이즘과 헬레니즘, 그리고 현대와 고대의 철학 사이에서 호흡하는 긴밀한 사상적 유대와 만남, 차이점 등을 되짚어 보는 지적인 계기를 가질 수 있다.

사실 플로티노스에 관한 연구는 그의 사상적 연원과 중세 기독교 철학에 미친 영향 등을 중심으로 활발히 진행되어 왔다. 그래서 플라톤의 존재의 본질과 영혼 등에 관한 이해는 플로티노스의 일자철학을 이해하는데 중요한 단서로 여겨지며, 종교적 신비주의와 삼위일체론은 중세 초기의 기독교 철학을 형성하는 데도 지적인 영향을 주고 있다. 더 나아가 현대에 이르러 베르그송에게 있어서의 내재적인 지속의 삶과 이에 대한 직관 등의 사유 속에도 플로티노스의 일자철학이 숨겨져 있다고도 말한다. 앙리 루이 베르그송(Henri Louis Bergson)은 정신 그 자체가 스스로 창조해나가는 생성적 세계관을 주장하며 지각 행위 속에도 인간의 사유가 직관할 수 있는 순수지속이 존재한다고 믿는다. 그렇다고 그가 레비나스처럼 유일신주의를 믿는 것은 아니다. 그래서 레비나스는 베르그송에게서 볼수 있는 생성 속의 초월적인 내재성을 부정하며, 그것을 범신론이라고 비판하기도 한다. 한편으로 이런 점은 레비나스와 플로티노스가 신적 존재에 대해 각각 다른 근거를 갖고 있는 중요한 부분이기도 하다. 일단 플로티노스에게 일자로부터의 정신의 유출은 이 세상의 형성을 설명하는 중요한 이유가 되고 있다. 그만큼 플로티노스의 철학이 서구 철학사의 처음과 끝에 이르기까지 적지 않게 논의되고 있다는 것은 의심의 여지가 없다.

필자는 플로티노스와 레비나스가 사유한 영혼과 무한성 또는 영원성에 관한 이해를 통해 서구 사상을 형성해 왔던 두 축이라고 할 수 있는 헤브라이즘과 헬레니즘, 그리고 지성의 역사 속에서 현대와 고대 사이에서 호흡할 수 있는 정신적 생명에 관한 사상적 구심점을 확인하고자 한다. 헬레니즘과 헤브라이즘은 서구의 문화와 사상을 역사적으로 형성해왔던 두 개의 정신적 축을 차지한다. 고대 그리스-로마, 유대-기독교의 전통이 그것이다. 흔히 그리스의 사상적 내력에 기반을 둔 플로티노스의 철학이 초기 기독교의 사상과 교리에 유입되었다고 말한다. 비록 그가 그리스철학에 깊이 심취했고 특히 플라톤 철학의 후예로 불리기도 하지만, 정확히 말하자면 그는 이집트에서 출생했고 종교적 직관과 영혼의 해탈 그리고 신적 초월의 존재에 대한 지적 열정이 매우 컸던 철학자다. 그는 고대 이집트와 당시의 동방(東方)에서 전통적으로 내려왔던 종교적 신앙에 대해 해박한 지식을 가진 사람이며 플라톤, 아리스토텔레스, 스토아학파 등의 사상으로부터 지적 영향을 받은 사상가다. 이와 비슷하게 현대의 철학자 레비나스도 지역적으로 동방의 문화와 가치에 기반을 두고 있던 유다이즘과 같은 종교적 전통을 신앙적으로 체득하고 서구 헬레니즘의 사상을 지적으로 수용한다.[9] 공교롭게도 플로티노스와 레비나스는 자신들을 플라톤주의자라고 부르며, 종교적 신비주의에 대해서도 비슷한 공감대를 갖고 있다. 그러나 레비나스의 주저 가운데 플로티노스에 관해 특별히 언급한 부분은 일부에 불과하다.

그들에게서 볼 수 있는 영혼의 상승과 회귀는 단순히 영혼 그 자체의 추상적인 운동으로 볼 수 있는 것이 아니라 신적인 무한성에의 합일을 통해 영원한 생명을 찾고자 하는 인간의 궁극적 욕망을 표현한 것은 아

---

9 예컨대 레비나스는 "선지적인 말씀(parole prophétique)은 본질적으로 얼굴의 에피파니(신의 공현)에서 응답한다"고 말한다. (Lévinas, *Totalité et Infini. Essais sur l'extériorité*, La Haye, Martinus Nijhoff, 1961; "Le livre de poche", Kluwer Academic, 1994, p.21. 이하 TI로 약칭한다.) 에피파니는 동방에서 기원전 수세기 이전부터 신적인 빛과 그 강림을 기념하는 종교행사일로 존재해 왔다고 한다.

닐까? 종교에서 흔히 말하는 구원에 대한 인간의 소망도 영원한 생명을 갈구하는 것과 결코 다르지 않을 것이다. 그래서 신 또는 일자로의 귀의(歸依)도 그런 인간적 욕망에 의해 모색되고 있는 것은 아닌지 생각할 필요가 있다. 필자는 이 글에서 저편의 세계에 근본적으로 위치해 있는 인간의 자기정체성에 대한 물음들을 비교·검토해 볼 수 있을 것이다. 그리고 필자는 플로티노스, 레비나스 등의 철학자들이 주장하는 세계의 근원과 이편의 세계에 대한 사유의 결실, 즉 일(一)과 다(多) 또는 타(他)의 관계 속에서 규명될 수 있는 존재의 의미가 과연 무엇인지 살펴보고자 한다.[10] 특히 존재에 관한 이런 다원적 해석의 탐구는 타자성(他者性)에 관한 현대철학의 근본적 물음을 다시 언급해 나갈 수 있다는 점에서 매우 흥미로운 물음을 우리에게 던져 준다.

플로티노스의 일자철학이 드러나는 중요한 문헌, 《엔네아데스(Enneades)》는 로마에서 그의 철학을 배운 제자 포르피리오스(Porphyrios, 234?~305?)가 그의 사유를 주제별로 묶어서 54권으로 분류한 고전으로서 9권씩 나뉘어 모두 6집으로 편집됐다. 인간의 영혼, 정신, 선, 행복, 운명, 시간, 아름다움 등 54개의 다양한 주제가 기록되어 있다. 그는 이 작품에서 고대 그리스의 철학을 수용하고 신(新)플라톤 사상을 독창적으로 모색했으며, 이에 '삼위일체론(三位一體論)'과 같은 이후의 기독교 사상이 잉태된다. 레비나스의 유일신주의는 성경과 탈무드에 기초한다.

특히 그는 유대인들의 전통적인 경전인 탈무드에 정신적인 빚을 많

---

10 필자는 그 철학자들에게 있어 일과 다의 존재에 대한 물음을 긍정적 차원에서 생각해 보고자 한다. 일례로 레비나스는 수많은 얼굴이 각각 다르듯이 이런 얼굴들의 낯선 형상들을 가운데 다양한 모습으로 신의 무한성과 계시가 현시된다고 본다. "플로티노스는 '일자로부터 아래로 내려오는 길'과 '아래로부터 일자로 올라가는 길'을 통해 일자와 다수로 이루어진 세계와의 관계를 체계화시키고 있다." (이부현, 〈일자에 대한 경험과 인간의 자기인식 I : 플로티노스의 영혼과 정신〉, 《중세철학》 제7권, 한국중세철학회, 2001, 216쪽)

이 지고 있다. 탈무드는 미시나(Mishnah)와 게마라(Gemarah)로 구성되었다. 전자는 2세기경 랍비 예후다 하나시(Yehudah HaNasi)가 구전 토라를 주제에 맞게 편집한 것이며, 후자는 미시나에 대한 보충 또는 주석으로서 아모라(Amora)라 불리는 학자들이 편집했는데 예루살렘과 바빌론 두 판본이 있다. 그의 저서 가운데《네 개의 탈무드 강독(Quatre lectures talmudiques)》(1968) 등 다섯 권은 2세기 이후 유대인 공동체에서 형성된 탈무드에 관한 주해서로서 특히 신, 영혼, 도덕 등에 관한 헤브라이즘의 정서와 가치를 새롭게 이해했다.

필자는 플로티노스와 레비나스의 사상 사이에서 서로의 철학적 사유를 연원적인 관계에서 인지해 볼 수 있는 주요 부분들 또는 그런 사유를 비교할 수 있는 지적인 동기를 다음과 같이 소개해 보고자 한다.

첫째, 존재의 지위와 발생 그리고 영혼의 기원을 설명해 볼 수 있는 플로티노스의 유출설(流出說)과 레비나스의 분리론(分離論)에 관한 것이다. 그리고 이런 이론적 배경 위에서 그들이 주장하고 있는 자립체(hypostase)로서의 존재 개념을 어렵지 않게 떠올려 볼 수 있다. 플로티노스에게 삼위일체론은 일자, 정신, 영혼의 세 가지 자립체가 모두 하나라는 가정에서 비롯한다. 그 연관성은 다음과 같이 설명될 수 있다. "일자는 가장 높은 단계에 있는 실체로서 충만된 것이다. 이 충만된 일자가 흘러넘침(유출, *emanatio*)으로써 그다음 실체, 즉 항상 일자에로만 향하려고 하는 정신(nous)이 산출되며, 계속 흘러넘쳐서 세 번째 실체로서의 영혼의 단계가 산출되며, 그 밑으로 물질, 즉 질료(hyle)들이 생성된다."[11] 플로티노스에게 신적 정신은 모든 영혼의 원형이라고 하며, 물질적인 세상 속에 유출되어 들어온 개체의 영혼들 자체의 근저로서 자리 잡고 있기 때문에 이

---

11 김영철, 〈플로티노스의 형이상학의 구조와 특징〉,《범한철학》제42집, 범한철학회, 2006, 138쪽.

세상은 수많은 영혼이 살아갈 수 있는 생기와 조화로 가득 차 있다. 이런 영혼들은 인간의 실존적 능력과 활동을 가능케 하는 것이다. 그리고 우리는 이런 영혼에 주목해서 존재자, 즉 레비나스에게 있어 자립체가 지니고 있는 속성과 연관시켜 생각해 볼 수 있다. 그에게 이 세상은 세계의 창조 이후 인간 자신이 운명을 맡기고 살아가야 하는 유배와 약속의 땅이기도 하며 신적인 초월성이 지속적인 생산성으로서 계시되는 세계이기도 하다. 즉 타자의 세계다.

이런 세계는 플로티노스가 생각하는 이편의 세계와 공통적으로 비교해 볼 때 영혼으로 가득한 세상이고 신적인 계시와 빛이 있는 긍정의 공간이다. 우리는 플로티노스와 레비나스가 각각 주장하는 존재의 출발 지점으로서, 즉 유출과 분리가 각각 어떻게 같고 다른가를 살펴보기 이전에 이편의 세계가 애초에는 신으로부터 버림받은 땅이었다는 것에는 이견이 없을 것이다. 그러나 유출과 분리는 이편의 세계를 설명할 수 있는 존재의 현실이기 때문에 플라톤이 말하는 모방적 세계로서의 현실과는 개념적으로 다르다고 볼 수 있다. 그 철학자들에게 유출과 분리는 영혼의 발생, 그리고 물질적인 이편의 세상과 영혼의 관계를 근본적인 관계에서 이해할 수 있게 해준다.

둘째, 그 사상가들에게서 역시 볼 수 있는 것으로 에로스와 영혼의 운동을 설명할 수 있는 상기설에 관한 것이다. 이에 대한 관심은 그 철학자들을 플라톤주의자로 묶을 수 있는 단서가 되며, 모든 영혼 속에는 그 운동을 실현할 수 있는 상기작용이 숨겨져 있다는 가정을 들 수 있다. 에로스가 곧 영혼의 운동이라는 것은 분명해진다. 물론 유일신주의와 신앙을 기초로 하는 헤브라이즘, 이성 중심적인 사고와 로고스 문화를 중시하는 헬레니즘의 전통이 서로 다른 것은 사실이다. 필자는 그들 전통에서 말하는 신과 영혼의 존재가 각각 어떻게 이해되고 있는지를 플로티노스와 레비나스의 철학적 사유를 통해 비교해 보고자 한다. 그들은 플라톤으로부터 에로스와 상기의 관념을 받아들이고 있으며, 본래의 세계로 상승하려는 영혼의 운동과 영원한 회귀를 위한 영혼의 목적을 공통적으로 주장한다.

필자는 여기서 그 철학자들이 생각하는 영혼의 개념과 본질 그리고 그 가치를 비교하며 살펴볼 수 있지만, 더 중요한 점은 레비나스에게 영혼의 근거와 정체성이란 무엇이고 이것은 타자와 어떤 관계를 맺고 있는지를 알아보는 것이다. 그리고 더 나아가 그런 영혼의 활동이 그에게 있어 역사를 주관하는 신의 뜻이나 부성과 어떤 연결점을 갖는 것인지 등을 알아보는 것은 그의 철학을 좀 더 근본적으로 파악할 수 있는 동기가 될 것이다. 부연하자면 레비나스의 철학은 '나'와 타인의 관계를 설정하고 있는 윤리학의 이름으로 한정될 수 있는 것이 아니라 세계관의 체계를 갖고 있으면서 그 섭리를 제안하며 이에 따른 존재의 가치를 깊이 있게 다루고 있다는 것이다.

(2) 영혼의 발생: 존재의 시작으로서 유출 또는 분리

플로티노스와 레비나스에게 영혼은 이 세상에 생명이 시작하게 되면서, 즉 육체와 함께 더불어 이 세상에 거주한다는 사실을 확인할 수 있다. 플라톤이 육체의 존재를 폄하해서 말하듯이, 육체는 영혼의 무덤이 아닌 것이다. 그리고 영혼은 죽음 이후에 영원한 생명을 가져오는 근거가 되기도 하지만 중요한 점은 그들에게 있어서도 그것은 이미 생명의 본질적인 활동에 주도적으로 참여하고 있다는 사실이다. 플로티노스는 플라톤의 영혼과 육체라는 이원적 관계로부터 영혼의 존재 이유를 수긍한다. 플라톤에게 영혼이 지니고 있는 상기작용은 이데아 세계에 대한 기억이며 에로스를 발생시킨다. 그리고 그런 영적인 활동에 의해 인간은 육체의 무덤으로부터 벗어날 수 있다. 마찬가지로 플로티노스도 그런 영혼의 상승적 운동을 받아들인다. "개별자의 영혼들은 존재가 되어 왔던 곳으로부터 도약해서 자신에게로 회귀하고자 하는 충동으로 이뤄진 정신적 욕망을 갖고 있다."[12]

플라톤이나 플로티노스에게 에로스가 삶을 지배하는 본질적인 욕망을 차지하고 있듯이 레비나스에게도 그것은 영혼의 운동이다. 그와 동시에 그에게 에로스는 '지금 이렇게 나 자신 속에 안주하고자 하는 나'를 떠나 바깥세계로 향하고자 하는 정신적 욕망을 드러내는 존재론적 사건이다. 낭만주의적 정서에 스며들었던 청년 시절, 그는 이것을 도피라고 말한다. "도피(évasion)는 자기 자신을 떠나려는 욕구(besoin de sortir de soi-même)이며, 말하자면 가장 근원적이고 치유될 수 없는 연쇄성 즉 '내가 자기 자신으로서 존재한다는 사실(le fait que le moi est soi-même)'을 탈피시키는 것이다."[13] 그리고 이후에 그런 심리적 현상이 내적 자아의 필연적 구조로부터 연유된다는 것을 밝히기도 하는데, 나 자신을 지배하고 있었던 타자성이 '주체 바깥으로(hors du sujet)'의 현상을 가져오는 이유가 된다. 더 나아가 그에게 에로스는 《시간과 타자》(1948)에서 신비와 관계를 맺으면서 세계의 다산성(fécondité)을 가져오는 원천적 근거로 부각되며, 특히 《전체성과 무한》(1961)에서는 신적 부성(paternité)을 열게 하는 형이상학적 사건으로 강조되기도 한다.

따라서 그에게 영혼의 운동과 초월성은 단순히 주체의 구원을 위한,

---

12 Plotinus, *Ennead*, with an english translation by A. H. Armstrong, Harvard Univ. Press, Cambridge, 1966, IV 8, 4. (이하 Enn으로 약칭한다.)

13 Lévinas, *De l'évasion*, introduit et annoté par J. Rolland, Montpellier: Fata Morgana, 1982, p.73. (이하 DE로 약칭한다.) 사실 번역에서는 (현실로부터의) 도피(逃避)보다는 탈주(脫走)가 오히려 의미에 있어 더 타당할 수 있다. 자유를 갈구하는 욕망과 미지의 세계에 대한 동경이 탈주 행위를 가져오는 이유가 된다.

또는 죽음을 극복하기 위한 가능성일 뿐 아니라 생명세계의 지속과 생산성을 가져오는 근거이며 신비와의 만남을 재촉하거나 타자에의 욕망을 통해 신의 뜻이 실현되는 것에서 중요한 의미를 갖는다. 그리고 윤리적 측면에서 볼 때 그런 욕망은 타인에 대한 책임감을 무조건적으로 유발하는 원인이 된다. 물론 철학사에서 인간의 지성이나 신앙심에 의해 꾸준히 던져지고 있는 신과 영혼에 관한 물음이 가장 오래된 문제의식을 갖고 있다는 것은 분명한 사실이다. 그러나 우리가 영혼에 대한 레비나스의 사유를 되새기고자 하는 것은 단순히 그런 호기심 때문만이 아니다. 플로티노스와 마찬가지로 레비나스에게도 영혼의 초월적 근거와 운동이 신적 차원으로부터 비롯된다는 것이며, 특히 신적 창조성이 이편 세계에서 실현된다는 사실과 삶의 세계를 긍정하는 운명애의 가치를 던져 주고 있다는 것에 주목할 필요가 있다.

플로티노스에게 일자로부터 유출된 신적 정신은 섭리와 질서로써 세상을 지배하는 세계영혼의 원인이 되고 있으며, 모든 생명체의 영혼에 내재되어 있다. 따라서 모든 영혼은 정신적 존재로서의 본성과 목적을 선천적으로 부여받는다. 그리고 물질세계에 생명의 활동을 불어넣는 역할을 한다. 그는 이렇게 말한다. "영혼의 현명한 인도에 의해 영원한 운동을 하게 된 천체는 운 좋게도 살아 있는 것이 되었고 영혼의 거주로 인해 그 가치를 얻었다. 천체는 그 이전에 죽은 몸, 흙과 물 또는 오히려 물질의 어둠, 비(非)존재였다."[14] 한마디로 이 세계는 정신의 빛으로 인해 생명을 갖는다. 그러니까 현실세계는 죽음을 재촉하는 암흑의 세계가 아니라 유출된 영혼들로 인해 빛이 있는 조화로운 세상이다. 그렇다고 물질세계 자체가 선의 잠재성을 자립적으로 가진 것은 결코 아니다. 그런 세

---

14 Enn. V 1, 2.

계는 일자의 완전성에 비교해서 불완전성의 세계이며, 스스로 완전하게 만들 수 있는 실체는 아니다. 오히려 악의 원인을 제공하는 것이 물질세계의 본질이다. 다만, 이런 세계는 신적 정신의 영적인 기운으로 인해 빛이 뿜어져 나오는 세계이며, 개개의 영혼이 사유와 관조의 삶을 영위해 나갈 수 있는 정신적 공간을 제공한다. 말하자면 이런 공간은 영혼이 자립체로서 스스로 삶을 영위해 나갈 수 있는 세계다.

이제 플로티노스에게 있어 영혼과 육체의 관계를 살펴보기로 하자.[15] 그에게 이편의 세상은 비록 물질적인 것을 여건으로 하고 있지만 그 내적인 역량은 전혀 다른 것으로 충만해 있다. 영혼은 물질과 차원이 다른 실체다. "물질은 자신의 형태를 빚어내지 못하며, 자신 속에 영혼을 심지는 못한다. 거기에는 반드시 생명을 제공하는 무엇인가가 있어야 하는데, 이것이 생명을 제공하는 것이든 육체의 그 어떤 것에 관여하는 것이든, 모든 육체적 본성의 바깥에 있거나 넘어서 있다."[16] 그의 입장에서 이편 세계의 생명 활동을 사유해 보면, 개체의 생명은 각각 성향이 다른 영혼과 물질로 구성되어 있으며 특히 영혼은 육체 저편의 것에 본성의 근거를 두고 있다. 그에 따르면 물질은 그 자체 스스로 운동할 수 있는 역량을 지니고 있지 못하며 각자의 형태로 이뤄져 있다. "영혼은 육체의 색채 등을 포함하는 모든 질적인 것들에 따라 어떤 한 가지 결실을, 그러나 그 자체로 많은 결실을 생산해 낸다."[17] 존재는 형형색색 자신의 형태를 지니고 있지만, 그런 다양성은 제각각 존재하는 것은 아니다. 즉 내적인 역량

---

15 영혼은 육체와 함께 있으면서 그 안에 본질적으로 존재하지 않는 무형의 존재다. 그럼에도 불구하고 "플로티노스는 우선 인간이 그 자체로 단순한 존재가 아니라, 육체와 영혼이 '함께 하는' 존재라는 일반화된 관점에서 시작한다."(《플로티노스의 지혜》, 조규홍, 누멘, 2009, 330쪽)

16 Enn. IV 7, 3.

17 Enn. IV 7, 4.

에 의해 모든 영혼은 육체와는 다른 차원의 것에 속하지만 이편 세계의 통일성과 생산성에 관여한다.

근본적으로 이 세상의 출현은 정신과 물질의 결합에서 비롯된다. 그러나 영혼의 근거이기도 한 정신은 물질세계를 넘어서 있는 초월의 영역이다. "모든 실재하는 것들을 진정한 정신(Intellect)에 귀속시켜야 한다."[18] 그에게 이 세상의 물질은 전혀 성분이 다른 정신으로부터 질서를 부여받고 있는 셈이다.[19] 그래서 물질세계를 차원이 다른 하나의 근원으로부터 이해할 때 비로소 세상의 조화와 통일성이 파악된다는 것을 알 수 있다. "이렇듯 볼 수 있는 우주를 각 부분들이 혼돈 없이 머물러 있고 그 모든 것들이 어울려서 하나로 모여 있는 것으로 우리의 사념 속에서 이해해 보자."[20] 결국 우리가 살고 있는 세계는 사념에 의해 직관될 때 그 잠재성과 역량 그리고 통일성이 있는 세상이다. 모든 존재는 영혼에 의해 더 높은 세계로 고양될 수 있고, 반대로 물질세계에서 타락할 수도 있는 것이다.

말하자면 플로티노스에게 우주적 형상(形象)은 존재하는 모든 것이 각자의 형태를 갖고 머물러 있으면서 이것들을 우리의 사유나 영혼을 통해 직관하는 범위 내에서는 분명히 하나로서 존재하는 것 외에는 아무것도 아니다. "영혼은 세계를 반성적으로 근거 짓고 유지하는 보편적 능력임과 동시에 '추론적으로 파악하고 판단하는 사유'능력, (…) 뜻한다."[21] 다만 세계에 대한 이해가 감각적인 이미지로서 반추될 때 그런 세계는 영

---

18 Enn. V 5, 2.

19 그에게 정신적 물질은 정신과 물질 그 사이에 존재하며, 정신적 혼은 물질적 관계를 통해서 자신의 생명을 확장하고 있는 듯하다. "정신적 물질은 존재가 그 안에서 자신을 몫을 가질 수 있도록 하며 육체적 물질과 결합한다." (Enn. III 5, 6)

20 Enn. V 8, 9.

21 이부현 〈일자에 대한 경험과 인간의 자기인식1: 플로티노스의 영혼과 정신〉, 《중세철학》 제7권, 한국중세철학회. 2001, 217~218쪽.

혼에 의해 조망된 세계가 아니라 표상에 불과한 것이다. 애초에 물질계는 유출 이전의 세계이며 이후에도 자생적인 능력을 갖고 있지 않다. 그런 세계의 정신적 역량은 일자를 중심으로 유출 이후 물질계를 지배한다. 그래서 그는 이렇게 말한다. "우리는 사념 속에서 이런 가시적인 우주가 혼돈 없이 있는 그대로 각 부분들이 하나(one)로서 서로 어울려 모여 있다는 것을 이해해 보자."[22] 우리가 살고 있는 물질세계는 정신에 귀속된 세계영혼의 주재와 모든 영혼들에게 내재된 정신적 역량에 의해 존재한다. 일자, 정신, 영혼이 속성에 있어 모두 같다는 그의 삼위일체론은 만물의 조화와 통일을 지지하는 원리다. 살펴보았듯이 그에게 영혼과 물질은 각자 다른 본성을 취하고 있고, 모든 존재는 비록 물질적인 결합으로 인해 이 세상에 들어오지만 내재적인 정신적 잠재성을 지닌 영혼을 갖고 있기에 고귀한 생명 활동을 영위해 나갈 수 있다.

그렇다면 우리가 레비나스의 사상에서 살펴보고자 하는 영혼의 발생과 운동 그리고 존재 이유는 어떻게 이해될 수 있을까? 레비나스는 우선 영혼의 인식을 직관에 두고 있는 것이 아니라 실존적 사건, 고독에서 먼저 찾는다. 이를테면 홀로 밤길을 걸으면서 누구나가 자신의 그림자를 응시한 경험이 있을 것이다. 신체를 가진 나의 존재자의 음영이 고스란히 그림자를 통해 길바닥에 비춰진다. 바로 나 자신의 모습이다. 누구도 나를 대신할 수 있는 나 자신의 형상이다. 그렇다! 그래서 레비나스는 이 세상에 존재하는 인간의 형상을 신체적인 실존을 가진 존재자, 그리고 여기에 더해진 고독에 의해 설명하고자 한다. "고독은 존재자(l'existant)와 일체(unité)다."[23] 특히 고독은 누가 나의 의식 안으로 들어와서 대신해 줄

---

22 Enn. V 8, 9.

23 Lévinas, *Le Temps et l'Autre*, Paris: Arthaud, 1948; Paris: PUF, 1983, p.35. (이하 TA로 약칭한다.)

수 없는 공허함이다. 인간은 태어날 때부터 고독을 지니지만 이것은 나만의 유일성으로부터 비롯된다. 그래서 레비나스는 존재 자신을 자립체(hypostase)라고 부르며 고독은 여기서 생겨난다. "고독은 타인으로 인해 우선적으로 주어진 관계의 결여로서 나타나는 것이 아니라 자립체의 기능에서 비롯된다."[24] 그런데 자립체(hypostase)라는 것은 이미 플로티노스가 존재 자신의 영혼을 지칭할 때 사용했던 개념이 아닌가! 한마디로 인간은 영혼으로 인해 나 자신의 유일성을 갖는 존재다.

레비나스는 인간이 영혼을 지녔기에 고독한 존재라고 본 것이고, 이런 이유에서 인간 자신을 자립체라고 부른 것이라고 볼 수 있다. 인간이 본질적으로 고독하다는 것은 영혼을 지닌 존재이기 때문에 가능하다. 물론 고독 자체가 영혼이라고 볼 수 없지만 고독은 인간이 원천적으로 '본체로부터 떨어져 나온 영혼'으로 인해 발생한 정서로 이해해야 할 것이다. 그래서 고아가 된 존재와 같이 이 세상에 태어난 영혼은 늘 외롭고 갈망한다. 하이데거는 인간은 죽음으로 인해 늘 불안을 갖고 살아간다고 말할 수 있겠지만 레비나스는 인간은 영혼으로 인해 늘 고독을 안고 있는 존재라고 말할 것이다. 그러나 고독은 실존의 새로운 가능성을 열어 준다. 스피노자가 말한 "인간은 생각하는 갈대"라는 것도 인간의 나약함과 위대함을 의미하듯이, 고독은 역설적으로 인간에게 위대함을 부여한다. 그는 이렇게 주장한다. "고독은 단지 절망이나 포기가 아니라 용감함이며 자신감이며 주권성이다."[25] 즉 고독은 자신의 존재에 대한 확인을 가져오며, 세상을 살아가는 실존의 힘을 부여한다. 어쩌면 데카르트가 "나는 생각한다, 고로 존재한다"라고 말한 것을 "나는 고독하다, 고로 존재

---

24 TA, p.35.
25 TA, p.35.

한다"라는 철학적 명제로 되받아칠 수 있을 것이다.

이제 영혼의 활동과 존재 이유는 무엇일까? 영혼은 신의 존재와 그의 계시를 인지하는 정신적 근거다. 레비나스에게 계시는 영혼의 안내자와 같다. 물론 그런 영혼과 계시를 주는 주체는 초월자다. 계시는 절대자와의 만남을 뜻한다. "절대적 경험은 계시(révélation)다."[26] 예를 들어 자동차를 운행할 때 휘발유가 없다는 것은 마치 영혼이 없는 것과 같고, 계시가 없다는 것은 도로의 안내표시 없이 운전하는 것과 같다. 계시는 캄캄한 밤에 우주의 등대가 되어 살아갈 길의 안내자 역할을 한다. 그래서 이스라엘 역사에서 선지자는 계시의 메신저라고 볼 수 있다. 특히 레비나스는 그런 계시가 타인의 얼굴들 속에서 빛과 같이 현시된다고 판단한다. "성서의 선지주의와 탈무디즘은 신학적인 사고에 선행하며 의심할 것도 없이 타자의 얼굴에 대한 사념 속에 찾아오는 신의 등장과 같은 과정이기 때문이다."[27] 이런 계시는 일종의 영혼의 지표이면서 그 영혼의 길을 세상에서 안내하는 역할을 한다. 그렇다면 계시를 어떻게 얻을 수 있을까? 그는 이렇게 말한다. "계시는 어떤 매개물도 필요로 하지 않는 신과 인간관계의 직접성을 드러내는 '말하기'(un dire)다."[28] 계시는 신과의 소통관계를 형성하는 것으로 그런 절대적 진리는 이성적 정신에 의해 이해될 수 있는 것이 아니며 영혼의 직시에 의해 주어진다. 그리고 이런 계시에 응답할 수밖에 없는 것은 척박한 세상 속에서 삶의 길을 찾기 위한 방법이기 때문이다.

레비나스의 철학에서 그런 계시를 주고 여기에 응답하도록 강요하는

---

26 TI, p.61.

27 Lévinas, *A l'heure des nations*, Paris: Ed. de Minuit, 1988, p.130. (이하 AHN으로 약칭한다.)

28 Lévinas, *L'Au-delà du verset. Lectures et discours talmudiques*, Paris: Ed. de Minuit, 1982, p.174. (이하 ADV로 약칭한다.)

절대적 매개체는 바로 타인의 얼굴이다. 그리고 이런 얼굴은 초월자의 얼굴 자신이다. "타자는 얼굴을 통해서 고결함, 그리고 하강하게 되는 고귀와 신적인 것의 차원을 표현한다."[29] 이 낯선 얼굴은 나에게 현시되는 살아 있는 신의 얼굴이고 음성이며 계시 그 자체다. 그래서 여기에 응답할 수밖에 없는 것이 절대적 윤리로서 다가온다. "얼굴이란 것은 보여지는 것이 아니며 또한 어떤 대상도 아니다. 그 나타나는 것(apparaître)은 그 어떤 외부성으로 유지되고 있는데, 이것은 당신의 책임감에 부여된 호출이거나 명령이다. 얼굴을 마주한다는 것은 즉시 이러한 요구와 질서를 이해하는 것이다."[30] 우리가 흔히 말하는 사랑, 희생, 헌신, 나눔, 책임 등이 타인의 얼굴에 대한 나의 응답으로서 요구된다는 것이다.

사실 유대인들에게 계시의 출현은 역사적으로 매우 중요하다. "토라로 불리는 신의 법은 유대인들을 이방에서 이끄는 안내인의 역할을 했던 것이며, 빛을 찾아 광야를 떠도는 가운데 그들의 신앙은 신적인 존재의 육신화와 구원을 기다리는 메시아니즘을 간직하게 된다. 고대 이전부터 중세 이후까지도 유대인들은 이집트, 바빌론, 스페인, 남프랑스, 암스테르담 등 아랍권과 유럽 지역에 흩어져 살면서 각 지역마다 랍비적인 전통의 아카데미를 보존시키게 된다."[31] 무엇보다 영혼은 이편 세계에 생명의 출현과 함께 부여되는 신의 은총이다. 즉 생명의 처음과 근원 그리고 보살핌은 신으로부터 온 것이며, 나의 영혼을 보호해 주는 자도 신이다. 영혼은 마치 신체의 온전한 일부와 같이 그 자신도 허리를 지니고 있고 배 속에 잉태되기도 하는, 즉 생명이 있는 한 함께하는 존재다. 이런 맥락은 플로티노스의 영혼의 이해에서도 매우 흡사한 부분이다.

---

29 TI, p.240.

30 François Poirié, *Emmanuel Lévinas. Qui êtes-vous?*, Lyon: La Manufacture, 1987, p.94.

31 졸저 《레비나스의 타자철학》, 47쪽.

레비나스에게 있어 영혼은 초월자와의 소통을 가져온다. 일반적으로 합리주의적 사고가 인간의 이성에 호소하는 반면, 그에게 있어 선지주의 (prophétisme)는 인간의 영혼에 호소한다. "선지주의는 영혼과 같은 심령주의다. 다른 어떤 것(autre dans le même). 인간의 전적인 영혼성(spiritualité), 선지적인 것이다"[32] 나와 신 사이를 가깝게 맺게 해주는 구심점 역할을 하는 것이 영혼이다. 선지주의는 일반적으로 유대 전통에서 신의 계시를 받고 미래를 예측할 수 있는 영적인 지혜를 중시하는데, 만약 영혼이 없다면 신과의 영적인 교감은 불가능할 것이다. 선지주의가 세속적인 삶을 살아갈 때 나 자신을 인도하는 나침반 같은 역할을 한다는 것은 분명하다. 그렇다면 레비나스에게 있어 영혼은 언제, 어디서 신을 만나고 그와 소통하며 영적인 지혜를 얻을 수 있는가?

일단 주목할 점은 레비나스가 '다른 어떤 것'이라고 말한 부분이다. 즉 영적인 지혜는 다른 어떤 것으로부터 전해진다는 것이고, 이것은 심령주의 자체다. 그런데 우리는 레비나스가 생각하는 영혼이란 그 자체 존재하는 것으로서 의미가 있는 것이 아니라 활동하는 것, 즉 타자에 대한 실천적인 운동으로서 나타난다는 점에 주의해야 한다. 말하자면 타인에의 가까움과 그에게의 사로잡힘에서 영혼의 존재를 확인할 수 있다는 점이다.[33] 플로티노스는 영혼이 높은 정신을 향해 상승 운동을 한다고 주장하지만 레비나스의 영혼은 오히려 하강 운동을 하는 것에서 존재 이유와 그 활동성이 드러난다. 그에게 있어 영혼은 신적 차원으로부터 부여된 정신적 생명으로서 초월자와의 소통을 가져오며 선지주의, 타인에의 가까움 등과 같은 것에서 영적인 활동으로 나타난다. 특히 타인에 대한 고

---

32 Lévinas, *Autrement qu'être ou au-delà de l'essence*, La Haye: Marinus Nijhoff, 1974, p.233. (이하 AE로 약칭한다.)

33 AE, p.137.

통과 아픔을 체험하고 그를 위해 나 자신을 버릴 때 비로소 여기에 신과 소통하는 나의 영혼이 존재하는 것이라고 짐작할 수 있다. 그의 남다른 신앙관, 종교윤리, 그리고 휴머니즘의 입장에서 만약 내가 신을 사랑하고 나의 영혼을 사랑한다면 먼저 타인들을 사랑하라는 레비나스의 실존적인 책임윤리를 중요한 가치로서 이해해야 할 것이다.

레비나스의 타자철학에서 볼 수 있는 영혼의 운동과 그 원천을 좀 더 명확하게 찾아보기 위해 플로티노스의 유출설 또는 일자의 형이상학에 의해 형성되고 있는 영혼의 운동을 간과해서는 안 된다. 레비나스는 플로티노스의 일자사상과 유출설을 근거로 이렇게 말한다. "플로티노스에 있어 만약 일자가 존재에 보존되어 있고, 존재의 이편 또는 저편 가운데 가까움이나 이타성(désintéressement) 그리고 타자에의 지향성(l'un-pour-l'autre)으로부터 의미되지 않는다면 어떻게 충만함 자체로부터 일자가 범람하고 유출의 원천이 되겠는가?"[34] 이 부분은 시사하는 바가 매우 크다. 무엇보다 레비나스 자신이 주장하는 타자에의 가까움이나 욕망이 바로 영혼의 활동이라는 것과 이것은 영혼에 내재된 신적 본성에서 기인한다는 점에 주목해야 한다.[35]

플로티노스에게 모든 영혼의 기저와 활동에 일자의 정신이 내재되어 있듯이, 레비나스에게 있어서도 영혼은 타자에 대한 가까움을 가져오는 이유가 되는 것이고 이런 가까움은 영혼의 본성으로서 신적 초월성이나 명령이 작용하는 것이라고 볼 수 있다. 말하자면 그가 주장하듯이 타인을 위한 욕망은 개별자의 영혼이 따를 수밖에 없는 신의 윤리적 명령이다. 더 나아가 이런 형이상학적 욕망이 실제로는 우주의 섭리로서 인간

---

34 AE, p.152.
35 탈무드에서 메시아는 이 세상의 역사를 지배하는 영원한 신이며 이 세상에 재림하는 구원의 신이다. 그리고 모든 인간도 메시아의 심성을 갖고 있다고 한다.

에게는 가장 인간적인 이치를 지닌 것이라고 생각할 수 있다. 그가 "나의 다산성(fécondité)은 초월성 자체"[36]라고 말한 것과 같이 타인에의 욕망이 신의 뜻대로 결국 신 자신의 초월성과 세상의 다산성이 실현되는 것이라는 점도 인지해 볼 필요가 있다. 여기서 다산성은 나로 인해 비롯된 세상의 풍요로움이며, 세상을 축복한 신 자신의 초월성을 의미한다.

레비나스에게 있어 타자에의 가까움을 원천적으로 가져오게 할 수 있는 가장 중요한 이유는 주체의 본성이 신적 정신으로부터 비롯된다는 점이다. 이런 점에서 고대 철학자들 중에서 플로티노스만큼이나 신적 정신과 영혼 사이의 개념적 관계를 근본적으로 이해한 철학자는 거의 없을 것이다. "원천은 만물에로 분화되어 사라져 버리는 것이 아니다."[37] 그의 일자철학은 하나가 다수로 유출되어 존재하며 모든 것들이 그로 말미암아 존재하는 일원론에 의해 지지된다. 레비나스에게 타자는 이미 세상에 계시로서 현시되고 있는 신의 화신이며 플로티노스에게도 영혼은 세상에 출현해 있는 내재된 신 또는 일자의 화신인 셈이다. 플로티노스는《엔네아데스》에서 일자와의 합일을 추구하며 초월적인 삶의 태도를 견지하면서 물질적 세상으로부터의 영혼의 상승을 주장한다. "영혼은 운동의 시작이다. 영혼은 다른 모든 것들에게 운동을 부과한다. 반면에 영혼은 스스로에 의해 움직인다. 영혼은 영혼이 깃드는 몸체에다 생명을 주며, 이 생명을 자체의 능력으로 지니고 있었으며 결코 잃어버리지 않는다."[38]

레비나스도《시간과 타자》(1948)에서 신과의 영원한 만남을 신비주의라고 말하며 낯선 타자들과의 관계에서 그 만남이 가능하다고 주장한다. 다만, 레비나스는 헤브라이즘, 플로티노스는 헬레니즘의 전통에서 각각

---

36 TI, p.254.
37 Enn. III 8, 10.
38 Enn. IV 7, 9.

궁구하는 초월자의 세계를 중심으로 여기에 다가서는 영혼의 고양(高揚)을 역설한다. 따라서 두 철학자에게서 영혼의 상승과 하강에 관한 사유가 중요한 위치를 차지하고 있는데, 이것은 기본적으로 하강의 세계, 즉 물질의 세계에서 정신적 존재가 출현했던 유출 또는 분리를 원천적인 사건으로서 가정한 결과다.

플로티노스의 존재 이해가 유출로부터 나온 것과는 달리 레비나스에게 있어 분리(分離, séparation)는 세상의 창조 이후 신이 부재(不在)하는 전율스러운 공간을 가정하며 존재는 이런 공간에 떨어져 나온 '분리된 존재(l'être séparé)'다. 사실 이런 분리 개념은 오늘날 프랑스 현대 철학에서 학자들마다 다른 의도를 갖고 사용되기는 하지만 질 들뢰즈(Gilles Deleuze)는 다원적 생성, 분화 등의 관점에서도 이해한다. 레비나스는 존재가 세상으로 들어온 분리의 공간을 이렇게 말한다. "우주는 혼돈으로 입을 벌리며 작열한다. 말하자면 암흑이며 부재의 장소이며 '있음(l'il y a)'이다."[39] 플로티노스도 정신의 유출이 있기 전의 이 세상을 카오스, 혼돈의 세계로 지칭한다. 그러나 불멸의 생명이 박탈당한 이런 척박한 세계는 역설적으로 미래의 구원에 대한 희망, 즉 메시아니즘을 발생시킨다. 그리고 역설적으로 이 세상은 신의 선택에 의해 인간에게 주어졌고 계시에 의해 구원의 길을 열어 준다. 창세기에서 신이 아브라함에게 자손의 번영을 약속했듯이 이 땅과 물질은 곧 양식을 제공하는 터전이 된다.

레비나스에게 있어 영혼은 세상 속에서 분리된 존재들의 운명과 함께 삶을 영위해 나가야 하며, 그들의 영혼은 신으로부터 부여받은 내재된 본성에 따라 서로가 서로에게 즉 타자들로 향한다. 왜 그럴까? 이 세상은 기본적으로 물질로 만들어진 피조물이고, 창조주 신은 이 세계에 내재하

---

39 Lévinas, *De l'existence à l'existant*, 1947; Paris: Vrin, 1990, p.121. (이하 EE로 약칭한다.)

지 않고 이 세상을 초월해 있기 때문에 부재의 공간이다. 다만 섭리와 계시에 의해 이 세상이 운영된다는 것에 착안해 보면 그 섭리 중 하나가 바로 주체의 본성이라고 불릴 수 있는 '타자에의 지향성(l'un-pour-l'autre)'이라고 할 수 있다. 한마디로 영혼의 운동이 그것이다. 그리고 레비나스에게 이런 운동이 결국 신 자신이 인간들을 사랑하고 구원하며 이 세상을 축복하는 초월자의 뜻이라는 것은 분명하다. 플로티노스와 레비나스가 말한 유출과 분리로부터의 현실세계는 어떤 점에서 다르지 않을까? 두 철학자가 말한 유출과 분리는 물질세계에 거주하면서 생명을 가진 존재들에 대한 존재론적 정의(定義)가 될 수 있다. 그런 존재들은 영혼의 원천이었던 이상적인 세계로 되돌아가는 목적을 실현할 수 있도록 생명의 힘, 영혼을 갖고 태어난다. 우리는 여기서 영혼의 본질을 파악할 수 있어야 하는데, 그런 점에서 영혼은 선천적인 본성을 실현하기 위해 일자 또는 타자로의 운동을 지속시켜 나가야 한다.

더 나아가 필자는 플로티노스의 일자사상과 레비나스의 타자철학에 나타난 삶의 가치들을 살펴봄으로써 특히 이편 세계에서 바라본 영혼 불멸과 생명의 가치에 대한 경외의 시선을 새롭게 찾아보고자 한다. 플로티노스는 이렇게 말한다. "정신세계에 존재하는 모든 살아 있는 것들은 또한 감각적 세계에 실존해야만 할 것이다."[40] 즉 영혼이 추방된 이편의 감각적 세계는 결코 정신적으로 멀리해야 할 악의 세계가 아니며, 일자로부터 말미암아 비롯된 영혼들로 가득 차 있는 정신적 생명의 세계다. 레비나스에 따르면, 그런 세계에 신성함이 존재한다. "햇빛 비춰지는 나의 자리 여기에 모든 땅들을 점거한 시작과 이미지가 있다."[41] 그리고 이

---

40 Enn. IV 8, 1.

41 Lévinas, *Entre nous. Essais sur le penser-à l'autre*, Paris: Grasset, 199, p.148. (이하 EN으로 약칭한다.)

세상은 아브라함이 양 떼들을 먹이고, 이삭이 우물을 파고, 야곱이 집을 지었던 땅이기도 하다. 말하자면 신의 계시가 있고 아브라함의 후손들에게 번영이 약속된 땅인 것이다.

플로티노스에게도 이 땅의 세계는 정신적 교감이 선재하는 세계다. 그에게 있어 만물에 비춰지는 빛은 정신적 빛이며 시각적인 밝음에 의해서가 아니라 영혼 속에 있는 그런 정신적 빛에 의해 세상은 생명력이 있는 세계다. 그는 마치 범신론적 삶의 관조를 지지하는 것처럼 다음과 같이 말한다. 정신과 물질의 조화는 자연의 아름다움을 연출해 낸다. "보는 것과 보이는 것은 일치하며 보이는 것은 마치 보는 것과 같고 보는 것은 마치 보이는 것과 같다."[42] 레비나스가 기본적으로 유일신주의에 대한 신앙을 갖고 있으며 이 세상의 주권이 신에게 있고 계시에 의한 신의 재림이나 신적 부성이 인간의 역사 속에서 실현된다는 의미에서 '신의 하강'(descent de Dieu)을 말하고 있듯이, 이미 이 세상은 창조와 신비가 경이롭게 교차하는 곳이기도 하다.

그래서 우리는 그들의 철학에 축복받은 세상 속의 삶의 가치가 관조 또는 향유의 정신으로 나타나는 것을 주시해 볼 수 있다. 이 세상은 신의 뜻에 호응하고 그 위대함을 드러내는 공간인 것이다. 플로티노스에게 이편 세상은 세계의 단순한 복사가 아니라 저편 세계의 원천이 재현되는 세계다. 그렇다고 이편 세계의 모든 것이 원천 그 자체라는 뜻은 결코 아니다. 이런 논리는 레비나스에게도 해당될 수 있는데 이편 세계의 타자들, 모든 것이 신 자신은 아니지만 신의 얼굴이 하강하는 초월성의 공간이다. 이런 점에서 그들을 단순히 플라톤주의자라고 부를 수는 없을 것이다.

---

42 Enn. V 3, 8.

(3) 영혼의 본질: 일자 또는 타자에의 에로스

필자는 레비나스가 주장하는 타자철학의 시원(始原), 그리고 현대 철학의 화두로 등장하고 있는 '타자란 무엇인가'에 관한 사유를 심화하기 위해 플로티노스의 신과 영혼의 세계를 비교해 보고자 한다. 플로티노스는 《엔네아데스》에서 일자가 그 자체로 저편의 세계에서 존재하는 것이 아니라 그 신적 정신이 이편의 세계로 매우 놀라울 정도로 많이 흘러나와 다수(多數)로 혹은 무수하게 존재한다고 말한다. "존재하는 모든 것은 하나의 본성을 지녔지만 많은 역량을 가졌고 다수로 존재하는 것인가?"[43] 곧 일자와 다자가 서로 소통하는 세계를 암시한다. 제임스 캐머런(James Cameron) 감독의 영화 〈아바타(Avatar)〉(2009)를 기억할 것이다. 자연에 내재한 영혼의 신 에이와는 판도라 행성의 모든 생명과 그 영혼의 원천이며 이들을 지배한다. 그 세상은 영혼들의 에너지로 가득 채워져 있고, 아름다움과 조화가 있는 세상에서 삶을 마치면 그 영혼은 에이와의 심령의 세계로 되돌아간다고 한다. 마치 플로티노스의 신과 자연, 영혼의 관계를 시나리오에서 보는 듯하다.

그런데 이런 세계는 레비나스가 말한 타자의 세계와 크게 다를 바가 없다. 타인의 얼굴들이 신의 현시 또는 출현이듯이, 신은 세상의 도처에 있음에도 불구하고 그 수많은 현시가 실제로 신 자체인 것은 결코 아니다. "영적인 것은 감각적인 실체로서 주어지는 것이 아니라 부재에 의해서 주어진다. 신은 화신(incarnation)이 아니라 법(Loi)에 의해서 구체적으로 존재한다."[44] 플로티노스에게 다수가 존재하는 세계는 이편의 세계이고, 이런 세계는 '하나'로부터 존재하며 이것은 다수의 근원이다. 그래서

---

43 Enn. III 7, 3.

44 Lévinas, *Difficile liberté. Essais sur le judaïsme*, Paris: Albin Michel, 1963, p.205. (이하 DL로 약칭한다.) 플로티노스도 이렇게 말한다. "도처에 있으면서도, 아무 곳에도 없다." (Enn. VI 8, 16)

"정신의 다수성(multiplicity)은 구성적인 복수성이 아니며, 그의 활동은 다수성이다. 다수가 유출되어 존재하기 이전에 일자를 필요로 한다."[45]

레비나스에게 있어서도 다(多), 즉 타(他)의 존재들은 하나의 근원에서 출발하며 이편의 세계에 존재한다. 그래서 "타인은 신에 대한 나의 관계에서 필수적이다."[46] 타인의 얼굴들은 하나의 신이 현시되는 현실 속에 있는 성스러운 소통의 공간이다. 그 얼굴들은 마치 성전(聖殿)과 같다. 이런 타인의 얼굴을 통해 무한성이 계시된다고 하듯이, 플로티노스 역시 다수들 사이에 영원(eternity)이 존재한다고 주장한다. 플로티노스에게 다수성은 일자 중심에 의해 이해되며, 마치 뿌리와 수많은 가지들 사이의 관계와 같다. 그에게 다수성이 이편 세계의 특성인 것만은 분명하다. "영혼은 신체에게 통일성(단일성)을 매개해 주지만, 그러나 다수성 그 자체로서의 영혼은 다시 단일성의 원리에 의존한다. 각 형상은 단일성의 원리이지만, 그러나 그것 자체는 플로티노스의 견해에 따르면 다시 하나의 다수성이다."[47] 이런 측면에서도 레비나스와 플로티노스의 세계관에 하나와 다수가 서로 교감하면서 절대자의 영원성을 현시한다는 기저의 가치관이 숨겨져 있다는 점은 흥미롭다.

다만 방법론에서 두 철학자가 공교롭게도 같은 예로 주장하는 존재의 개념으로서 자립체에 대한 사유의 관점은 같을 수도 있고 다를 수도 있다. 만약 같은 점이 있다면 영혼을 지닌 존재가 신적 본성으로부터 비롯되었고, 그 본성이 영혼 안에 내재되어 있어서 스스로 독립적이라는 사실이다. 마치 인간에게 신으로부터 이성이 주어졌고 이로 인해 자신이 주권적 존재라는 데카르트의 주장과 맥락을 같이할 수 있다. 유출 또는

---

45 Enn, V 3, 12.

46 TI, p.51.

47 《고대 그리스철학》, 프리도 릭켄, 김성진 옮김, 서광사, 2000, 360쪽.

분리, 에로스, 상기(想起) 등과 마찬가지로 자립체 같은 개념은 플로티노스의 일자사상과 레비나스의 타자철학을 비교하면서 존재의 본질을 이해하고자 할 때 인간은 영혼을 지닌 주권적 존재라는 의미 있는 지적 호기심을 제공한다.

그렇다면 플로티노스와 레비나스에게 초월적 존재로서 지시되고 있는 일자와 타자는 각각 어떻게 다른 것인가? 플로티노스는 이렇게 말한다. "신적인 것은 분리되지 않으며 거주한다. 그리고 어떤 특정 장소에 있는 것이 아니라 다수의 존재들 가운데서 사유된다."[48] 레비나스의 경우에도 타자의 얼굴에 신적인 것이 비춰진다. 타자의 얼굴에 신적인 완전성이 현시하기에 그 얼굴은 신적인 것의 고귀한 차원을 표현한다. 그리고 그 얼굴은 무수한 타자의 얼굴들의 형상을 갖고 자신의 무한성을 노정한다고 볼 수 있다. 그래서 "신은 타자다."[49] 이렇듯 그 철학자들에게서 드러나는 다(多)와 타(他)의 개념들은 현실세계에 대한 그들의 긍정의 관점에서 비롯된 것이다. 레비나스는 유일신주의자임에도 불구하고 세상 도처에서 신의 얼굴을 볼 수 있다는 점에서, 물론 범신론은 아니지만, 신과 인간의 관계를 재조명하고 새로운 가치와 윤리를 제시할 수 있는 흥미를 준다.

결국 플로티노스에게 신 또는 일자는 셀 수 없는 것들로 도처에 존재하는 셈이며, 레비나스에게 있어서도 신적인 영원성은 수많은 낯선 얼굴을 통해 이미 이편 세계에 하강해 있는 셈이다. 결국 그들에게 유출 또는 분리에 의해 근원적 세계로부터 격리된 이편 세계의 그 어떤 것들도 신적 정신의 현시(顯示)가 아닐 수 없다. 그래서 플로티노스와 레비나스에게 있어 이 세상에 존재하는 모든 것은 유출 또는 분리로 인해 생성된 것

---

48 Enn. V 1, 11.

49 TI, p.232.

들이기에 자립체 또는 실체의 지위를 부여받을 수 있다는 점을 논리적으로 확인할 수 있다. 사실 이 세상에 육체의 형상을 갖고 들어온 인간은 나약하다. 그러나 인간이 영혼을 지니고 있고 여기서 위대한 정신을 발견한다는 점은 자신에 대한 주체적 정립이라고도 생각할 수 있다. "현실 속에서 영혼의 정립은 정신으로부터 나오며, 영혼의 사유는 정신을 보는 것에서 실제적인 것이 된다."[50]

플로티노스의 경우, 특히 존재하는 모든 것들 또는 물질은 어떤 방식으로든지 영혼과 관계를 맺고 있으며 영혼의 중심에 정신이 내재되어 있기에 영혼 자체는 스스로 존재할 수 있다. 그에게 있어 만물 역시 자신들의 형상(form)을 지닌다. 그는 이렇게 말한다. "어떻게 저편 세상의 사물들과 이편 세상의 그것들이 아름다울 수 있을까? 우리는 형상의 참여에 의해 이편 세상의 사물들이 아름답다고 주장할 수 있다."[51] 각각의 형상은 이 세상에 형형색색으로 존재하는 것들의 밑바탕이 되는 원상(原象)인 셈이다. 그리고 이것을 사유할 수 있는 능력은 영혼으로부터 나오며, 이런 영혼은 정신(nous)을 품고 있기 때문에 결과적으로 모든 존재는 아름다움의 형상을 지닌 것들로 직관될 수 있다.

그렇다면 플로티노스와 레비나스가 사유하는 영혼의 본질은 무엇이고, 그 운동에는 어떤 이치가 숨겨져 있을까? 전자에 따르면 영혼은 감각적인 물질세계에 위치해 있는 불완전한 존재이지만 이런 영혼을 완전하게 회복시키는 것은 신으로부터의 정신(nous)이다.[52] 그리고 그것은 정신

---

50 Enn. V 1, 3.

51 Enn. I 6, 2.

52 "플로티노스는 '영혼'이 모든 사물들의 '존재 이유'요, 현상적인 세계의 최고 이성이자 저 너머 정신세계의 가장 낮은 이성이라고 일컫는다." (《플로티노스의 철학(The Wisdom of Plotinus)》(1919), 화이트비, 조규홍 옮김, 누멘, 2008, 65쪽)

을 표상하기 때문에 영혼 스스로의 사유에 의해 정신을 직관할 수 있다. "영혼은 육체가 아니며, 그것은 신성과 영원한 본성에 가깝다. 그것은 모양이나 색채를 지니고 있지 않으며 무형의 것이다."[53] 그리고 영혼은 자신 속에 상재해 있는 정신을 닮아 간다. "영혼이 정신의 표현이고 활동인 것처럼 정신과 신의 정신의 관계도 바로 그렇다."[54] 그래서 우리는 플로티노스에게서 신과 정신, 그리고 영혼이 본질적으로 하나가 될 수 있다는 '삼위일체론'을 이해할 수 있다.

이와 비교해서 레비나스에게도 신의 은혜와 보살핌을 받는 영혼은 메시아적 심성을 갖고 있으며, 그렇기 때문에 이런 주체의 심성은 타자에 대한 실천적 행위를 요구받는다. "메시아는 '나'이며 '나'가 된다는 것은 메시아가 되는 것이다. (…) 모든 사람은 메시아다."[55] 그리고 그런 심성은 신이 인간을 사랑하듯 나와 타인 사이의 '타자에의 지향성(l'un-pour-l'autre)'을 가져오며, 이타성(désintéressement)은 주체의 고유한 운동과 속성으로 자리 잡는다. 따라서 이타성 내지 타자성은 존재의 본질을 형성하며 필연적으로 타자와의 관계 속에서 주체의 정체성을 발견해야 하는 인간의 가치를 뒷받침한다.

그런데 영혼은 척박한 물질세계에 위치해서, 특히 자신 안에서 자신을 발견할 때 그는 고독한 존재다.[56] 따라서 플로티노스와 레비나스에게 있

---

53 Enn. IV 7, 10.

54 Enn. V 1, 6.

55 DL, p.129.

56 레비나스에 따르면, "자립체(hypostase)는 자신을 고독으로서 발견한다." (EE, p.142) 그럼에도 불구하고 그런 존재가 머물고 있는 '있음(l'il y a)'의 세계에서, "'있음'은 자립체가 생산되는 공간이다." (TA, p.28) 이런 점에서 자립체로서의 존재는 물질세계에서 자신을 사유할 수 있는 영혼을 지니고 있으며, 다만 그런 존재는 타자의 공간을 가정하는 '있음'에 의해 자신을 규정한다.

어 영혼은 처음부터 물질세계 자체에 기반을 두고 자생력을 갖고 존재
해 왔던 것이 아니기 때문에 필연적으로 '바깥으로' 움직이는 상승의 운
동을 한다. 다만 전자에 있어 영혼은 본질적으로 육체의 바깥에서 또는
이것을 초월해서 일자에게로 나아가는 운동을 하며, 후자에 있어 영혼은
주체 바깥에서 '절대적으로 (나와) 다른 것' 또는 타자를 중심으로 운동한
다. "진정한 삶은 부재다. 그러나 우리는 세계에 존재한다. 형이상학은 이
런 알리바이에서 등장하고 유지한다. 그것은 '다른 곳으로(ailleurs)', '또
달리해서(autrement)', '타자(autre)'로 향한다."[57]

이런 점에서 우리는 그들에게서 일자와 타자사상을 각각 비교할 수 있
는 실마리를 가질 수 있다. 그리고 그런 운동들을 존재의 본질적인 욕망
을 표현하는 에로스의 개념으로 이해할 수 있다. 이런 점은 영혼의 상승
과 궁극적인 세계로 되돌아가고자 하는 에로스, 그리고 영혼의 회귀 또
는 신비주의적 사상과 일치하는 것이라고 볼 수 있다. 플로티노스와 마
찬가지로 레비나스의 경우에도 영혼의 활동은 에로스 내지 사랑으로 나
타나며 무한성을 향한 상승 운동과 깊이 연관된다. "사랑(amour)은 내 안
에 들어온 무한의 관념에 의해 가능하다."[58] 이런 이유에서 그들을 플라
톤주의자라고 부를 수 있지만, 반면에 그들은 플라톤의 이데아 세계와
영혼의 관계에서 참고하기 어려운 이편 세계에 대한 긍정과 예찬을 지니
고 있다. 예를 들어 그들에게 있어 영혼의 존재 이유가 영원한 회귀와 구

---

57 TI, p.21

58 Lévinas, *De Dieu qui vient à l'idée*, Paris: Vrin, 1982, p.112. (이하 DQVI로 약칭한다.) 이에 반
해 플라톤의 경우 사랑 자체가 영혼의 활동과 반드시 결부된다고 말할 수 없으며, 미적 가
치를 표현할 수 있는 수단으로 여겨진다. "플라톤에게 신체적 미의 사랑은 특화된 경험이
거나 철학적 경험을 위해 필수적이다. 이에 반해 플로티노스에게 부부 간의 사랑은 초월
적 미에 대한 회상 또는 발견으로 인도된다." (Pierre Hadot, *Plotin ou la simplicité du regard*, Paris:
Gallimard, 1997, p.84)

원을 위한 것으로 제한되는 것이 아니라 자연세계에서 실현될 수 있는 생명의 지속과 무한성을 사유하면서 위대한 자와 소통하는 것에 있음을 확인할 수 있다.

《엔네아데스》에 따르면 이편 세계에서 영혼을 가진 모든 존재는 자립체다. 이 세상에 신적 정신으로부터 유출된 영혼은 순수한 정신을 자신 속에 지니고 있기 때문에 실체가 될 수 있다. 그에게 있어 모든 존재가 보편적으로 갖고 있는 영혼은 일자로부터 발생하고 이것에게로 향한다. 그래서 플로티노스는 순수한 정신을 직관하는 엑스터시를 통해 일자와의 합일을 실현할 수 있다고 말한다. 그에 따르면 일자, 정신, 영혼은 모두 하나의 실체다. "우리의 성품 자체가 '신(神)과의 동화(同化)'의 한 운동이다. 그렇다면 우리의 본성에 따라 사는 것은 우리 자신을 초월하고 우리 자신을 신화(神化)하려는 것이기도 하다."[59] 그래서 영혼을 지닌 모든 존재는 높은 차원의 정신을 지니고 있는 자립체다. 레비나스에게 있어 주체의 개념도 신체적인 물질성을 갖고 있지만 영혼을 지닌 존재라는 점에서 자립체의 지위를 갖는다. 다만 그가 말하는 존재의 '있음(l'il y a)'에 주목해 여기서 그런 실체가 생산된다.[60] 여기서 '있음'은 존재의 구체적인 사실성에서 비롯된 그 자신성을 나타낸다. 결국 플로티노스와 레비나스가 말하는 자립체에는 탈(脫)물질성이 본질적으로 존재하는 셈이다. 그렇다면 그들에게 있어 물질세계에서의 삶을 영위하기 위한 감각이란 무엇인가? 그들에게 있어 감각은 신체의 활동이지만 본질적으로 신체의 기능에 귀속되지 않는다. 그 활동은 영성(靈性)으로부터 비롯된다. 플로

---

59 《플로티노스: 엔네아데스 입문》, 도미니크 J. 오미라, 안수철 옮김, 탐구사, 2009, 202쪽.

60 이 점은 주체의 본질이 타자성에 있음을 암시한다. 레비나스에게 있어 존재의 물질성과 익명성 또는 타자성은 '주체 바깥에 내가 존재하는' 실존(existence)의 개념을 구성한다. 그래서 주체는 타자에게 볼모로 사로잡혀 있다고 한다.

티노스에게 있어 영혼은 물질에 생기를 넣어 주며 생명을 부여한다. 레비나스에게 있어서도 모든 존재가 갖고 있는 '타자에의 지향성(l'*un-pour-l'autre*)'도 그런 심령적인 운동을 보여주며 감각운동도 그런 연장에서 표현되고 있는 것이고, 결국 그런 삶의 원리와 활동하는 영혼의 공식은 필연적인 존재의 운동을 이끌어 낸다.[61]

플로티노스에게 있어 신은 저편의 세계에 존재하고 인간의 영혼은 이편의 세계에 존재한다. 그럼에도 불구하고 영혼은 신 또는 일자의 세계로부터 영적인 생명을 부여받았기 때문에 저편 세계에 필연적으로 귀속되는 하위의 존재이며, 물질 또는 감각의 세계에서 운명적인 삶을 영위해 나가는 상승적 욕망을 가진 존재다. "개별적 영혼들은 확실히 그들이 존재로서 이르게 했던 원리로부터 도약해서 그 자신에게로 돌아가고자 하는 충동으로 이뤄져 있는 정신적 욕망(intelligible desire)을 갖고 있다."[62] 즉 영혼은 자신의 상승에 의해 신과 만날 수 있으며 감각의 세계를 생기 있게 하는 존재다. 존재하는 모든 것의 생명은 영적인 활력에 의해 본래의 곳으로 되돌아가고자 하는 정신적 존재다. 그에게 있어 신적인 실체는 스스로 그 안에 정신을 지니고 있으며, 영혼은 그로부터 태어나고 세계로 유출된다. 그리고 존재들의 영혼은 궁극적으로 일자에게로 회귀한다.

그런데 레비나스가 《시간과 타자》에서 말하는 '나는 나의 아들이다'는 내 안에 있는 초월적인 실체성이 나의 아들 또는 타자로 생산된 것을 의미하기 때문에 나는 나의 아들을 소유할 수 없다.[63] 여기서 나의 아들은

---

61 "레비나스에게 지향성은 감각과 타자의식의 형성을 인식케 하는 철학적 분석이며 특히 감각에 나타난 현상학적 초월성을 수용하고자 했는데 이런 관점들은 심령주의에 관한 그의 관심 때문이다." (졸저 《레비나스의 타자철학》, 114쪽)

62 Enn. IV 8, 4.

63 TA, p.86.

신체적인 나의 아들이 아니라 나를 넘어서서 있는 신적인 초월성을 갖고 있는 존재다. 그래서 나는 나의 아들을 소유하기는커녕 오히려 나의 아들에게 귀속되어 있다. 그리고 그 초월성은 신 자신의 정신으로서 끊임없이 그 무한성을 실현하고자 한다. 주체는 영혼의 소유자이지만 그 중심에 자리 잡고 있는 신적인 정신은 나의 소유가 될 수 없으며, 그런 정신의 생산성은 즉 성육신(成肉身, incarnation)과 같이 신성함 자체가 인간의 역사 속에서 지속의 생산성으로 출현한다. 그래서 "나의 생산성은 초월성 자체다."[64] 즉 '나와 아들의 관계'는 플로티노스의 일자의 형이상학에서 정신의 생산적인 유출에 비교될 수 있는 초월적인 관계를 형성한다. 그런 지속은 초월이며, 신의 정신이 물질적이고 세속적인 세상에 들어온 기적이다.

그래서 타자와의 만남은 신비와의 만남과 다를 바 없다. 또한 타자는 주체의 영혼을 깨우치고 본성대로 행하고 이끌어 낼 수 있는 신적인 정신의 화신(化身)이다. "메시아는 고통받는 사람이다."[65] 그렇게 역사 속에 들어온 초월적인 실체는 토라(Torah, 신의 말씀 또는 이치)의 실현을 인간들에게 요구한다. 타자에의 사랑이 바로 그 실현이다. 이렇듯 레비나스의 메시아니즘은 세상 속에서 인간의 구원을 약속한다. 그런데 중요한 점은 나의 아들을 초월성 자체로서 정신적으로 생산하게 만든 동기는 주체의 에로스로부터 주어진다는 것이다. 플로티노스는 영혼과 에로스에 대해 이렇게 말한다. "에로스는 신을 찾고 그에 이르고자 하는 영혼의 활동이다. 에로스는 각각의 영혼을 신에게로 인도한다."[66] 레비나스에게 있어서도 에로스는 신적인 정신으로부터 연유하며, 이것은 인간들 사이에서 타

---

64 TI, p.254.

65 "Le Messie, c'est l'homme qui souffre." (DL, p.128)

66 Enn. III 5, 4.

자에의 욕망으로 나타난다. 그래서 그것은 죽음을 넘어설 만큼 매우 강한 욕망이며 신비와의 만남을 가져오는 것이라고 그는 말한다. 왜냐하면 주체의 에로스는 근본적으로 부성적인 에로스(Eros paternel)로부터 야기되기 때문이다. 그래서 타자에의 욕망으로 나타나는 에로스는 다분히 신적 차원의 신비를 체험하는 사건이기에 그것을 형이상학적 욕망이라고 부르는 것에 레비나스는 주저하지 않는다. 다만 그런 신비와의 만남은 반드시 타자와의 만남으로부터, 아니 그 자체에서 발생한다는 점에 주의해야 한다.

그래서 레비나스는 나와 마주하고 있는 타인의 얼굴이야말로 모든 윤리의 기원이라고 말한다. 그 얼굴은 절대성 그 자체다. 그리고 타인의 얼굴을 바라보고 있는 주체의 에로스도 초월적인 실체 자신이 이편 세계에서 역사를 주재하는 생성(또는 생산성)의 차원을 가져오는 무조건적인 욕망이다. 흔히들 인간 사회에서 말하는 타인을 위한 헌신적인 사랑도 마치 그런 높은 차원의 욕망과도 같은 것이다. 또한 그런 에로스는 존재의 출발이었던 분리 이전의 근원적인 초월자의 세계로 되돌아가려는 회귀 본성 때문에 발생한다고도 볼 수 있다. 그렇다면 타자와의 만남은 궁극적으로 무슨 의미일까? 필자는 다음 부분에서 이런 문제의식을 중심으로 플로티노스와 레비나스의 초월성에 관해 살펴보기로 한다.

(4) 영혼의 운동과 목적: 초월성이란 무엇인가?

필자는 레비나스의 철학이 윤리학이 아니라 철저히 형이상학에 기반을 두고 있다고 주장하고 싶다. 특히 유다이즘을 체득한 세계관에 헬레니즘의 사유를 결부함으로써 현대 철학에 혁신적인 바람을 불어넣고 있다.[67]

---

67 레비나스는 유다이즘을 이렇게 설명한다. "그것은 무엇보다 일종의 종교로서 성경, 탈무드, 랍비적인 문학과 카발(Kabbale: 중세 이후 유다이즘의 한 경향)의 신비적인 것 또는 그 신지

플로티노스의 자립체, 유출, 에로스, 운명애 등을 비교함으로써 레비나스의 형이상학적 사유는 더욱 두드러지게 나타난다. 전통적으로 형이상학은 신과 무한성, 우주와 자아, 그리고 영원한 시간을 사유한다. 플로티노스와 레비나스의 철학에서도 그런 주제들은 주요 이슈가 되고 있으며, 특히 자아와 영혼의 관점에서 에로스라는 '탁월한' 욕망에 의해 무한성에 이르고자 하는 영혼이 높은 차원으로 상승하고 회귀하는 운동에 주목해 볼 수 있다. 그렇다고 그 철학자들이 영혼의 존재가 현재 거주하고 있는 물질세계를 부정적으로 보는 것은 결코 아니다. 레비나스의 경우 물질세계는 오히려 신과 영적으로 만날 수 있는 타자의 세계이거나 삶의 양식(糧食, nourriture)을 제공하는 터전 등의 의미로 특화되며, 초월성은 그런 세계에서 구원을 위한 삶의 체험이나 직관을 통해 사유될 수 있다. 이런 점에서 그의 사유는 플로티노스가 세상을 직관·사유하면서 물질세계를 섭리에 의해 주재하고 여기에 내재해 있는 정신적 통일성을 파악하고자 한 것에 비교될 수 있다.

레비나스에게 그런 물질세계에서 존재는 마치 삶과 죽음이 있는 세상에 영혼이 던져져 있는 분리된 존재(l'être séparé)로서 이해될 수 있지만, 그는 그런 분리된 거리를 '타인에의 가까움(proximité d'Autrui)'으로 치유하고 초월성이 계시되는 그런 세계에서 삶의 가치를 얻고자 한다. "가까움은 모든 현상적인 시위(manifestation), 주어진 것 저편에서 영혼에서 영혼에게 이른다."[68] 그에게 그런 초월성은 타인 중심적인 윤리적 행위를 현실

학(théosophie)과 함께 여기에 관한 신앙과 제식 그리고 도덕적인 규범들에 관한 체계 등을 지칭한다." (DL, p.43) 또 다음과 같은 언급도 찾아볼 수 있다. "시나고그(Synagogue: 유대인들의 사원)와 같은 객관적인 조직으로서의 유다이즘은 공동체의 선과 공적인 질서에 관계하는 진리들을 가르친다. 유다이즘은 또한 정의를 가르치고 선지시킨다." (DL, p.92.)

68 AE, p.84.

적으로 강요하는 무조건적인 이유가 되며, 주체가 삶 속에서 누릴 수 있는 향유의 원천이 되기도 한다. 따라서 주체는 물질세계 즉 타자세계에서 자아의 존재 이유와 그 가치의 실현을 설명받을 수 있다. 근본적으로 주체가 삶을 영위해 나가는 세계는 이미 신적인 초월성에 의해 계시되고 구원의 길이 이미 열려 있는 세계다. 그리고 플로티노스에게 있어 신적인 정신도 일자의 세계에 초월해 있는 것이 아니라 영혼들이 무수히 있는 곳, 그 깊은 곳에 이미 들어와 있다는 것에 주목해 보도록 하자.

예를 들어 레비나스에게 있어 타인의 얼굴에도 신적 정신이 내비치며 구원의 길을 열어 준다. 바로 초월성 자체의 현시다. 플로티노스에게 있어 영혼이 상승할 수 있는 초월의 근거도 영혼들 사이에 내재해 있는 정신에 있다. 사실 레비나스 자신이 처음으로 타인의 얼굴을 윤리적 근원으로서 주장하고 있는 것은 아니다. 유다이즘의 경전 미드라시(*Midrash*)에서 언급되고 있듯이, "토라는 70개의 얼굴을 갖는다."(*Bremidbar Rabba* 13; 15) 그리고 전통적으로 얼굴은 빛이 현시되는 성스러운 공간으로 인식되어 왔다.[69] 이렇듯 타인의 얼굴은 이를 바라보는 주체의 복종을 가져오는 성전(聖殿)과 같은 것이고, 주체의 주체성을 볼모로 잡고 있으며 초월성 그 자체를 계시하는 신의 현시와 다름 아니다. 그런데 초월의 빛이 왜 세속적인 얼굴 자체에서 자신을 보여주는가? 한마디로 인간에게 빛의 동일성은 바로 타자성으로 인해 존재하는 것 외에 아무것도 아니다. 예컨대 이사야 9장에서 예언되고 있는 구원의 신, 메시아가 인간의 몸으로 이 세상에 태어난다는 것도 신 자신이 인간의 몸으로, 즉 타자의 형상으

---

69 유대인 학자 게르숌 숄렘(Gershom Scholem)은 얼굴이 갖는 의미를 이렇게 설명한다. "토라의 각 음절은 시나이 산에서 자신들을 발견한 이스라엘 자손들의 숫자만큼과 같이 60만 개의 '얼굴들'을 갖는다. 각각의 얼굴은 그들 중 한 얼굴에 대해 보이는 것이며 단지 그에게로 향하면서 그에 의해 열려지는 것 외엔 아무것도 아니다." (Gershom Scholem, *La Kabbale et sa symbolique*, Paris: Ed. Payot, 1966, p.21)

로 이 세상에 들어온다는 의미가 아닐까?

　레비나스는 이렇게 말한다. "얼굴들은 서로가 다른 이들로 향한다."[70] 마치 해바라기가 해를 향해 움직이듯 얼굴들은 빛이 있는 타인의 얼굴로 향하게 된다. 이에 비해 플로티노스의 초월성은 어떻게 설명될 수 있을까? 그에게 있어 영혼 속의 정신은 영혼의 원천이며, 개별자의 영혼이 스스로 상승할 수 있는 초월성의 근거다. 그래서 그는 이렇게 말한다. "영혼은 정신의 바깥에서 춤을 추며 그를 바라본다. 그리고 영혼은 그의 내부를 사유하며 신을 바라본다."[71] 레비나스에게 있어 초월성 자체는 하강하는 신의 빛이 타인의 얼굴에서 출현하는 것에 있으며, 플로티노스에게 그것은 영혼 깊은 곳, 내면의 세계에 이미 들어와 있는 정신이다. 따라서 전자의 경우 외부세계의 타인의 얼굴과 마주함으로써 신을 만날 수 있다면 후자의 경우 내면세계의 정신과 만남으로써 신과 만날 수 있다. 즉 플로티노스에게 정신은 영혼을 춤추게 만들고 그로 하여금 신을 만날 수 있게 한다면, 레비나스에게 그것은 타자의 얼굴(또는 신적 정신이 하강하는 성스러운 공간)에 대해서 마주보고 있는 주체의 영혼을 복종케 하면서 누구나가 그런 타자 앞에서 신을 만날 수 있다. 플로티노스에게 신적 정신이 도처에 존재하듯 레비나스에게도 그렇다.

　우리는 레비나스의 타자철학과 플로티노스의 일자사상에서 초월성과의 관계에 이르기 위한 영혼의 운동과 그 상승에 관한 사유를 발견할 수 있었다. 그들에게 있어 각각 타자와 정신은 모두 영혼의 지향적 운동을 필연적으로 가져오는 저편의 위치에 있다. 전자에 있어 타자는 곧 신이며 지고의 선이듯이, 후자에 있어서도 정신은 신 자신이며 지고의 선을

70　ADV, p.38.
71　Enn. I 8, 2.

나타내는 실체다. 플로티노스에게 있어 신은 초월의 선이다. "선(Good)은 그 자신 속에 머무는 데 반해 정신은 그 주변에서 살고 있다."[72] 그런데 레비나스에게 있어 초월성은 자아의 범주 속에 또는 그 내부에 존재하는 것이 아니라 이것을 떠나 타자의 만남과 환대(歡待)에 의해 자신을 계시한다. 초월성은 신 자체라고 말할 수 있다. 그래서 그에게 있어 타자는 곧 탈자(脫自)의 정신을 나타낸다. 그리고 그런 정신 또는 타자에의 운동을 통해 신적인 무한성이 계시된다. 플로티노스에게 있어서도 정신과의 합일 즉 엑스터시를 통한 신과의 합일이 가능하다.

그렇다면 레비나스에게 있어 그런 운동을 부여하는 실체는 무엇인가? 그가 말하는 부성(paternité)의 실체에 관해 이해할 필요가 있다.[73] 그것은 영원한 실체이며, 만물에 생명의 힘을 주는 원천이다. 그리고 에로스는 그런 부성을 업고 나와 가까운 거리에 있는 타자에게로 향한다. "에로스는 모든 계획, 모든 역동주의, 근원적인 무례, 세속적인 것 저편의 황홀인 것이다. 따라서 에로스는 얼굴 저편으로 나아간다."[74] 부성은 인간의 에로스를 가져오는 원동력이다. 그것은 인간적인 감정 내지 욕망이 아니라 신적인 차원에서 설명될 수 있다. "부성은 내가 아들을 대신할 수 있다는 동정이 아니다. 나는 나의 아들인 것은 그런 동정이 아니라 나의 존재에 의해서 가능한 것이다."[75] 이것은 무슨 의미일까? 여기서 '나의 존재'는 존재론적 관점을 부정하며 높은 차원의 에로스, 즉 부성적인 에로스(Eros

---

72 Enn. I 8, 2.

73 과연 살아 있는 부성이란 무엇일까? 우리는 그 근거를 유대정신에서 살펴볼 수 있다. "신의 부성은 인간 가족을 위한 그의 사랑과 동등한 것이다. 모든 창조물은 모든 것들의 아버지가 사랑의 신이라는 사실에 대한 살아 있는 증거다." (A. Cohen, *Everyman's Talmud*, Dent&Sons Ldt., London. ; Paris: *Le Talmud*, Payot&Rivages, 2002, p.94.)

74 TI, p.296.

75 TA, p.86.

paternel)를 실현하는 시발점이 된다. 그래서 레비나스가 말하는 '타자에의 욕망(Désir d'Autrui)'이란 그런 차원의 에로스를 드러내는 영혼의 운동과 결코 다른 것이 아니다. 그래서 주체의 영혼, 이것은 타인의 얼굴 또는 신적인 정신에의 가까움을 목적으로 움직인다. 따라서 그런 이유에서 레비나스는 유일신 중심적인 창조적 세계에 근거해서 영혼의 본질과 운동을 이해한다.

우리는 플로티노스와 레비나스에게 있어 영혼을 지닌 주체가 실현할 수 최고의 목적은 바로 신적 존재를 만나는 데 있다는 것을 확인할 수 있다. 레비나스에게 있어 신은 토라(Torah) 자체다. "신보다 토라를 사랑하라. 이것은 바로 구체적으로 인격적인 신(un Dieu personel)에 다가서는 것이다."[76] 그리고 유다이즘의 전통에서 토라는 세계를 지배하는 영적인 에너지와도 같다. 신은 토라 자신이면서 그 섭리에 의해 모든 만물을 지배한다. 그는 이렇게 말한다. "모든 위계의 상좌에 있는 신(Elohim)은 온 세상의 영혼이며 생기다. 이들 세계의 위계적인 연관을 통해 지배자의 에너지는 상위적인 것에서 하위적인 것으로 하강하며 모든 것에 퍼져 나갈 뿐만 아니라 하위적인 것을 상위적인 것으로 고양시킨다."[77] 이 부분만큼 신과 영혼의 관계, 영혼의 운동을 잘 설명하고 있는 곳은 찾아보기 쉽지 않다. 특히 상위적인 것으로 고양된다는 영혼의 운동이 타자에의 그것이라는 점은 분명하다.

레비나스에게 있어 토라는 세계를 지배하는 영적인 에너지이며, 이런 힘은 인간에게 있어서도 타인들 사이에서 실천할 수 있는 타인에의 욕망 내지 책임감으로 나타나는 가치를 지니고 있다. 이렇듯이 영혼의 상승적

---

[76] DL, p.206.
[77] AHN, p.142.

힘은 플로티노스의 사상에서도 발견될 수 있는데 즉 세계의 영혼, 정신적 생명 등에도 그런 힘이 나타난다. 그에게 있어 신적 정신의 유출은 다(多)와 타(他)의 물질세계에 영혼이 존재하는 근거이기에 이런 세계에 영혼이 귀속되지 않고 일자로 상승하려는 생명의 혼이 필연적으로 존재한다. "영혼은 운동의 근원(origin of motion)이며 다른 모든 것들의 운동을 지지한다. 영혼은 스스로 움직이며 혼이 들어간 육체에 생명을 준다. 그러나 영혼은 그 자신 생명을 갖고 있으며 결코 잃어버리지 않는다."[78] 그리고 우리는 플로티노스의 영혼관이 아리스토텔레스의 그것과는 차이가 있다는 것을 인지해야 한다. "플로티노스는 아리스토텔레스와는 달리 영혼의 영역을 유기적 사물들에 국한하지 않는다. 플로티노스에게 영혼은 전 우주의 구조를 짜는 자이다. 그는 영혼이 행하는 여러 가지 기능들을, 반드시 신체 기관에 상응하는 기능들로서만 존재하는 것으로 이해하지도 않는다."[79]

살펴본 바와 같이 레비나스에게 있어 토라는 만물을 생기 있게 하는 보편적인 힘이며, 타인에게 향하는 주체의 욕망 역시 생명력을 가진 영적인 힘에 비유될 수 있다. 그리고 그에게 있어 영혼은 마치 플로티노스가 말하는 세계영혼과 깊은 유대를 갖고 운동하는 에너지와 같다. 플로티노스에게 있어서도 신 또는 일자가 세계영혼, 생명의 영혼을 가져온 근원이듯이 개별 영혼들은 그에게로 상승하며 스스로를 고양시킨다. 따라서 인간의 영혼은 만물에 생명을 가져다준 영원한 세계를 향해 되돌아가고자 하는 회귀(回歸) 본성을 필연적으로 지닌다.

저편의 세계로 오를 수 있는 영혼의 가능성은 자신의 목적이라고 말할

---

78 Enn, IV 7, 9

79 《플로티노스: 엔네아데스 입문》, 도미니크 J. 오미라, 안수철 옮김, 탐구사, 2009, 50쪽.

수 있다. "영혼은 그토록 존엄하고 신적인 품위를 지닌 존재이기에 이런 이유에 의해 너는 신에게 이를 수 있고 그에게 오를 수 있으리라고 확신하라."[80] 그리고 레비나스에게 있어서도 영혼의 운동과 목적이 초월자에게로 향하고 있음은 분명하다. 다만, 플로티노스와 레비나스에게 영혼의 상승 운동은 무엇보다 일자 또는 타자 중심적인가에 관한 각각의 문제의식에 따라 달리 이해되며, 이에 따라 그들이 지향하는 삶의 윤리도 다르게 나타난다.[81] 전자의 경우 일자의 형이상학, 후자의 경우 타자의 형이상학을 중심으로 그런 가치의 체계가 형성된다고 볼 수 있다.

(5) 운명애란 무엇인가?

우리는 삶을 살아가면서 내면의 깊이를 차지하고 있는 영혼을 타인들에게서 보아야 한다는 말을 자주 듣는다. 그리고 신적인 존재가 인간과 함께 있다는 신념도 영혼의 존재를 믿고자 할 때 더욱 자연스럽게 받아들여질 수 있다. 그래서 우리는 신과 함께 있는 영혼을 불멸의 존재라고 부른다. 그렇다면 우리가 철학사에서 익숙하게 보아 왔듯이, 인간은 왜 영혼과 초월성을 사유하는 것일까? 사라짐을 의미하는 죽음은 영원한 생명의 혼과 구분된다. 그런데 죽음을 옆에 두고 살아가는 일상적인 사람들에게 그런 영혼은 허상으로 보인다. 그런데 만약 살아 있는 사람들에게 그런 영혼이 이미 활동하고 있는 생명의 힘이 되는 것이라면 그런 힘은

---

80 Enn. V 1, 3

81 레비나스의 타자철학에 나타난 초월성은 개별자가 지닌 영혼 자신의 초월성이 아니라 신적 초월성이 이편의 세계에 편재(遍在)해서 나타나는 것이다. 이 점은 플로티노스의 초월성과 구분되는 중요한 이유다. 레비나스에게 있어 타자성은 신적 초월성에 응답하는 존재의 본질이면서 초월적 관념의 내재성을 표현한다. 한 예를 살펴보자. "자손과의 관계는 타자와의 관계이며 권력이 아니라 생산성인데 절대적인 미래 또는 무한한 시간과의 관계다." (TI, p.300)

어디에서 연유하는 것일까?

레비나스와 플로티노스에게 영혼에의 사유정신은 그런 점에서 흥미롭다. 우선 그 철학자들에게 영혼은 개별자의 혼으로서 단순히 존재하는 것은 아니다.[82] 영혼에는 목적과 필연성이 존재한다. 만약 그렇다면 어떤 영혼도 우연히 생겨난 것이 아니며, 방황하는 영혼은 있지만 운명이나 목적이 없이 태어난 영혼은 없을 것이다. 이런 점에서 우리는 플로티노스와 레비나스의 예를 들어 고대와 현대의 철학적 사유의 패러다임 사이에 시간적인 단절이 존재하지만 신과 영혼 그리고 무한성을 찾고자 하는 사유의 정서가 보편적으로 존재한다는 사실을 확인할 수 있다. 필자는 그들의 영혼과 초월성에 관한 사유를 살펴보면서 다음과 같은 점들을 공통적으로 인식하고자 한다.

첫째, 플로티노스와 레비나스의 사상 사이에는 신 또는 무한성 중심적인 사유를 바탕으로 하는 영혼 불멸과 에로스에 관한 초월의 가치들이 조우하고 있다는 사실을 확인할 수 있다. 그리고 여기서 종교적인 내세관 내지 신비주의 또는 현실적 삶에 대한 긍정의 가치관도 엿볼 수 있다. 특히 전자의 일자사상에서 신적 정신의 유출로 인해 생명이 있는 세계에 필연적 법칙이 존재하고 있듯이, 후자의 타자철학에서도 신적 섭리가 세상을 지배하고 만인들 사이에 타자에의 지향성과 같은 법칙이 나타난다는 것을 주목해 볼 수 있다.

둘째, 이론적으로 볼 때 그들 사상에서 영혼은 주체적 상승에 의해 신또는 무한성과 만날 수 있으며, 그 영혼은 감각의 세계를 다시 생기 있게 한다. 또한 물질세계에 존재하는 모든 것도 영적인 활력에 의해 생명의

---

82 "세상에서 살아가는 인간은 정신세계의 아름다운 복사체로서 다양한 세계의 하나 됨을 고무시키는 가장 가까운 근거인 자기의 영혼을 먼저 회복해야 한다." (조규홍, 〈플로티노스의 형이상학: Henology의 이해를 위한 소고〉, 《철학논집》 제34집, 서강대학교, 2013, 35쪽)

원천으로 되돌아가고자 하는 힘을 지니며, 이것은 만물이 조화롭게 존재하는 이유가 될 수 있다. 즉 그들의 사상에는 생명에 대한 영적 통찰력과 더불어 다(多)와 타(他)로서 존재하는 만물에 대한 긍정적 성찰이 드러나 있다. 특히 레비나스가 그런 존재들을 자립체로서 이해하고 있다는 점은 플로티노스가 개별자의 영혼들을 그와 같은 개념으로 부른 것과 매우 흡사한 부분이다.

이제 플로티노스와 레비나스의 사상 사이에 운명애의 가치가 존재한다는 것을 가정해 보자. 개인적인 운명이 실제로는 개별적인 것을 넘어서 있는 어떤 원리 내지 근거로부터 주어진 것이라면, 그런 운명관에는 필연적 가치가 존재하고 삶을 사랑해야만 하는 이유가 있을 것이다. 그리고 그런 가치를 직관하고 사랑할 수 있는 주체가 영혼을 가진 주체라는 것을 부정할 수 없다. 이렇듯 영혼과 운명애는 서로 밀접한 관계를 맺고 있다. 우리가 확인할 수 있는 플로티노스와 레비나스의 영혼에 대한 철학적 이해는 '영혼은 운명과 함께한다'는 사실이다. 즉 영혼은 운명 속에 들어와 삶의 실존과 함께 존재하며 삶의 가치를 지배한다. 영혼은 개인의 운명을 따라다니는 고유한 속성을 지니고 있지만, 삶의 저편을 지향하기 때문에 수직적인 운동에 의해 오히려 운명적인 삶을 극복하게 만드는 힘을 지니고 있다. 따라서 그들에게 운명애라고 하는 것은 삶의 긍정 내지 근본적인 삶의 정신을 수반한다. 삶에의 사랑을 가져오는 영혼은 존재의 활동을 가져오는 힘이며 정신적 생명이기 때문에 그 원천이 신 또는 초월적 자연이라고도 말할 수 있을 것이다. 그들에게 삶의 긍정으로 각각 나타나는 관조(觀照) 내지 향유(享有)의 사상은 그런 운명애를 반영한다. 그리고 영혼 불멸에 대한 믿음은 그 기반이다.

플로티노스는 《엔네아데스》에서 정신적 생명을 지속적으로 영위해 나갈 수 있는 운명애의 가치를 견지한다. 근본적으로 그런 입장은 영혼이 머물고 있는 이 세상에 대한 긍정으로부터 비롯된다. 플로티노스는 일자와 영적으로 호흡하는 영혼의 존재가 자신을 완성시키기 위해 본질적으로 갖고 있는 영원한 회귀의 본성을 제시한다. 우리는 여기서 모든 살아 있는 존재들이 지향하고 있는 세계영혼의 실현이 우주 전체와의 조화로운 삶을 통해 가능하다는 운명애의 사상을 새삼 발견할 수 있다. 이와 비교해서 레비나스에게 있어서의 에로스와 운명애는 생명에 대한 경외, 타자와의 관계와 그 책임을 떠나서 존재할 수 없는 실존적 삶의 가치를 중시한다. 말하자면 플로티노스의 관조, 레비나스의 향유의 세계관은 모두 우주의 영혼과 생명에 대한 긍정적 예찬에서 비롯된다. 운명애는 삶과 죽음을 초월해서 이편의 세계를 긍정하고 삶 자체의 지속성을 사유하며 삶을 영위해 나갈 수 있는 삶의 사랑에 관한 가치다. 따라서 삶 속에 존재하는 그 어떤 것도 사랑하지 않을 수가 없다.

너와 나 사이의 가까움:
'사이'의 정신이란 무엇인가?

레비나스는 다음과 같이 인간의 영원한 책임을 언급한다. "인간은 이미 완전하게 만들어진 우주 안에 들어왔고, 벌 받은 첫 번째 존재다. 인간은 자기가 하지 않은 것에 응답해야 한다. 인간은 우주에 대해 책임이 있고 피조물들에게 볼모로 잡혀 있다."[83] 언급된 이 부분은 인간이 누군가에게 직접적으로 행한 어떤 사유가 없다 하더라도 왜 책임을 갖고 살아야 하는지를 깊이 있게 설명해 준다. 나라고 하는 실존은 우연히 생겨난 것이 아니라 나의 생명 그 이전에 존재했던 모든 것에 빚이 있기 때문에 주어진 것이라는 점에 주목해 보자. 이 세상에 살면서 죽음에 이르기까지 내가 나 자신을 의식하는 생명의 의식만큼이나 중요한 실존적 사건은 없지 않은가? 마치 연기설(緣起說)과 같이 원천적인 인과관계는 나의 생명과 실존의 비밀이 아닐 수 없다. 만약 그렇다면 나의 행동과 생각에 있어서도 그 어떤 경우에도 조심스럽게 몸을 낮추지 않을 수 없다. 이렇게 하는 이유는 나 자신이 특별히 겸손해서가 아니라 자아가 속해 있는 역사, 사

---

[83] DSAS, p.136.

회, 관계 등에 대한 당연한 응대의 태도가 필요하기 때문이다.

　레비나스의 철학에 윤리적인 관점에서 인간을 바라볼 수 있는 두 가지 가치가 있다면, 그것은 보살핌과 책임이다. 먼저 보살핌은 생명과 실존에 대한 누군가의 배려로부터 가능한 것이다. 인간은 이 세상에 태어날 때부터 신의 가호를 받았고 누군가의 사랑과 보살핌이 있어 내가 여기에 존재하듯이, 나 자신도 누군가에게는 그런 가치를 실현할 수 있어야 한다는 것을 배우게 된다. 또한 이 세상의 삶은 관계에 의해 나와 타인 사이가 형성되며, 이런 '가까움(proximité)'은 삶의 보편적 정서로서 모든 인격적 관계를 만드는 원천이고 그런 정서와 관계는 책임이라고 하는 소명의식에 의해 완성된다. 레비나스에 따르면, 그 친밀성을 배우는 첫 번째 장소가 바로 가정이다. 그리고 여기서부터 출발해서 이웃과 사회로 확장된 책임감은 삶의 궁극적인 가치관이 된다. 우리는 흔히 레비나스의 타인에 대한 책임과 그 윤리를 강조하지만, 사실 이것은 바로 나와 신의 관계에서 요구되는 것에 바탕을 두고 있는 절대적 가치다. 그러나 나와 이웃의 관계에 사랑과 책임이 없이 어떻게 신을 신앙으로서 믿는다고 말할 수 있고 그의 말씀에 따를 수 있겠는가 하는 소명의 가치를 생각해 보아야 한다는 것도 그의 중요한 윤리적 판단이다.

　그에 따르면 생명을 얻고 태어난 순간부터 나 이외의 모든 것으로부터 이미 연유되어 나는 존재한다. 그에게 있어 관계에의 얽매임은 구속이 아니라 '나'의 실존적 빚을 감내하고 부담해야 하는 삶의 과정 속에 있는 것일 뿐이다. 정신적·신체적 어려움과 고통은 그만큼 내가 선택된 존재이기 때문일 수 있다. 그리고 그 가운데 내가 존재하기 때문에 나는 그런 관계에서 책임감을 갖고 살아야 한다. 이것은 나에 대한 확신으로 이어진다. "나로서의 나는 타자의 얼굴로 윤리적으로 향하며, 박애는 나의 선민(élection)과 평등이 동시에 성취되는 (타자의) 얼굴과의 관계 자체다."[84] 즉 애처로운 표정으로 나에게 도움을 청하는 타자의 얼굴은 여기에 응대할 수밖에 없는 즉각적인 나의 행동과 때로는 이에 따른 고통을 요구한다. 우리는 이것을 사랑이라고 말한다. 사실 유다이즘에서 선민사상은 매우 각별한 것으로, 이것은 역사적으로 신과 아브라함의 관계에서 비롯된다고 한다. "신이 아브라함에게 말하기를 곧 너는 너의 나라, 고향, 아비의 집을 떠나 내가 지시할 땅으로 가거라." (창세기 12:1) 그러나 이것은 이스라엘 민족에게 시련의 역사를 가져다주는 디아스포라의 시작이었다. 레비나스에게 시련과 고통은 타인에 대한 사랑과 희생의 대가이기에 감내할 수밖에 없는 현실이다. 사실 삶을 살아가면서 공짜로 생색낼 수 있는 사랑은 없는 것 같다.

이제 데카르트의 "나는 생각한다, 고로 존재한다"라는 유명한 철학적 명제 대신에 "나는 (타자로 인해) 고뇌한다, 고로 존재한다"라고 말해야 할 것이다. 타자로 인해 내가 번뇌하고 그를 위한 행동이 나에게 고통을 가져다준다는 것은 신이 기뻐할 만한 일이 되고 위대한 자가 나와 함께 있다는 것이니 나의 확실성을, 즉 '나는 존재한다'고 주장할 수 있을 것이다. 그런데 실제로 인간은 자신의 이해관계에서 사람 관계와 세상을 판단하는 경우가 많다. 그래서 사람들은 마치 잘 차려진 밥상 위에 숟가락만을 들고 세상을 살아가려는 태도 때문에 개인의 이기주의와 탐욕을 피할 수 없고 죄를 짓게 된다. 레비나스는 바로 그런 것을 경계한다. 이미 타인들은 나의 살이 되어 있고 뼈가 되어 있다. 나의 것은 세상에 그 어떤 것도 없다. 자식마저도 당연히 내 것이 아니라고 그는 말한다. 나의 실존은 오히려 나 이외의 타자들 가운데 이미 숨겨져 있거나 볼모로 잡혀 있

---

84 TI, p.312.

다. 그래서 만약 내가 나 자신을 찾기 위해서라도 나를 찾고자 하는 애절한 마음으로 주위를 돌아본다면 거기에서 나의 자화상을 확인할 수 있으며, 나와 우리의 삶을 감사하게 생각하고 나 자신이 즐거울 것이다. 이제 레비나스에게 있어서 근본적으로 나와 타인들은 어떤 관계에 있고 그들 가운데 나는 누구인가, 보살핌과 배려의 가치가 왜 책임의 윤리이고 즐거움이 될 수 있는가에 대해 생각해 보기로 하자.

(1) 사이의 '있음'과 공공세계

우리는 공공(公共)의 행복을 다루기에 앞서 공공세계라고 하는 하나의 삶의 공간에 대한 이해와 가정을 가져야 한다. 만약 나 혼자 이 세상을 살고 있다면 인간관계는 존재하지 않을 것이며, 공공이란 용어는 사용할 수 없다. 따라서 공공의 세계는 가족, 이웃, 사회와 관계를 맺고 있는 세상을 의미한다. 그런데 인간이 살아가는 세계란 어떤 의미를 지니고 있는 것일까? 간단한 예를 들어보자. "책상과 걸상, 교탁과 칠판, 그리고 교사와 학생이 있는 곳은?" 당연히 학교 교실이라는 공공의 장소를 나타낸다. 그런 공공의 장소들은 작은 도시일지라도 무수히 존재할 수 있다. 그리고 그런 장소들에 으레 놓여 있는 소품들은 서로 간에 존재 이유들을 갖고 있으며, 그런 존재 이유들은 물리적 공간에 의해 주어지는 것이 아니라 바로 관계에 의해 형성된다고 볼 수 있다. 우리는 삶의 세계로서의 공공세계에 대한 정의와 이해를 선취하고, 세계의 내적 질서에 호응하며 삶의 '사이'의 정신을 인간의 윤리로서 승화시킬 수 있는 행복의 가치가 무엇인지 살펴보고자 한다. 우선 우리가 살고 있는 세계 또는 우주 안에 속하는 모든 것은, 이들이 관계를 맺고 있는 것들을 떠나서 존재한다면, 자체의 고유성을 지니고 있는 것도 아니고 즉자적으로 존재하는 것도 아니라는 점에 착안하도록 하자. 그리고 나와 타인 그리고 우리 사이에서 관계를 맺어 주는 '사이'의 정신에 대해 레비나스의 관점을 중심으로 생각해 나가기로 한다.

인간 주체의 선험성을 주장한 임마누엘 칸트(Immanuel Kant, 1724~1804)는 현상계의 법칙을 설명하기 위해 인과성, 필연성, 관계성 등과 같은 정신적·선험적 범주를 자연세계에 부여하며 이런 세계가 물리적 공간임에도 불구하고 인간의 선험적 정신과 소통의 구조를 갖고 있다는 것을 확인해 준다. 데카르트의 이성도 자연세계의 필연적 구조를 완전하게 인식할 수 있는 선험적 능력을 우월하게 갖고 있는 셈이다. 칸트는 정신과 물질세계 사이에 존재하는 '사이'의 간격을 인간이 중심이 된 주체적 사유에 의해 설명한 셈이고, 우리는 이것을 코페르니쿠스적 전환이라고 부른다. 다분히 이것은 인간 중심적인 세계에 대한 이해라고 볼 수 있다. 그러나 사실 인간의 동공(瞳孔)이 중심이 된 원근법적인 시선으로 사물세계를 보고 그림을 그리고 나서 마치 이것을 사물 그 자체라고 주장한다면 어폐가 될 수도 있을 것이다. 그럼에도 불구하고 데카르트 이후 근대정신은 인간 자신에 대한 확실성과 주체적 사유의 선험주의를 일궈 냈던 의미를 갖고 있다.

현대에 들어서서 물질 자체의 운동과 변화에 중심을 두고 과학적 시선으로 사물들 '사이'의 문제를 설명하고 있는 앨프리드 노스 화이트헤드(Alfred North Whitehead, 1861~1947)는 합생(合生, concrescence) 개념을 우주론적 생성 과정에 적용한다. "합생과 새로운 사물은 별개의 것으로 존재하는 것이 아니다. 새로운 사물을 분석할 경우, 우리는 단지 합생을 발견하게 될 뿐이다."[85] 그에게 있어 존재하는 모든 것은 상호 간의 유기적인 관계들을 나누어 가지면서 우주적 차원의 통합적인 구심점을 갖고 자신

---

85 《과정과 실재》, 화이트헤드, 오영환 옮김, 민음사, 1991, 424쪽.

들의 다원적 속성을 타자성에 의해 결정하고 있는 셈이다. 자연의 이치와 운동에 관한 칸트와 화이트헤드의 이해는 각각 선험적 정신과 창조적 생성에 의해 사물들의 세계에 대한 구조적 해석을 가져오고 있지만, 우리는 그들의 해석을 통해서도 인간과 세계 사이에 존재하는 '사이'의 '있음'에 대한 가정들이 나름대로 소통의 구조와 이것을 지배하는 필연적 연관성을 갖고 있음을 공통적으로 확인할 수 있다.

그렇다면 우리는 소통과 필연성의 관점에서, 더 나아가 인간들 사이의 본성과 윤리적 관계에 초점을 맞춰 사이의 '있음'을 어떻게 해명해 나갈 수 있을 것인가? 필자가 말하고자 하는 사이의 있음은 관계성을 떠나 인간 또는 사물에 대한 선(先)이해가 정초될 수 없다는 것이며, 특히 주체와 타자 사이에도 관계성이 깊이 개입되어 있음을 확인하고자 한다. 그리고 이런 관계성은 사실 타자성의 관계라고 불러도 무방할 것이다. 무엇보다 주체의 시선이 의식할 수밖에 없는 나와 타자 사이의 거리 또는 관계성은 '나'의 주체성을 지배할 결정적인 동기를 갖고 있는 것처럼 보인다. 그럼에도 불구하고 우리가 존재의 '있음'을 이것의 내부와 외부 사이의 '사이'로부터 보고자 하는 이유는 이를 토대로 해서 윤리와 도덕적 가치 그리고 존재론적 '있음'의 근거를 해명해 나갈 수 있기 때문이다.

위와 같은 지적 동기를 갖고 필자는 나와 타자 사이의 불가분의 관계를, 타자성의 가치를 중심으로 설명하는 레비나스의 타자철학을 예로 들면서 주체성의 근거와 본질, 주체와 타자 사이에 내재하는 우주적 섭리 또는 그 힘에 관해 깊이 생각해 보고자 한다. 그리고 여기에 호응하는 삶의 가치와 행복이란 무엇인지에 관해 생각해 보는 것도 의미 있는 일이 될 것이다. 더 나아가 필자는 그에게 있어서의 나와 타자 사이의 관계를 통해 그가 주장하는 '우리들 사이에(entre nous)'가 공공세계(public-common world)로서 이해될 가능성을 찾아 나감으로써 공공세계의 행복에 대한 가치도 새롭게 인식해 나갈 예정이다. 생태계를 포함해 세계의 어떤 집단도 유적 존재로서 자신들의 생명을 보존하고자 하며, 유유상종(類類相從)의 이치가 존재하듯이 공공세계도 섭리와 역사에 의해 도리(道理)의 질서를 형성한다.

말하자면 필자는 '사이'의 있음이 공공세계에 대한 이해의 지평을 가져올 실마리를 제공할 수 있다는 점에 착안해서, 특히 '사이'로서의 공공세계가 추구하는 지고의 선에 일치할 수 있는 공공의 행복에 관해 궁구해 보기로 한다. 사실 우리는 '우리들 사이에'가 나와 타자 사이를 가정하지만 그렇다고 주체 중심적인 관계는 결코 아닐 수 있음을 견지해야 한다. 이에 반해 에드문트 후설(Edmund Husserl, 1859~1938)의 경우 타자관계는 주체적 자아로부터 연장 관계에 있다. 그는 대상, 타자와의 지향적 관계에서 자아의식의 확실성과 그 초월성을 설명한다. 그에게 있어 타자는 주체와의 지향적 관계에서 구성된다. "타인은 원초적 세계, 또는 모나드의 자아로서 간접제시적으로 통각된다."[86] 이런 점에서 후설을 데카르트의 후예라고 불러도 지나치지 않다. 비록 그의 후기철학에서 원초적인 감각적 활동이 이미 근원적 지향성을 형성하는 것에서 생활세계가 제시되고 있지만, 이런 공간도 나와 세계 사이에서 신체자아의 범주를 벗어난 것은 아닐 것이다.

우리가 삶에서 일상적으로 체득하고 있는 나와 타자들은 나와 타인, 나와 사물들 사이의 관계들로 이뤄져 있다. 그런 '사이'의 세계를 공공세계의 입장에서 생각해 보기로 하자.[87] 공공세계에 대한 가정과 그것이 갖

---

86 《데카르트적 성찰》, 에드문트 후설, 이종훈 옮김, 한길사, 2002, 183쪽.

87 공공세계를 'public-common world'로 지칭한 것은 김태창 선생의 논조를 반영하고자 한 것이다. "동아시아의 사상적, 철학적, 문화적 전통 속에서 생겨나고 지켜져 온 '公共한다'는 언어적 표현, 특히 그 동사적 표현이 갖는 실천적, 행위적 의의를 깊이 생각해 보는 것이 좋

는 의미를 살펴보기로 할 때, 공공세계는 주체가 살아가는 삶의 세계이면서 주체 자신을 떠나 존재할 수 있는 객관성의 세계이지만 그렇다고 나와 타자의 사이를 벗어나 실재하는 세계는 아니다. 말하자면 나와 타자 사이도 공적 세계의 일부라고 보아야 한다. 즉 그런 사이는 범(汎)인간적인 가치, 즉 인지상정(人之常情) 내지 이심전심(以心傳心) 등이 사람들 사이에 내재하는 가까움을 이미 형성하고 있으며, 그런 가치에 호응할 수 있는 행위 내지 태도를 서로 간에 기대할 수 있을 것이다. 이에 따라 우리는 구체적인 나와 타자 사이의 관계를 도외시하고 공공세계의 포괄성만을 주장할 수는 없을 것이다. 예를 들어, 마트에서 일어나는 실제적인 상거래를 배제하고 화폐경제를 말할 수 없는 것과 마찬가지다. 그러니까 필자는 공공세계가 넓게는 삶의 문화적 전승이 이뤄지는 역사적 터전이며, 좁게는 나와 타자들 사이에서 이뤄지는 구체적인 소통의 관계들을 지배하며 이런 관계에서 지속적인 활동이 이뤄지는 역동적인 세계라는 것을 인식하고자 한다.

〈그림1〉 공공세계는 우주적인 에너지와 소통하는 세계이며, 여기서 정신과 물질이 자연스럽게 융합한다. 전통적으로 인도의 종교사상은 신체·집·우주 사이에 서로 일치하는 구조를 제시하며, 공기와 물은 신체를 영적으로 정화하여 우주와의 합일에 이르게 한다.

한마디로 공공세계는 소통의 세계를 지향한다. 더 높은 차원에서 본다면 공공세계가 생명의 원천적 근거

을 것입니다. (…) 그런 생각에서 공공윤리라는 말도 'public ethics'라고 하지 않고 구태여 'public-common ethic'라고 번역하기로 했던 것입니다." (김태창, 〈韓사상, 韓철학과 공공윤리(학·교육)〉,《윤리교육연구》제26집, 한국윤리교육학회, 2011, 173쪽)

로도 주장될 수 있다는 점에서 우주의 생성적 리듬이 존재하는 자연 그 자체라고도 이해할 수 있다. 이 점에서 섭리가 존재하고 작용하는 세계도 공공의 세계이며, 조화와 통일이 내재되어 있는 세계도 바로 공공의 세계다. 예를 들어 미르체아 엘리아데(Mircea Eliade, 1907~1986)에 따르면, 삶의 구조는 우주 창조적인 원형을 재생하고 있으며 제의(祭儀)는 속세를 정화(淨化)하고 삶과 사물들에 대해 생명력을 불어넣는 행위로 나타나기도 한다. 이렇게 해서 살아 있는 것은 비로소 영적인 것을 회복할 수 있으며, 인간적 삶의 터전은 우주적인 에너지로 가득 차서 거듭날 수 있다. 그에 따르면 남녀 사이의 결혼식도 우주 창조를 재현하는 구체적인 행위로 나타나는데, 음(陰)과 양(陽)의 만남으로 태초가 지어진 것을 모델로 한다. 남녀 사이의 혼례도 우주적 창조의 재현을 의미한다. "결혼식도 마찬가지로 신적인 모델을 가지고 있다. 인간의 결혼은 신혼(神婚)인데 더 구체적으로 말하면, 하늘과 땅의 결합을 재연하는 것이다. 우파니샤드에 보면, 남편이 아내에게 '나는 하늘이요, 당신은 땅이다'라고 말하고 있다."[88] 말하자면 우리가 살고 있는 하늘과 땅의 세계는 살아 있는 공간이며, 이런 세계로부터 인간의 삶이 궁극적으로 이해될 때 '왜, 어떻게 삶을 살아가야 하는가'에 대한 삶의 사색이 좀 더 분명해질 수 있을 것이다. 우주와 소통하는 인간의 본질적인 내면성은 인간 자신의 본성이기도 하며, 이런 선천적인 본성은 인간의 운명을 지배한다.

독일 철학자 슐라이어마허(Friedrich Ernst Daniel Schleiermacher, 1768~1834)의 종교론은 그런 점들을 부각한다. 특히 인간의 열린 감정은 우주로 향하는 탯줄과도 같다. "여러분은 가장 본래적이고 사랑스런 본향에 있으며, 여러분의 내적인 삶은 열리고 꽃피며 내적인 힘의 충동을 느낄 수 있

---

88 《우주와 역사》, M. 엘리아데, 정진홍 옮김, 현대사상사, 1976, 43쪽.

다. 인간성 자체는 여러분에게 고유한 우주이다. 우주가 인간성과 관계하거나 이것을 에워싸고 있는 한 여러분은 다른 모든 것을 바로 이 우주로 생각하게 된다."[89] 그는 기독교인이지만 종교적 감성을 중시하며, 자연신학적인 입장을 견지하기도 하지만 이신론적 입장이나 맹목적인 신앙을 경계했던 것으로 의도를 짐작할 수 있다. 엘리아데의 입장에서 볼 때 인간은 자연과 우주라고 하는 거대한 종교적 공간에서 삶을 영위해 나가는 존재이며, 속세의 삶이라고 하는 것을 섭리가 지배하는 영원한 공간의 일부로서 정화해 나갈 때 인간은 자신의 영생을 추구할 수 있다. 바로 영원한 삶을 얻을 수 있는 비결이 아닐까? 그런 의미에서 인간과 우주 사이에 존재하는 유기적 소통은 곧 유한한 삶을 살고 있는 '물질적인' 나 자신을 떠나 우주적인 혼(魂)에 합일하는 것에서 발생한다. 그래서 물아일체(物我一體)는 지고의 정신을 실현한다. 자연을 물질로 보는 것이 아니라 생명이 숨 쉬고 살아 있는 생명체로 이해하고 이것과 교감하는 데서 정신적 가치를 발견한다는 것은 분명히 새로운 체험이 될 수 있을 것이다.

따라서 위와 같은 이해와 함께 살펴볼 '사이'의 정신과 그 공간은 단순히 인간을 위한 공동체의 범주와 가치에 의해 제한될 수 있는 것이 아니라 넓게는 인간과 우주가 융합하고 소통하는 구조를 확보하는 것에 의미가 있다. 이에 따라 그것은 나와 타자 사이에 내재하는 삶의 가치를 보편적으로 인식해 나갈 수 있는 근거를 제공한다.[90] 서구 사상사에서 데카르

---

89 《종교론》, 슐라이어마허, 최신한 옮김, 대한기독교서회, 2002, 86쪽.

90 '사이'의 개념에 대한 다음과 같은 설명도 있다. "일본에서는 '사이'의 문제를 똑바로 보고 중시해서 윤리학 및 윤리사상의 중심 과제로 세우게 되는 것은 20세기에 와서 특히 와츠지 테츠로(和辻哲郎, 1889~1960)에 의해서입니다. 그에 의해서 비로소 사람과 사람 '사이'에 관한 학문으로서의 윤리학이 정립하게 되지만 그것은 기존의 고정화된 사이이고 새로 열어가는 다이내믹한 사이의 역학이 작동하지 못하는 사이입니다. 韓사상, 韓철학에서 중요하게 생각하는 사이는 거기서부터 무한히 열리고 키워지고 가꾸어지는 사이인 것입니다. 그러나 아직도 내면 중시의 흐름에 '사이'라는 시각은 억제되고 있는 실정입니다." (김태

트의 코기토 중심주의는 주체적 사유의 확실성을 아르키메데스의 원점으로서 인식하고 이런 우월한 정신을 바탕으로 우주적 법칙과 운동을 체계적으로 설명할 수 있었다. 이에 반해 레비나스는 탈(脫)코기토주의를 주장한다. 그리고 이것이 이성적 주체의 해체라는 것과 더 나아가 새로운 섭리의 이해가 개진될 수 있다는 것에 주목해 보자. 그에게 있어 주체는 신체를 갖고 태어날 때부터 고독을 원천적으로 갖고 실존한다. "고독은 존재자와 같은 일체(unité)이다."[91] 고독은 주체를 최초로 스스로 발견하는 실존적 사건이면서 철학의 역사에서 사유의 특권을 누려 왔던 인간 정신에 대한 새로운 직시다.

파스칼은 팡세에서 이렇게 말한다. "나를 에워싼 이 우주의 무시무시한 공간들을 본다. 그리고 광막한 우주의 한구석에 매달린 자신을 발견할 뿐, 무슨 이유로 다른 곳이 아닌 이곳에 내가 위치하고 있는지, 무슨 이유로 나에게 허용된 이 짧은 시간이 나를 앞선 모든 영원과 이를 뒤이을 모든 영원 사이에서 다른 시점이 아닌 바로 이 시점에 지정되었는지 모른다."[92] 이렇듯 존재는 자신의 원천적인 존재 이유와 세계의 시작과 끝을 모르고 삶을 시작하며 죽음의 운명을 생각할 뿐이다. 이것은 극도의 불안과 고독을 시시각각 불러내곤 한다.

이렇듯 자아는 내적 사유 속에 본유관념을 갖고 초월자를 성찰하는 것이 아니라 자신의 원천적인 부재(不在)를 철저하게 인식한다. 레비나스는 이렇게 말한다. "존재하는 것은 즉자적으로 있는 것(en soi)이 아닌데, 이것은 이미 평화 상태다. 존재하는 것은 모든 자신의 부재이며 나 자신

창, 〈韓사상, 韓철학과 공공윤리(학·교육)〉, 《윤리교육연구》 제26집, 한국윤리교육학회, 2011, 174쪽)

91 TA, p.35.

92 《팡세》, 블레즈 파스칼, 이환 옮김, 민음사, 2003, 22쪽.

2장 너와 나 사이의 가까움   81

의 배제다."[93] 즉 부재는 사유로부터 발생한 본질주의를 거부하는 존재의 근거다. 존재의 '있음'에 관한 그런 이해를 바탕으로 모든 존재는 '있음(l' *il y a*)'인데, 이것은 나와 타자 사이에 있는 나의 '있음'에도 바로 적용된다. 그런 있음의 관계에서 '나' 중심적인 구심력은 주체 바깥으로 자리를 옮겨간다. 그러니까 주체는 유일무이(唯一無二)한 나 자신을 주장할 수 없고, 단지 타자성에 의해 나 자신을 정의 내릴 수 있다. '있음'은 곧 사이의 존재다. 나와 이웃한 타자와의 삶 속에 죽음이 있고 초월자도 발견한다. 필자는 레비나스의 윤리사상에서 가장 중요한 테마를 차지하고 있는 '가까움(proximité)'과 '타자에의 지향성(l'*un-pour-l'autre*)'을 소개하면서 '사이'의 정신을 주장하고자 하며, 탁월한(par excellence) 즐거움과 덕으로서의 공공의 행복을 개진해 보고자 한다.

(2) 역동적 삶의 세계와 상생을 위한 '사이'의 정신

어렵지 않은 말로 유유상종은 비슷한 무리들이 서로 잘 어울린다는 뜻을 갖고 있으며, 만물의 활동이 길하고 흉하기가 순리에 따라 움직인다는 의미도 갖고 있다. 그렇다면 인간세계에서 공동체의 본성 또는 감정이라는 것도 왜 각별한 의미를 갖고 있는 것일까? 만약 모든 종과 유(類) 사이에서 개체들끼리의 상호 의존성이 자연스럽게 발생하는 것이라면 그런 속성은 관행적인 협력 관계를 구성하는 중요한 이유가 될 수 있을 것이다. 생태학에서도 개체는 무리를 중심으로, 무리는 서식지를 중심으로 종의 번식을 실현해 나가는 것을 볼 수 있다. 생존과 번식을 위해 모든 유기체의 종들이 집단적으로 서식하거나 군집을 이뤄 협력 관계를 형성하고 있음을 알 수 있다. "생존차원에서의 군집형성이란 가치는 대단히 중요

---

93 TA, p.27.

하다. (…) 이에 적합한 예로 산호초를 중심으로 많은 종류의 유기체들이 이질적이면서 유형적으로 모여 있음을 확인할 수 있다. 대개의 경우, 이런 협력 관계는 무의식적이고 '자동적인 상호 의존 관계'이다."[94] 여기서 주목해 볼 수 있는 것은 집단 내의 자연적 본능이 협력 관계를 이미 요구한다는 사실이다. 이런 관계는 무리들 사이의 상생과 자연적 섭리를 구체적으로 보여주고 있는 셈이다.

그런 예에서 볼 수 있듯이, 인간들이 유대를 맺고 살아가는 사회적 관계성도 나와 타자들 사이의 협력 관계와 '사이'의 구체성에서 비롯된다. '사이'는 사적인 유대로부터 발생한 관계 지음이 아니라 원천적으로 타자들 사이에 자신을 융합시켜 나가는 탈자성(脫自性)이라는 '원점 없는 원점'으로부터 구성된다.[95] 즉 자신의 존재가 없는 '사이'의 공간에 그 자신이 있다는 것! 여기서 나는 '그 자체(illéité)'이며, 중요한 점은 제3자와 같이 내가 존재한다는 사실이다. 마치 나 자신이 도처에 존재해 있지만 내가 점유하고 있는 자리는 없다는 뜻도 된다. 사실 이런 해석은 윤리적인 접근만으로는 도저히 이해할 수 없는 타자 중심의 절대적 관점이라고밖에 볼 수 없다.

그래서 우리는 레비나스의 '있음'의 존재 이해를 위해서는 그런 접근이 아니라 '자아가 만유(萬有)에 있다'는 안목에서 성찰할 필요가 있다. 이것은 레비나스가 존재를 지칭한 '있음(l'il y a)'을 의미한다. 그는 《윤리와 무한》(1982)에서 존재의 본질을 언급한다. 즉 "있음은 비인칭적

---

94 《생태학 그 열림과 닫힘의 역사》, 도널드 워스터, 강헌 외 옮김, 아카넷, 2002. 406쪽
95 "아르키메데스가 지구를 그 자리에서 움직이기 위해 확고부동한 일점밖에 찾지 않았듯이, 나 역시 확실하고 흔들리지 않는 최소한의 것만이라도 발견하게 된다면 큰일을 도모할 수 있다고 희망을 걸 수 있지 않을까. (…) 이렇게 이 모든 것을 세심히 고찰해 본 결과, 나는 있다, 나는 현존한다는 명제는 내가 이것을 발언할 때마다 모두 혹은 마음속에 품을 때마다 필연적으로 참이라는 결론에 이르게 된다." (〈제2성찰〉, 《성찰》, 42~43쪽)

(impersonnel) 존재의 현상, 그(il)이다." 여기서 비인칭대명사 '그'로서의 있음의 존재는 철저히 자기 자신만의 주체적 지위를 부정한다. 즉 그런 비인칭적 관점에서 존재를 바라본다면 어렴풋이 '나의 있음'을 짐작할 수 있을 것이다. 마치 평생 자신의 가족을 위해 몸과 마음을 바친 어머니가 인생의 끝에서 '나는 뭐지'라고 묻게 되었을 때 맞이하는 무(無)존재감이 있음의 존재 이유라고 레비나스는 말할 것이다. 사실 이해관계 없이 그 누구에게나 내가 서 있다는 것은 매우 어리석은 일로 취급받는다. 레비나스에게 있어 나와 이웃한 타자는 나의 바깥에 있으며 나와의 사적인 관계를 넘어서 있는 절대적인 타자다. "절대적인 타자는 의식 안에서 반성되는 것이 아니다."[96]

위와 같이 선뜻 이해하기 어려운 레비나스의 주체 이해와 타자관계를 초점에 두고 다시 '나는 누구인가'를 살펴보자. 먼저 주체란 무엇인가? 어느 날 아파트 현관문을 열고 들어가 보니 집안 식구들이 다들 모여 있었다. "아들 지금 왔어", "아빠 왔다", "오빠 저녁 먹었어?", "처남 얼른 들어와" 등등 나에게 쏟아지는 다양한 명칭은 타자들로부터의 '나'에 대한 주체의 호출이며, 여기에 응대하는 주체성은 그런 타자관계들로부터 자유로울 수 없다. 그는 이런 주체를 자립체라고 부르며, 그 본질은 타자성이다. 그리고 이런 타자성은 주체가 타자들에 대해 존재론적 빚이 있다는 것이고, 그들에 대한 책임감을 피할 수 없다는 윤리적 근거가 된다. 따라서 나의 정체성은 더 이상 나 자신 속에 내재되어 있는 것이 아니라 가족들 사이에서 아들, 아빠, 오빠, 처남 등으로 숨겨져 있다. 여기서 주체의 속성은 자신의 바깥세계에 숨겨져 있는 익명성이다. 그래서 레비나스는 '주체 바깥으로(hors du sujet)'라는 주체의 본성을 읽고자 하며, 타자에

---

96   Lévinas, *Humanisme de l'autre homme*, Montpellier: Fata Morgana, 1972, p.53. (이하 HA로 약칭한다.)

의 욕망은 거기서 나타나는 필연
적 사건이 된다.

　즉 관계의 중심은 타자에 있다.
그렇다고 '사이'는 주체가 배제
된 타자의 세계로 규정되지 않는
다. 왜냐하면 그런 '사이'는 근본적
인 주체성의 실현을 가져올 수 있
는 초월의 공간이며, 나와 타자가
소통할 수 있는 공공세계이기 때

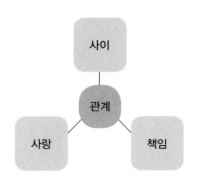

〈그림2〉 레비나스에게 있어 나와 타인의 관계에는
회피할 수 없는 사랑과 책임이라는 사이의 욕망이
존재한다.

문이다. 무엇보다 그것은 다원성의 세계로 열어 가는 자아 정체성의 출
현 지점이다. 데카르트가 사유의 원점으로서 '코기토'를 주장하고 있다
면, 레비나스에게 그 원점은 바로 '나와 타자의 사이'에 존재한다. '사이'
는 곧 공공세계의 최소 단위라고 생각할 수 있다. 사이는 사적인 관계에
근거하지 않는다. 그런 '사이'의 정체성은, 하나의 뿌리로부터 나온 여러
나뭇가지가 서로 배다른 것이 아니듯이, 가지와 가지 사이의 자타불이(自
他不二)의 관계를 자연스럽게 떠올릴 수 있다. 그렇다고 둘 이상 사이에
서 발견할 수 있는 평균적인 공통점을 중심으로 '사이'의 간격이 균일화
되는 것은 아니다. 그런 공통점은 사이의 관계를 양적으로 표상한 정도
에 그치게 될 것이다. 말하자면 즉자적인 나의 세계와 그런 나를 넘어서
있는 타자의 세계 사이에는 숨겨진 지향적 관계가 내재하며, 이런 관계
는 범인간적 차원에서 설명될 수 있다. 세계는 수많은 관계로 이뤄진 다
원적인 총체성과 이것에 활동을 가져오는 역동성을 가정한다. 그래서 우
리는 '사이'로서의 세계, 그리고 타자세계에 대해 다음과 같은 입장을 견
지할 수 있다.

　첫째, 우리가 살아가는 세계는 생명이 존재하는 공공의 터전이다. 여기

서 모든 윤리는 생명의 가치와 호흡한다. 이 점에서 생명윤리는 살아 있는 모든 생명체가 내재적인 가치를 지닌다는 이해에서 비롯된다. 삶에의 경외, 생명의 존엄한 가치는 그런 보편적 이해에서 출발한다. 자연은 인간의 태어남과 죽음이 함께 있는 삶의 세계다. 이런 자연은 생명의 태동과 지속이 이뤄지는 공간이며, 여기서 모든 생명체는 지속과 계기(繼起)에 의해 지배받는다. 그래서 미물일지라도 자신의 생명이 존엄하다는 것을 주장할 수 있다. 왜냐하면 모든 생명체는 이유 있는 생성 과정을 숨기고 있기 때문이다. 생명체의 영생은 죽음을 넘어서서 만유 가운데 지속의 혼을 실현할 수 있는 것이어야 한다. 따라서 오랜 생명의 역사는 바로 혼의 역사라고 해도 과언이 아니다. 생명체가 지닌 타자성은 다른 유기체 또는 개체들과의 일체를 도모하며 본능적인 생명 활동을 지속적이게 한다. 말하자면 끊임없이 생산되고 번식하는 자연적 생성은 타자세계의 토대이며, 인간의 현실세계도 그런 세계의 일부다.

레비나스에 따르면, 인간은 우주에 대해 책임이 있고 피조물들에게 볼

〈그림3〉 공공세계는 생명이 숨 쉬는 세계다. 베르그송에 따르면, 생명체는 생명의 지속과 잠재성을 실현하기 위한 역동성을 지니고 있다.

모로 잡혀 있다고 하듯이 그는 이 세상에 우연스럽게 태어난 것은 아니다. 이런 그의 생각은 타자에 대한 복종과 책임의 윤리를 낳게 하는 배경이 되기도 한다. 주체는 타자들에 대한 원천적인 빚이 있기 때문에 타자에 대해 어떤 태도를 취할 것인가 하는 윤리는 그들에 대한 책임과 희생을 요구하기도 한다. 왜냐하면 타자는 '나'의 생명의 근원으로 인식되기 때문이다. 따라서 타자의 윤리에 내포

된 생명의 존엄성에 대한 레비나스의 관심은 신앙적인 가치관, 즉 메시아니즘과 같은 생명의 구원을 위한 유대인의 역사관에 긍정하도록 한다. 베르그송에게도 생명의 비약(l'élan vital)은 삶의 지속과 역동성을 시사한다. 모든 생명은 물질의 저항을 극복하려는 역동적인 힘을 가지고 있으며, 이것은 정신적인 에너지다. 생명의 지속은 그런 힘에 의해 우주의 생성을 실현한다. 여기서 생명체는 개체의 삶과 죽음을 뛰어넘어 지속으로서의 삶에 참여한다.[97] 이를테면 물질적 저항을 뚫고 상류에 안착한 연어는 새끼들을 낳고 숨을 거두지만 그 생명은 이내 그들로 인해 부활하는 셈이다. 이것이 바로 생명의 지속이다.

둘째, 공공세계는 나와 이웃한 삶의 세계다. 따라서 이런 세계에서 통용될 수 있는 삶의 가치는 타자와의 관계를 우선시하는 윤리를 요청하며, 이런 가치는 사회 공동체가 추구하고자 하는 선의 가치를 타자 중심에서 새롭게 구성한다. 그런 세계에서 '나'의 정체성은 타인과의 관계를 통해 정립되기 때문에 나와 이웃의 관계는 이미 낯선 타인의 관계가 아니다. 레비나스에게 있어서도 자아는 이웃한 자아(soi prochain)다. 즉 나의 자아는 이웃한 타인의 얼굴에 볼모로 붙잡혀 있다는 뜻이다. 자아의 정체성과 윤리가 다름 아닌 이웃한 타인들과의 사이에서 결정된다. 그런 의미에서 가치의 중심은 타인에게 있다. 우리는 이런 가치를 공공윤리로서 발전시킬 수 있다. 이런 점에서 사적인 관계라고 해서 무시해도 좋을 공적인 책임이 없다는 것은 아니다. "종래의 공공이라는 것은 국가 중심, 체제 중심, 관료 중심이었지만 그것은 바로 '公'윤리입니다. 거기에 비해

---

[97] "실제로 생명은 무기물질의 일반 법칙에 종속된 유기체에 얽매여 있다. 그렇지만 사태가 진행되는 모습은 생명이 이러한 법칙을 넘어서기 위해 가능한 최선을 다하고 있는 것처럼 보인다."(《창조적 진화(L'Evolution Créatrice)》(1907), 앙리 베르그손, 황수영 옮김, 아카넷, 2005, 367~368쪽)

〈그림4〉 페르낭 레제(Fernand Léger)의 〈도시〉.
작가는 사람과 도시 공간이 서로 어울리는 이
상사회를 꿈꾼다.

서 종래의 개인의 내면에 역점이 놓인 도덕성을 강조하는 개인윤리는 '私'윤리입니다. 그리고 '公'윤리와 '私'윤리 사이에서 양편을 함께, 더불어 맺고 엮고 살리는 윤리를 '公共'윤리라고 하는 것입니다."[98] 전통적으로 윤리는 인간의 존엄성에 관한 가치를 중요한 명분으로 하며, 정당한 윤리는 사회 공동체의 합의와 질서를 발생시키는 원인이 될 수 있다. 이런 점에서 레비나스의 사이의 정신과 여기서 요청하는 윤리적 가치는 가장 구체적인 선의 실현을 도모한다.

레비나스의 윤리관은 삶의 중심이 타인에게 있음을 주장하기 때문에 타인에의 윤리는 곧 삶의 윤리다. 그런 윤리는 사회 공동체의 가치를 새롭게 형성하고 발전시키는 데 있어 매우 중요한 역할을 하게 된다. 그리고 나 자신성을 표현하는 자아의 의미도 전적으로 타자와 관계될 때 비로소 자아로서 정의될 수 있다. "타인의 시련은 절대적으로 구체적인 것인데 왜냐하면 타인의 얼굴은 자신의 고유한 구체성과 유일성으로부터 가장 구체적이면서 유일적인 나 자신성(mon ipséité)을 등장케 하면서 나와 관계하기 때문이다."[99] 말하자면 타자의 얼굴은 이미 나 자신성을 구성한다는 논리를 갖는다. 타자의 얼굴은 주체의 나 자신성 또는 고유성을 표현하며, 나의 얼굴과 타인의 얼굴은 본질적으로 동일한 얼굴들이다.

---

98 김태창, 〈韓사상, 韓철학과 공공윤리(학·교육)〉, 《윤리교육연구》 제26집, 한국윤리교육학회, 2011, 173쪽.

99 François-David Sébah, *Lévinas. Ambiguïté de l'altérité*, Paris: Les Belles Lettres, 2000, p.49.

타자는 디아스포라적인 나의 분신인 셈이다. 이런 입장에서 타자는 나에 대해 어떤 존재인가? 타자는 더 이상 낯선 존재가 아니라 나와의 관계를 이미 선취하고 있는 숨겨진 나의 사회성이며, 사회에 비친 낯선 나의 형상(形象)과 다르지 않다. 나와 타자, 우리들 사이의 실존은 원천적으로 일자의 뿌리에서 분리되어 나온 공(共)실존을 갖는다.[100] 이런 근거에서도 공공세계는 나와 타자 사이의 이타주의를 실현함으로써 유토피아로 나아갈 수 있는 공동체를 제안한다. 그러나 이런 이상적 세계는 멀리 있지 않다. 왜냐하면 공공세계가 유아론적 '나'를 버리도록 요구하면서도 '나'를 필요로 한다는 것은 가까운 이웃들 사이에서 무엇보다 나로부터의 행동을 요구하기 때문이다.

레비나스에게 나와 타자의 사이는 절대적 관계를 형성한다. 우리 인간의 삶은 그런 무수한 관계들로 만들어진다. 그 가운데 타자는 어떻게 존재하는가? 레비나스를 전혀 모르던 교회 목사가 설교 중에 이런 얘기를 했다고 한다. "한국 개신교의 문제 중 하나는 설교하는 목회자가 하나님의 말씀이라고 내세우면서 자신의 주장과 생각대로 말을 한다는 것이다. 그런데 하나님은 나와 다른 타자로서 계시기 때문에 무엇보다 경청하는 마음이 있어야 올바른 신앙 생활을 할 수 있다." 그렇다. 신의 말씀과 계시, 그리고 타자는 내 마음 안에 있지 않다. 만약 그렇다면 사유주의로부터 빚어진 결과다. 레비나스에게 신은 타자이며 나의 바깥에서, 아니 나와 마주하고 있는 사람들의 얼굴 가운데 자신을 내보이며 계시를 준다. 그래서 타인의 얼굴은 성전(聖殿)이며 모든 윤리가 발생하는 원점이다.

그렇다면 이 세상에 타자로서의 신은 모두 몇인가? 인간의 얼굴 수

---

100 이런 관점은 원천적으로 분리의 개념에서 성립될 수 있는 것이다. 타인의 얼굴은 신의 현시 또는 성육화(聖肉化)인 셈이다. "얼굴은 분리된 일자(Un séparé)의 흔적 속에서 나 자신(soi)과의 일체다." (Benny Lévy, *Visage continu. La pensée du retour chez Lévinas*, Paris: Verdier, 1998, p.59)

만큼이나 계신다. 예를 들어, 강의실에 30명이 앉아 있다. 여기에 신은 모두 몇 분이 계신가? 물론 한 분이 맞다. 그러나 정확한 답은 30 × 29=870(분)이다. 이런 계산법을 이해해야 신과 타자의 관계를 파악할 수 있다. 레비나스에 따르면, '나와 마주하고 있는' 타인의 얼굴들은 무한성의 현시이며 계시이고 신의 얼굴이다. 따라서 우리는 내 앞에 있는 타인들을 외면하면서는 도저히 신을 만날 수 없다. 즉 나의 이웃을 멀리하고 진리에 가까이 갈 수 없다. 타자의 낯선 출현은 무한성과의 조우를 암시한다. 타자는 곧 하나의 신(un Dieu)이다. 즉 이런 신을 인격적인 신(Dieu personel)이라고 부르며, 나와 타자 사이에서 나의 무조건적인 응대를 호출한다.

근본적으로 레비나스에게 있어 타인의 얼굴은 성스러운 것(sacré)이 현시하는 성전이다. 그 얼굴은 영적인 교감과 실존적인 나눔을 위한 성스러운 장소다. 그에 따르면 인간에게 신의 현시는 타인의 얼굴들을 떠나서 존재하지 않으며, 주체는 이들을 봄으로써 신의 현존을 확신할 수 있다. 따라서 신은 유일신이지만 하나가 아니라 여럿으로서 계시되는 무한의 존재다. 이 점에서 타인의 얼굴은 계시 그 자체이며 신성하다. 타인에 대해서 '조건 없는 경외(敬畏)'를 요청하는 것은 그 신성한 장소에 신이 현시하기 때문이며, 타인의 얼굴은 마주하고 있는 두 사람 사이를 서로 열어 줄 수 있는 교감의 장소이면서, 그들에게 '사이' 정신으로서 연대의식과 책임감을 부여한다. 신과 인간, 타인들과의 유대를 긴밀하게 맺어주는 타인의 얼굴, 그 자리는 소통의 장소라고 불릴 만하다.

레비나스는 대담에서 다음과 같이 설명한다. "얼굴이란 것은 보여지는 것이 아니며, 또한 어떤 대상도 아니다. 그 나타나는 것(apparaître)은 그 어떤 외부성으로 유지되고 있는데, 이것은 당신의 책임감에 부여된 호출이거나 명령이다. 얼굴을 대면한다는 것은 즉시 이러한 요구와 질서를 이해하는 것이다."[101] 더 나아가 레비나스는 타인에 관한 윤리적인 관계를 무차별적으로 적용시킨다. "너 자신과 같이 너의 이웃을 사랑하라."[102] 이런 명령은 도덕적인 가치를 넘어서 있는 섭리로부터 발생한 것이며, 이런 섭리는 인간들 가운데 '사이'의 정신을 형성한다. 우리는 '사이'의 힘을 형성하는 원천을 '나'의 주체 바깥으로 나가는 힘을 가진 에로스와 비교해서 이해할 수 있을 것이다. 필자는 다음 장에서 에로스가 왜 인간의 본성이 될 수 있는지를 살펴보고자 한다.

(3) '사이'의 가까움과 역동성: 사이의 힘으로서 에로스

레비나스는 서구 철학사에서 전형적인 앎의 가치가 본질주의를 지향하면서 생산될 수 있는 체계로서의 전체성(totalité)을 비판한다. 그 예로 데카르트의 코기토는 사유하는 주체로서 인간을 평가했을 뿐 아니라 코기토를 중심으로 세계에 대한 인식을 수학화·논리화하려는 것으로 귀결된다. 이렇게 되면 지식적인 체계 속에서 타자는 자신의 특수성을 상실하고, 이념적인 동일성에 의해 개념화되며, 본질의 일부로 환원을 겪게 되고, 전체성 속에서 타자는 더 이상 타자가 아니게 된다. 레비나스에 따르면, 전체성은 왜곡된 타자를 생산하는 구조다. "타자가 주제 또는 대상이 되어 가고 명석함 속에 놓이면서, 타자의 중성화는 정확히 동일자(Même)로의 환원이다."[103] 그에게 있어 진정한 타자는 낯선 존재이며, 그 무엇에도 환원될 이유가 없는 그 자체 절대적인 것이다. 그리고 나와 타자의 '사이'에는 가까움이 형성되며, 타자에의 에로스는 바로 그런 '사이'를 관통하는 섭리에서 비롯된 운동이라고 볼 수 있다. 에로스는 신의 뜻을 실천

101　François Poirié, *Emmanuel Lévinas. Qui êtes-vous?*, Lyon: La Manufacture, 1987, p.94.

102　AHN, p.128.

103　TI, p.34.

하는 사랑의 원동력이며, 타자에 대한 배려와 희생을 행하게 하는 초월의 욕망이다.

그에게 있어 인간의 본성은 이성이 아니라 에로스다. "에로스로부터 생산되는 주체성에 관한 동일성의 구조는 고전적인 논리들의 바깥으로 우리를 인도한다."[104] 이것은 코기토가 주체 바깥에 존재한다는 의미일 수 있다. 그래서 그에게 있어 주체성의 구조는 내적으로 존재하는 것이 아니라 나의 이웃과 자손과의 관계, 미래에 대한 생산성으로 구체화된다. 그런데 그 생산성은 주체성의 연장에 있는 것이 아니라 나와 전혀 다른 것으로 출현한다. 그래서 "나의 생산성은 초월성 자체다."[105] 우리는 이런 초월성이 인간에게 귀속되는 것이 아니라 신의 속성을 드러내는 그의 출현이라는 것에 주목해야 한다. 레비나스에게 있어 초월은 주체의 사유 작용이 아니라 역사 속에서 신 자신의 뜻을 실현시키도록 하는 영적인 작용이다. 그래서 이런 작용은 타인에 대한 사랑과 경외로 나아가는 에로스, 만물의 생성과 타자들로 인한 생산성 등으로 나타난다. 결국 에로스는 초월의 역동성과 생산성을 주체 바깥에서 실현한다. 사실 레비나스가 주체보다 타자를 강조하는 바는 주체의 존재론적 구조, 에로스의 형이상학적 사유 그리고 지적 믿음의 터전인 유다이즘에서 비롯된다. 그 이유는 이렇다.

첫째, 《시간과 타자》를 살펴보더라도 존재는 물질성과 고독에 기초하지만 그렇기 때문에 플라톤적인 에로스가 발생할 수 있는 주체를 구성한다. 그리고 타자성은 주체 자신을 주조할 수밖에 없는 존재의 현주소다. 그래서 존재 자신은 스스로 본질을 가질 수 없으며, 나 자신의 '있음'이라

---

104 TI, p.250.
105 TI, p.254.

고 하는 것은 사적 존재가 아니라 공적 존재 또는 숨겨진 존재이며 그 속성은 익명성이다.

둘째, 그런 존재론적 사유로 인해 타자에의 가까움(proximité) 또는 욕망은 주체가 세계 속에서 '다르게', '또 다르게' 위치하는 존재론적 이유가 되며, 그 욕망 속에서 그가 말하는 '형이상학의 하강'이 발생한다. 여기서 형이상학이란 지고의 정신을 의미한다. 다만 이런 사건은 나와 마주한 타인과의 사이가 구체적인 계기로서 주어지는 것이며, 그런 사이의 관계는 존재의 시작이 나와 타인 사이의 일체성, 즉 자타불이(自他不二)의 관계 때문에 나타난다는 것을 보여준다. 그래서 우리는 그의 타자철학에서 흔히들 평가할 수 있는 타인에 대한 책임감과 윤리가 단순히 주체의 도적적인 당위론에 기초하고 있다는 편견을 버려야 한다.

셋째, 그에게 있어 유다이즘은 신의 뜻이 세상에서 실현되는 역사, 즉 메시아니즘을 지칭하지만 이것은 마치 디아스포라와 같은 삶의 파종(播種)으로 인해 세상의 밭이 일궈져서 신의 무한성이 타자들로서 생산되는 역사다. 디아스포라는 삶의 역경이 아니라 창조라고 말한다. 그런 삶 속에서 무한성의 가치는 타자들의 현시에 의해 늘 새롭게 갱신되는 것이다. 그래서 레비나스에게 있어 데카르트의 코기토는 바로 타인에의 욕망(Désir d'Autrui)으로 나타난다. 이런 타자에의 책임감은 지고의 존재가 이 세상에서 자신을 실현하는 방식이며, 주체에게 있어 이것은 타인에의 에로스(또는 사랑)를 통해 구체화된다.

레비나스의 윤리사상에서 타자가 중요한 위치를 차지하고 있다는 것은 두말할 나위가 없다. 근본적으로 그에게 '있음'의 세계는 신으로부터 유배된 인간의 세계다. 이곳은 신으로부터 '분리된' 물질적인 공간으로서 인간의 삶과 죽음이 존재하는 세상이다. 이런 세계에서 어떻게 신을 만날 수 있을까? 유다이즘의 전통에서 신은 계시를 통해 출현한다. 계시를 전하는 현자나 선지자는 타자다. 그리고 '나'에 대해서 모두 다 타자다. 신은 타자의 역사 속에서, 레비나스에 따르면 그가 이스라엘의 역사를 이끌었듯이, 자신의 뜻을 실현한다. 더 중요한 사실은 인간은 신을 기억한다는 것이며, 타자에의 욕망 또는 에로스와 같은 것에 의해 신과 함께 존재한다는 것이다. 그런 욕망은 나와 타자 사이를 지배한다. 그래서 에로스는 인간으로 하여금 세상에서 유토피아를 꿈꾸게 하며 삶의 고통이 될 수 있는 유배 또는 분리를 극복할 수 있다. 그런 에로스는 살고자 하는 자연적 본능보다 훨씬 강하다. "죽음과 같이 강한 에로스는 신비와의 그런 관계에 대한 분석의 토대를 제공한다."[106] 한마디로 에로스는 죽음을 극복할 수 있는 힘이고, 그 에로스는 타자에게 향하며, 타자에의 욕망은 죽음보다 강한 구원의 길을 열어 준다. 삶의 종말로서의 죽음에 대한 비판은 다분히 하이데거의 죽음 이해와 비교될 수 있는 부분이기도 하다. 그에 따르면, 죽음은 '가능한 것의 불가능성(impossibilité de la possibilité)'이다.[107] 그것은 신비와의 만남이라고 한다.

그의 초기 저작《시간과 타자》에서 예시되고 있는 '고독', '시간', '타자', '자립체(hypostase)', '있음(l'il y a)', '빛', '물질성', '노동', '향유', '부재', '에로스', '생산성' 등은 산발적으로 되풀이되며 해당 작품의 주요 주제를 유기적으로 구성한다. 그런 개념들은 인간이 물질적인 유한의 세계에 거주하면서 신의 보호를 받고 죽음을 극복하면서 삶을 영위해 나가려는 가치들

---

106 TA, p.64.

107 Lévinas, *En découvrant l'existence avec Husserl et Heidegger*, Paris: Vrin, 1949; 1967, avec des "Essais nouveaux," p.104. (이하 EDE로 약칭한다.) 예를 들어, 열매 맺고 씨앗들을 터뜨리고 죽어 가는 식물의 일생은 이듬해 또 다른 타자들의 생성을 가져온다. 여기서 죽음은 존재하지 않는다.

을 제시한다. 예를 들어 존재는 고독과 물질 그리고 '있음'에 의해 자신의 실존을 부여받지만, 노동에 의해 향유의 삶을 개척해 나가기도 하고 생산성에 의해 자손들을 낳아 삶의 터전을 일궈 가기도 한다. 이 땅에서 타자는 주체가 신을 만날 수 있는 유일한 길이 된다. 그래서 타자는 신이라고도 한다. 그렇다면 타자에의 욕망이란 무엇인가? 그 욕망은 나 자신을 떠나는 운동이다. 레비나스는 이렇게 말한다. "자기(soi), 이것은 나의 동일성의 이탈(défection) 또는 와해(défaite)다."[108] 존재란 자신을 떠나는 것 (sortir de soi)에 의해 존재하는 것 외엔 아무것도 아니며, 이러한 행위는 단순히 의식의 이탈이 아니라 초월이다.

"초월한다는 것은 자기를 떠난다는 의미에서 자신 안으로부터 떠나는 것이며, 이것은 타자를 대신하는 것이다. 나 자신의 은신처에서 나를 지탱하는 것이 아니라 나의 일체를 통해 타자를 향해서 속죄하는 것이다."[109] 여기서의 속죄란 타자에 대한 주체의 조건 없는 대신(substitution), 즉 이타적인 행위다. 에로스는 곧 타인에 대한 속죄적인 행위로 나타난다. 그리고 에로스는 타인에 대한 책임감을 수반한다. 그에게 있어 자기 동일성에 관한 의문은 데카르트와 같이 사유의 확실성에 의해 주어지는 것이 아니라, 주체의 사유에 의해서는 인지할 수 없는 낯선 경험 또는 불확실성에서 해답을 얻을 수 있는 것이다. "초월과 존재 건너편에 있는 무한에 대한 윤리적 의미의 전시는 이웃에 대한 가까움과 타인에 대한 나의 책임감으로부터 이끌어진다."[110] 그리고 타인에 대한 무한한 책임이야말로 마치 내가 신적 존재를 증언하는 것과 같은 것이다.

결국 레비나스에게 있어 공공세계의 중심을 잡아 주고 '사이'의 공간

---

[108] AE, p.18.

[109] AE, p.229.

[110] DQVI, pp.115~116.

에 구심력을 가져다주는 것이 바로 타인의 얼굴이다. 이 얼굴은 의식의 일반적인 지향성을 이탈해서 존재하는 비(非)현상(non-phénomène)이며, 현상성의 관계를 초월한다. "이웃의 얼굴은 모든 자유스러운 합의, 모든 협정, 모든 계약에 앞서면서 기피될 수 없는 책임감을 나에게 의미한다. 그것은 표상을 벗어나는 것이며, 현상성에서의 이탈 그 자체(défection même de la phénoménalité)다."[111] 그 얼굴은 우주론적인 이치를 비추고 있는 살아 있는 이성과 같으며, 인간들에게 신적인 믿음을 서로 전수하는 역할을 하듯 모든 윤리가 시작되는 장소이기도 하다.

그리고 얼굴은 마치 성스러운 땅 위에서 존재의 거주를 가능케 하고 이를 상징하는 집(Maison)의 의미와 같은데, 집은 이미 우주론적인 구성을 갖는다. 그에게 있어 집의 원래적인 기능은 건축적인 의미를 갖게 하는 것이 아니라 내가 자신 안에 머물면서 내가 자성하는 곳에서 유토피아를 열게 하는 것에 있다.[112] 집은 인간의 에로스가 '최초로' 어떤 윤리에 앞서서 구체화되는 공간이고, 여기서 신에 대한 경외가 표현되며 그 기능은 타자를 환대하는 데 있다. 마찬가지로 얼굴도 인간들에게 유토피아를 열게 하는 화해의 공간이며, 인간들을 서로서로 환대하는 공간이다. 그런 얼굴들에게서 신적인 무한성이 계시되며 초월적인 보편이 하강한다.

레비나스에게 있어 '사이'의 정신은 에로스로 인해 역동성과 창조적 생산성을 갖는다. "에로스는 모든 계획, 모든 역동주의, 근원적인 무례, 세속적인 것 저편의 황홀인 것이다. 따라서 에로스는 얼굴 저편으로 나아간다."[113] 그의 윤리사상은 바로 그런 정신의 실현이다. 말하자면 타인에 대한 에로스가 없다면 모든 윤리는 정당성을 가질 수 없다. 그리고 신

---

111   AE, p.112.

112   TI, p.130.

113   TI, p.296.

의 계시에 대한 응답이 바로 윤리적 실천이다. 특히 타인에 대한 복종은 최고의 선을 실현하는 것과 같다. 우리는 유다이즘에서 말하는 토라가 세계를 지배하는 영적인 에너지라는 것에 주목해야 한다. 물론 토라의 주체이며 창조의 주인인 엘로힘(*Elohim*)은 모든 만물을 지배한다. 레비나스는 토라를 우주적인 생성의 에너지로서 이렇게 말한다. 다시 한 번 상기해 보자. "모든 위계의 상좌에 있는 엘로힘은 온 세상의 영혼이며 생기다. 이들 세계의 위계적인 연관을 통해 지배자의 에너지는 상위적인 것에서 하위적인 것으로 하강하며, 모든 것에 퍼져 나갈 뿐만 아니라 하위적인 것을 상위적인 것으로 고양시킨다."[114] 이렇듯 우리는 그런 하강의 힘이 무엇인지를 이해해야 한다. 그 힘은 영적인 에너지이며 인간과 인간 사이에서 책임감을 불러오면서 그들 사이에서 '영적으로 작용하는' 에로스라는 것에 주시할 필요가 있다.

그렇다면 레비나스에게 있어 '사이'의 정신이란 두 사람의 관계에서 어떻게 실현되는 것일까? 그는 모세5경을 통해 자주 언급되는 표현을 예로 든다. "그런즉(en ces termes, leemor) 이스라엘 자손들에게 말하라." 그런데 레비나스는 이 관계를 좀 더 독특하게 이해한다. leemor는 '말하는 것을 위해(pour dire)' 또는 '그들이 말을 하도록 하기 위해(pour qu'ils parlent)'로 번역된다는 것이다.[115] 즉 모세가 전달한 내용 중에는 그들이 말을 하도록 하는 '말하지 않는 것(le non-dit)'이 반드시 포함되어야 한다는 것이며, 이 의미는 그 자손들이 스스로 말을 하도록 하는 영적인 터득이 있어야 한다는 것이다. 요컨대 그에게 있어 '사이'의 정신은 나와 타자의 사이, 즉 '마주보기(le face-à-face)'에서 발생한다. 그 정신은 타자에의 경외

---

114 AHN, p.142.

115 ADV, p.100

로 나타나며, 타자의 얼굴은 이미 계시를 준다. "얼굴은 말을 한다. 얼굴의 표시는 이미 담론이다."[116] 즉 초월적 가치의 암묵적인 개시(開示) 또는 계시(啓示)다.

그에게 있어 그런 낯선 얼굴에서 담아내는 언어의 타자성은 곧 계시인 것이다. "타인은 형이상학적인 진리와 동일한 장소이며, 신에 대한 나의 관계에서 필수적이다."[117] 따라서 타인과의 의사소통적인 행위는 곧 신과의 만남을 가져오는 형이상학적인 사건이며, 여기서 계시적인 말함이 이해될 수 있다. 인간 주체에게 낯선 언어로 들려오는 타인의 말함은 주체가 경청해야 할 진리의 음성이기도 하다.[118] 우리는 타자의 얼굴이 표현하는 윤리적인 질서와 여기에 강요되는 주체의 의미를 살펴보았다. 여기서 발생하는 형이상학적 욕망은 '주체의 자아 자신을 떠나' 타자를 향해 초월해서 존재하며 타자에 대한 책임감으로서 나타난다. 타자의 얼굴에 나타난 성스러움은 인간들 가운데 초월적으로 등장하는 '신적인 것의 하강'이며, 그에 대한 나 자신의 복종을 요구한다. 레비나스는 이렇게 말한다. "우리의 사념들 가운데 신이 찾아온다는 나의 공식은 신의 실존을 표현한다. 신의 하강(Descente de Dieu)이다!"[119] 그리고 무한의 관념은 나와 타자 사이의 '가까움'에서 발생한다.[120]

116   TI, p.61.

117   TI, p.77.

118   "진리에 관한 교훈은 단 한 사람의 의식 속에서 고려되는 것이 아니라 타인을 향해서 밝혀진다. 잘 학습하고, 잘 읽고, 잘 듣는 것은 바로 이미 말하는 것이다." (ADV, pp.99~100)

119   Lévinas, *Transcendance et intelligibilité*, Genève: Labor et Fides, 1996, p.60.

120   "타인과 이웃에의 가까움은 존재 안에서 계시적인 것이 드러나는 피치 못할 순간, 절대적인 현존이다." (TI, p.51)

(4) 행복의 가치로서 이타주의

레비나스에게 탈주는 존재의 운동이다. 그리고 이것은 즐거움과 향유를 가져다주는 탈자(脫自)의 운동이기도 하다. "탈주(évasion)는 자기 자신을 떠나려는 욕구(besoin de sortir de soi-même)이며, 말하자면 가장 근원적이고 치유될 수 없는 연쇄성 즉 '내가 자기 자신으로서 존재한다는 사실'을 탈피시키는 것이다."[121] 탈주가 부여하는 철학적인 의미는 즉 '새로운 도정에 의해서 존재를 떠나는 것'에 대한 긍정에 있는 것이며, 이것은 명백할 수 있는 통상적인 관념들을 벗어나는 것이다.[122] 탈주에서 나타난 즐거움의 의미는 이후 분리의 삶 속에서 인간이 추구하는 향유(jouissance)의 정신으로 발전한다. 향유의 삶은 세속적인 것에 대한 사랑이며, 인간의 노동과 거주에서도 실현된다. 향유는 나와 타자세계 사이에서 추구되는 주체의 안식이며, 일상에서의 소명을 승화시킨다. 이런 삶에서 에로스는 주위에 대한 친근성(familiarité)으로 나타난다. 그리고 친근성은 가족 또는 이웃들 사이의 원초적인 관계들과 함께 형성된다. 우리는 이런 관계에서 소박한 삶에서 얻어지는 행복과 자아성찰의 본의를 예감할 수 있다. 즉 향유의 정신은 가족과 집 그리고 이웃 관계들 속에서 체감될 수 있는 것이다. "친근성은 분리의 완성이며 에너지다. 그것으로부터 분리는 자신을 체류와 거주로서 구성한다."[123]

그에게 타인과의 관계는 이타성을 요구하는 것이었다. 근본적으로 "주체는 볼모다."[124] 그리고 이런 '나'의 타자성 속에서 진정한 행복의 실현이 가능한 것은 물론이다. 타자성이란 '나'라는 주체가 타인들에 의해 지배

---

121 DE, p.73.

122 DE, p.99.

123 TI, p.129.

124 "Le sujet est otage." (AE, p.142.)

되는 구속력을 갖고 '아빠', '남편', '교사', '학생' 등으로 '나'라는 동일한
존재가 타인관계를 통해 무한하게 존재하는 것을 나타낸다. 이런 의미에
서 주체는 자신의 실체를 잃은 자립체(hypostase)다. 이런 주체의 개념은
주체가 타인들과의 관계들 속에 위치해 있기 때문에 탈자적인 주체성을
갖는다. 주체성은 타자성 이외의 그 무엇도 아니다. 그리고 타자성은 이
타성으로서 나타난다. 우리는 그런 관계에서 나와 타자 사이에 존재하는
인(仁)의 정신을 해석할 수도 있다. 그 정신은 자아의 본성이며, 타자에
대한 실천을 적극적으로 요구하는 정언명법(定言命法)의 근거다. 그래서
우리는 그 정신을 이타주의와 연관하여 생각해 볼 수 있다. 그 정신은 사
람들 사이의 가까움을 실현하며, 그들 사이의 이기성을 배제한다. "仁이
란 기본적으로 개개인의 의식 내재적 현상이거나 아니면 의식 외재적 규
범이라는 이해에서 벗어나 자기와 타자의 사이, 의식과 의식 사이에 오
고가고 서로 함께 바뀌고 바꾸는 작용이라고 보게 된 것입니다. 의식 사
이의 역동이라고나 할까요."[125]

따라서 삶이란 유아론적 '나'가 중심이 되는 삶이 아니라 타자들과 교
섭하는 삶이며, 심지어 '나'를 버리는 타인에의 희생을 요구한다. 그가 말
하는 타인 중심의 삶이란 자아윤리가 발생하는 근원이며, '나'보다도 타
인과의 사이와 이런 공동체를 지향하는 삶이라고 할 수 있다. 그렇다면
이런 삶에서 발생하는 윤리적 의식이란 무엇일까? 그는 이렇게 말한다.
"나 자신 속의 무한의 관념 또는 신에 대한 관계는 타인에 대한 관계에서
오는 구체성과 이웃에 대한 책임감인 사회성에서 찾아온다. 그 책임감이
란 어떤 경험에서도 포착할 수 없던 것이며 다만 타인의 얼굴과 그 타자
성, 그 낯섦 자체에서 오는 것으로서 내가 알 수 없는 곳에서 오는 명령이

---

125 김태창, 〈韓사상, 韓철학과 공공윤리(학·교육)〉, 《윤리교육연구》 제26집, 한국윤리교육학
회, 2011, 177쪽.

다."[126] 그에게 '타인에의 책임감(responsabilité d'autrui)'은 계시에 대한 응답이기도 하며, 이타적인 정신에 의해 새로운 사회성의 실현을 가져오기도 한다.

그에게 있어 이타성은 유토피아로 나아가게 한다. "나(moi), 말하자면 타자들에 대해서 '나 여기에 있습니다(me voici)'라는 것은 근본적으로 자신의 자리 또는 존재 안의 은신처를 상실한다는 것이며, 유토피아적인 편재(ubiquité)에 들어서는 것이다."[127] 결국 '나 여기에 있습니다'의 존재 명제는 '있음(l'il y a)'에 대한 윤리적 화답이며, 무엇보다 타자에 대한 책임을 강조한다. 그런 명제는 '존재 스스로 있다'라는 의미가 아니라 주체성의 구조가 이타적으로 열려 있다는 것을 나타낸다. 이런 관계는 사유 중심적인 존재론의 본질과 범주들을 떠나서 성립한다. 즉 '나 여기에 있습니다'라는 명제는 주체 자신이 중심이 되어 '자신의 위치를 갖는 것이 아니라' 주체를 떠나서 존재의 본래적인 타자성을 실현하라는 가치를 주장하는 것이다. 주체와 타자의 사이는 원래부터 이타성을 요구하는 관계다. "진정한 삶은 부재다. 그러나 우리는 세계에 존재한다. 형이상학은 이런 알리바이에서 등장하고 유지된다. 그것은 '다른 곳'으로, '다른 것'으로 그리고 '타자'로 향한다."[128] 그에게 있어 타자에의 지향성은 주체의 출현 이후 자신을 실현하기 위한 본성이며, 이타성은 이미 획득된 본유적 관념이다.

사실 레비나스의 타자철학은 유일신주의를 중심으로 하고 있는 헤브라이즘과 역사 공동체의 가치를 발전시켰다고 해도 과언이 아니다. 즉 타자윤리를 중심으로 해서 신에게의 초월적인 윤리를 인간들 사이의 바

---

126 DQVI, p.11.
127 AE, p.233.
128 TI, p.21.

람직한 가치로 발전시키고자 시도했다는 점, 바로 여기서 레비나스의 타자철학은 코기토의 윤리를 타인을 위한 삶과 공동체의 윤리를 지향하는 가치로 발전시킨다. 그런데 그런 윤리적 가치는 '너'와 '나'라는 구체적인 사회성에서 실현되는 것이다. 그렇기에 그가 믿는 메시아니즘은 유토피아와 같은 이상적인 미래 사회를 인간 공동체 속에서 구현하는 데 의미가 있다. 그의 타자철학은 사유 중심적인 코기토의 윤리보다는 타자 중심적인 삶의 윤리를 지향한다. 그래서 그가 믿는 메시아니즘도 유토피아와 같은 이상적인 미래 사회를 인간 공동체에서 구현하는 것을 목적으로하며, 그 가능성의 근거는 신의 재림에 의한 심판에 있는 것이 아니라 인간 스스로 타자와의 이상적인 관계를 구현해 나가는 사회성의 회복에 있다. 즉 인간은 이타적인 메시아의 심성을 본성적으로 지녔고, 타자윤리는 그런 보편적인 심성의 실천을 중시한다.[129]

　우리는 아리스토텔레스의 행복의 이해에 관해 언급할 필요가 있다. 그에게 있어 선의 관념은 행복을 목적으로 하며, 이것은 정신적인 덕을 실천하는 것에서 성취된다. "우리가 고찰해야 할 덕은 분명히 인간적인 덕이다. 우리가 찾고 있는 선도 인간적인 선이요, 우리가 찾고 있던 행복도 인간적인 행복이었기에 말이다. 인간적인 덕이라는 말로 우리가 의미하는 것은, 신체의 덕이 아니라 정신의 덕이다. 그리고 행복도 우리는 정신의 활동이라고 본다."[130] 그가 말한 '인간적인' 것은 폴리스 사회의 공영(共榮)을 목적으로 하는 선에 일치하는 것이다. 이에 반해 플라톤에게 있어 선의 이데아는 모든 일의 실천적인 지표이기는 해도 다분히 추상적이고 자타관계를 초월해 있는 지고의 관념이라는 것을 부정할 수 없다. 따

129　졸저 《레비나스의 타자철학》, 91쪽.
130　《니코마코스 윤리학》, 아리스토텔레스, 이창우 외 옮김, 이제이북스, 2006, 37쪽.

라서 아리스토텔레스의 중용(中庸)의 덕은 선의 실천과 행복을 나와 타인들 사이에서 찾아 나설 수 있도록 하는 윤리적 가치로서 이해할 수 있다.

레비나스에게 있어 선의 관념은 타인들과의 관계에서 구체적인 실천을 요구하며, 그 관념은 '사이'의 가치를 실천하는 데 목적이 있다. 그리고 그런 선은 나와 타인들로 이뤄진 공동체의 선에 일치하는 것이다. 우리는 그에게서 타인 중심적인 삶을 영위해 나가는 것에서 행복의 의미를 살펴볼 수 있는데, 타인을 위해 찾아가는 나의 행복은 하나의 존재론적 행위로 나타난다. 여기서 레비나스가 바라보는 세계란 인간 존재가 거주하면서 자신의 삶을 의지하는 타자의 세상이며, 이런 타자세계는 존재에게 물질적인 양식과 향유의 기쁨을 던져 주는 곳이다. 그에게 있어 이타적인 삶은 '나' 안의 주체성을 떠나 자신에게 낯선 타자성을 받아들이게 될 때 비로소 얻어질 수 있으며, 여기서 근본적인 향유의 축복을 찾을 수 있다.

그는 파스칼의 말을 빌려온다. "햇빛 비치는 나의 자리 여기에 모든 땅을 점거한 시작과 이미지가 있다."[131] 우리는 그런 향유의 정신을 플로티노스의 그것과 비교해 볼 수 있다. "영혼은 세상만물 곁에서 신으로부터 피조된 세상의 은총을 누리며, 우리들 각자의 경우에도 그런 목적을 위해 세상이 존재한다고 여긴다. 조화로운 정신세계 안에 이미 영혼이 존재했던 만큼 감각적 세상 안에서도 모든 살아 있는 생명체들 곁에 영혼이 애초부터 존재했어야 하지 않겠는가!"[132] 즉 영혼이 추방된 이편의 물질적 세계는 결코 정신적으로 멀리해야 할 악의 세계가 아니며, 신으로부터 말미암아 비롯된 영혼으로 가득 차 있는 생명의 세계다. 우리는 레

---

131   EN, p.148.

132   Enn IV, 8.

비나스의 타자철학에서도 신적 정신의 하강으로 인해 오히려 축복받은 세상 속의 삶의 가치가 향유의 정신으로 나타나는 것에 주시해야 한다. 그에게 그런 정신은 삶의 희로애락(喜怒哀樂)을 이타주의에 의해 승화시킬 수 있는 힘이기도 하다.

(5) 새로운 사회성의 실천을 위한 교육이란?

필자는 이 글에서 나와 타자 사이의 '사이'의 공공정신을 추구하는 것에서 진정한 행복의 가치를 찾을 수 있다는 입장을 주장해 왔다. 특히 이타주의는 나와 타자의 관계에서 협력과 공생관계를 진작할 수 있는 새로운 사회성의 하나로서 평가될 수 있다. 우리는 그런 이타주의를 당위론적인 윤리적 가치로 보는 것이 아니라 나와 타자 사이를 궁구하는 근원적인 물음을 갖고 살펴보고자 했다. 레비나스는 존재의 본질을 타자성이라고 말한다. 그에게 있어서도 이런 타자성은 '명목적인' 윤리적 관계를 정당화하기 위한 의도를 가진 것이라기보다는 존재의 기원과 발생 그리고 향유의 정신을 사유해 나가면서 발전된 개념이라고 볼 수 있다.

이런 측면에서 그에게 있어 타자성은 이타성으로 나아갈 수 있는 새로운 윤리적 교두보를 마련한 셈이며, 만약 그의 이타주의를 당위론적 윤리적 요청으로서 이해한다면 이것은 분명히 잘못된 편견이 될 수 있을 것이다. 그의 윤리사상은 나와 타자 사이의 윤리적 관계를 새롭게 모색하고 있는 것이며, 우리는 그들 사이에서 일궈 낼 수 있는 인간의 본성을 에로스로서 판단하고자 했다. 그리고 그런 타자 중심적인 에로스는 인간이 찾고자 하는 행복과도 깊은 연관을 갖고 있다. 결론적으로 레비나스에게 있어 삶의 행복은 바로 이타주의를 실현하는 데 있다고 우리는 평가할 수 있다.

덧붙여, 이 글의 논의를 통해 제시해 보고자 하는 마지막 관심은 궁극적인 행복의 실천을 위한 교육적 배려와 방법이다. 물론 그런 관심에 대해 많은 논쟁이 있어 왔지만, 특히 우리는 '사이'의 정신을 기반으로 생각해 나가기로 한다. 레비나스에게 있어 학습의 방법은 '사이'의 정신을 실현할 수 있는 나와 타자 사이의 전수(傳授, transmission)의 관계를 중시한다. 특히 이것은 모든 교육적 가치가 타자 중심에서 소통될 때 진정한 효력을 갖게 된다는 의미를 제시한다. 여기서 나와 타자의 이항적 관계는 지식을 전수하고 받는 교육자와 피교육자 사이의 형식적 관계가 아니라 인격성을 중시하면서 배움을 주고받을 수 있는 쌍방의 관계를 형성한다. 유대 전통에서 교육적 관계는 신의 말씀과 뜻을 전수하는 영적인 학습을 지향하고 있듯이, 그런 관계에서 비로소 인격의 도야가 형성되고 있음을 확인해 볼 수 있다. 무엇보다 양자 사이의 심리적 인프라가 소통적인 공감의 차원에서 자연스럽게 세워질 때 가치 교육이 실행될 수 있는 것이다. 필자는 '사이'의 관점에서 대략 다음과 같은 교육적 가치와 관계를 고려해 보고자 한다.

첫째, 교육자와 피교육자의 관계는 가치를 전하고 받는 인격적인 관계를 형성해야 한다. 레비나스에게 그런 관계는 '마주보기'이며, 여기서 가치의 학습이란 수긍의 관계를 상호 형성해야만 한다. 그래서 교육자는 피교육자에 대한 경청의 태도를 우선적으로 가질 필요가 있으며, 이것은 피교육자의 교육적인 참여와 자발성을 가져올 수 있다는 장점을 갖고 있다.

둘째, 교육자와 피교육자의 관계는 이타적인 교감을 유지해야 한다. 무엇보다 피교육자에 대한 편견이 있어서는 안 되며, 상호 간의 정서적인 유대를 먼저 가져야 하는 것이니만큼 '사이'의 정신이 추구하는 이타주의를 실현할 수 있어야 한다. 우리는 이타성이 서로가 서로를 이해하는 타자성으로부터 비롯된다는 사실에 익숙해져야 한다.

셋째, 교육의 장(場)은 새로운 사회성을 배우고 실천해 나갈 수 있는 사회의 일부다. 교육은 학습 자체를 위한 자리이기 이전에 사회성을 익혀 나갈 수 있는 최초의 터전을 제공하는 자리이기 때문에 교육자와 피교육 자 사이를 새롭게 자리매김할 수 있는 사회성을 모색해야 한다. 왜냐하면 그런 '사이' 역시도 하나의 사회적 관계이기 때문이다.

탈(脫)코기토의
주체성과
타자로서의
주체 물음

레비나스와 한 시대를 같이한 모리스 메를로퐁티(Maurice Merleau-Ponty)와 자크 라캉(Jacques Lacan)은 지난 세기에 가장 주목받았던 현대 철학자다. 이들은 공통적으로 데카르트 이후 이성 중심적인 철학의 가치를 극복하고 가장 현대적인 문제를 갖고 인간의 가치를 사유한다. 그래서 실존, 타자, 욕망은 그들 철학의 공통분모를 차지하고 있다. 특히 레비나스가 타자, 메를로퐁티가 신체 지각, 라캉이 무의식의 지평을 새롭게 열면서 프랑스의 현대 철학이 정점에 달했다고 해도 과언이 아니다. 그리고 많은 학문 분야에서 생산적이고 창의적인 담론을 형성하기에 이른다. 그런데 그들의 철학적 사유의 주제는 매우 일상적인 것들을 소재로 한다. 누구든지 나 이외의 다른 사람들을 만날 것이고, 신체와 지각을 통해 세상을 인지할 것이고, 누구든 꿈을 꾸고 욕망을 갖기 때문이다. 그런데 그런 것들은 자연스러운 일상을 만들지만 때로는 오해와 편견을 가져다주곤 한다. 왜냐하면 나와 타인은 다르기 때문이다. 따라서 사람들을 만나는 것, 경험하고 느끼는 것, 내가 욕망하는 것이 무엇인지 등을 일상적으로 생각하고 특히 철학적으로 판단한다는 것이 갈팡질팡하게 만드는 경우가 많다. 이런 점에서 레비나스, 메를로퐁티, 라캉은 그런 삶의 문제와 가치를 근본적으로 사유하고 세상을 넓게 보고 이해하는 데 현명한 조언을 주고 있다. 필자는 레비나스의 타자 문제와 더불어 그들의 주요 가치관을 살펴보면서 나와 세계의 관계를 생각해 보고자 한다.

1장

탈코기토의 주체성과 실존의 문제:
레비나스와 메를로퐁티

(1) 탈코기토의 현대적 이해

서구 사상사에서 '인간은 누구인가?'에 관한 철학적 관심은 자연스럽게 그는 '정신적 존재인가?' 또는 '신체적 존재인가?'라는 논쟁을 불러일으키며 그에 따른 인간의 가치 체계와 윤리 문제들을 만들어 왔다. 인간에 대한 성찰의 무게중심을 정신이나 신체, 그 어느 곳에 두어야 하는지에 대한 논쟁에서 이들의 속성을 드러낼 수 있는 영원성과 일회성, 본질과 현상, 사유와 감각 따위의 이분법적 개념들이 비롯되곤 한다. 예컨대 플라톤이나 아리스토텔레스의 경우에도 정신과 물질의 관계를 논하면서 각각 형상(eidos) 또는 실체(ousia)의 관점에서 이상적인 또는 현실적인 존재의 위상에 대한 철학적 체계를 발전시켰다. 특히 이성과 합리적 정신의 근거를 마련하고 근대의 시대적 가치를 개척했던 데카르트의 심신이원론 철학은 코기토의 인간 정신과 자연학적 토대로서의 물질 및 신체에 관한 학설을 나름대로 정립하기도 한다. 즉 정신과 신체에 대한 가치의 이항적인 구조가 체계적으로 마련된 셈이다.

 그가 학문적 업적으로 남긴 합리적 인간 본성의 이해와 과학적 세계관

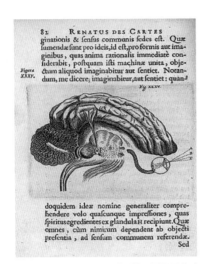

〈그림1〉 데카르트의 《인간론》은 많은 삽화를 통해 결정론적 시각에서 신체 운동과 감각 작용을 설명한다.

의 확립은 중세 시대의 신(神) 중심 가치관을 극복하고 인간 중심의 새로운 시대의 패러다임을 열게 했던 지적 원동력이 될 수 있었다. 그 결과 데카르트가 주장한 코기토의 가치를 기반으로 정신과 신체가 각각 귀속될 수 있었던 존재론적 위계질서는 더욱 이원화되기 시작한다. 특히 '나는 생각한다, 고로 존재한다'라는 코기티즘(cotigisme)의 사유 중심적 형이상학 체계는 근대철학의 패러다임을 완성한다. 그가 추구했던 결정론적 세계관에 따르면, 신에 의해 창조된 정신적·물질적 실체에 각각의 고유성과 속성이 부여된 결과, 인간의 정신은 그 이성적 본성에 있어 명확성과 완전성을 지니고 있으며 물질이나 신체의 본성은 필연성의 메커니즘을 갖는다. 의심해도 의심할 수 없는 사유의 주체에 의해 확보된 이성적 사고의 완전성은 이것이 주어진 더 큰 완전성을 사유한 결과 신적 존재를 확신하지 않을 수 없고, '고로 나는 존재한다'라는 확정적인 형이상학의 체계를 형성하기에 이른다.[1]

---

1 누구든지 '완전성', '필연성', '인과성' 등의 추상적 개념을 생각할 수 있다. 이를테면 완전성은 단 0.001퍼센트의 오차도 허용하지 않는다는 것을 누구나 알지 않는가. 이것은 이성적 사고의 완전성에서 비롯한 것인데, 인간이 불완전한 존재임에도 불구하고 세계의 질서와 그 완전성을 사유할 수 있는 이유는 '더 큰 완전자' 즉 신이 인간에게 완전성을 부여했기 때문이라고 데카르트는 《방법서설》 제4부 〈형이상학의 토대〉에서 주장한다. 그 후 《성찰》은 '제일철학으로서의 형이상학적 성찰'을 더 견고하게 유지하며 신의 존재, 영혼과 신체 등의 관계를 논하고 있다.

그러나 19세기부터 자아의 근거와 인간 이해를 위한 새로운 가치의 척도들이 호응을 얻게 되면서 정신과 물질세계로 구분되었던 이항적인 구조의 데카르트적 세계관도 도전을 받게 된다. 그 예로, 심신이원론을 극복하고자 했던 베르그송의 생명철학이나 주체의 정신을 메타심리학의 차원에서 규명했던 지그문트 프로이트(Sigmund Freud)의 정신분석학 등도 탈(脫)코기토의 사상적 정서를 서서히 발생시킨다. 그리고 라캉은 데카르트의 코기토 배후에 바로 '경험적인' 무의식이 존재할 뿐이라고 주장한다. 즉 이성적 의식의 이면에는 합리적인 근거로 설명하기 어려운 근원적 내면세계 내지 잠재적 의식이 존재한다는 것이 제기되면서, 코기토의 정신은 무의식이라고 불리는 배후의 또 다른 의식세계와 구분되기 시작한다. 이렇게 데카르트 이후 정신의 세계를 지배해 왔던 코기토의 사유 세계를 대신할 수 있는 탈코기토의 주체 이해가 오늘날 새롭게 주목

• 레비나스: 타자와의
소통을 위한 윤리학
- 타자란?
이웃으로서의 자아

• 메를로퐁티: 자아의
회복을 위한 신체철학
- 신체자아란?
자연적/문화적 자아

• 라캉: 욕망의 주체를
위한 정신분석학
- 주체란?
전이적 욕망의 주체

〈그림2〉 현대 철학에서 레비나스, 메를로퐁티, 라캉은 주체의 개념을 재인식하며 데카르트의 사유주의에 정면으로 맞선다. 그러나 데카르트와 그 철학자들 사이에 늘 단절만 있는 것이 아니라 주체의 '있음'의 문제를 어떻게 볼 것인가라는 문제의식이 상재한다. 데카르트가 이성의 확실성에 의해 그 문제를 보고자 했다면 레비나스는 타자, 메를로퐁티는 신체적 지각, 라캉은 전이적 욕망에 의해 '나의 있음'을 주장할 것이다.

받게 되었다. 즉 인간에 대한 새로운 철학적 관심이 본격적으로 논의되기 시작한 것이다.

다만 주의할 점은 코기토의 철학이든 탈코기토의 철학이든 이것들을 주장한 철학자들은 하나같이 '나는 존재한다'라는 기본적 결론을 가정하고 있다는 것이며, 이 점은 데카르트 이후 프랑스의 철학이 '있음'의 문제에 대한 형이상학의 체제를 다양하게 만들어 왔다는 것을 의미한다. 즉 전통적인 형이상학의 문제가 오늘날까지 이어지면서 레비나스, 메를로퐁티, 들뢰즈 등이 데카르트와는 또 다른 소통의 형이상학을 개진해 온 것이라고 말할 수 있다. 프랑스에서 일상적으로 사용하는 '무엇을 원하지요?(Que désirez-vous?)'가 포스트모던 사회에서 흔히 얘기하는 욕망하는 주체의 속성을 대신하고 있지만, 사실 'désirer'를 철학적 용어로 사용할 때는 '무한성에 대한 동경', '사유에 대한 열망' 등을 지칭하기도 한다. 따라서 데카르트 이후 프랑스 철학을 하나의 명제로 굳이 말한다면, '나는 존재한다'라는 '있음'의 문제를 이성적 사유, 신체적 지각, 성적 욕망 등 어떤 의도에서든 '나는 욕망한다. 고로 존재한다'로서 설명할 수 있을 것이다.

레비나스의《전체성과 무한(Totalité et infini)》(1961), 메를로퐁티의《지각의 현상학(Phénoménologie de la perception)》(1945)도 각각 적지 않은 부분에서 데카르트의 코기토에 대한 비판적 관점을 제시한다. "데카르트의 코기토는 나 자신의 고유한 코기토에 대해서만 의미를 갖는다. 내가 그것을 고안해 내기 위해 요구되는 모든 것을 나 자신 속에 갖지 않았다면 나는 그것에 대해 아무것도 생각하지 못할 것이다."[2] 그들은 코기토를 대신할 수 있는 타자의 출현, 지각의 운동 등을 근거로 새로운 주체의 가치

---

2 Merleau-Ponty, *Phénoménologie de la perception*, Paris: Ed. Gallimard, 1945, p.425. (이하 PP라 약칭한다.)

와 윤리를 제안한다. 이런 경향은 데카르트 이후 자아의 정체성이 코기토의 해법에 의해 지배되는 것을 떠나, 인간의 실존과 역사 그리고 타자세계로부터 이해 가능한 새로운 주체 해석에 대한 지적인 기대가 증가하고 있음을 나타낸다. 그리고 이런 현상은 주체와의 관계 맺기에서 이미 적극적으로 참여하고 있는 타자, 신체, 무의식, 언어 등과 관련된 인간 주체의 이해가 점차 확산되면서 사람들 사이에서, 사회 공동체를 위한 새로운 소통의 가치가 출현하게 된 것을 의미한다.

위와 같은 사상사의 시대적 배경과 함께 등장한 레비나스의 타자철학과 메를로퐁티의 신체 및 지각 이론은 인간의 자기 정체성(l'identité de soi)이 코기토 중심의 주체적 관심을 떠나 주체 바깥의 다른 차원으로부터 해석될 수 있다는 것을 보여준다. 그렇다면 왜 우리는 레비나스와 메를로퐁티의 새로운 주체 해석과 그 이론을 문제 삼고자 하는가? 무엇보다 그들은 탈코기토의 주체 인식을 통해 주체성의 근거가 타자와 신체성에 위치해 있다는 것에 주목하고 있으며, 이런 지적 관심을 토대로 주체와 타자 그리고 사회성 사이에 존재하는 새로운 소통의 가치를 제시하고자 한다. 예를 들어 레비나스에 있어서 타자 지향적인, 타자를 위한 주체 이해, 메를로퐁티에 있어서 제2의 자아로서의 타자와 나 사이의 유대감 등은 바로 자아의 근거가 타자와 교감을 나눌 수 있는 주체의 타자성(altérité) 또는 신체성(corporéité)에 있다는 것을 가정한다.[3] 그래서 코기토의 주체 대신에 '타자로서의 주체' 또는 '지각하는 신체자아'라는 주체 이해가 가능하다.

---

3 메를로퐁티에게 공통된 신체의 존재론적 기반은 삶의 공동체에 있어 보편적인 지각의 세계를 만들게 되며, 나와 타인 사이의 상호적인 주체성을 가져온다. "누군가 나의 친숙한 대상들을 사용한다. 그러나 누구인가? 나는 그가 타자, 두 번째 나 자신이라고 말하며 그의 살아 있는 신체가 나의 것과 동일한 구조를 가졌기 때문에 무엇보다도 나는 그를 안다." (PP, p.406)

궁극적으로 필자는 이하의 글에서 그 철학자들에게서 현대의 지성들이 찾고자 하는 주체의 정체성과 소통의 가치가 왜 탈코기토의 관점에서 요청되고, 어떻게 발전되고 있는지를 생각해 보고자 한다. 특히 타인들과의 관계와 협력을 중시하는 오늘날의 다문화 공동체 사회에서, 그 어느 때보다 공동체 일원들의 새로운 정체성의 이해를 모색해 나가고 있는 상황에서, 그리고 주체와 타자 그리고 사회적 소통에 대한 현대적 관심이 매우 높아지고 있다는 점에서 이 글의 배경을 찾아볼 수 있다. 우선 레비나스의 타자 중심적인 주체성과 메를로퐁티의 신체 중심적인 주체성을 비교해 나가면서 현대사회에서 새롭게 정착될 수 있는 열려진 주체의 윤리와 사회적 소통의 문제에 관해 논의해 나갈 예정이다. 따라서 필자는 레비나스와 메를로퐁티의 탈코기토의 주체성에 대한 이해를 토대로 타자와 세계 그리고 새로운 사회성으로 열려 있는 소통의 가치를 찾아 나가고자 한다. 특히 심신(心身) 공동체에 대한 의미와 비전을 새롭게 제시해 나가기 위해 주체윤리와 사회성의 관계에 초점을 맞춰 그 철학자들의 주체사상을 비교·논의해 보는 것도 의미 있는 일이라고 생각한다. 특히 다음과 같은 사항에 주목하고자 한다.

첫째, 필자는 레비나스의 타자철학에 나타난 새로운 주체 이해와 윤리적·존재론적 측면에서 그 실현의 문제에 관심을 갖고자 한다. 데카르트의 코기토주의(cogitisme)에 대한 레비나스의 비판적 관점은 타자에 대한 근본적인 존재 물음에서 비롯된다. 먼저 타자는 존재의 근거이며 존재는 타자와의 관계 맺기를 통해 자신의 존재 가치를 실현한다는 점은 주체와 타자 사이에 대한 일반적 이해다. 그리고 타자는 나 자신과의 관계 맺기의 시작이며, 그에게의 '가까움(proximité)'은 인간의 원초적 본성을 반영한다는 점에 주목하자. 여기서 가까움은 '그럼에도 불구하고, 그렇게 될 수밖에 없는' 원천적 근거에서 비롯된다. 더 나아가 타자로 인해 삶의 목적과 삶의 구원을 위한 영원성마저 주어진다는 점은 타자철학이 우리에게 건네는 메시지이기도 하다. 예를 들어, 죽음도 삶의 본질이나 목적이 될 수 없다. 레비나스에게 죽음은 실존의 본질적 사건이 아니라 타자의 현재적 사라짐이 나에게 다가오는 사건이다. 내가 죽음을 아는 것도 타인의 죽음으로 알게 된다는 것이다. 그래서 레비나스는 존재의 본질을 죽음이 아니라 타자성으로 규정하고, 그런 관계에서 삶의 목적을 실현할 수 있다고 생각한다. 이로 인해 존재의 사유는, 데카르트나 하이데거와 달리, 자기 자신을 넘어 바깥에의 실천적 관심을 필연적으로 요구한다. '바깥에의 사유'는 존재의 탈출구이기 때문에 타자에의 가까움은 곧 자기실현의 과정이며, 그 자체가 삶의 목적이 될 수 있기에 구원의 행위로서 나타나기도 한다.

둘째, 우리는 메를로퐁티의 신체철학에 나타난 새로운 주체 이해에 주목해 볼 수 있는데, 그에게 있어 신체에 대한 새로운 존재 물음은 자연적 지각 행위의 주체로서의 인간, 그리고 타자와의 삶 속에서 역사적으로 체험·형성해 왔던 주체의 정체성을 근본적으로 문제 삼는다. 인간은 신체를 지닌 현실존재이며, 이런 실존에 앞서 신이나 이성적 정신은 '여기에 이렇게 있는' 존재에 선행할 수 없다. 따라서 그에게 있어 신체성은 바로 사유의 원점이며, 존재의 자기인식을 위한 시작과 다르지 않다. 신체적 체험을 바탕으로 주체는 타자와의 공실존(共實存, coexistence)의 존재이며, 주체성은 실존적 익명성을 찾아가는 것에서 자아의 영역으로 확장된다. 그가 이런 상호주체성의 기틀을 마련한 점은 데카르트의 코기토의 보편성과 사뭇 다른 것이다. 근본적으로 신체적 위상은 데카르트가 주장한 바대로의 기계적인 메커니즘의 일부가 아니라 세계의 일부다. 예컨대 유기적인 기관들로 이뤄진 신체해부도가 신체의 모든 것이 아니며, 자아를 세계에 귀속시키면서 세계에 대해 열려진 회로체가 바로 신체다. 그리고 열려진 삶에의 지각은 존재를 '세계에의 존재(l'être au monde)'로 위치시키는 기제가 된다. 그래서 신체 주체는 세계와 불가분의 관계에 서있다.

셋째, 이제 새로운 주체의 윤리란 무엇인가? 레비나스에게 있어 주체는 '주체-타자'의 관계에서 발생하는 타자에의 지향성을 존재의 본질적 행위로 갖고 있듯이 메를로퐁티에게 있어 주체는 '주체-신체'의 관계에서 발생하는 신체에의 지향성이 주체의 본질적 행위로 나타난다고 볼 수 있다. 우리는 레비나스의 타자철학과 관련해서 다(多)와 타(他)를 위한 주체의 소통이 탈코기토의 주체성을 필연적으로 형성한다고 판단할 수 있다. 그에게 있어 새로운 주체의 윤리가 타자성에 근거한다는 것은 자명하다. 메를로퐁티에게 있어 코기토는 생각하는 주체가 아닌 지각하는 주체에 의해 행해지는 것이며, 이때 인간은 세계와 역사 속에서 삶의 지각 행위를 통해 타인과 소통할 수 있는 주체의 정체성을 사유할 수 있게 된다. 무엇보다 필자는 레비나스와 메를로퐁티의 주체 이해를 비교하고 이에 견주어 볼 수 있는 주체윤리와 사회성에 대한 가치들을 논의해 보고자 한다.

(2) 레비나스의 코기토주의 비판: 타자 중심의 주체성과 '가까움'

철학사에서 우리가 주시해야 할 점은, 코기토주의는 이성적 사유를 중심으로 내적 정신의 완전성(perfection)을 주장한 소통의 가치이며 신과 인간의 관계, 인간과 세계의 관계를 재편하게 만든 사유의 초석이라는 사실이다. 현대 철학은 이른바 데카르트의 사유주의로부터 새로운 전회를 모색하기 시작하고 주체성의 존재론적 토대를 타자, 신체 등에서 찾게 되며, 그 논의의 중심에 레비나스, 메를로퐁티, 들뢰즈 등의 철학자들이 위치한다. 사실 데카르트의 코기토주의가 그런 철학자들의 사유의 목적과 완전히 결별하는 것은 아니다. 데카르트가 '주체가 존재한다'는 엄연한 사실을 사유를 통해 파악한 것이라면, 레비나스와 메를로퐁티는 타자나 지각행위에 근거를 갖고 '주체가 존재한다'는 것을 증명하고 있는 셈이다.

특히 레비나스는 다(多)와 타(他)의 세계에 열려진 주체의 '타자성'에 대한 이해를 갖고 나 자신의 '있음'을 주장한다. 말하자면 데카르트의 근대정신 이후 코기토가 소통의 중심이었다면 오늘날 타자, 신체 등은 새로운 소통과 교감의 영역을 개척해 나가고 있는 것이다. 이에 비해 데카르트는 코기토의 정신을 주장함으로써 인간의 정체성과 모든 지식의 근거를 확보한다. 즉 합리적 자아와 세계관을 확립해 나감으로써 이성 중심적인 정신의 개념은 시대적인 가치로서 등장한다. 데카르트 이후 오늘날 프랑스의 현대 철학자들도 존재의 '있음'의 문제에 대해 철학적 사유의 전통을 이어 가고 있으며, 다만 소통의 관점에서 다른 궤적을 그리고 있다는 점에 주목하도록 하자. 소통을 위한 형이상학의 변천이 프랑스철학의 특징이라고 말할 수 있다. 그렇다면 이런 데카르트의 코기토의 주체정신은 오늘날에도 주체성의 근거를 주장할 수 있는 타당성을 여전히 지니고 있는가? 우리는 왜 코기토의 대안으로서 타자를 사유하는가?

데카르트가 코기토를 제시한 이후 이것은 '완전성'을 이미 사유하고 있는 선험적 주체성의 근거가 되어 왔다. 이런 주체성은 세계를 인식할 수 있는 절대적 위상을 지니거나 사유 중심적인 가치관을 형성할 수 있는 요체가 될 수 있었다. 칸트의 선험철학도 인식의 주체에 그런 위상을 부여한다. 그래서 타자의 존재도 그런 주체의 이성적인 시선 앞에서 언제든지 대상화될 수 있거나 선험적 주체성과 '코기토'에 의해 타자로서의 지위와 영역을 상실하게 된 것이다. 엄밀히 말해서 주체와 타자는 각각의 다른 주체들로 지칭될 수 없으면서도 주체의 코기토의 영역 속에 타자의 의식마저 존재할 수 있게 되면서 타자세계는 주체의 내적 사유의 확장으로부터 벗어날 수 없게 된 결과를 초래한다. 레비나스는 '전체성(totalité)'의 사유와 이론적 체계에 귀속될 수 있는 사유 중심적인 정신세계의 질서에 이의를 제기하면서, 타자는 원천적으로 주체의 사유 바깥에 존재하며 더 나아가 타자에의 사유 저편에 무한성이 함께 존재한다고 믿는다.

그에 따르면 데카르트의 코기토는 사유 내부에 자리 잡고 있으며, 지식적인 확실성을 꾀하고 있는 것이기에 진정한 무한성을 사유할 수 없다. "데카르트에게 있어 무한의 관념은 이론적인 것이고 사유이며 앎이다. 나에게 있어 무한에 대한 관계는 앎이 아니라 욕망(Désir)이다."[4] 즉 타자와의 관계는 새로운 앎의 가능성, 존재 이유, 욕망이 발생하는 필연성을 반영한다. 그는 《전체성과 무한》(1961)에서 전체성의 범주 속에 타자를 집어넣어 융해시킨 서양철학의 일반적 추세를 비판한다. 그에 따르면, 전체성은 동일자(Même) 그 자체를 위한 철학의 체계를 유지한다. 그리고 그 중심에 코기토가 있다고 판단한다. "서로 다른 것들이 흡수되는 보편적인 동일성(identité)은 주체와 제1인칭 존재의 뼈대가 되었다. 보편적인 사유, 이것은 '나는 생각한다'에 있다."[5] 특히 이런 점에서 헤겔의 현상학도 모든 대상의 타자성을 동일자의 보편성과 사유 속에서 동일화해 나가는 것이라고 그는 이해한다.[6]

레비나스는 코기토가 아닌 타인의 출현이 무한성 그 자체를 나타낸다고 생각한다. "무한성을 파악하는 것, 이것은 이미 타인을 환대하는 것에

---

4 Lévinas, *Éthique et infini*, dialogues avec P. Nemo, Paris: Fayard, 1982, p.97. (이하 EI로 약칭한다.)

5 TI, p.25.

6 존재와 무가 어떻게 같은 차원에 있는가? 레비나스는 헤겔의 철학이 동일성에 바탕을 두고 있다고 주장한다. "(헤겔 철학에서) '순수 존재는 순수 무이다'라는 명제는 동일성이라는 특별한 평면을 가지고 있다. 그것은 사변적인 동일성, 생성이라는 데서 성립하는 동일성이다." (《신, 죽음 그리고 시간》, 에마뉘엘 레비나스, 손영창 외 옮김, 그린비, 2013, 113쪽)

있다."[7] 즉 사유하는 주체의 내부가 아니라 주체 바깥의 타자에 의해 무한성이 계시된다. 그가 이성적 사유보다도 계시를 중시하는 것은 종교적 신앙에서 비롯된 것이지만 타자의 절대성을 주장한 것은 사유하는 주체의 한계를 지적한 것이며, 이웃의 존재를 철학적 사유의 중요한 문제로 인식한 것에 그 이유가 있다. 그에 따르면 진정한 코기토는 타자들에게서, 그들의 얼굴들 속에서 찾아오기 때문에 이런 타자들은 사유의 근거이며 생명의 원천이 되기도 한다.

그래서 타인의 얼굴은 사유의 바깥에 있으면서 그 얼굴은 자아가 추구하는 형상(形相)의 궁극적인 현재인 셈이고, 그 얼굴은 초월의 지평을 열게 하는 가능성을 가져다준다. 또한 자아실현을 위한 휴머니즘의 실천적 근거도 타자에게 있기 때문에 타자에 대한 심층적 이해는 오늘날 다문화(多文化) 시대의 윤리와 가치를 뒷받침하는 철학적 안목을 보여준다. 먼저 필자는 존재의 본질로서 호칭되는 타자성이 어떤 의미를 갖고 있는지를 '있음'과 '가까움'의 관점에서 살펴보고자 한다. 이에 대한 이해가 뒤따를 때 주체와 타자의 관계를 존재론적 관점에서 확보해 나갈 수 있다.

① '있음'이란 무엇인가?

레비나스에 따르면 인간은 물질적 세계에 떨어져 나온 '분리(分離, séparation)'의 존재다. 그는 이렇게 말한다. "우주는 혼돈으로 입을 벌리며 작열한다. 말하자면 암흑이며 부재의 장소이며 '있음(l'il y a)'이다."[8] 우선 척박한 물질세계에서, 죽음이 존재하는 그런 세계에서 인간은 자신의 실존적 현실을 냉정하게 받아들여야만 한다. 죽음과 고독이 기다리고 있는

---

7 TI, p.94.
8 EE, p.121.

그런 물질세계에서 완전한 존재는 없다. 부조리한 삶은 인간이 맞이하는 운명처럼 보인다. 그래서 인간의 존재 위치는 그런 '있음'의 공간에서 자신을 발견하며 '있음'의 외연적 구조 또는 관계 속에서 실존의 현주소를 갖는다. 하이데거가 말한 일반적 존재(l'être en général)와는 달리 '하나의 존재(un être)' 또는 '주어진 존재자(l'étant donné)'가 존재의 현주소다. "세상은 우리에게 '주어진 것(donné)'이다. 이것은 우리로부터 나온 것이 아니며 우리가 그것을 받는다."[9] 다시 말해, 그에 따르면 인간존재는 세상의 일부이며 이런 세상을 벗어나 자신의 운명을 가질 수 없다. 이런 레비나스의 생각은 서구 관념론적 사유의 질서와 인간존재의 주권을 거부하는 것이다. 곧 인간은 세계의 중심이 될 수 없다.

그리고 그는 하이데거의 존재 이해에 대해 다음과 같이 비판한다. "하이데거에게 공존재(共存在, coexistence)는 객관적인 인식으로 환원될 수 없는 타인과의 관계로 나타나지만 그것은 이해와 존재론에 근거를 둔 존재 일반과의 관계에 근거를 둔다."[10] 존재는 주어진 존재 또는 관계들로 인해 이 안에서 필연적으로 빚어진 '창(窓) 없는 갇혀진 존재'와 같다. 결국 '있음'의 구조 속에서 "존재는 출구(portes de sortie)를 갖지 못한다."[11] 그런 존재는 이미 '있음'의 구조 속에서 자신의 근거가 만들어지기 때문에, 벗어날 길이 없는 창 없는 결정적인 현실 그 자체 속에서 자신의 삶을 살아갈 수밖에 없다. 이런 의미에서 존재는 마치 모나드(monad)와 같다. 그리고 '있음'의 구조는 '존재의 일반적 경제(l'économie générale de l'être)'라고 불린다. 레비나스에게 있어 '있음'의 구조는 존재가 살아가는 삶의 현실이며 존재 자신이 위치해 있는 배경이다.

9　EE, p.58.

10　TI, p.63.

11　EE, p.105.

존재는 이런 공간을 통해 나를 에워싸고 있는 타자들 가운데서 자신의 운명과 신의 현시를 찾기도 하고 (타인의) 죽음을 체험하기도 한다. 이런 실존적 현실 자체는 '나' 자신이 물질과 고독으로 이뤄진 자립체(hypostase)로서 존재하는 공간이면서 자신의 존재 근거를 타자성으로서 인식할 수밖에 없는 '있음'의 공간이다.[12] "있음은 비(非)인칭적 (impersonnel) 존재의 현상, 그(il)다."[13] '있음'의 구조로부터 빠져나올 수 없는 존재 자신의 역설은 여기서 언급된 '비인칭적 존재'의 개념에 있는데, 이것은 사적인 존재가 아니라는 의미다. 즉 '있음'은 '주체가 없는 주체'로서 내가 존재함에도 불구하고 이미 이 세상에 내던져져 있기 때문에 그 안에서 존재 자신을 이해한다는 의미도 갖고 있다. 따라서 이런 '있음'의 구조와 관계들 속에서 빚어진 실존은 마치 익명성과 같이 숨겨져 있기에 타자성의 존재다. 레비나스에게 있어 존재는 타자를 떠나 자신의 본질을 가질 수 없기 때문에, 타자성은 존재의 근거가 되며 또한 '있음'의 구조 속에서 관계 짓기를 떠나서 발생할 수 없다.

레비나스가 타자들 가운데 세상을 이해하는 통찰은 관계의 관계성에서 비롯된다. 관계성은 얼굴들 사이의 실존, 언어적 실존 등으로 만들어진 사회성이다. 그리고 인간은 사회성으로부터 자유로울 수 없다. "세상의 사회성은 소통(communication)이며 교제(communion)다."[14] 존재가 모나

---

12 신체는 물질이지만 정신과 대립하지 않는다. "물질성은 신체의 무덤 또는 감옥에 떨어진 정신의 우연적인 추락을 표현하지 않는다."(TA, p.37) 그리고 고독의 의미도 각별하다. 그것은 부재의 의식이며 무에 대한 그것과 다르다. "주관적인 분리에서 오는 고독은 나를 내재성(immanence) 안에 가두어 두는 개별적인 고립이 아니다. 따라서 고독이 갖는 애매한 성격을 주장해야만 한다. 주체의 존재론적인 고립을 표시하는 고독은 나 자신을 타자에의 초월성으로 개방하는 윤리적인 관계 속에서 극복된다."(Fabio Ciaramelli, *Transcendance et éthique. Essais sur Lévinas*, Bruxelles: Éd. Ousia, 1989, p.31)

13 EI, p.45.

14 EE, p.61.

드로 비유될 수 있는 것도 그런 타자성이 존재론적으로 우월성을 갖고 있기 때문이다. "'존재한다는 것'으로서 나는 모나드다. 내가 문이나 창들을 갖지 않는다는 것은 존재하는 것에 의해서 가능하며 '비소통적인' 그 어떤 것에 의해서는 아니다."[15] 레비나스의 모나드는 고트프리트 빌헬름 라이프니츠(Gottfried Wilhelm Leibniz)가 말한 그것과 차이점이 있는 것은 분명하다. 그는 데카르트나 라이프니츠가 생각하는 '신과의 선천적인 소통'을 부정할 것이기 때문이다. 그가 말한 모나드는 나 자신의 유일성과 실존을 시작하는 원점을 나타낸다고 봐야 한다.

결국 '있음'의 구조는 '나'를 타자들로부터 발견하고 이 가운데 소통의 방식을 찾고자 하는 이론적 근거라고 볼 수 있다. '있음'은 존재의 구체적인 있음을 결정짓는 외부성이며 관계의 관계성이다. 그리고 '있음'은 존재의 원점이며 자립체와 결부된다. "'있음(l'il y a)'은 자립체가 생산되는 장소다."[16] 자립체는 '나'를 지칭하는 존재로서 그 어떤 존재와도 교환될 수 있는 것이 아니다. 그래서 레비나스에게 자립체와 모나드는 동일하게 나 자신을 의미한다. 그리고 자립체는 '있음'의 구조에서 생산되는 유일한 '나'이기에 그 누구에 의해서도 대신할 수 없는 책임의 존재로서 나 자신을 짊어진다.[17] 이런 '있음'에 대한 배경들은 타자 지향적 주체, 윤리적 주체 등을 이끌어 내는 실마리가 될 수 있다.

② '가까움(proximité)'이란 무엇인가?

레비나스에게 정신은 사유를 넘어서서 초월적인 것으로서 지위를 갖는

---

15 TA, p.21.

16 TA, p.28.

17 그래서 그에게 존재와 존재자는 동일시된다. 그는 이렇게 말한다. "나는 자립체를 존재자(l' existant)가 자신의 실존(l'exister)을 움켜쥐는 사건으로서 부르게 된다." (TA, p.22)

다. 그는《힘겨운 자유(Difficile liberté)》(1966)에서 이렇게 말한다. "정신은 부재에 의해 주어진다. 신은 화신이 아니라 법이다."[18] 말하자면 주체는 초월의 정신과도 같이 주어진 타자에 의해 신을 만날 수 있다. 그런 신적 정신은 주체의 실천을 요구하는 법(Loi)과 다름없다. 그렇다면 타자는 신적인 정신을 인식시키는 윤리의 근원이 아닌가? 그런데 타자는 주체 앞에 있는 다른 사람들이다. 타자는 사유 바깥에서 주체의 자아를 지배한다. 그리고 타자의 얼굴은 그런 자아가 비로소 신과 소통하는 코기토 자체라고 말할 수 있다. 데카르트가 코기토를 통해 신적 관념에 이를 수 있듯이, 그는 타자의 얼굴을 통해 그런 초월의 관념을 체험할 수 있다고 판단한다. 그는 그 얼굴만큼이나 완전한 사유의 가치는 없다고 생각한다. 그에게 그런 사유 바깥의 코기토 또는 타자의 얼굴은 주체-타자 사이의 소통이 이뤄지는 절대적인 근거인 셈이다. 그리고 그런 타자가 바로 이웃이다.

특히 우리는 레비나스의 '가족 공동체'에 주목해 볼 수 있다. 가족은 최초의 이웃이며 가장 원초적인 나와의 관계. 여기에는 '있음'의 세계에서 서로가 서로에 대해 타자들로서 존재하는 모든 것들에 필연적으로 내재하는 인력(引力)이 작용한다. 그래서 존재들 사이에는 '타자에의 지향성(l'un-pour-l'autre)'이 내재한다.[19] 이것은 이웃에의 가까움으로 나타난다. "플라톤적인 사랑은 우리가 욕망이라고 부르는 것과 일치하지 않는다.

---

18 Lévinas, *Difficile liberté. Essais sur le judaïsme*, Paris: Albin Michel, 1963, p.205.

19 '타자에의 지향성'으로 번역한 l'un-pour-l'autre는 '서로가 서로에게'의 뜻을 가진 l'un de l'autre라는 부사와 대비된다. 그런 부사들을 레비나스는 대부분 명사화해서 사용한다. 그래서 후자는 상호성의 의미를 지니며, 메를로퐁티의 주체와 타자의 관계를 지칭할 때 사용되기도 한다. 특히 레비나스는 l'*un-pour-l'autre*를 이탤릭체로 표시하는데, 즉 주체가 타자에게로 나가는 지향적 관계 속에 초월성이 존재한다는 의미도 담겨 있다. 필자는 l'*un-pour-l'autre*를 부사의 명사화, 즉 '타자에의 지향성'으로 표기하기로 한다.

불멸성은 욕망의 첫 번째 운동의 목표가 아니며 바로 타자, 이방인이 그 목표다."[20] 이방인의 얼굴은 이미 나에게 말을 걸고 있다. "얼굴은 말을 한다. 얼굴의 드러남은 이미 말 건네기(discours)다."[21] 그리고 그에게 타인에의 가까움은 신에게의 그것에 다름 아니다. "타인에의 가까움, 이웃에의 그것은 피할 수 없는 계시의 순간이다."[22] 우리는 가까움과 계시의 관계에 선행하는 주체-타자들로 이뤄진 이웃관계를 가정해야 할 것이다. "얼굴들은 서로가 다른 이들로 향한다. 이것은 서로가 서로에 대해 존재하는 인간들의 실존과 이런 상호적인 관계 속에 있게 되는 작은 사회다."[23] 즉 가족처럼 가까움의 정서와 유대가 있는 곳이 이상적인 사회다.

레비나스에게 타자는 신이며 지고의 선이다. 따라서 신적 정신은 자아의 범주 속에 존재하는 것이 아니라 이것을 떠나 타자의 환대를 통해 계시된다. 타자는 대자(對自)의 존재가 아니며, 탈자(脫自)의 운동을 가져온다. 그에게 주체는 대자적인 존재가 아니기 때문에 타자성에 의해 흔들리고 지배된다. "타인의 타자성은 무엇보다 '너는 살인할 수 없다', '이방인을 환대하라' 등과 같이 쉽게 동요될 수 있는 명령의 출현이다."[24] 그런 계시는 존재의 현실, 즉 다와 타로서 주체 앞의 외부에서 출현하는 무한성의 현시다. 그에게 외부성은 곧 무한성을 등장시키는 공간이다. 이에 반해 데카르트의 정신은 이성이며, 이성적 사유를 통해 자아의 원천을 차지하는 무한성을 코기토라는 내부성으로부터 직관할 수 있다. 레비나스에게 타자존재는 사유하는 주체의 정신적 원천인 셈이다. 그리고 우

---

20 TI, p.58.

21 TI, p.61.

22 TI, p.76.

23 ADV, p.38.

24 Jean-Francois Rey, Lévinas: *Le Passeur de justice*, Ed. Michalon, 1997, p.31.

리는 지고의 정신이 사회성과 밀접한 관계에 있다는 것을 다음과 같이 확인해야 한다. "나 자신 속의 무한의 관념 또는 신과의 관계는 타인과의 관계에서 오는 구체성과 이웃에 대한 책임감인 사회성(socialité)에서 찾아온다."[25] 이와 같이 그가 말하는 추상적인 무한성은 일상의 구체성을 떠나 사유될 수 없는 것이다.

가까움 또는 타인에의 에로스는 낯선 사람, 이웃들 사이에서 구체화되며 무한과의 소통을 발생시키는 코기토의 기능을 한다. 즉 그것은 초월적인 정신에게로 향하고 타자와의 만남을 가져온다. 그렇다고 그런 만남이 통상적인 윤리적 관계만을 수반하는 것은 아니다. 그에게 있어 애무, 어루만지기, 성적인 관계 등도 타자와의 관계를 추구하는 것으로 나타나며, 이런 현상은 주체-타자의 일체적 관계 또는 타자에의 지향성을 통해서 소통의 가치가 발생한다는 것을 나타낸다. "접촉(contact)으로서의 어루만지기(caresse)는 감성이다. 그런 어루만지기는 감각적인 것을 초월한다."[26] 그가 말한 '어루만지기'에는 따뜻함이 있다. 여기에는 타인에 대한 보살핌과 애정, 긍휼이 녹아 있는 것이다. 레비나스의 타자철학을 '사랑의 현상학'이라고 말하는 이유가 바로 여기에 있다. 사랑의 표현이 타인에 대해 지극히 세속적이면서 인간적인 것이라는 점은 분명하며, 또한 이것을 뛰어넘는 것이 사랑의 참뜻이라고 생각할 수 있다.

그렇다면 가까움의 관계에서 갖는 타자와의 만남은 궁극적으로 무슨 의미일까? 그것은 나눔과 교제를 통해 만남의 이유를 실현한다. 그리고 가까움은 구체적인 친밀성의 표현을 가져온다. "어루만지기는 찾아가고 파헤쳐 가는 것이다. 이것은 폭로(dévoilement)로 드러나는 지향성이 아니

---

25 DQVI, p.11.

26 TI, p.288.

라 추구해 나가는 것인데, 보이지 않는 것에 대해 걸어 나가는 것이다. 어떤 의미에서 어루만지기는 사랑을 표현하지만 이것을 말할 수 있기에는 무능력한 어려움을 겪는다."[27] 주체의 무능력함은 초월의 정신이 주체의 초월적인 사유 또는 코기토에 의해 이해 불가능하다는 것을 의미한다. 그에게 있어 타자와의 만남이란 신과의 그것이라는 점에서 세속적인 삶의 터전 속에서 열어 가는 종교적인 구원의 길이라는 것도 부정할 수는 없지만, 주체성의 구조가 전적으로 주체 바깥의 타자세계에서 형성된다는 형이상학적 이해도 가져 볼 수 있다. 그리고 이것을 기반으로 타자철학을 이해할 때 윤리적 행위라고 여겨지는 주체의 행동이 탈자적인 측면에서 보편적인 생성의 운동이라는 것도 짐작할 수 있다.

(3) 메를로퐁티의 코기토주의 비판: 신체 중심의 주체성과 신체 교감

데카르트의 코기토의 철학과 심신이원론은 인간의 정신과 신체를 각각 다른 실체로 사유했던 고전적 가치로 단순히 그치는 것이 아니라, 인간의 주체성과 윤리적 가치 등에 대한 규범과 다양한 담론을 '합리성'의 관점에서 형성한다. 코기토의 주체성은 정신적 실체를 확립함으로써 근대적 이성의 시대를 열었다. 데카르트가《인간론(Traite de I' Homme)》에서 삽화로써 예시하고 있는 인체도감에서 시(視)근육과 신경계의 기능은 단순히 물활론(物活論)을 반영하고 있는 것이 아니라 유기체로서 기능하고 있는 신체의 메커니즘을 가정한다. 그래서 이런 구조를 가진 신체 기관과 모든 기계적 유기체는 자연적인 실체를 구성한다. 다만 우리가 주목하고자 하는 것은 시신경을 통해 보고자 하는 외부의 세계는 정신적 활동에 의해 반성된 것이며, 외부의 경험적 자료는 정신적 판단에 의해 법

---

27 TI, p.288.

칙적으로 이해된다는 사실이다. "나는 지금 물체조차도 본래는 감각이나 상상력이 아니라 오직 오성에 의해서만 지각된다는 것을, 물체는 만져서 혹은 보아서가 아니라 이해함으로써 지각된다는 것을 알게 되었다. 그러므로 나는 내 정신보다 더 쉽게 더 명증적으로 인식되는 것은 아무것도 없음을 분명히 알고 있다."[28] 결국 인간은 자신의 내적 반성에 의해 정신을 먼저 직관하고 사물의 본질을 객관적으로 이해하는 것에 도달할 수 있다.[29] 감각적인 것도 내적인 사유의 작용이 개입함으로써 명확한 관찰을 가져올 수 있으며, 감각의 오류가 빚어내는 것은 그런 작용의 잘못이 아니라고 그는 판단한다. 사물세계에 대한 정신적·법칙적·수학적 사유는 근대의 과학정신을 선도해 나갔다는 점에서 시대적 의미를 지니고 있다.

메를로퐁티의 신체 철학의 등장과 함께 현대철학의 화두는 신체에 대한 새로운 인식에서 비롯되었다고 해도 과언이 아니다. 정신과 신체는 각각 다른 실체가 아니라 상호 통합적인 구조를 형성하고 있거나 이런 구조의 내부와 외부는 본질적으로 다르지 않다는 것이다. 또한 신체는 단순히 해부학적 대상도 아니고 기계적인 메커니즘을 실행하는 것으로 그치는 것이 아니라 바깥 세계와 부단히 교류하면서 신체-세계를 유기적인 관계에서 선취해 나가는 존재의 중심이다. 특히 그에게 있어 신체 활동으로서의 지각은 몸을 세계로 실어 나르면서 세계의 일부가 되도록 하는 근원적 활동이다. 우리는 상호주체성과 관련해서 후설과 메를로퐁

---

28 《성찰》, 55쪽.

29 데카르트에 따르면, 인간에게는 내적 완전성이 본성으로서 선천적으로 주어진다. 그리고 외부세계도 완전성에 의해 설계되었기에 그런 자연법칙에 의해 존재한다. "나는 완전성 (perfection)이 실제로 더 완전한 어떤 본성으로부터 비롯되었다는 것을 명증적으로 알게 되었다. 가령 하늘, 땅, 빛, 열 및 다른 많은 것에 대해 내가 갖고 있는 생각들이 어디에서 비롯되는지를 아는 데는 별로 어려움이 없었다."(《방법서설》, 르네 데카르트, 이현복 옮김, 문예출판사, 1997, 187쪽)

티에게 있어 지각이론이 서로 다르다는 것을 확인할 수 있다. 후설의 지각현상은 다음과 같이 설명될 수 있다. "철학이 중심 주제로, 지각을 존재자와 주관적 상관관계로 잡더라도 놀라운 일이 아닐 것이다. 결국 지각을 생각하는 것이 이 상관관계의 보편적 선험성을 일관되게 구상하는 일이 될 것이다."[30]

메를로퐁티에게 자아는 곧 신체 자아이며, 사물세계를 정신의 위치에서 판단하지 않는다. 그는 이렇게 말한다. "내 몸은 하나의 자아(un soi)다. 그러나 사유가 그렇듯 투명성을 통해서 자아가 되는 것은 아니다. (…) 내 몸은 사물들 사이에 잡혀 있는 자아요, 얼굴과 등이 있는 자아요, 과거와 미래가 있는 자아다."[31] 데카르트에게 자아의 확실성은 코기토에 의해 가능하지만, 메를로퐁티에게 그 확실성은 이렇게 체험되는 것이다. 예를 들어 보자. "내가 팔꿈치를 책상 위에 기댄 채로 의자에 앉아 펜으로 편지를 써 내려갈 때 앞에 놓인 탁상시계의 초침이 째각째각 소리를 내며 방안의 적막을 깨고 있었다." 여기서 나의 자아의 확실성은 손가락을 움직이는 신체적 동작과 책상, 의자, 펜, 종이, 탁상시계 그리고 초침소리 등으로 인해 주어지는 것 외에 아무것도 아니다. 그리고 나는 나의 체취가 묻어나 있는 방 안에서 그렇게 존재하다. 즉 '나는 지각한다, 고로 존재한다'라는 명제가 가능하다.

그리고 그런 나의 방이 서울에 있든지, 수원에 있든지 그때마다 공간의 지각은 모두 다르다. 그가 말하는 지각은 역사적·문화적 상황, 자연적 공간 등에서 신체적 체험을 나에게 고유하게 가져오는 존재론적 행위다. 뉴욕 사람들이 붉은색을 인지하는 것과 파리 사람들이 붉은색을 인지하

---

30 《지각: 감각에 관하여》, 르노 바르바라, 공정아 옮김, 동문선, 2003, 40쪽.
31 《눈과 마음》, 모리스 메를로퐁티, 김정아 옮김, 마음산책, 2008, 39쪽.

는 것도 다른 차원의 지각이라
고 볼 수 있다. 미술선생님이
나무의 잎들을 초록색으로 그
리라고 어린 학생들에게 말했
을 때 한 반의 학생들은 모두
제각기 다른 초록색으로 그리
게 될 것이다! 그래서 메를로
퐁티의 지각 행위는 역사적·문
화적 삶의 다의성을 반영하고
있다. 그럼에도 사람들이 서로
다를 수 있는 지각의 행위에
대해 공감하는 이유는 모두 동

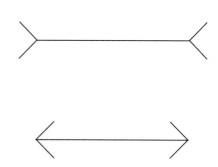

〈그림3〉 위의 두 직선의 길이는 같다. 메를로퐁티는 《지각의 현상학》에서 뮐러 라이어(Müller–Lyer)의 착시현상에 나오는 두 직선은 같은 길이도 다른 길이도 아니라고 말한다. 즉 공간적 맥락에 따라 진실이 존재한다는 것이다.

일한 신체성을 지니고 있기 때문이다. 신체는 타인과 소통하고 상대방을 이해할 수 있는 원초적 삶의 토대가 되며, 나의 신체 자아는 유아론적 의식을 벗어나 타아에 대해 열려 있는 소통의 주체가 될 수 있다.

그런데 메를로퐁티는 왜 데카르트의 코기토 이론을 극복하려고 했는가? 데카르트에게 있어 코기토는 모든 사물 현상들의 인식 배후에 있는 근거이기에 타자와 사물세계도 그런 근거를 통해 사유되고 판단된다. 그런 코기토의 주체는 절대적 자아를 형성한다. 그래서 "사고하는 자아는 세계에 위치 지어진 것으로 기술되지 않고 세계를 세우고 짓는 자아로 기술된다."[32] 메를로퐁티는 《지각의 현상학》에서 인간의 이성적 정신을 세계를 바라보는 절대적 중심으로 가져간 근대적 유아론(solipsisme)을 비판한다. 그에 따르면, 신체는 기계적인 구조를 갖고 있지 않다. "현대의

---

32   류의근, 〈메를로퐁티의 코기토 에르고 숨〉, 《철학연구》 제38집, 철학연구회, 1996, 128쪽.

생리학은 매우 분명한 대답을 준다. 심리물리학적 사건은 더 이상 데카르트적 생리학의 방식에 따라서 또는 과정 자체와 사유 사이의 인접 관계에서 해석될 수 없다."[33] 그는 생리학, 심리학, 인류학 등의 융합적인 지식을 토대로 인간의 인지 현상을 바라보고 신체적인 지각현상이 단순히 고전적인 생리학에 의해 결정될 수 없다고 판단한다. 데카르트의 신체론은 근대적인 기계적 메커니즘에 기초해서 구성된 것이고, 정신적 자아는 신체보다 우위에 있다는 가치관에 편중된 것이라고 본 것이다. 메를로퐁티의 신체 중심 자아 이해는 코기토 중심의 정신우월주의로부터 벗어나고자 한다.

그가 말하는 환각지(幻覺肢) 또는 신체의 애매성도 신체적 기능이 단순히 기계적 원리에 의존하여 수행되지 않고 있음을 보여준다. "앎의 애매성(l'ambiguïté)은 우리의 신체가 서로 다른 두 가지 지층을 포함하고 있다는 것으로 귀결되는데, 습관적 신체의 층과 실제적 신체의 층이 그것이다."[34] 즉 그에게 있어 신체는 해부학적 신체가 아니라 체화된 삶의 공간을 만들어 가는 소통의 기초이며, 신체 자아를 중심으로 이것을 잉태하고 있는 사회성, 역사성의 관점에서 상호주체성을 모색할 수 있는 가능성을 가져다준다. 레비나스에게 있어서도 타자는 탈코기토의 관점에서 개진되고 있는 소통의 근거이며, 타자의 얼굴 또한 주체 바깥에 존재하는 코기토의 지위를 대등하게 갖는다. 이처럼 현대의 두 철학자는 각각 《전체성과 무한》, 《지각의 현상학》에서 데카르트의 코기토 개념을 직접적으로 언급·설명하며, 진정한 코기토는 타자의 얼굴 또는 신체 주체의 지각 행위에 있다고 주장하면서 사유 중심의 자아를 떠나 주체 바깥에

---

33 PP, p.105.
34 PP, p.97.

서 자아의 존재론적 근거를 찾고자 한다. 그런 자아는 각각 자아-타자, 자아-신체의 관계로부터 설명될 수 있을 것이다. 이제 타자와 신체는 정신적 자아의 변방에 위치해 있는 것이 아니라 주체성의 중심으로 등장한다.

메를로퐁티가 볼 때 데카르트의 코기토의 내적 사유 배후에는 절대적 의식이 상재한다. 그리고 이런 의식은 완전성을 지니고 있기 때문에 타인과의 관계를 더 이상 욕망하지 않는다. "(데카르트의) '나'의 코기토는 원칙적으로 유일한 것이고 타인의 참여가 허용될 수 없는 것이다. 사람들은 그것을 타인들에게도 '전달될 수 있는 것(transférable)'이라고 말할 수 있겠는가?"[35] 그리고 코기토의 내적 완전성은 칸트의 반성철학과 선험적 정신세계에도 승계되는 부분이며, 칸트에게 있어서도 데카르트와 마찬가지로 감각 활동은 지각 자체를 의미하지는 않는다. 칸트의 지각 행위는 선험적 감성 형식에 의해 구성된다. 이에 반해 메를로퐁티의 그것은 지성적 범주 바깥에 있으며 바깥세계에 대해 신체가 감응하고 스스로 동화(同化)하는 사건이라고 해야 할 것이다. "지각은 인과성의 범주를 적용시킬 수 있는 세계의 사건으로서가 아니라 매순간 세계의 재창조나 재구성으로서 주어진다."[36] 그렇다면 메를로퐁티는 왜 코기토의 대안으로서 신체를 사유하는가? 예를 들어, '타인의 지각은 진정 타인의 지각일 수 있는가'라는 그의 물음을 진지하게 생각해 보자.[37]

---

35 PP, p.427. "만약 내가 절대적인 나 자신이라면 타인은 결코 개별적인 존재가 될 수 없다." (PP, p.405) "메를로퐁티는 나의 의식을 육화하고 있는 나의 신체와 타인의 신체 사이는 타인의 신체가 마치 그의 의식을 드러내는 것과 같이 나에게 나타나는 관계를 제시한다." (Barbaras Renaud, *Merleau-Ponty*, Paris: ellipses, 1997, p.43)

36 PP, p.240.

37 PP, p.68. 메를로퐁티는 지각된 사물세계를 일반화하는 과학정신, 그것을 추론적으로 사유하는 선험철학 등을 비판한다. "자연은 기하학적인 것 자체가 아니다. 그것은 육안으로 볼 수 있는 자료에 집착하는 신중한 관찰자에게만 그렇게 나타난다. 인간 사회는 합리적인 정신의 공동체가 아니다." (PP, p.68)

먼저, 지각이란 무엇인가? 메를로퐁티는 지각의 근원성에 관해 이렇게 말한다. "자연적 사물과의 만남으로서의 지각은 우리 연구의 첫 번째 계획에 있다. 이것은 사물들을 설명할 수 있는 단순한 감각의 기능으로서가 아니라 본래적인 만남의 원형이며 과거, 상상, 관념의 만남 속에서 모방되고 새롭게 구성된 것으로서의 지각이다."[38] 단순히 선험적 주관성에 의지해 지각의 차원을 추론한다면 그런 지각은 이미 정신주의를 반영한 것이 된다. 이에 반해 신체성은 원초적 삶의 지각을 발생시키는 근거이며, 이런 지각을 떠나 인간은 스스로 삶의 가치 내지 타인과의 교감을 이뤄 낼 수 있는 사회성을 실현해 나갈 수 없다. "내가 코기토에서 발견하고 인식하고자 하는 것은 심리적인 내재성이나 모든 현상이 '사적 의식의 상태들'에 내속하는 것이 아니며, 감각 자신과의 맹목적인 접촉도 아니다. (…) 그것은 나의 존재 자체인 초월의 깊은 운동이고, 나의 존재와 세계의 존재의 동시적 접촉이다."[39] 따라서 지각 자체는 오히려 진정한 선험적 영역을 개척한다. 삶의 세계를 구성하는 원초적 기반은 지각으로부터 나오며, 이렇게 지각에 의해 신체-세계는 상호 유기적인 관계를 형성한다.[40]

그렇다면 메를로퐁티에게 세계란 무엇인가? "현상학적 세계란 순수 존재가 아니라 나의 경험과 나와 타인의 경험 사이의 교차에서 비쳐 나타나는 의미다. 그러므로 그 세계는 나의 현재적인 경험 속에서 지나

---

38 Merleau-Ponty, *Le Visible et l'invisible*, Paris: Ed. Gallimard, 1964, p.210. (이하 VI로 약칭한다.)

39 PP, p.432.

40 인류학적으로 인간은 지성적 능력을 발전시켜 왔다. 이에 반해 신체적 본능은 상대적으로 퇴화했다고 생각할 수 있다. 인도네시아의 해안 지역에 쓰나미가 닥쳐오면서 수많은 사람이 희생된 반면 다른 들짐승, 날짐승 등은 자연 사태를 미리 본능적으로 예감하고 도피했다는 얘기도 있었다. 신체-세계가 하나로 느껴지는 원초적인 본능은 사람보다 동물에게 더 많이 남아 있다는 것을 부정할 수 없다.

간 나의 경험들, 나의 경험 속에 있는 타인의 경험을 되찾음으로써 일체 (unité)를 이루는 주체성과 상호주체성으로부터 분리될 수 없다."[41] 그에게 있어 인간은 자연인(homme naturel)이다. 그리고 신체 주체로서의 인간은 자신의 지각 활동 속에서 이미 세계와 융합한다. 그래서 그런 신체-세계의 일체 관계는 신체의 입장에서 볼 때 이미 자신 속에 세계를 선구성한 것이라고 말할 수 있다. 칸트에게 선험적 주관성에 세계가 이미 들어와 있듯이, 메를로퐁티의 '신체도식(schéma corporel)'에도 이미 세계가 들어와 있다. "신체도식의 이론은 암묵적으로 지각의 이론이다. (…) 우리가 신체에 의해 세계에 존재하고 신체를 통해 세계를 지각하는 것에 의해 세계가 나타나는 것과 같이 세계의 경험을 일깨우는 것이 필요할 것이다. (…) 왜냐하면 자신의 신체와 함께 지각한다면 신체는 자연적인 나 (un moi naturel)이며 지각의 주체와 같기 때문이다."[42]

그에게 있어 신체는 곧 자아이며, 모든 공간과 사물은 신체적 지각의 차원에서 존재한다. 그런 공간은 이미 의식에 앞서 체화되어 있고, 그 공간에 신체적 교감이 융해되어 있다. 그래서 그는 신체도식을 제안하는데, 이것은 칸트의 선험적 인식론에서 볼 수 있는 도식주의(schematism)와 독특하게 구분된다. 그는 《지각의 현상학》에서 이렇게 말한다. "영혼과 신체의 통일은 외부적인 두 개의 관계, 즉 주체와 대상 사이의 임의적인 명령에 의해서 확인되지 않는다. 그것은 실존의 운동 속에서 매순간 완성

---

41 PP, p.xv.(서문)

42 PP, p.239. 메를로퐁티에게 있어 사물세계를 바라보는 원근법주의는 그런 세계를 바라보는 지성적 편견이다. 그에게 있어 지각은 사물세계와 신체가 융합하는 현상이며, 세계 자체에 대한 신체적 반응이다. 그리고 여기서 진정한 객관성의 영역이 존재한다. 신체도식은 바로 그런 그의 인식을 반영한다. 말하자면 물리적 공간에 앞서 신체 자아가 이미 지각하는 신체의 안과 밖에 체험적으로 존재하는 선객관성(préobjectivité)의 영역이 존재하는 것이며, 이런 영역은 체화된 결과에 의해 주어지는 것이다. 그가 주장하는 신체도식은 그런 이유에서 칸트의 선험적 도식과 비교될 수 있다.

된다."[43] 이렇게 물리적 공간을 새롭게 구성하는 신체도식은 이성적 능력에 의해 정형화된 내적 원리가 아니며, 신체성과 지각의 활동에 근거해 삶의 공간과 세계를 해석한다.

이런 신체성은 마치 물고기의 몸이 물속에 있고 나무뿌리가 땅속에 있듯이 인간의 몸을 자신의 세계에 속해 있도록 하는 존재의 근거다. 신체는 주체가 세계에 존재하도록 하는 원점을 차지하며, 이것으로부터 세계가 주어진다. 그래서 지각의 체험은 정신적 작용에 앞서 이미 세계에 나 자신을 개방하는 출구 역할을 한다. 그는 이렇게 말한다. "나의 모든 신체는 공간에 병렬해 있는 기관들의 모임(assemblage)이 전혀 아니다. 나는 그것을 나눌 수 없는 것으로 소유하며, 나는 신체도식에 의해서 신체 부위들이 각각 위치해 있는 것을 알고 있다."[44] 사고하는 두뇌가 중심이 되어 좌우로 왼팔과 오른팔이 각각 병렬해 있는 것이 아니라 다른 신체 부위들과의 상호 관계 속에서 팔들이 위치해 있다. 들뢰즈도 '기관 없는 신체(corps sans organes)'로서 신체를 설명하며 신체의 각 부분을 나누어 그 자체를 말할 수 없다고 한다. 신체라는 동일성 가운데 신체의 각 부분은 나눌 수 없다. 메를로퐁티의 입장에서 볼 때, 예를 들어 '나는 책상 위에 놓인 탁상시계를 본다'라고 하는 것도 단지 나의 눈으로 그것을 보는 것이 아니라 '책상 앞의 의자 등받이에 기대고 앉아 있는 나의 몸체', '책상 위에 올려놓은 나의 팔꿈치', '귀로 들리는 시계의 초침소리' 등과 함께 탁상시계를 눈으로 본다는 것과 같은 것이다.

신체 자신이 주체가 되어 세계에 대해 열려진 교감 중심에 있는 신체는 '이미 모든 대상을 신체 속으로 체화시켜' 세계가 나에 대해 존재하는 신

---

43 PP, p.105.

44 PP, p.114. "신체도식은 결국 나의 신체가 세계에 존재한다(mon corps est au monde)는 것을 표현하는 하나의 방식이다." (PP, p.117)

체도식을 선취한다. 이것은 신체가 스스로 중심이 되어 세계에 대한 직접적인 감각과 인식을 가져오는 선험적 교감을 사전에 설정하는 것이다. 누구든지 자신의 방을 기억한다. 이를테면 "비밀번호 코드를 눌러 현관문을 열고 들어가 좌측의 아이들 방에서 불빛이 새어 나오는 것을 보고 강아지가 뛰어놀던 거실의 가운데를 지나 식구들이 탁자 주위에 옹기종기 모여 앉아 저녁 식사를 하는 그 시간, 이내 내 방 전등 스위치를 올렸을 때 그렇게 하루의 일과를 마치고 들어서는 나를 맞이하는 나의 방이 한눈에 들어온다." 그렇다! 존재의 집, 즉 나의 세계는 나의 그런 기억들 속에 체화되어 존재한다. 아파트의 물리적 공간으로서의 방들은 나의 신체 지각과 함께 체화되어 나의 공간과 세계로서 자리 잡고 있다. 메를로퐁티가 말한 신체 자아와 세계는 그런 관계를 갖고 있다고 봐야 할 것이다.

그에게 있어 진정한 코기토는 사고에 의해 존재를 규정하지 않으며, 세계의 확실성을 세계에 대한 사고의 확실성으로 전환하지 않고, 세계 자체를 '객관성'의 이름으로 어떤 의미의 세계로도 대체하지 않는다. 다만 그것은 지각에 의해 실현된다. 또한 그것은 나를 '세계에로의 존재'로 발견하면서 모든 종류의 관념론을 제거한다. 즉 신체, 타자, 세계가 하나의 통일체를 이루고 있는 삶의 공간으로서 세계가 다가온다. "대타(Pour Autrui) 대신에 교차(chiasma). 이것은 단지 나-타인이라는 대립관계가 있을 뿐 아니라 공-기능(co-fonctionnement)도 있다는 것을 의미한다. 우리는 마치 하나의 신체처럼 기능한다."[45] 그에게 있어 나와 타인은 각각의 신체와 세상에 대한 각각의 시선을 갖고 있음에도 불구하고 이런 관계는 한 사람이 두 눈을 갖고 세상에 대한 통일적인 나의 시야를 얻게 되는 것으로 설명될 수 있다. 세계에 대한 일방적 시선이 아니라 일종의 다(多)초점

---

45 VI, p.268.

적인 시선에 의해 우리는 세계를 인식할 수 있으며 타자의 존재를 의식할 수 있다. 이런 부분은 사실 레비나스의 타자 중심적인 시선과 차이점이 있는 것이다. 그는 타인들과의 상호 주체적인 시선을 부정하는데 이것은 집단성과 다를 바 없다고 판단한 이유이며, 이 점은 메를로퐁티와 다른 점이다. 메를로퐁티에게 있어 진정한 코기토의 정신은 원초적인 지각과 신체적 교감을 통한 세계에로의 시선을 확보하며 이를 바탕으로 역사, 문화, 사회 속에서의 상호주체성과 실존적 소통이 실현될 수 있다.[46]

바로 이런 점에서 우리는 데카르트와 메를로퐁티 그리고 레비나스에 있어 상호주체성 개념이 서로 어떻게 다른지 이해할 수 있다. 근현대 철학에서 주체성의 철학을 대표하고 있는 데카르트, 레비나스, 메를로퐁티에게 주체의 특성들은 어떻게 이해될 수 있는지 다음과 같이 비교·분석해 볼 수 있다. 여기서 우리는 그들의 철학적 문제의식을 확인할 수 있으며, 소통의 주체가 갖는 의미를 실체·본성·속성의 입장에서 비교할 수 있다. 그리고 합리성, 이타성, 상호주체성의 관점에서 주체성의 사회적 가치를 논의해 볼 수 있다.[47]

메를로퐁티에게 원초적 삶의 지각에 의해 형성된 삶의 세계란 무엇일까? 신체공간은 심신이원론을 부정하는 소통의 장소이며, 신체가 숨 쉬는 지각의 장(場)이다. 그에 따르면 지각의 주체와 사물세계 사이에는 긴

---

46 메를로퐁티는 나의 의식과 타인의 의식 사이에서 교환될 수 있는 상호주체성을 부정한다. 이런 상호주체성은 코기토의 작용에 의지한다. "의식에 의해서 실행되면 모를까 또 다른 나 자신(autre moi-même)으로서의 타인의 위치는 실제로 가능하지 않다." (Merleau-Ponty, *Signes*, Paris: Ed. Gallimard, 1960, p.152)

47 주체성의 근거와 그 본질적 행위와 속성 등에 관한 철학적 성찰은 인간의 정체성에 관한 사유뿐만 아니라 시대적으로 요구되는 인간의 가치, 공동체의 선 등에 관한 견해를 다양하게 생산해 왔다. 우리는 데카르트, 레비나스, 메를로퐁티의 주체 이해에 관한 분석을 통해 주체성을 바라보고 해석해 나갈 수 있는 관점과 함께 인간 사회에서 소중하게 다뤄야 할 가치가 무엇인지를 반성해 볼 수 있다.

	데카르트	레비나스	메를로퐁티
주체의 실체	정신	자립체(물질성+고독)	신체성
주체의 본성	이성	주체→타자에의 지향성	신체→세계에의 지향성
주체의 속성	코기토	에로스	신체 지각
주체성의 사회적 가치	합리성	이타성	상호주체성

※ 데카르트, 레비나스, 메를로퐁티의 주체성 특성에 대한 개념적 비교

밀한 관계가 존재하며, 정신과 신체라는 이분법적 인식 관점에서 설명될 수 없다. "신체, 그리고 세계와의 접촉을 가져가면서 우리가 발견하게 될 것은 우리 자신이다. 왜냐하면 자신의 신체를 지각하게 된다면 신체는 자연적 나(moi naturel)이며 마치 지각의 주체(sujet de la perception)와 같기 때문이다."[48] 인간 자신은 신체적 주체이며, 그에 의해 이뤄진 지각 행위는 공간 체험의 직접적 근거이기에 모든 역사적·사회적·문화적 삶의 터전은 체화된 공간에 기초한다.

따라서 신체 지각은 단순한 감각이 아니라 인간의 위상과 가치를 자연적 세계와 타인들과의 삶의 세계로 위치시키는 행위다. 여기서 나와 타인의 관계는 그런 체험적 공간 속에서 서로를 바로 보게 하며, 사물세계는 그들 사이에서 존재한다. "내가 타인의 음악적 감정에 들어갈 수 있는 것은 음악 때문이며, 내가 타인의 사적인 세계로 들어갈 수 있는 통로를 열어 주는 것은 사물 자체다. 그런데 우리가 보아 왔던 사물세계는 언제나 내가 보고 있는 그것이다."[49] 사물세계가 존재하며 이것을 실제로 인

---

48 PP, p.239.

49 VI, p.27. "지금 나는 지각 가운데 표상이 아닌 사물 자체를 갖고 있다. (…) 내 앞의 테이블은 나의 눈과 신체와 유일한 관계를 맺고 있다. 만약 나의 눈과 몸의 행동반경 속에 테이블

지하고 경험하는 것은 신체 지각에 의해서 가능하다. 따라서 지각 행위가 없다면 사물의 형상을 그려 내는 것도, 타인의 상상에 흡입해 들어가는 것도 불가능하다.

그러나 사물세계는 단순히 내가 바라보는 신체적 지각의 대상을 떠나 타인의 신체적 표상과 지각 행위도 드러낸다. 즉 사물세계에도 타인을 의식하는 익명성이 존재하는데, 그 근거도 신체 지각이다. 그리고 이것을 통해 타인과의 상호주체성이 존재한다. "나의 신체의 각 부분이 다 같이 하나의 시스템을 형성하듯이, 타인의 신체와 나의 그것은 유일한 전체이고 하나의 현상의 안과 밖이 되며, 나의 신체가 매순간 흔적이 되는 익명적 실존(l'existence anonyme)이 이제부터 동시에 그 두 신체에 거주한다."[50] 익명적 실존은 나와 타자가 만나는 교차점이다. 바로 이것 때문에 "내가 나의 '신체-주체'에서 출발하는 것으로부터 타인의 신체와 존재를 이해할 수 있는 것"[51]이라고 볼 수 있다. 예를 들어 낯선 곳을 산행하고 있었을 때 어디로 가야 할지 망설이던 차에 마침 이전에 많은 사람들이 오가면서 발자국들이 자연스럽게 만들어 낸 작은 길이 보인다면 얼마나 반가울까! 그렇다. 그 작은 길은 익명적 실존이 만들어 낸 결과이고, 여기서 타인들의 흔적을 본다.

메를로퐁티에게 익명적 실존이 가져온 상호주체성은 사회적 소통의 근거가 된다. 예를 들어 보자. "내가 빌딩의 아래층 현관문을 열고 들어

이 있다면 나를 그것을 본다." (VI, p.21.) 이에 반해 데카르트의 사물세계는 다음과 같이 인식된다. "내가 밀랍이 무엇인지를 올바로 판단하기 위해서는, 밀랍은 연장이라는 측면에서 보더라도 내가 지금까지 상상 속에 품고 있던 것보다 훨씬 더 다양하게 될 수 있다고 생각해야 한다. 그러므로 밀랍이 무엇인지는 상상되는 것이 아니라 오로지 정신에 의해 지각된다는 점을 인정해야 한다." (《성찰》, 52쪽)

50 PP, p.406.
51 류의근, 〈살과 타자의 만남〉,《철학연구》 제105집, 대한철학회, 2008, 209쪽.

서면서 혹시나 뒤따라 들어오는 사람이 닫히는 문에 부딪칠까봐 그 문을 손으로 슬쩍 잡아 주는 행위", 이것도 타인에 대한 신체적 배려이면서 타인들과의 교감을 보이지 않게 형성해 가는 상호주체성의 발로다. 이 점에서 그의 신체 중심적인 자아이론은 유아론의 한계를 벗어나고 있다. 그리고 삶의 공간은 원천적으로 신체 지평 속에 존재하기 때문에 주체와 대상 사이를 경계 짓는 이분법적 지성주의는 보편성을 상실한다. "자연적 세계, 사회적 세계와 더불어 우리는 진정으로 초월적인 것을 발견했고, 이것은 구성적인 작동의 총체가 아니다."[52] 결국 그는 철학적 초월성을 정신세계에서 찾는 것이 아니라 타인들과의 실존적 익명성과 유대, 소통 관계 속에서 이해하고자 하며 그 바탕은 신체성과 신체 지각에서 비롯된다는 것은 의심할 필요가 없다. 마치 지각은 인터넷 체제에서 말하는 최소의 단위인 비트처럼 모든 소통을 위한 기본적인 자료를 제공한다. 다만 사이버 세계에서 모든 소통 방식은 비트 체제로 환원될 수 있지만, 인간 행위와 역사적·문화적 전승 등이 최소 단위라고 할 수 있는 신체적 지각으로 환원될지는 미지수다. 아마도 비트와 지각의 큰 차이점은 '디지털인가, 아날로그인가'라는 문제에서 나올 것이기 때문이다.

그에게 있어 원시인의 삶은 신체적인 원초적 삶의 시작을 보여주며, 이로부터 사회적 삶의 세계를 경험하게 되면서 그가 주장하는 '세계'에 기초하는 삶의 본질이 무엇인지를 생각해 볼 수 있다. 그런 세계는 '교차(chiasma)'라고 하는 삶의 소통 행위를 통해 그려진다. 교차는 자아, 타인 그리고 세계가 어우러지는 소통의 방식이기도 하다. "우리는 자연인(homme naturel)처럼 우리와 사물 가운데, 우리와 타인 속에 자리 잡을 것이다. 일종의 교차에 의해 우리는 타자들이 되고, 우리는 세계가 되는 지

---

52 PP, p.418.

점에 위치하게 될 것이다. (…) 철학은 자연인과 같이 자아가 세계로, 타자에게로 나아가는 곳에 의지한다."[53] 먼저 이 문장들 가운데 '와(et)'라고 하는 이탤릭체에 주의하자. 즉 우리와 사물, 우리와 타인 사이가 구분되지 않는다는 뜻이다. 그 사이에 이미 익명적 실존이 녹아나고 있다는 의미가 담겨 있다.

또한 여기서 주목할 점은 메를로퐁티의 철학적 가치관이 드러나 있다는 것이다. 즉 '우리', '타자', '세계' 등 이런 것들은 모두 하나의 지점으로 수렴되며 이 가운데 나와 타자, 세계를 사유해 볼 때 모두 일체를 구성한다는 것이다. 그리고 나의 실존이 무엇이냐고 묻는다면, 자연스럽게 '그 일체 가운데 내가 존재한다'고 말해야 할 것이다. 인간 주체에 있어 자아, 타자, 신체 등은 모두 소통적 주체의 정체성을 인식하게 만드는 존재론적 근거들이다. 오늘날 신체 또는 타자 등의 새로운 관점에서 인간의 주체성을 새롭게 이해해야 한다는 시대적 요청이 등장하고 있는 것도 사회 공동체, 인간 자신의 역사에 대한 관심과 맞물려 있기 때문일 것이다. 이런 점에서 메를로퐁티와 레비나스의 철학적 가치관이 서로 무엇을 지향하고 있는가를 생각해 본다면, '왜 철학이 필요한가'라는 물음에 대한 좀 더 설득력 있는 답을 얻을 수 있을 것이다.

(4) 너와 나의 공동체를 위한 교제와 익명성의 실존 윤리

우리는 데카르트의 코기토의 주체성과 비교해서 레비나스와 메를로퐁티에게 있어서의 탈코기토의 주체성에 관한 사유가 왜 인간의 본성과 가치에 관한 새로운 시대적 성찰이 될 수 있는가에 관심을 가질 수 있는데, 그

---

53 VI, p.212. "교차는 단지 나와 타인 사이의 교환뿐만 아니라 또한 나와 세계 사이의 교환, 현상적 신체와 객관적 신체 사이의 교환, 지각하는 것과 지각된 것 사이의 교환이다." (VI, p.268)

이유는 타자와 신체에 있다. 레비나스의 타자, 메를로퐁티의 신체에 있어 이런 개념들 사이에서 양립할 수 있는 철학적 착상과 공동체의 새로운 인식을 위한 상호주체성이란 무엇인가? 그리고 미래 사회의 윤리의식과 이에 대한 신뢰는 그런 주체성이 확보될 때 가능한 것은 아닐까? 서구 사상에서 이성과 계몽의 시대를 본격적으로 겪게 되면서 인문학적 가치가 이성에 의해 재편되고 실증적 지식이 진리의 기준인 것처럼 여겨지게 되었다. 그리고 이런 경향에 대한 비판과 함께 현대의 지성들은 새로운 인간의 가치와 시대정신을 찾고자 한다.

이런 지적 분위기는 자연스럽게 근대적 정신으로서 추구되었던 합리적 이성과 이성 중심적인 가치들에 대한 철학자들의 비판적인 반성을 가져온다. 레비나스는 너와 나의 실존적 토대와 이웃에의 윤리를 통해 존재 자체를 밝힌다. 바로 '있음(l'il y a)'의 구조와 가까움에서 찾아낸 윤리는 타자 중심의 공동체를 구성할 수 있는 존재론적 근거가 된다. 그리고 메를로퐁티는 매우 인간적인 요소일 수 있는 신체 중심의 존재론적 토대 위에 너와 나의 사회성을 새롭게 개척한다. 이렇듯 현대의 두 철학자가 개진하고 있는 철학적 쟁점들은 각각 다른 존재론적 근거를 제시하면서도 궁극적으로는 너와 나의 삶의 유대를 강조하는 것에 매우 큰 비중을 두고 있다. 이런 점에서 우리는 오늘날 다문화 공동체 사회 및 다중적인 매체 사회에서 요구되는 바람직한 주체성에 관한 존재론적 기초를 개진해 나갈 수 있는 철학적 안목을 제시받고 있는 셈이다.

레비나스는 대표 저서 《전체성과 무한》(1961)에서 데카르트의 코기토와 무한성에 관한 고전적 인식과 비판을 토대로 타자에 대한 새로운 이해를 개진해 나가고 있다. 데카르트에게 있어 코기토의 기반을 떠받치고 있는 것이 신적 존재라면 레비나스에게 있어 정신은 그 반대로 타자로 인해 주체 바깥으로 외현(外現)하며, 주체는 그런 타자의 얼굴에서 정신적 존재의 원천인 초월의 신을 볼 수 있다. "얼굴은 데카르트적인 합리주의를 지지했던 신적인 진리성과 같은 명백함을 가능케 하는 명백함이다."[54] 레비나스가 생각하는 가장 이상적인 공동체는 타인들이 서로 얼굴을 마주하고 서로에 대한 경외와 책임감을 발견하는 곳에 있다. 또한 나와 타인들이 모인 그런 열려진 공동체는 생명과 운명 그리고 사랑을 함께 나누는 곳이다. 왜냐하면 그곳에서 사람들은 서로가 서로에게서, 그들 사이의 얼굴들 가운데서 각자의 자아를 발견하기 때문이다. 이 점은 그가 주장하는 사회성의 의미다. 그리고 그 근거는 바로 레비나스가 주장하고 있는 '있음'의 현실 속에서 서로의 근거를 확인할 수 있는 타자성과 이로 인해 발생하는 '가까움'에 있다. 그리고 우리는 그렇게 너와 나 사이에 존재하는 각자의 익명성(anonymat)을 확인할 수 있다. 예를 들어 나의 얼굴이 눈앞의 거울에 비치듯 바로 타인의 얼굴에 숨겨져 있는 셈이다. 그래서 "주체는 (타인에게 붙잡힌) 볼모다."[55] 그 얼굴은 자아의 구체성이고 주체의 익명성이기도 하다. 여기에 강요될 수밖에 없는 것은 나와 타자 사이의 그런 필연적 관계 때문에 발생한다. 이런 익명성은 레비나스나 메를로퐁티 모두에게서 발견할 수 있는 것으로, 나의 실존이 타인과 결부되어 있다는 것을 보여준다.

메를로퐁티 역시 대표 저서 《지각의 현상학》(1945)에서 데카르트의 코기토가 처한 주지주의의 한계를 극복하고자 한다. 그에게 있어 신체는 유기체의 자연적 일부이며, 세계로의 귀속적인 활동은 역사와 문화 그리고 사회성을 인간의 실존적 터전으로 발생시킨다. 그는 기존의 세계를 이렇게 비판한다. "사적인 세계들은 이름이 붙여진 사람들을 위한 세

---

54 TI, p.179.

55 AE, p.142.

계일 뿐이다. 그런 세계들은 세계가 아니다. 오직 하나의 세계, 그 유일한 세계는 공통 세계일 것이다. 그리고 우리의 지각이 열리는 것은 이런 세계를 향해서가 아니다."[56] 그렇다면 그에게 있어 우리의 세계란 무엇이고, 여기서 너와 나를 '우리로서' 묶는 신체적 교감은 무엇일까? 그에게 있어 사물세계는 나의 지각과 타인의 지각 행위들이 서로 교차하면서 존재하는 것이며, 그런 융합적인 세계를 삶의 터전으로 받아들일 때 신체주체의 확장 내지 타인들과의 소통이 발생한다. 그는 이렇게 말한다. "'사적인 세계들'이 서로 소통을 나누고 있다는 것은 사실이다. (…) 우리들에게 공통적인 것이라고 여겨지는 감각적 세계에 대해 설명할 수 없는 이런 확신은 곧 우리들에게 진리의 받침대가 되고 있다."[57] 그에게 있어 사적인 세계들일지라도 여기에는 소통의 근거가 될 수 있는 지각의 기초 또는 익명적 실존이 이미 형성되어 있는 것이다.

그렇다면 레비나스와 메를로퐁티에게 있어 주체성의 중요한 근거들로 제시되고 있는 타자와 신체는 과연 주체를 세계로 열게 하는 근거가 될 수 있는가? 만약 그렇다면 주체-타자, 주체-신체의 관계는 주체의 근거가 코기토가 유일한 것만은 아니라는 것을 우리에게 밝혀 주는 셈이다. 그들에게 새로운 코기토의 정신은 타인의 얼굴 또는 신체 지각을 토대로 형성되는 것은 분명하다. "나의 신체의 지각적 삶은 지각적 분명함을 보증해 준다. 지각적 삶은 나의 몸과 외적 사물들 사이에서 세계를 내적으로 잇는 또는 상호 객관적인 관계들에 대한 인식이 아니다. 지각적 삶은 모든 대상의 관념 속에 전제되어 있다. 또한 세계를 향한 첫 번째 열림을 실행하는 것도 지각적 삶이다."[58] 레비나스 역시 감각적인 삶의 경험이

---

56 VI, pp.25~26.

57 VI, p.27.

58 VI, p.60.

없으면 주체를 세계로 열게 할 수 없다는 것을 잘 알고 있다. 그리고 그런 경험은 주체가 타인들을 쉽게 의식하는 이유가 될 수 있다. "감수성은 상처받기 쉬움, 민감성, 노출이며 타인에 의해 포위되고 관계된 것이다."[59] 불완전하고 예민하거나 나약한 주체성은 오히려 타인들을 만나고 그들과 교제할 수 있는 가능성이다. 상처받기 쉬운 주체성은 주체 자신을 타자에 대해 열려진 환대의 존재로서 이해한다.

우리는 그 철학자들의 새로운 존재 이해와 비판정신을 기본적으로 인식하면서, 현대에 이르러 인간의 정체성에 관한 문제가 사유 중심주의와 직관에 의해 해소될 수 있는 것이 아니라 그 너머에서 인간에 대한 총체적 이해, 즉 탈코기토의 관점에서 역사와 자연 속에서, 더 나아가 생명의 지속과 배려 그리고 타인들과 함께 보는 공동체를 위한 가치 인식 등에서 새롭게 모색될 수 있다는 점을 가정해 볼 수 있다. 특히 레비나스는 타자 중심의 주체윤리를 주장하지만 메를로퐁티 역시 나와 타자세계 사이의 귀결점을 모색한다. "전체적인 존재(l'être intégral)는 나의 앞이 아니라 내가 본 것들과 타자들이 본 것들의 교차점(intersection)에, 나의 행동들과 타자들의 행동들의 교차점에 있다."[60] 더 나아가 이런 세계는 지각적 세계와 역사적 세계가 함께 어울리는 세계, 곧 상호주체성의 세계가 될 것이다.

특히 레비나스는 타인은 형이상학적 진리가 발생하는 것과 같은 장소라고 말한다. 그리고 그 얼굴은 모든 가치의 원천이다. 그에 따르면 사회적 소수와 약자는 타인의 간절한 얼굴로 우리에게 호소하며 주체의 책임감을 소환한다고 하는데, 이런 부름은 곧 낯선 계시이면서 여기에 따라

---

59 AE, p.101.
60 PP, p.116.

야 하는 것은 주체 자신이 그들에게 이미 볼모로 맡겨져 있기 때문이다. 그에게 있어 진정한 공동체의 정신은 주체가 그들 앞에 소환될 때 존재하는 셈이다. 즉 그에 따르면 어떤 도덕적 가치도 그 얼굴에 앞서 존재할 수 없으며, 그렇게 타자들에게 열려진 주체성에 자아가 존재한다. 그에게 있어 사회적 약자 또는 낯선 타자들은 너와 나의 공동체에 대한 주체의 책임성을 불러내는 것이며, 그들로 인해 주체성은 비로소 존재할 수 있다. 이에 반해 메를로퐁티는 상호주체성이라는 시간과 공간을 가진 신체 자아의 영역을 개척해 나간다. 그리고 이런 영역이 사회적 세계라는 것을 확신할 수 있다. "자연적 세계를 뒤따라서 대상으로서 또는 대상들의 합계로서가 아닌 실존의 영원한 영역 내지 차원으로서 사회적 세계를 재발견하는 것이 요구된다."[61]

무엇보다 자아는 신체 자아로서 존재한다. 신체는 해부학적 대상이 아니라 나와 타자, 세계를 연결해 주는 존재론적 근거다. 그리고 신체 활동으로서의 지각은 데카르트가 말하는 코기토의 진정한 의미가 될 수 있다. 그에게 있어 '나는 지각한다, 고로 존재한다'라는 명제는 자연적 주체로서의 지각 행위, 그리고 여기에 거주하고 발생하는 사회성, 역사성 등을 통해 얻어낸 상호주체성을 새롭게 구성한다. 이런 주체성 속에서 자아는 타자세계의 일부로서 존재하며 주체 자신을 아우르는 주체의 타자성은 자연성에 바탕을 두면서도 역사적 자아, 사회적 자아, 문화적 자아 등을 일궈 나가는 바탕이 된다. 그에게 있어 지각 행위는 이미 그런 원천적 동기를 갖고 있으며, 자아는 타아로서 존재할 수 있는 열려진 주체성을 지향하고 있는 셈이다. 결국 우리는 레비나스, 메를로퐁티와 더불어 타자 이해의 자리매김으로 인해 제시될 수 있는 새로운 주체성과 다문화

61　PP, p.415.

시대에 요구되는 공동체의 가치를 보다 바람직하게 논의해 나갈 수 있을 것이다. 그들은 현대사회가 시대정신으로서 요청하고 있는 나와 타자 사이의 소통의 가치를 선구적으로 제시한 셈이다.

(5) 우리는 왜 새로운 주체의 출현에 관심을 갖는가?

우리는 지난 한 세기 동안의 서양철학을 평가할 때 가장 두드러진 특징으로 해체의 코드를 떠올릴 수 있다. 절대적 진리와 이성에 대한 불신임이 그런 경향을 불러일으켰다고도 볼 수 있다. 그러나 무엇보다 삶의 변화에 따른 새로운 가치에 대한 기대감이 과거의 시대를 반성하게 만들었고, 현대의 사상을 지배하고 있지 않을까 생각해 본다.[62] 즉 주체적 삶에 대한 내면적 성찰, 타인들과 함께 살아갈 수 있는 이상사회에 대한 꿈, 지구 환경에 대한 새로운 관심에서 비롯한 건강한 생명에 대한 희망 등이 미래의 가치를 형성해 나갈 수 있으리라고 예측해 본다. 그리고 필자는 이렇게 언급한 현대적 가치의 특징을 살펴보면서 보다 선구적인 철학적 시야를 갖고 인간 주체에 대한 새로운 이해, 현대사회에 대한 비판적 안목으로 많은 업적을 남겼던 레비나스와 메를로퐁티에 주목하게 되었다. 이들은 공통적으로 주체 문제와 사회성에 특히 철학적 배려를 가진 사상가로서 데카르트의 코기토를 비판하면서 새로운 주체 이해를 제시하려고 했고, 이에 따라 각각 타자 중심적인 주체, 신체 중심적인 주체를 주장한다. 이와 함께 그들은 역사적 관점에서 나와 너, 우리의 관계를 근본적으로 반성하고 삶의 윤리를 새롭게 바라보고자 한다. 바로 이 점은 필자

---

62 우리는 레비나스와 메를로퐁티의 새로운 주체철학이 어떤 점에서 지적으로 큰 호응을 얻고 있는지 생각해 보아야 한다. "근대철학 이후 관념론의 철학은 '생각하는 주체'에 너무 많은 기대를 해왔으며 그 철학적 체계성이 난해해지고 추상화되면서 그런 주체 이해가 도리어 인식론적 권력이 되어 가고 있는지도 모른다." (졸저 《레비나스의 타자철학》, 25쪽)

가 탈코기토의 주체성과 새로운 주체윤리에 관심을 갖게 된 이유다.

앞서 확인했듯이 역사적으로 데카르트의 시대정신은 인간 중심적인 이성의 시대를 개척한 데 큰 의의가 있으며, 이성에 근거한 합리적 사고가 진리 탐구를 위한 보편적인 기준이 될 수 있다는 것을 제시한다. 그의 코기토 정신은 중세 신학의 지적인 영향을 벗어나 인간 정신과 물체에 관한 새로운 인식을 가져옴으로써 시대적인 변화를 이끌게 된다. 인간은 이성적인 정신과 유기체로서의 신체를 가진 존재다. 그에게 있어 자연의 빛으로서의 이성은 보편적인 지식 체계를 구성할 수 있는 근거이고, 자연의 운동과 물질적 메커니즘을 명석하게 인식할 수 있는 능력이다. 신적인 완전성을 표상할 수 있는 이성적인 정신은 세계와 무한성을 사유할 수 있다. 이런 점에서 데카르트의 합리적 정신과 이성 중심의 가치관은 존중될 수 있다.

그럼에도 불구하고 우리가 살펴보고자 하는 것은 공동체의 윤리가 사회적 소통과 화해의 정신에 있다고 가정할 때 사회적인 주체성과 주체윤리를 발전시켜 나가고 있는 레비나스와 메를로퐁티에게서 주체 연구에 관한 더 많은 시의성을 얻어 나갈 수 있다는 점이다. 우리는 그들에게 있어 타자는 자아의 근원이거나 자아는 그 일부이기 때문에 주체 자신을 넘어서 있는 타자 관계 또는 사회성 중심에서 확보된 주체성의 철학을 이해할 수 있다. 결국 그들의 철학적 주장은 새로운 휴머니즘의 부활을 옹호하면서 타자의 근거로서의 초월자, 신체의 근거로서의 자연성을 중시함으로써 실존적 삶에 대한 새로운 성찰을 위해 타자와 신체에 대한 철학적 인식을 확장해 나간다. 그리고 그들은 이것에 기초한 새로운 인간 주체의 윤리와 가치를 제안한다. 그 결과 인간과 사회를 바라보는 이성적 관점 이외의 다른 인간적 속성들 즉 타자, 신체, 지각 등의 관점이 철학적 관심의 대상이 되었다.

우리는 그 철학자들에게서 새로운 실존의 윤리, 즉 교제(communion)와 익명성(anonymat)에 관한 이해를 얻을 수 있을 것이다. 이것들은 그들이 공통적으로 관심을 보이고 있는 사회성에 대한 새로운 통찰이다. 너와 나의 공동체는 함께 바라보는 삶의 세계에 역동성을 부여한다. 이에 반해 나의 세계는 유아론적 세계이며, 코기토의 전통을 계승한다. 그들은 그런 세계를 극복하고자 하는데 타자세계, 신체세계가 바로 그 대안이다. 교제는 타인들과의 만남을 가져다주며, 익명성은 나의 실존을 우리의 실존으로 환원시킨다.

예를 들어 나의 실존이 타인의 실존을 떠나 존재할 수 없다는 총체적 인식의 토대 위에서 나의 실존을 가정해야 한다. 이로 인해 너와 나의 관계는 서로의 실존적 관계를 벗어나 존재할 수 없으며, 서로에 대한 책임의식을 자연스럽게 요구한다.[63] 레비나스의 유토피아는 신의 약속이 있는 축복의 땅에 있는 것이 아니라 나와 타인의 실존이 함께 있는 곳, 타인에의 책임감이 있는 사회를 의미하는 것이 아닐까? 너와 나의 공동체를 위한 새로운 사회성의 회복, 우리가 그 철학자들에게서 이해하고자 하는 바는 바로 그런 실천을 위한 주체윤리라고 말할 수 있다.

63　레비나스에게 있어 너와 나의 관계는 윤리적·감정적·사회적 차원에서 요구되고 결합된다. "그의 철학에 담긴 윤리는 당신(Vous)에 대한 책임성, 너(Tu)에 대한 연민의 관계, 그리고 우리(Nous)에 대한 사회적 관계에 연관되어 있다." (Simonne Plourde, *Emmanuel Lévinas: Altérite et responsabilité*, Paris: Ed. Cerf, 1996, p.116)

주체의 타자욕망과 정신분석학:
레비나스와 라캉

(1) 주체의 불확실성: 죽음과 부조리

베르그송 이후 레비나스, 메를로퐁티, 들뢰즈 그리고 라캉에 이르기까지
프랑스 현대 철학에서 존재에 관한 철학적 물음은 데카르트의 코기토의
주체성을 벗어나 주체에 대한 현대적 사유를 통해 타자, 신체, 욕망 그리
고 무의식 등에 초점을 맞춰 인간 주체를 새롭게 이해하기 시작했다. 특

히 주체와 타자의 문제는 주체 바깥
의 구조로부터 인간 자신의 정체성
을 탐구하고자 하는 문제의식을 불
러일으키며, 오늘날에도 매우 중요
한 철학적 담론을 생산해 오고 있
다. 오른쪽의 그림을 보면 데카르
트 이후 주체는 정신적 자아와 신체
를 구성하지만 오늘날 주체는 불완
전한 주체로 인식되면서 죽음, 타자,
언어 등이 그런 주체를 지배하고 형

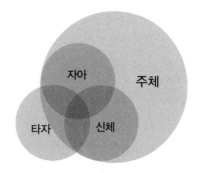

〈그림4〉 주체에 대한 새로운 인식이 등장하기 시
작한 현대 철학에서 주체의 타자성은 심신의 주
체를 구성하는 중요한 계기가 된다. 특히 레비나
스, 라캉, 메를로퐁티 등은 주체와 타자의 문제에
주목한다.

성하는 중요한 요소로 등장한다.

주체에게 타자는 윤리적 대상이기도 하고, 그와 더불어 실존적 관계를 형성하며 무의식의 영역에 있어서도 타자는 주체의 욕망을 지배하는 원인이 되기도 한다. 이 점에서 필자는 오늘날 주체와 타자의 관계에 대한 담론들을 대표하고 있는 레비나스(1906~1995)와 라캉(1901~1981)의 주체 물음, 즉 타자로서의 주체 문제에 천착하면서 그들이 같은 목소리로 일관성 있게 제시하고 있는 대타자(Autre)와 타자욕망의 관점에서 인간 주체의 문제를 논의하고자 한다. 공교롭게도 그들은 거의 비슷한 시기에 삶을 살았으며, 주체와 타자의 관계에 대해 지대한 학문적 업적을 남겼다. 사실 타자는 윤리학과 정신분석학에서 매우 중요한 개념을 차지하고 있으며, 그 영역들에서 타자는 상반된 가치를 구성하기 때문에 지적인 관심의 이유에서도 서로 비교되는 경우가 종종 나타난다. 그래서 '레비나스의 타자와 라캉의 타자는 서로 어떻게 다른가', '그들이 주장하는 타자욕망은 어떤 점에서 차이가 있는가', '그들은 상대방의 주장을 어떻게 비판하고 있는가' 등은 사실 이 글을 작성하게 된 주요한 동기가 된다.

그래서 필자는 우선 그 사상가들의 학문적 활동과 성과에 영향을 미칠 수 있었던 동시대의 일반적 사유와 철학적 문제의식들에 관심을 가짐으로써 사상적 업적으로 남겨진 타자철학과 정신분석학이 서로 마주하며 바라볼 수 있는 주체와 주체성의 가치에 관한 기초를 다져 보고자 한다. 먼저 결론부터 말하자면, 그들이 생각하는 인간 주체에 대한 이해들은 타자의 관점에서 보면 오늘날 공동체의 다양한 문제들을 해결하고 현대적 삶을 영위하기 위한 풍요로운 가치들을 제안해 나갈 때 매우 유익하다. 더불어 그들로 인해 우리는 인간과 사회에 대한 건설적이고 생산적인 가치들을 알게 되었으며, 주체적 인간과 윤리적 인간으로서 '어떻게 삶을 살아갈 것인가'라는 철학적 진단을 받을 수 있다. 그들이 기본적으로 검토하고 있는 인간의 이해는 바로 욕망에 있다. 그리고 이런 욕망은 인간 자신이 불완전한 존재이기에 나타난다. 그렇다면 이런 욕망은 무엇을 지향하는가?

그들에게 있어 공통적으로 타자는 주체의 균열과 강박관념 등을 일으키는 원인이 되기도 하며, 주체는 타자에의 또는 타자로부터의 욕망을 피할 수 없다. 여기서 균열이라고 얘기할 때 사실 레비나스에게는 낯선 존재의 출현을, 라캉에게는 심리적 분열을 의미한다. 또한 그 철학자들에게 있어 타자욕망의 발생적 근거도 다를 수밖에 없다. 그러나 그 철학자들이 타자, 타자욕망 등을 비롯해 비슷한 용어들을 사용하고 있다는 것은 매우 흥미롭다. 그들이 특별히 학문적 교류를 했다기보다는 아마도 당시 그런 용어와 이와 관련된 담론들이 지식인들 사이에서 많이 회자되었기 때문은 아닐까 짐작할 수 있다. 그들은 인간 주체에 대한 기본적 이해에서는 동일하게 불완전성으로부터 출발한다.

결과적으로 그들은 각각의 학문적 영역, 즉 윤리학과 정신분석학에서 주체와 타자의 관계를 조명하고 새로운 주체의 해석에 관한 이론과 가치를 전파한다. 레비나스는 제일철학으로서의 윤리학을 주장하는데, 근본적으로 주체와 타자관계도 이런 영역을 벗어날 수는 없다. 이에 반해 라캉은 정신분석학을 과학의 영역 속에 위치시키기를 주장하며, 무의식과 타자의 관계도 실제적·임상적 차원에서 논한다. "우리는 '정신분석학이 과학인가'라는 물음을 해소하는 것을 목적으로 하는 작업과 쟁취의 도정 속에서 이미 어떤 진전이 있었다고 주장할 수 있다."[64] 즉 형이상학적 존재로서의 인간이 아니라 과학적 대상으로서 인간의 의식이 연구되기 시작한 것이다.

---

[64] Jacques Lacan, *Le Séminaire XI: Les quatre concepts fondamentaux de la psychanalyse*, Paris: Ed. de Seuil, 1973, p.15.

필자는 위와 같은 주체와 타자의 관계를 탐구하기에 앞서 우리의 연구 관점과 분석이 제공될 수 있는 시대적 배경, 즉 주체에 관한 그런 논쟁이 나오기 시작한 지적인 정서를 먼저 생각해 보고자 한다. 20세기를 전후해서 근대 철학의 핵심적 위치를 차지하던 코기토의 확실성이 서서히 그 위력을 잃어 가고 인간의 불완전성에 기초한 주체의 실존적 이해가 더욱 설득력을 갖게 된다. 19세기 중반부터 진화론, 생리학, 인류학, 실증주의 등의 분야가 큰 주목을 받으면서 무엇보다 인간은 신적 존재를 잃게 된다. 설상가상으로 20세기에 들어 양차 세계대전을 겪으면서 죽음 앞에 무기력한 실존적 주체 자신이 몸소 겪을 수밖에 없는 부조리(不條理), 한계상황, 그리고 자유의식의 동경 등은 인간의 이성적 정신보다는 타자, 신체, 무의식 그리고 주체욕망 등이 철학적 사유의 중요한 대상으로 등장하게 된 것을 의미한다.[65] 그리고 이 점은 주체-타자의 관계와 관련한 레비나스의 윤리학과 라캉의 정신분석학이 자연스럽게 세인들 앞에 나타나는 시대적 배경을 제공한다.

그들은 데카르트 이후 주체의 코기토가 지니고 있는 완전성(perfection)을 부정하고 공통적으로 인간의 불완전성을 주장한다. 라캉에게 있어 의식의 완전성은 의식의 균열을 재촉하는 무의식의 틈새라는 것에 의해 해체된다고 볼 수 있는데, 그 틈새는 다름 아닌 타자에 의해 드러난다. 정상적 주체의 의식은 계몽주의 사상과 이성의 출현을 가져왔던 근대 이후의 시대적 요청이었다. 그러나 유감스럽게도 인간은 죽음 앞에 불안한 존재이고 원초적·신체적 욕망 등으로 갈팡질팡하는 주체이며, 매일같이 꿈을

---

65 사르트르는 인간의 자유의식을 높이 평가한다. 그래서 인간을 '잉여 존재', '무상성의 존재' 등으로 지칭한다. 즉 조물주가 사라진 세상에서 더 이상 삶의 목적성이 없기에 '이래도 되고 저래도 되는' 잉여 존재 또는 어떤 대가도 지불할 필요가 없는 무상성의 인간은 기본적으로 자유와 죽음의 사이에 놓여 있는 부조리의 존재다.

꾸고 악몽에 시달리기도 하고 누군가에게 하소연하는 자기 자신을 발견한다. 그래서 그렇게 불완전한 존재는 모자란 것들을 갖기 위해 욕망한다. 무의식은 이미 욕망하고 있다.[66]

레비나스는 인간을 고독의 주체라고 지칭한다. 그리고 인간은 탈주의 욕망을 갖는 존재다. 그는 고독과 탈주에서 인간의 진정한 욕망을 발견하고자 한다. 그 욕망의 대상은 바로 타인의 얼굴이다. 그는 데카르트의 코기토가 갖고 있는 의식의 완전성을 타인의 얼굴로 해체하거나 대신한다. "얼굴은 데카르트적인 합리주의를 지지했던 신적인 진리성과 같은 명백함을 가능케 하는 명백함이다."[67] 그래서 데카르트가 주장했던 의식 내부의 완전성은 그 바깥에 있는 명백함, 즉 타인의 얼굴로부터 주어진다. 그는 '나는 생각한다, 고로 존재한다'와 같은 사유 논리로 완성된 코기티즘(cogitisme)과 같은 철학을 '일방통행'의 체계, 즉 전체성으로 취급하고 비판한다. 한마디로, 그런 철학에는 타자도 없고 계시도 없다는 것이다.

결과적으로 레비나스와 라캉은 타자의 개념을 들고나와 코기티즘을 무력화한다. 그리고 데카르트가 정신과 신체를 지닌 인간의 두 가지 실체를 인정했다면, 레비나스와 라캉은 거기에 타자를 적극적으로 개입시켜 주체의 불완전성이 타자욕망을 형성한다는 데 동의한다. 주체적 자아는 자신에게서 타자를 배제할 수 없다. 아니, 주체를 지배하거나 욕망을 불러일으키는 제일의 원인은 타자가 된다. 타자의 존재는 레비나스나 라캉이 철학적 문제의식을 갖게 되는 절대적 계기로서 작용한다. 그리고

---

66 라캉에게 있어 중요한 점은 타자들의 욕망이 주체와 체제의 욕망들을 만들어 간다는 것이다. "나는 타자들의 손에 의해 재구성된 진리가 (데카르트가 확보한) 완전한 신을 형성해 왔다는 놀라운 결과를 지적하지 않을 수 없다." (*Le Seminaire XI*, p.37)

67 TI, p.179.

주체 자신의 한계상황이나 신체적 주체가 마주할 수밖에 없는 물질적·실재적 세계에 대한 인정은 실존주의가 등장하기 시작하던 당시 대중의 지적 분위기를 반영한 결과다.[68] 레비나스와 라캉은 주체와 타자 그리고 세계에 대한 나름의 상관적 이해를 통해 각각 타자의 윤리학과 정신분석학의 영역에서 새로운 가치를 주도해 나갈 수 있었다.

무엇보다 그들은 '주체욕망은 타자욕망이다'라는 결론을 이끌어 내며, 그 욕망의 근거들을 주체 자신의 부재(absence) 내지 결여(manque) 그리고 향유(jouissance), 부성(paternité) 또는 팔루스(phallus, 상징적 남근) 등에 위치시킨다. 그러니까 타자욕망의 원초적 단서는 주체 자신이 원천적으로 지니고 있는 부재(레비나스) 내지 존재론적 결여(라캉)에 기초하지만 그런 욕망의 근본적 구도는 그들에게 있어 인간의 역사를 계시에 의해 인도하는 신적 부성(레비나스)이나 상징적 질서를 지배하고 주체의 욕망들을 생산하는 체제, 즉 팔루스(라캉)에 있다는 것이다. 따라서 그들은 역설적으로 세계에 위치한 실존적 주체와 타자의 관계에 관한 기본적 시선을 같이하거나 비슷한 철학적 개념들을 활용하면서도 전자는 윤리학, 후자는 정신분석학의 영역에서 타자를 중심으로 주체욕망의 해석에 관한 매우 상이한 결론을 남기게 된다.

그럼에도 불구하고 그들은 현대사회에서 윤리학과 정신분석학이 새롭게 진행되어야 할 방향성을 제시한다. 여기에는 분명히 인간 자신을 기본적으로 어떻게 이해해야 한다는 시대적 고민이 고스란히 스며들어 있으며, 궁극적인 가치의 제안은 서로 다를지라도, 타자와 함께하는 사회적

---

68 발터 베냐민(Walter Benjamin, 1892~1940)도 인간의 위상을 즉물적 존재로서 이해한다. 그러나 신체적 지각에 의해 여과된 세계를 바라볼 수밖에 없는 인식의 실제적 한계는 오히려 신비주의적 아우라를 해체하는 계기가 되기도 한다. 어쩌면 이런 인식이 20세기 이후 지식의 진보를 가져왔던 큰 원동력이 될 수 있었는지도 모른다.

삶을 어떻게 영위해 나갈 것인가에 대한 실천적 가치와 지표를 모색해 나간다는 점에서 오늘날에도 그들의 사상적 성과는 항상 논쟁의 중심을 차지하고 있다. 더욱이 다원화되고 있는 사회의 현실 속에서 부딪히는 윤리적 문제, 권력과 체제에 의해 나도 모르게 강요받고 있는 주체의 욕망 등은 사회적 논쟁으로 끊임없이 등장하고 있다. 우리가 인문학적 가치에 대한 존중과 삶의 가치에 대한 진지한 반성을 필요로 한다면, 레비나스와 라캉의 타자 이해는 중요한 안내자 역할을 하게 될 것이다.

필자는 위와 같은 관심의 초점들을 갖고 레비나스가 실존적으로 받아들이고 있는 주체적 속성들 즉 연약한 주체성 내지 그런 주체가 겪을 수밖에 없는 강박관념, 그리고 형이상학적 측면에서의 타자에의 욕망(Desir d'Autre) 내지 그 욕망에 내재해 있는 초월적 부성(父性, paternité) 등을 라캉의 정신분석학적 관점에서 새롭게 조명해 볼 기회를 얻고자 한다. 그리고 라캉의 정신분석학적 체계에서 중요한 역할을 하고 있는 개념들, 즉 주체 분열과 욕망을 불러일으키는 대타자의 존재, 그리고 이것이 상징적으로 위치하고 있는 팔루스 등에 주목하면서 레비나스의 주체 이해와 타자의 윤리학을 재구성해 볼 여유도 갖게 될 것이다.

필자는 위와 같은 현대 철학의 배경을 갖고 이 글의 주제인 '레비나스의 타자로서의 주체 물음과 정신분석학'을 통해 레비나스의 윤리학 또는 타자철학을 정신분석학적 시각에서 분석·비판해 나감으로써 가장 현대적인 논쟁의 중심을 차지하고 있는 주체와 타자에 대한 이해를 다의적인 시각에서 모색해 볼 수 있을 것이다. 특히 레비나스의 형이상학적 담론을 정신분석학적 인간 이해의 기준들과 주요 개념들의 분석에 의해 주체와 타자관계의 관점에서 설명하고자 한다. 더 나아가 필자는 그들이 제시한 타자욕망의 발생과 근거가 왜, 어떻게 각각 다른 차이점들에 의해 지지·발전되고 있는지를 비교하면서 그 사상들이 서로 융합할 수 있는 접점과 가능성은 무엇인지에 대해서도 관심을 가질 예정이다. 이런 접점에서 주체의 가치와 윤리를 반성할 수 있으며, 이런 관심은 '나에 대해 타자는 누구인가', '타자와의 공동체 속에서 주체윤리란 무엇인가' 등에 대한 사회적 인식의 지평을 넓혀 나갈 것이라는 기대를 얻게 될 것이다.

사실 레비나스의 타자철학과 라캉의 정신분석학은 사상적으로 깊은 유대를 갖고 조우할 수 있는 철학적 맥락을 서로 갖지 않은 것처럼 보이거나 인간 주체와 가치에 대한 상이한 해석으로 인해 각각 다른 사유의 궤적을 남기고 있는 것처럼 보인다. 그럼에도 불구하고 그들의 사상 사이에는 서로 중첩될 수 있는 사유의 교차점이 적지 않게 존재하는 것도 사실이며, 필자는 이런 점들을 이 글에서 비교해 나갈 예정이다. 공통적으로 그들에게 있어 향유를 취하는 주체와 타자의 관계는 인간 주체가 겪어야 하는 부조리의 상황을 넘어 욕망의 주체로서 인간 자신을 재구성하며, 타자욕망은 그런 주체가 피할 수 없는 실존적 욕망을 반영한다고 볼 수 있다. 이렇듯이 만약 그 사상가들이 인간 주체에 대한 기본적 인식을 같이 나눌 수 있는 시대적 문제의식을 선취하고 있다면, 물론 인간 이해에 관한 가치의 체계성은 서로 다를지라도 그 사상가들이 당시 추구하고자 했던 새로운 철학정신의 출발점과 방향은 서로 보완적일 수 있다고 생각한다.

(2) 주체의 원초적 욕망: 부재와 결여 그리고 향유

우리는 레비나스와 라캉의 사상에서 살펴볼 수 있는 주체의 실존적 불확실성과 죽음의 한계상황이 그들이 서로 호흡하던 시대에 인간 자신에 대한 시대적 성찰은 아니었는지, 먼저 질문을 던질 수 있다. 왜냐하면 신체적 주체로서의 인간, 그리고 그가 마주할 수밖에 없는 죽음의 한계, 타자세계에서 번민하는 주체의 허약함 등은 레비나스의 타자철학에서뿐 아니라 정신분석학에서 말하는 주체의 분열(division)과 강박관념(obsession) 등과 함께 인간 주체의 이해를 위한 기본적인 실존적 인식을 주기 때문이다. 이와 같은 문제의식은 레비나스와 라캉이 함께했던 시대적 정서와 지적 배경을 검토해 볼 기회를 제공한다.

레비나스는 주체의 분열을 어떻게 이해하고 있을까? '주체의 동일성으로부터의 이탈(défection de l'identité de sujet)'은 피할 수 없는 존재의 현실이다. 주체는 원천적으로 불완전한 존재이며, 물질적 세계에 태어나서 살아가는 분리(séparation)의 존재다. "인간이란 무엇인가? 그는 하나의 존재이면서 둘로 이뤄진 존재다. 실재의 한가운데 있는 분열(division), 찢겨짐이다."[69] 이렇게 인간에 대한 처절한 평가는 인간이 안고 있는 빈곤·불안·소외 등을 실존의 문제로 보았기 때문에 나온 것이며, 역설적으로 이런 인간이 추구하고 찾아야 할 본질적인 것이 무엇인지를 반추하기 위한 것일 수도 있다.

필자는 주체의 향유와 타자욕망의 관점에서 레비나스와 라캉이 생각하는 주체의 원초적 욕망이 무엇인가에 대해 이해하고자 한다. 그들에게 있어 인간의 불완전성은 데카르트의 코기토의 완전성과 대립해서 각각 의식의 부재 또는 결여로부터 나오며, 여기서 주체의 원초적인 상태를 채우고자 하는 타자적인 향유가 발생한다. 바로 이 점은 그 사상가들에게서 발견할 수 있는 주체의 타자욕망에 대한 기본적인 이해라고 판단할 수 있다. 레비나스에게 있어 주체가 위치해 있는 세계는 물질적 공간이다. "세계는 향유의 방식으로 주체로 하여금 존재하는 것에 참여하도록 하며 세계는 주체에게 결과적으로 자아로부터 존재하는 것을 허용한

---

69 DSAS, p.128.

〈그림5〉 레비나스에게 인간의 영혼과 신체는 주체적 삶의 향유를 추구할 수 있는 실존적 단서다. 여기서 향유는 초월의 신이 현상적으로 부재한 물질세계에서 인간이 양식을 얻고 신앙적 희망을 키우며 삶을 영위해 나가도록 하는 가치다.

다."[70] 물질적 세계는 향유의 삶을 허락하고, 이로 인해 자아가 세계에 참여하고 비로소 존재하는 유기적 관계에 놓여 있다. 위의 그림에서 볼 수 있듯이, 인간의 영혼과 신체는 물질세계에서 삶의 양식을 얻고 신에 대한 신앙을 키워 나갈 수 있다. 다분히 일원론적 세계에서 삶을 긍정하고 영혼의 구원을 기다리는 세계관을 엿볼 수 있다.

그래서 물질적 세계에서 주체가 누리는 향유는 세계에서 삶을 긍정적으로 영위해 나가는 가치라고 말할 수 있다. 그리고 주체가 향유의 삶을 얻어 가는 물질적 세계는 주체에게 심지어 자유를 제공한다. "주체가 양식들(nourriture)과 양식으로서의 세계에 대면케 하는 욕구의 초월적 순간에 물질성은 주체와의 관계 속에서 주체에게 자유(libération)를 제공한다."[71] 한편으로 물질세계에서 양식을 구한다는 것은 물질세계의 물질성으로부터 해방을 가져다주는 것이며, 향유의 삶은 이것을 제공한다. 따라서 레비나스에게 있어 주체의 향유와 관련해서 세계는 양식을 주는 터전이다. 결국 존재가 위치한 물질세계는 향유의 삶을 부여하며, 향유는 신이 현상적으로 부재한 물질세계에서 인간이 정신적 삶을 영위해 나갈 수 있는 가치를 안겨 준다.

---

70 TA, p.51.

71 TA, p.51.

이에 반해 라캉의 향유는 상징적 체계에서 주체가 욕망하는 타자에의 향유를 말한다. 여기서 세계는 실재적 세계가 아니라 상징적·기표적 세계이며, 주체가 자신의 결여로 인해 욕망으로써 요구하는 타자적 대상들과 상징적 관계를 맺는 곳이다. 레비나스가 취하는 향유의 대상은 양식을 얻을 수 있는 물질세계를 지칭하는 반면 라캉의 향유 대상은 주체가 자신의 욕망을 충족시키고자 하는 상징적 세계를 의미한다. 라캉은 클로드 레비스트로스(Claude Lévi-Strauss)로부터 상징세계에 대한 인식을 받아들인다. "상징적 기능은 우주를 구성하며 이것의 내부에서 인간적인 모든 것이 질서를 얻어야만 한다."[72] 인간에게 실재적 세계는 전적으로 상징적 세계로서 존재할지도 모른다. 그리고 이런 세계의 주체는 필연적으로 욕망을 가질 수밖에 없다. 왜냐하면 기호와 상징은 질서가 될지 모르지만 궁극적으로 인간의 욕망을 반영하기 때문이다. 그래서 주체는 욕망과 환상의 주체다.

라캉의 환상적 주체가 갖고 있는 대상 a 또는 타자에 대한 욕망은 상징적 체계 속에서 주체 자신의 결여를 해소해 나가는 향유를 제공한다.[73] 비록 향유를 실현하고자 하는 욕망 운동이 결여의 주체가 욕망할 수밖에 없는 필연성에서 비롯되었다고 해도 그런 향유적인 주체가 자신의 욕망으로부터 늘 자유로운 것은 아니다. "환상은 주체의 결여나 주체의 분열, 혹은 대타자 속의 결여의 기표를 대상 a로 채움으로써 은폐하는 역할을

---

72 Lacan, *Le Séminaire II: Le Moi dans la théorie de Freud et dans la technique de la psychanalyse*, Paris: Ed de Seuil, 1978, p.46.

73 '대상 a'에 대한 주체의 시선은 자아에 침투한 타자의 무의식과 주체 자신의 보존적 욕구 등을 복합적으로 반영한다. "라깡의 윤리학에서 '오브제 a' 혹은 '물자체적 사물'은 또한 주체의 핵인 동시에 주체에게 가장 '외/친밀한'(extimate) 타자이어서 (…) 주체는 이 '내 안의 타자'가 드리워 내는 모호하고 원시적인 매력의 위력 때문에 '판타지' 속에서 다양한 모습으로 그것과의 안전한 거리를 확보하려고 한다." (신명아, 〈라깡의 정신분석 윤리학과 이마뉴엘 레비나스의 타자의 윤리학 비교분석 연구〉,《한국 라깡과 현대 정신분석학회》발표문, 2005. 11, 4쪽)

한다."[74] 결국 주체의 환상은 영원히 채워질 수 없는 욕망의 원인이 된다. 그래서 주체의 향유는 자신의 분열과 결여에서 시작되지만 대상 *a*에 대한 환상을 심어 주는 것이 대타자로부터의 욕망에서 부단히 기인하고 있는 한 그 향유는 완전히 자유로울 수 없다. 바로 이 점에서 레비나스는 향유에서 삶을 긍정하는 자유를 얻지만 라캉의 향유는 또 다른 욕망의 은폐를 지니고 있기 때문에 대타자의 욕망으로부터 자유롭지 못하다. 이를테면 아이들에게 세상의 모든 것은 놀이터가 된다고 한다. 거실에서 레고와 놀면서 이 장소는 디즈니랜드가 된다. 즉 디즈니랜드에 가고 싶은 욕망이 레고를 '디즈니랜드로 생각하고 싶은 환상'을 만들어 주는 것이다. 그리고 이 환상이 깨지는 데는 오랜 시간이 걸리지 않을 것이다.

라캉에게 있어 기본적으로 주체의 결여는 자신의 원초적 분열과 대타자로부터의 소외와 연관이 있으며, 주체가 지닌 결여의 지표는 또한 실재 자체가 아닌 상징계의 근본적인 결여를 반영한다. 결국 타자욕망은 결코 채워질 수가 없다. 그래서 타자들의 기표에 대응해서 환상적 주체의 전이적 욕망이 발생한다. 이와 비교해서 레비나스에게 있어 타자욕망은 존재 자신의 원천적인 부재와 분리에서 발생한다. "진정한 삶은 부재이며, 그런데 우리는 세상에 존재한다. 형이상학은 이 은신처(alibi)에서 등장하며 유지된다. 이 형이상학은 또 다른 곳으로, 또 다른 것, 타자로 향한다."[75] 물질적 세계는 부재의 공간이며, 그렇기 때문에 '다른 것'을 찾고자 하는 주체의 타자욕망이 발생한다는 것이다. 레비나스에게 있어 물질적 세계는 상징적 세계와는 달리 주체 자신에게 정신적 부재와 신체적

---

74 《프로이트·라깡 정신분석임상》, 조엘 도르, 홍준기 옮김, 아난케, 2005, 39쪽. "대상 *a*가 주체들의 환상 속으로 들어갈 때, 그것은 그들이 좋아하는 방식대로 가지고 노는 도구나 놀잇감이 된다."(《라캉의 주체: 언어와 향유 사이에서》, 브루스 핑크, 이성민 옮김, 도서출판 b, 2010, 122쪽)

75 TI, p.3.

분리를 부여하여 타자와 관계를 맺는 '은신처', 아니 보살핌이 있는 삶의 터전을 제공한다. 결국 라캉의 타자욕망은 존재론적·심리적 욕망이며, 레비나스의 그것은 형이상학적·윤리적 욕망인 셈이다.

그래서 레비나스의 타자에의 욕망은 주체의 긍정적 향유를 인도하지만 라캉의 그것은 주체 자신의 결여(manque)와 분리, 즉 타자 또는 상징적 질서로부터 소외된 주체의 양상에서 빚어지는 필연성이다. 라캉에게 있어 실존적 주체가 상징계의 한 존재로서 추구하는 타자에의 욕망은 자신의 결여를 충족하고자 하는 끊임없는 향유를 드러낸다. 타자적 향유가 그것이다. 그래서 주체는 기본적으로 결여의 존재다. "주체는 저 타자의 결여의 '자리'에 자신의 존재의 결여를 들여놓았다."[76] 상징계에서의 실존과 이런 존재의 근본적 구조에서 주체는 분리의 존재이고 타자의 언어와 그로부터의 욕망은 향유의 대상을 찾게 되며, 이것은 그런 대상에 대한 주체의 환상이 깃들어 있는 대상 a를 언제든 찾게 되는 이유가 된다.

"빗금이 쳐진 주체 S를 표상하는 시니피앙의 반복은 주체 자신과 관련해서 그 아래에 있는 대상 a와 상관적 관계에 있다. 반대로 주체와 대상의 관계는 더 이상 주체도 대상도 아니고 환상이라고 불리는 그 무엇이 생산되는 곳에서 공식($\$ \diamond a$)을 구성한다."[77] 그래서 라캉의 타자욕망은 주체의 현재적 결여를 채우기 위해 향유를 발생시키는 원인이다. 그럼에도 불구하고 레비나스나 라캉에게 공통적으로 주체 자신은 불완전성의 존재이며 여기서 형이상학적 부재나 존재론적 결여가 원천적으로 주어진다고 봐야 하는데, 이런 기본적인 주체의 설정에 타자의 존재가 적극적으로 개입한다.

---

76 《라캉의 주체: 언어와 향유 사이에서》, 111~112쪽.

77 Jacques Lacan, *Le Séminaire XVI: D'un Autre à l'autre*, Paris: Seuil, 2006, p.23.

2장 주체의 타자욕망과 정신분석학 163

그렇다면 레비나스에게 있어 주체와 세계는 어떤 관계를 맺고 있는가? 주체는 이편 세계의 현실에 위치한다. 주체는 물질적 현실 속에 던져진 주체이며, 항상 부재를 경험하기 때문에 고독의 주체다. 물질성과 고독으로 이뤄진 이런 존재를 자립체라고 부른다. 그리고 '있음(l'ilya)'이라고 하는 구체적인 존재 구조는 자립체가 생산되는 장소라고 한다. 예를 들어 '내가 여기에 있다'라는 것은 '지금, 여기에, 누구와 함께, 무엇을 하면서' 따위처럼 존재의 외재성이 '있음'을 결정하는 것과 같다. 그리고 '있음'의 구조를 가진 이런 실제적인 세계에서 주체는 그 이외의 다른 곳으로 벗어날 탈출구를 갖고 있지 않으며, 오로지 존재자로서 자신의 지위를 부여받는다. 레비나스는 자립체를 존재자가 자신의 실존(l'exister)을 움켜쥐는 사건으로서 부르게 된다. 나의 실존이란 무엇인가? 이것은 내가 존재자로서 지위를 받는 사건이다. 결국 나의 '세계 내(內) 존재'라는 것은 지금 내가 여기에 있다는 사실이다.

존재자가 현실적으로 마주하는 공간에서 자신의 본질은 타자들로부터 주어지는 것 외에는 아무것도 없다. 결국 주체는 그런 타자들 가운데 자신의 본질을 숨기고 있는 익명성의 존재다. 이런 뜻에서 '비인칭적(impersonel)' 관점에서 본다면 주체는 자신 바깥의 존재, 즉 탈자(脫自)의 의미를 지닐 수밖에 없다.[78] 그래서 레비나스가 말하는 신, 영혼, 욕망 그리고 죽음마저도 모두 타자와 함께 사유된다. 주체 자신은 신비의 대상은 아니며 한낱 나약한 존재로서 실존하는 것에 불과하다. 레비나스에게 있어 주체의 강박관념 또는 타자에의 사로잡힘은 부정적인 것이 아니라 바로 존재의 현실이며, 그래서 바로 인간인 것이다. 타자에의 가까움(proximité)은 좋든 싫든 내가 타자와 관계하는 방식이다. 그리고 이내 떨

---

78 고독은 탈자적인 주체에서 비롯된다. "고독은 타인으로부터 선행적으로 주어진 관계의 결여(privation)로서 나타나는 것이 아니다. 그것은 자립체의 기능에서 나타난다." (TA, p.35.)

처 버릴 수 없는 주체의 연약함을 반영하는 것이 가까움이며, 이 가까움은 삶의 운명이다.

레비나스에게 있어 주체는 자연적으로 연약하고 갈등하는 실존의 한 유형일 뿐이다. "실존은 나에게 주어진 법(Loi)에 강제되지 않는 한 그런 법에 복종할 수 없는 나의 자연성(mon naturel) 사이의 긴장 관계에 있다."[79] 레비나스가 말한 자연성은 가장 인간적이고 세속적인 욕망이다. 그래서 라캉도 다음과 같은 레비나스의 주장에 동의할 수 있을 것이다. "인간의 인간성이란 내재성(intériorité)의 종말, 주체의 종말을 말한다."[80] 사실 '나도 별수 없이 인간이잖아'라고 내뱉는 삶에 대한 하소연에서 어떤 철학적 심오함을 발견할 수 있을까? 레비나스와 라캉은 이런 출발선에서 인간을 바라보며 사유 중심적인 주체의 본질을 비판한다.

일반적으로 라캉을 비롯한 정신분석학적 주체 이해는 인간 자신의 불완전성에 기초하며, 죽음의 한계와 실존적 부조리(absurdité)는 주체의 현대적 인식을 반영한다. 카프카의 《변신》(1912)은 부조리 문학의 전형이다. 부조리는 이치에 맞지 않고 비합리적이라는 뜻을 지니고 있으며, 의미의 부재를 경험하는 것도 그런 맥락에서다. 무엇보다 부조리는 삶의 커다란 간격을 체험하는 데서 발생하는데, 이를테면 인간 자신은 유한자로서 죽을 운명을 갖고 태어나는데도 항상 영생을 꿈꾸는 것도 부조리의 예가 될 수 있다. 주체가 겪는 부조리는 특히 라캉이나 사르트르가 경험했던 주체에 대한 기본적인 시각이기도 하다. "내가 만나고 있는 응시(regard)는, 사르트르의 텍스트 자체에서 표시될 수 있는 것으로 단순히 보고 있는 응시가 아니라 타자의 장에서 상상할 수 있는 나의 응시다."[81]

---

79 DSAS, p.129.

80 DSAS, p.132.

81 *Le Séminaire XI*, p.79.

즉 나 자신의 고유한 응시는 존재하지 않는다. 여기서 응시는 주체 자신의 자발적 시선이 아니라 이미 타인에 의해 의식되는 응시다. 그래서 주체의 수치심이나 심리적 자괴감 등이 발생한다. 이런 점에서 라캉은 이성적 주체의 확실성을 포기하는데 데카르트가 주장하는 확실성의 주체는 이미 분열되어 있다고 말할 수 있다.[82]

그러나 이런 현상은 레비나스의 주체 이해에도 나타난다. "주체의 주체성은 상처받기 쉬움, 감정의 전시, 감수성, 가장 수동적인 수동성이다."[83] 주체는 거의 무조건적으로 타자에게 열려 있고, 자신을 이루는 최소 단위의 것조차 바로 타자다. 이처럼 레비나스와 라캉의 주체의 주체성은 그 자신이 원천적으로 겪을 수밖에 없는 불완전성에 있다. 그러나 레비나스는 '타자를 위한, 타자에 의한, 타자의' 시선을 통해 세상을 보아야 한다고 주장한다. 그러니까 그런 시선이 부조리한 것으로 보이지만 역설적으로 가장 공정하고 정의로운 행동을 가져다준다는 것이다. 레비나스도 그로 인해 빚어지는 주체의 강박관념을 말하지만, 이것은 감당해야 할 주체의 시련으로서 여겨질 뿐이다. 사실 정신의학의 관점에서 보면 그런 시선은 주체의 정신적 분열을 가져다준다고 한다. 라캉은 정신분석학자로서 주체의 분열을 자연스럽게 받아들이며, 의학적 분열의 증상을 말하고 그 치유법을 찾고자 한다. "라캉에게 분열은 주체성을 애매함 없이 정의하면서 주체를 창시하는 특성이다. 주체는 바로 이런 분열을 통해 생겨나기 때문이다."[84] 그래서 라캉에게 있어 인간의 불확실성을 나타내는 주체 또는 의식의 분열은 타자로부터의 원초적 억압을 숨기고

---

82 라캉에게 있어 데카르트의 확실한 인식 주체로서의 대상의 구성조차도 이미 응시의 일부다. "기하학적 원근법에서 문제가 되는 것은 단지 공간의 측정값이다." (*Le Séminaire XI*, p.81)

83 AE, p.64.

84 《라캉 세미나 · 에크리 독해 I》, 조엘 도르, 홍준기 옮김, 아난케, 2009, 166쪽.

있는 무의식의 구조를 자연스
럽게 출현시킨다.

　우리는 레비나스와 라캉이
시대적 문제의식을 같이하고
있는 인간 주체에 대한 이해,
즉 인간의 지위와 본성에 관
한 원초적 이해를 발견할 수
있다. 주체 분열, 부조리, 그
리고 죽음에 대한 두려움 등
이 그것이다.[85] 다시 말해 20세

〈그림6〉 탈근대 이후 인간의 지위는 절대성을 상실한다. 존
재의 불확실성, 부조리, 내면적 분열 현상 등은 주체의 불
완전성에서 비롯한다. 베이컨에게 있어 자기 분열적인 의
식, 마그리트에게 있어 위선적인 주체의 모습 등은 그런 시
대적인 주체의 형상들을 표현한다.

기 철학에서 살펴볼 수 있는 정신세계에 대한 관심은 인간 주체의 불확
실성, '다중적인 인격성'의 구조에 주목하며, 이 점은 정신분석학의 영역
에서 탐구하는 인간 자신에 대한 '실존적인' 조건을 구성한다. 라캉이 포
기하고 있는 확실성의 주체는 무의식의 구조를 통해 여과 없이 나타나는
분열적 주체로서 출현하며, 레비나스에게 있어서 여기에 호응할 수 있는
주체의 불확실성 내지 원초적 속성도 상처받기 쉬움, 죄책감, 허약함, 무
기력함 등이다. 이런 주체의 속성들은 주체 자신이 스스로 감내하기 힘
든 고통을 겪으면서 삶을 살아갈 수밖에 없는 실존의 조건이다.[86]

　라캉의 주체 분석은 임상적 치료 단계에서 내방자의 진술을 듣고 그

85　죽음에 대한 사유에서는 레비나스와 하이데거의 견해가 갈라진다. 레비나스에게 죽음은
　　실존적 인간이 처할 수밖에 없는 한계상황이고 세속적 삶의 종말이며 모든 불안과 두려움
　　의 원인이 되지만, 하이데거와는 달리 그런 죽음은 경험적 확실성에서 비롯될 뿐이며 실존
　　의 주관적 확실성을 넘어서 존재한다. 즉 죽음은 존재 너머의 새로운 가능성이라고 한다.
　　그리고 죽음은 나의 죽음이 아닌 타인의 죽음을 두고 말할 수 있다고 한다.

86　우리는 파스칼이나 키르케고르의 단편들 속에서 주체의 연약한 실존적 속성을 드러내는
　　개념들을 어렵지 않게 찾아볼 수 있다. 실제로 파스칼은《팡세》에서 죽을 수밖에 없는 인간
　　의 운명에 대해 고백하며, 도저히 피할 수 없는 죽음 자체에 대한 불가지성을 토로한다.

원인을 파악하여 치유법을 제시하는 데 목적이 있을 것이다. 그래서 매우 실제적이고 현실적인 인간 이해의 방법을 찾고자 한다. 이에 비해 레비나스의 주체 분석은 타인에 대한 배려와 삶에 대한 책임과 희생을 중시하는 인간적 가치를 찾고자 하는 데 의미가 있다. 그래서 미래 지향적인 인간의 가치를 더 중시하는 것은 아닐까?

레비나스의 초기 저서 가운데《존재에서 존재자로(De L'existence a l'existant)》(1947),《시간과 타자》(1948) 등의 저서가 인간 자신의 삶의 부조리와 심리적 공황(恐慌)에 대한 자기고백으로부터 쓰였다는 사실에 관심을 가질 필요가 있다. 한계상황에 내몰리면서 체험하는 무기력함은 주체의 불완전성을 나타낸다. 세계에 대해 느끼는 주체의 실존적 정서는 무엇일까? "'부서진 세계' 또는 '뒤엎어진 세계'와 같은 표현은 일상적이고 평범한 것이 되어 버렸지만 적지 않게 세계에 대한 진실한 느낌을 표현한다."[87] 그리고 이런 세계에 대해 느낄 수 있는 실존적 정서는 삶의 무거운 부담으로부터 빠져나올 수 없는 두려움과 무기력함이다. 그렇다고 그런 정서가 무(無)로부터 나오는 것도, 죽음이 원인이 되어 내게 건네지는 것도 아니다. 모든 것은 부재의 공간에서 비롯되었기에 적막하고 우울하게 다가온다. 깜깜한 밤에 멀리 산을 보고, 흰 거품을 거칠게 물고 몰려오는 파도 소리에 귀 기울여 보자. 무엇을 느끼는가? 우주 속에 우연히 내던져진 나만의 고독이 엄습해 오거나 그 어떤 것도 나에게 따뜻한 손을 내줄 것 같지 않은 어둠 속의 사물들을 상상해 보자. 그렇다. 레비나스가 줄곧 초기 저서에서 말하는 부재와 고독은 그렇게 이해되며 인간의 무기력과 불확정성을 고백한다.

그렇다면 레비나스와 라캉에게 있어 인간의 불확실성 또는 불완전성

---

87 DE, p.25.

이 왜 타자적인 향유를 요구하는 것인가? 먼저 라캉에게 있어 주체는 자기에 대한 의식을 지니고 있으며, 자기 충족적이다. 그러나 그런 주체가 욕망을 지니고 있는 이상 스스로 불완전하며, 욕망과 무의식은 상징세계와 늘 결부되어 있기 때문에 근본적 결여를 갖는다. 다만 주체는 불완전한 존재이기 때문에 자신의 결핍을 채우려고 하는 원초적 욕망 또는 향유를 필요로 한다. 주체는 상징세계, 모든 타자와의 관계를 통해 자신의 위치를 확보하고자 하며, 이렇게 욕망의 해소를 위한 심리적 메커니즘은 타자욕망을 불러일으킨다. 즉 주체욕망은 타자욕망이다. 그에게 있어 주체는 기표의 시선을 의식하고 담론에 참여하면서 타자욕망을 자연스럽게 해소할 수밖에 없다. 주체욕망은 본질적으로 타자적인 향유를 추구한다. 그렇기 때문에 우리는 라캉의 타자욕망에서 욕망의 전이(轉移) 또는 충동을 설명할 수 있다. 이에 비해 레비나스에게 있어 주체의 결여는 타자의 부재로서 이해되며 이것은 주체의 고독을 가져오는 원인이 된다. 고독은 자기 자신의 결여, 즉 타자의 부재로 인해 나타나며, 여기서 주체와 타자 사이의 욕망이 발생한다. "대상은 나에게 향하고 나에 대해 존재한다. 세계에 대한 관계로서의 욕망은 나와 욕망적인 것의 사이에서 그 차이를 포함한다."[88] 그에게 있어서도 이런 주체의 욕망은 결국 타자와 관계를 맺고 그로부터의 향유를 추구한다. 결과적으로 레비나스와 라캉에게 있어 주체의 욕망은 존재의 부재나 결여 때문에 공통적으로 대상에 대한 타자욕망으로 나타나며, 타자에의 향유를 추구한다. 필자는 다음 절에서 그런 타자욕망을 대타자(Autre)와의 관계를 통해 해명하고자 한다.

---

[88] EE, p.59.

(3) 주체욕망의 재구성과 대타자의 욕망

필자는 레비나스에게 있어 '무신론적(athée)' 욕망, 즉 타자와의 관계 또는 바깥 세계 속에서 주체가 찾고자 하는 일상적·물질적 향유가 발생할 수 있음에 주목하고자 한다. 그런 욕망은 진짜 신의 존재를 부정하는 욕망이 아니라 예컨대 세속적인 삶의 모습, 밭에서 채소를 가꾸고 양 떼에게 건초를 주고 맑은 개울물에서 몸을 씻으면서 느끼는 향유의 삶 자체에서 갖는 신앙적 믿음을 의미한다. 레비나스는 주체에게 고통을 안겨 주는 존재의 불가피성으로 고독과 물질성을 꼽지만 이것은 나의 실존을 가져오는 중요한 동기다. 오히려 그것들은 타자적인 향유를 선택할 수밖에 없는 삶의 필연성이다. 그리고 타자와의 관계는 이미 일상이며 운명이다. "고독의 아픔은 무엇으로 이뤄져 있는가? 우리가 단독자로서 존재하지 않는다고 말하는 것은 진부할 정도다. 우리는 존재들과 사물들로 둘러싸여 있고 그들과 관계를 맺는다. 보고, 만지고, 동정하며 그리고 일상적인 일들을 통해 우리는 타자들과 함께 있다."[89] 여기서 레비나스는 타자와의 관계들로부터 빚어진 모든 것과 그런 관계에서 빠져 나올 수 없는 주체의 일상과 타자성 자체를 직시하며, 심지어 자아의 본질은 타자에 의해 나 자신을 바깥으로 유배시키는 데 있다고 생각한다. 그리고 그런 바깥에의 심려에 의해 나 자신의 동일성은 이내 불안해지고 동요를 일으킨다. "나 자신(soi), 이것은 나의 동일성으로부터의 이탈(défection) 또는 와해(défaite)다."[90] 레비나스는 이렇게 주체 자신의 해체를 언급한다. 마치 '너 자신의 삶을 떠나서 살아라', '이기적인 삶의 태도를 버려라' 등과 같은 행동을 요구한다. 즉 주체 바깥(hors du sujet)에서의 삶은 주체 자신에

---

89   TA, p.21.

90   AE, p.18.

대한 사유 중심적인 이해관계를 떠나 타자로부터 자신을 바라볼 때 삶의 본질을 이해할 수 있다는 것이다. 레비나스에게 있어 타자욕망은 그런 삶을 실천하는 것이다. 라캉과 마찬가지로 그에게 있어 내면성은 이미 신비의 대상이 아니다. 즉 그에게 있어 향유는 삶의 내재성을 실천하는 방식이며, 세계에 거주하는 주체의 실존적·물질적 삶을 '타자에의 욕망(Désir d'Autre)'을 통해 일상적으로 실천하는 삶을 의미한다.

앞서 우리는 주체의 결여 또는 부재 그리고 향유의 관점에서 그 사상가들에게서 주체의 타자욕망이 그 자신의 불확실성과 타자욕망에서 비롯된 결과임을 자연스럽게 이해할 수 있었다. 즉 레비나스와 라캉에게 있어 인간 자신의 불완전성과 이것을 충족시키기 위한 타자적인 향유는 주체 자신을 경험적 세계에 실존적으로 위치시키며 주체욕망을 발생시키는 이유가 될 수 있을 것이다. 특히 라캉에게 있어 타자에 대한 욕망은 결여의 충족 과정이면서 동시에 또 다른 의식의 균열을 가져오는 행위를 나타낸다. 즉 상징체계에 기표적인(또는 타자적인) 욕망 해소는 이것을 대신하는 또 다른 기표를 요구받는다. 그래서 주체와 타자 사이에는 변증법적 주체화가 발생한다. '끊임없는 주체화'의 과정은 타자욕망을 찾는다. 앞서 언급한 레비나스가 견지하고 있는 주체의 이탈이나 와해와는 다른 주체의 해석이라고 볼 수 있다. 라캉은 대상과 타자욕망의 관계에 대해 이렇게 말한다. "이제 보여주고자 하는 것은 주체가 자신의 분열로부터 얻게 되는 이익이 그 분열을 결정하는 것과 연결되어 있다는 것이며, 이것은 원초적인 분리로부터 등장한 특성화된 대상으로서 *a*라고 불린다."[91]

이에 비해 레비나스에게 있어 주체의 부재관념과 타자욕망은 스스로

---

91 *Le Séminaire XI*, p.78.

자신을 실제적으로 자신이라고 지칭할 수 없는 불가능성 때문에 발생한다. 주체는 타자와의 관계로부터 외상을 겪는다. "타인에의 전시는 외연성이며 가까움이며 이웃에 의한 강박관념(obsession) 즉 본의 아니게(*malgré soi*) 사로잡히는 것, 말하자면 아픔이다."[92] 즉 그의 타자욕망은 어쩌면 그렇게밖에 할 수 없는 심성 또는 타자에 대한 전적인 동정, 긍휼에서 발생한다. 원천적으로 주체는 외부세계에 자신의 본질을 숨기고 있기 때문에 이런 익명성의 관계로 인해 '있음(l'il y a)'의 존재 구조에서 비인칭적(impersonel) 존재의 지위를 갖는다. 그래서 레비나스가 말하는 그런 존재 지위는 '있음'의 구조를 반영한다. 즉 존재 자신은 '있음'의 외부세계에서 그 어떤 고유성도 획득할 수 없다. 따라서 자신의 바깥에서 자기 자신의 실체성(또는 타자성)을 찾도록 요구하며 필연적으로 타자에의 욕망이 나타난다. 이에 반해 라캉의 상징세계는 주체의 결여가 발생하는 구조이며, 여기서 주체는 기표들을 선택하거나 상호작용하면서 타자욕망을 피할 수 없게 된다. 그런 세계도 주체의 바깥으로 타자에의 욕망을 가져오는 구조다. 그러나 라캉에게 있어 타자가 상징적 기표의 의미를 갖고 있고 여기에 대한 타자욕망이 발생한다면 레비나스에게 있어 타자는 주체와 마주한 '사이'의 관계를 형성하면서 얼굴이라는 물질성을 갖는 존재다. 여기서 얼굴을 상징계의 기표라고 말할 수는 없다.

우리는 라캉의 대타자와 타자욕망 그리고 무의식의 구조를 이해해 나갈 때 공교롭게도 그가 주요 분석의 대상으로서 초점을 두고 있는 주체와 타자의 관계, 대타자(Autre), 타자욕망 등은 레비나스의 타자철학에서도 집중적으로 사유되고 있다는 것을 알게 된다. 먼저, 그들에게 주체와 타자의 관계에 있어서 주체의 타자성(altétité)은 주체의 내면성을 지배하

---

92 AE, pp.70~71.

고 있다는 것이며, 이런 타자성은 대타자에게로 강요된다. 즉 그들에게 대타자는 공통적으로 주체의 강박관념을 발생시키는 원인이 된다.[93] 다만 라캉에게 있어 대타자는 주체의 의식 내부에서 욕망을 가져오는 원인과 근거가 되지만, 레비나스에게 있어 대타자는 주체의 바깥에 실존하며 나와 다른 타자다. 따라서 라캉의 타자욕망은 의식 내부의 타자로부터의 욕망이며 레비나스의 그것은 의식 바깥의 타자에게의 욕망이다.

레비나스는 의식의 외부에 있는 대타자를 타자의 얼굴로 구체화한다. 이런 타자의 얼굴에 대한 레비나스의 이해는 결국 타자의 존재를 나와 완전히 다른 낯선 존재로 보는 것이며, 이것은 자아의 지평으로부터 해방될 수밖에 없다. 즉 원천적으로 타자의 얼굴은 주체와 마주하고 있는 전혀 다른 존재다. 오른쪽의 도식을 보자. 일상적으로 보게 되는 타인의 얼굴은 이웃과 가족의 얼굴이다. 이런 얼굴은 공시적인 얼굴이면서 신적인 것을 드러내는 통시적인 얼굴이다. 그리고 일상적으로 잠깐 보는 그 얼굴에는 그 사람이 살아왔던 실존이 숨겨져 있으며 그 실존의 역사에서 나 자신도 자유롭지는 못할 것이다. "죄 없는 자가 그녀에게 돌을 던져라!"라고 예수가 말했듯이, 그가 누구든 얼

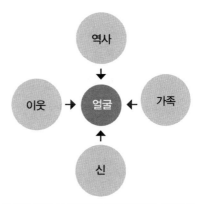

〈그림7〉 레비나스에게 있어 타자의 얼굴은 실존의 얼굴이면서 초월의 얼굴이다. 그 얼굴은 대타자의 얼굴, 즉 주체의 욕망을 강요하는 신과 이웃의 얼굴이다.

---

93 물론 라캉의 대타자는 레비나스의 그것과 의미가 다르다. "언어의 측면에서 라캉은 기표 체계의 구조에 대타자 개념을 도입한다. 하나의 기표가 대타자와 관련해서만 자신의 외연과 내포를 획득할 수 있는 것은, 그 하나의 기표가 그 밖의 다른 모든 기표들과의 대립 속에서만 의미를 갖기 때문이다."(《프로이트·라캉 정신분석임상》, 110쪽)

굴을 가진 사람에게 침을 뱉지는 못할 것이다. 더욱이 낯선 타인의 얼굴에 계시가 출현한다는데 누가 그 얼굴에 복종하지 않을까?

이에 반해 라캉의 타자는 주체의 무의식적 욕망으로 스며들어 자아를 형성하고 타자로부터의 욕망을 지향하도록 하는 이유가 된다. 그에게 있어 무의식은 상징세계에서 타자들과의 담론에서 비롯되는 것이고, 주체의 언설과 행동은 타자가 자리 잡고 있는 심급적인 의식으로부터 나타난다고 해도 과언이 아니다.[94] 그래서 타자욕망을 논할 때 레비나스와 라캉의 그것은 결정적으로 각각 다른 목적을 구성한다. 결국 대타자와 타자욕망은 그들의 사상 사이에서 다르게 해석될 수 있는 근본적 차이점을 갖고 있다. 그래서 전자의 그것이 윤리학이나 형이상학을 지향한다면 후자의 그것은 정신분석학의 대상이 된다.[95] 궁극적으로 레비나스가 타자욕망을 통해 주체의 양심과 구원을 찾는다면 라캉은 그것을 통해 주체의 분석과 치유를 도모한다. 그들은 타자욕망의 이해를 통해 주체성에 대한 새로운 해석과 함께 그 가치를 제시하는 셈이다.

라캉에게 있어 "욕망은 엄밀히 말해서, 대상을 가지지 않는다. 본질적으로 욕망은 다른 무언가에 대한 끝없는 탐색이며, 이를 만족시킬 수 있는, (…) 그 어떤 특정한 대상도 없다. 욕망은 근본적으로 하나의 기표에서 그 다음 기표로의 변증법적 운동에 붙잡혀 있으며, 고착과는 정반대

---

94 라캉에게 있어 타자는 어떤 이미지를 갖고 있을까? "언어로서의 타자, 요구로서의 타자, 욕망으로서의 타자(대상 *a*), 향유로서의 타자"(《라캉의 주체: 언어와 향유 사이에서》, 42쪽)가 바로 그것일 것이다.

95 라캉은 프로이트의 임상의학의 분석 대상으로서 주체와 타자 사이의 무의식을 그대로 계승한다. 그리고 무의식의 시작을 지각과 경험의 장으로 끌어들이고 주체가 시작되는 지점을 타자와 시니피앙으로 귀속시킨다. "처음부터 끝까지 프로이트의 모든 저서에서 나(ich)가 위치한 곳은 시니피앙의 그물망에 있는 완전한 장소에 있고 다시 말해 꿈꾸고 있었던 곳의 주체를 가리킨다." (*Le Séminaire XI*, p.45)

되는 것이다."⁹⁶ 이에 비해 레비나스의 욕망은 철저하게 주체와 타자 사이의 욕망이며, 구체적인 대상을 갖는다. 다만 그런 욕망은 '사이'와 관계로부터의 욕망이며 타자에 대한 사랑과 책임의 윤리를 수반한다. 그것은 주체가 갖고 있는 타자성 때문이다. 주체의 본질은 타자성이다. "주체는 [타인에게 붙잡힌] 볼모다."⁹⁷ 그리고 여기서 주체를 지배하는 것은 타자에의 윤리나 책임감이다. 그래서 "이웃의 얼굴은 모든 자유스러운 합의, 모든 협정, 모든 계약에 앞서면서 기피될 수 없는 책임감을 나에게 의미한다. 그것은 표상을 벗어나는 것이며, 현상성에서의 이탈 그 자체(défection même de la phénoménalité)다."⁹⁸

그리고 라캉의 타자욕망이 타자에 대한 주체의 전이적 욕망으로부터 비롯되는 것이라면, 레비나스의 그것은 타자에게 전적으로 복종하는 욕망이다. 그래서 "타자로서의 존재로 나아가는 것, 이것은 '달리 존재하는 것(être autrement)'이 아니라 '또 다른 존재로서 존재하는 것(autrement qu'être)'이다. 그렇다고 존재하지 않는 것(ne-pas-être)은 아니다."⁹⁹ 여기서 '달리 존재하는 것'은 마치 카멜레온이 주위의 색채에 따라 자신의 몸 색깔을 바꾸는 것과 같다. 레비나스는 이런 주체의 형태를 대리(代理, substitution)라고 부른다. 라캉에게 있어 주체의 타자욕망이 음표라는 기표적인 지점들을 갖고 리듬과 소리를 내는 것이라면, 레비나스의 그것은 주체의 욕망을 넘어서서 '신의 이름(au nom de Dieu)'으로 존재한다. 후자의 경우 타자에의 욕망이 절대적인 이유가 바로 거기에 있다. 우리는 위와 같은 가정을 통해 레비나스의 타자철학, 라캉의 정신분석학에서 발견

---

96 《라캉의 주체: 언어와 향유 사이에서》, 171쪽.

97 "Le sujet est otage." (AE, p.142)

98 AE, p.112.

99 AE, p.13.

할 수 있는 인간 이해의 근본적인 차이점, 즉 인간의 불완전성을 해소할 수 있는 방법이 타자에의 욕망을 통해 각각 구원의 욕망 또는 치유의 욕망으로 나타나는 것이 아닌가를 비교해 볼 수 있다.

라캉에게 있어 대타자(Autre)는 구체적으로 무엇인가?[100] 이것은 타자 욕망의 발생 및 운동과 깊은 관련을 갖고 있다. 그에게 있어 주체의 내면성은 데카르트가 주장한 의식의 확실성이나 신비주의에 의해 획득된 선험적 구조를 갖고 있는 것이 아니라 이미 언어와 타자에 의해 바깥세계와 외연적 관계를 맺고 있다. 따라서 그에게 있어 무의식은 주체의 욕망을 분석하기 위한 경험적·과학적 대상이 될 수 있다. 그렇기 때문에 주체의 내면세계는 의식의 불확실성을 불러일으키는 상징적·언어적 타자존재의 균열들로 이미 가득 차 있다. 그래서 라캉에게 있어서도 주체와 타자의 관계는 주체성의 본질을 이해할 수 있는 원천적 상관자로서 작용하며, 언어적 상징성에 의해 주체 안에 침투해 있는 타자는 주체의 욕망을 불러오는 대타자다. 그에게 있어 무의식은 언어처럼 구조화되어 있다. 그래서 무의식은 주체의 언어뿐 아니라 타자들의 언설과 열망 또는 사회적 욕망도 실어 나르고 있는 언어로 구성된다. 라캉에게 있어 이런 무의식은 과학적 분석의 대상이 되며, 인간의 무의식은 경험적인 것을 넘어서 있는 것이 아니라 내담자의 언어를 통해 분석가 앞에서 진술될 수 있는 것이다. 이런 진술 속에 타자들과 사물세계는 언어적 명칭과 활용에 의해 표상되며, 대타자는 그런 표상들의 중심에 위치하며 타자로부터의 욕망을 주체에게 강요한다. 이렇게 본다면 대타자는 무의식에 침투해 있는 거대한 사회적 욕망처럼 보인다.

---

100 대타자, 대상 a, 그리고 주체욕망의 관계를 이렇게 설정해 보자. "태양은 큰사물이고, 지구는 그것의 파편인 〈대상 a〉이고, 달은 주체의 욕망이 되겠지요." 《부분 대상에서 대상 a로》, 임진수, 파워북, 2011, 201쪽)

이렇듯 라캉에게 있어 타자에의 욕망은 주체의 무의식 속에서 기능하고 있는 타자로부터의 강박관념 또는 욕망을 숨기고 있지만, 레비나스에 따르면 그것은 계시의 이름으로 나타나기도 하는 초월적 명령이다. 이런 점에서 타자에의 욕망은 라캉이나 레비나스에게 있어 결국 다른 차원으로 환원될 수밖에 없는 근거들을 갖는다. 그렇다면 그 철학자들에게 그런 욕망은 과연 주체의 욕망인가? 쉽게 말하자면 근본적으로 라캉의 타자욕망이 대타자로부터의 욕망이라면 레비나스의 그것은 대타자에게의 욕망이다. "나 자신 속의 무한의 관념 또는 신에 대한 관계는 타인에 대한 관계에서 오는 구체성과 이웃에 대한 책임감인 사회성에서 찾아온다. 그 책임감이란 어떤 경험에서도 포착할 수 없던 것이며 다만 타인의 얼굴과 그 타자성, 그 낯섦 자체에서 오는 것으로서 내가 알 수 없는 곳에서 오는 명령이다."[101] 여기서 타자욕망은 구체성, 사회성, 타자성에서 발생하는 미지의 명령이라는 점에 주목하자. 즉 타자욕망과 관련해 좀 더 논쟁적으로 라캉과 레비나스의 그것을 비교하면, 전자의 경우 타자욕망이 주체의 무의식 속에서 이미 연유된 것이라면 후자의 경우 그것은 주체가 전혀 알 수 없는 곳에서 발생한 것이다.

데카르트의 코기토가 확실성에 대한 선험적 사유를 가져오는 것이라면 라캉은 그런 코기토를 이미 의식 속에서 '내밀하게' 경험된 대상으로서 해체한다. 라캉에게 있어 대타자는 본질적으로 주체에 침투해 있는 언어로서의 타자다. 언어는 기표적 명칭을 부여하지만 구조를 갖고 있는 이상 시니피에와 같은 의미체제를 지닌다. 그래서 사물세계를 표현하고 이해하는 언어적 관계는 사회적 상징체계와 깊이 연루되고, 주체의 내면세계와 무의식은 마치 거울처럼 주체 바깥의 타자들을 언어적 기표로

---

101 Lévinas, *De Dieu qui vient à l'idée*, Paris: Vrin, 1982. : DQVI, p.11.

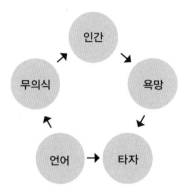

<그림8> 라캉에게 있어 인간 주체의 욕망은 무의식 속의 타자로부터 발생한다.

서 저장한다. 그래서 무의식은 타자의 담론이며, 이런 언어적 기표들 사이에 주체의 무의식이 숨겨져 있다. 이렇게 기표의 탈을 쓰고 찾아온 타자는 다시 주체 자신의 욕망을 구성하기 때문에 주체욕망은 타자욕망이라고 말할 수 있다. 따라서 라캉의 대타자는 상징적 세계에서 요구하거나 통제받는 욕망을 드러낸다. 즉 "욕망은 대타자와의 상징적 관계의 차원에서만, 그리고 대타자의 욕망을 경유해야만 자신을 주체의 세계에 등록시킬 수 있다."[102] 이렇게 볼 때 주체는 '타자로서의 나(Moi Autre)'로서 존재한다.

레비나스에게도 주체는 타자로서의 나로서 존재한다. 다만 그에게 있어 대타자는 주체 앞에서 얼굴을 갖고 있는 이웃(prochain)으로서의 타자다. 그리고 타인의 얼굴은 이미 말을 하고 있다고 여겨지듯이 그 얼굴은 이미 '말 건네기(discours)'이며, 이런 타자와의 최초의 경험에 의해 주체는 낯선 의식을 새롭게 경험한다. 즉 타자의 얼굴은 전적으로 새로움이다. 그에게 있어 타자의 얼굴은 주체의 욕망을 강요하는데, 이렇게 강요되어 '할 수밖에 없는' 타자에의 욕망을 강박관념(obsession)이라고 말한다.[103] 이런 현상은 라캉에게는 무의식의 틈새들 사이에 숨겨져 있는 타자들에게서 비롯된 주체의 분열적 증상으로 진단될 수 있다. 정신적 증상을 앓고 있는 사람들은 대부분 편집증이나 집착에 시달리는 경우가 많으며,

---

102 《라깡 세미나·에크리 독해 I》, 233쪽.

103 AE, p.134.

특히 자기 자신의 상실감이 분열로 나타난다. 레비나스에게 타자의 얼굴은 주체의 의식 너머, 바깥에 있는 새로움 그 자체이며 주체욕망은 본질적으로 그 얼굴의 욕망에 '응대해야' 하기 때문에 타자욕망이다.[104] 그리고 이것은 책임감으로 나타난다. "직관적인 폭로와 표출 저편의 얼굴, 신과 함께 존재하는 것(à-Dieu)으로서의 얼굴은 의미의 잠재적인 탄생이다. 의미화 또는 신과 함께 존재하는 것이 외관적으로 드러난 공표로서의 얼굴은 이웃과 타자 그리고 이방인에 대한 책임감으로서 결정되고 구체화된다."[105] 책임감으로 응대해야 하는 공표된 얼굴은 대타자의 그것인데, 계시를 주는 신의 얼굴과 구체적인 이웃의 얼굴이라는 하나이면서 두 개인 얼굴을 갖고 있다.

레비나스는 이렇게 말한다. "타인은 형이상학적 진리와 동일한 장소이며, 신에 대한 나의 관계에 필수적이다."[106] 그래서 그의 경우, 마치 타자가 살려달라고 애원하듯, '너는 살인할 수 없다'는 타자의 얼굴에 나타난 욕망에 대해 응할 수밖에 없는 타자에의 욕망이 나타난다. 말하자면, "존재의 로고스 즉 너는 결코 살인할 수 없을 것이다."[107] 라캉에게 있어서도 주체는 대타자의 욕망에 강요되지만 이런 대타자의 욕망은 상징세계에서 기능하는 기표들이 주체의 욕망을 대리(substitution)하면서 나타나는 것이다.[108] 그래서 라캉의 입장에서 본다면 타자의 얼굴도 주체의 무의식

---

104 "타자는 얼굴을 통해서 고결함, 그리고 하강하게 되는 고귀와 신적인 것의 차원을 표현한다." (TI, p.240)

105 DQVI, p.253.

106 TI, 51.

107 Lévinas, *En découvrant l'existence avec Husserl et Heidegger*, Paris: Vrin, 1949; avec des "Essais nouveaux" 1967, p.173.

108 레비나스도 대리라는 표현을 쓰지만 이것은 대속의 의미로도 쓰인다. "대속(substitution)이란 타자로 인한 것을 타자로 향하게 하면서 그의 입장을 대신하는 가능성, 즉 타자로 인해 빚어진 모욕과 잘못을 나의 속죄(expiation)로 가져가는 박해를 통해 그의 입장을 대신하는

속에서 출현한 대타자의 욕망을 표현한다고 해석할 수 있을 것이다. 왜
냐하면 무의식은 타자와의 관계로부터 이미 구조화된 것이고, 이것이 주
체욕망을 강요하고 타자의 얼굴도 대타자의 상징성을 갖는 것이라고 정
신분석학적 관점에서 설명할 수 있기 때문이다. 필자는 다음 절에서 레
비나스와 라캉에게 있어 근본적으로 대타자의 욕망이 각각 무엇에 근거
를 두고 있는지에 대해 신적 부성과 팔루스의 개념을 중심으로 살펴보고
자 한다.

(4) '아버지의 이름으로', 신적 부성 또는 팔루스?

이제 필자가 다뤄야 할 문제는 레비나스와 라캉의 타자욕망을 근본적으
로 구성하는 개념들에 관한 것으로, 가장 논쟁적일 수 있는 부분이다. 우
리는 이에 대한 탐구를 위해 (대)타자의 존재가 각각 어떤 근거를 갖고 있
는지 비교·평가하는 작업을 진행해야 한다. 그 근거는 타자의 기원에 대
한 그 철학자들의 문제의식과 차별성이 부각되는 부분이기도 하다. 레
비나스에게 있어 모든 욕망은 초월적 실체 또는 근거인 부성(paternité)
으로부터 나오며 라캉에게 있어서도, 늘 논쟁의 여지는 있지만, 팔루스
(phallus, 상징적 남근 또는 부성적인 권력)가 상징세계의 욕망운동을 은유적으
로 지배한다. 그들에게 부성과 팔루스는 각각 어떤 차원으로 설명되어야
하는 것인가? 그리고 그런 것들은 왜, 어떻게 타자욕망으로서 나타나는
것인가?[109] 정신분석학에서 성(性)과 신체, 죽음, 타자욕망 등은 인간주

것이다." (AE, p.150)

109 라캉에게 있어 "아버지의 이름에 순수한 시니피앙의 진리를 부여한 은유는 정신적이고
　　진정한 향유, 대타자의 향유 속에 편입되며, 여기서 창조의 운동을 위해 무의미와 유한
　　성을 받아들인다." (Alain Juranville, *La Philosophie comme savoir de l'existence: l'inconscience*, Paris: PUF,
　　2000, p.39)

체를 실존적으로 이해할 수 있는 중요한 조건이며, 레비나스에게도 그런 개념들은 초기 저서에 빈번하게 등장하는 용어다. 그리고 필자는 레비나스와 라캉에게 있어 그런 개념들이 궁극적으로 부성의 초월성 또는 팔루스라는 각각의 범주 속에서 해석될 수 있다고 본다. 결국 그들이 같은 철학적 용어를 사용하고 있다 하더라고 각각 다른 체계나 범주 속에서 작동하고 있다는 것에 주의해야 한다.

먼저 라캉에게 있어 팔루스는 하나의 은유적 표현이며, 직접적인 의미작용을 가져오기보다는 타자들의 기표들을 구조화·의미화하는 역할을 한다.[110] 예컨대 오이디푸스적 콤플렉스의 권력을 형성하는 상징적 팔루스는 타자세계에서 주체의 욕망에 무의식적으로 침투한다. "팔루스는 아버지 기능의 무게중심을 구성하며, 실재적 아버지는 어떤 주어진 순간에 〔팔루스의 소유자로서의〕 '증거를 제시할' 수 있는 한에서 그것〔팔루스〕에 대한 상징적 대리자의 지위를 담당할 수 있다."[111] 모든 주체들에게 무의식을 유발하는 오이디푸스의 콤플렉스를 가져오는 가장 근본적 이유가 바로 상징적 팔루스에 있다. 그러나 주체의 근본적 결여가 나 자신도 아니고 타자도 아니며 단순히 텅 빈 상태에서 발생하듯이, 상징계의 모든 의미 작용도 근본적인 결여의 구조를 갖고 있는, '실체를 결여하고 있는' 팔루스를 정점으로 움직인다. 따라서 팔루스는 엄밀히 말해 '실체 없는' 상징적 차원의 욕망이며 권력으로서 작용한다.[112] 그러나 결과적으로 그런 팔루스는 상징세계의 타자들에게 기표적 의미를 제공하며 주체욕망의 대리적

---

110   *Le Séminaire XVI*, p.322 참고.

111   《프로이트·라깡 정신분석임상》, 168쪽.

112   "팔루스는 주체의 존재성을 규정하기 위한 기준점, 격자로서 작용하는 것이다. 그러나 팔루스는 그것이 상상적이든 상징적이든 어떤 실체로 존재하는 것이 아니다. 그것은 결여인 주체가 욕망하는 것, 결여 그 자체이다." (권순정, 〈라캉의 환상의 주체와 팔루스〉, 새한철학회 《철학논총》 제75집, 2014, 44쪽)

기능을 수행하는 기표들의 상호작용을 지배하는 원인이 된다. 예를 들어 조선 시대 유교 사회의 남성·장자 중심주의도 팔루스라는 전형적인 체제를 보여준다. '수신제가치국평천하(修身齊家治國平天下)'는 남성에게 사회적으로 요구되는 덕목을 상징하며, 이에 비해 열녀문(烈女門)은 그런 체제에서 인정받을 수 있는 여성적 지위를 은유적으로 나타내고 있는 셈이다.

인간의 욕망이란 무엇인가? 인간에게 원초적인 욕망이 있다는 것과 그어떤 사회마다 사람들이 얻고자 하는 욕망이 있다는 것은 일반적인 사실이다. 예컨대 플라톤과 레비나스의 그것이 정신적인 것을 지향하고 있다면 정신분석학자 프로이트는 신체 주체가 피할 수 없는 성적 에로스에서

〈그림9〉 미켈란젤로의 〈죽어가는 노예〉(1513).

원초적 욕망을 가정할 것이다. 또 다른 예로 왼쪽의 작품에서 볼 수 있는 에로스는 심미적인 자기애 또는 나르시시즘과 결부된다. 죽어가면서도 죽음마저 넘어서는 인간의 원초적인 에로스를 표현하고 있다. 물론 라캉은 팔루스에서 자신들을 위치시키는 주체들의 결여에서 욕망의 발생 이유를 분석하고 있다. 프로이트에 따르면 본의 아니게 행해진 오이디푸스의 일탈은 일상적인 윤리질서에 위반되는 것이다. 오이디푸스의 콤플렉스를 피할 수 없는 인간의 원초적인 본능으로서 이해하고 있는 프로이트는 그를 통해 근친상간과 같은 일탈행위를 가져올 수 있는 인간 심리의 잠재성을 분석한다.[113] 라캉의 팔루스 관

---

113 "오이디푸스 콤플렉스는 어린 시절 초기의 성적 시기에 나타나는 중요한 현상이다. 이 시기 이후에 오이디푸스 콤플렉스는 억압되고 잠복기로 이어지는 해체가 일어난다."(《성욕에 관한 세 편의 에세이》, 지그문트 프로이트, 김정일 옮김, 열린책들, 1996, 293쪽)

점에서 보면 이런 체제는 가부장적 권력과 질서를 유지하고 근친상간은 이것을 위협하기에, 그런 일탈적 행위는 정상적인 상징세계에서는 간과될 수 없는 악의 문제에 해당될 수 있다.

라캉의 상징적 팔루스는 레비나스가 말하는 법(Loi)과 같은 기능을 담당한다. 유교 사회에서 이 법은 신의 말씀으로 또는 아버지의 이름으로 통용될 수 있는 절대성을 갖는다. "신은 화신(incarnation)이 아니라 법에 의해 구체적으로 존재한다."[114] 예를 들어 메시아니즘을 신앙으로 갖는 사람들은 그런 법(또는 말씀)의 실체가 바로 신의 존재라고 믿을 것이다. 그에게 부성은 모든 욕망의 살아 있는 근거이면서 우주를 지배하는 토라(Torah, 신의 말씀)이며 유대인의 법이다. 따라서 그 법의 실체는 신의 존재를 가정한다. 물질적 세계에서 신의 부재는 그의 말씀, 곧 법에 의해 세상을 다스리는 이유가 된다. 부재(不在)와 무(無)는 개념적으로 다르다. 예컨대 "오늘 부장님이 부재중입니다"라는 말은 그가 출근을 하지 않았거나 출장을 가 있는 상황을 설명하는 것이지 아예 "그분은 우리 회사에 없습니다"라는 무의 의미와는 다르다. 아무튼 신의 부재는 그의 법으로 세상이 운영된다는 것을 나타낸다. 그리고 법은 타자에 대한 주체의 욕망을 전적으로 지지하는 초월적 근거다. 그래서 신의 이름으로 명령을 수행하는 타자에 대한 윤리적 욕망은 엄밀히 말해 라캉이 말하는 주체화의 욕망을 초월해 있다고 보아야 한다.

이에 비해 라캉에게 있어 주체로부터의 타자에 대한 욕망은 상징적 팔루스에서 시작하며 남성성과 여성성의 정체성, 그리고 이것들이 본성상 요구받는 욕망도 팔루스에 의해 배치된다. 따라서 라캉에게는 대타자의

---

114   Lévinas, *Difficile liberté. Essais sur le judaïsme*, Paris: Albin Michel, 1963, p.205.

상징적 권력과 팔루스가 주체의 욕망을 형성한다.[115] 한편 레비나스에게 있어 그런 욕망은 초월적 부성 또는 통시성(通時性, diachromie)으로부터 나온다. 통시성은 신적 부성이 실현되는 시간을 의미하며, 나와 타인의 관계에서 그런 시간이 실현된다는 것은 서로 인내할 수 있는 기다림이나 신앙적 가치가 구현되는 데서 그 구체성을 갖는다. "주체의 주체성, 이것은 상처받기 쉬움이며 감정으로의 표출이며 감성이다. 그리고 모든 수동성보다 더 수동적인 수동성이며 만회할 수 없는 시간이며 참을성과 같이 조립될 수 없는 통시성이다."[116] 즉 주체의 주체성, 이것은 더 이상 분해될 수 없는 타자성이며 나의 의식에 의해 제어될 수 없는 참을성을 필요로 하지만, 이 가운데 초월적 부성의 이름으로 통시성이 타자에의 욕망에

〈그림10〉 샤갈의 〈나와 마을〉(1911). 타자욕망의 딜레마: 레비나스와 라캉에게 있어 타자욕망의 의미가 다른 해석을 가져오듯이, 이 작품을 볼 때 원 안의 상징적 나무도 부성 또는 팔루스를 각각 지시한다.

참여한다. 타인에 대한 사랑도 그런 욕망을 나타낸다.

위와 같은 부성이나 팔루스의 입장을 갖고 왼쪽 작품의 예를 살펴보자. 일상적·물질적 세계에서 신의 부재는 그에 의해 남겨진 법(신의 말씀)과 상징적 질서에 의해 자신의 화신을 대신한다. 신적 부성의 상징은 그림의 가운데 위치해 있는 원(圓)의 이미지다. 일반적으로 원은 완전성, 통일성, 무한성 등을 나타내는 기하학적 의미를 갖지만, 그림에

---

115 라캉에게 있어 "주체의 출현은 타자에게 종속되는데 이런 타자의 요구도 아버지의 법의 개입 이후에 가능하다." (Lorenzo Chiesa, *Subjectivity and otherness: A philosophical reading of Lacan*, The MIT Press, 2007, p.151.)

116 AE, p.64.

서 볼 때 그것은 신적 존재의 위상과 질서를 지시한다. 그래서 그 원을 사이에 두고 서로 얼굴을 마주하고 있는 나와 나귀, 아니 주체와 타자의 구체적 만남은 신과의 영원한 만남을 암시한다. 결국 우리는 과거, 현재, 미래를 주관하는 신적 부성이 타자와의 현재적 만남들을 통해 삶의 계시를 준다는 것을 살펴볼 수 있다. 즉 구원의 계시는 타자들과의 만남으로부터 주어진다.[117] 그러나 정신분석학적 관점에서 본다면, 신적 부성이나 계시는 유대인들의 신앙적 질서를 반영하고 있지만, '실체를 갖고 있지 않은' 팔루스의 권력을 그대로 나타낼 뿐이다. 그래서 이런 상징적 팔루스의 관점에서 그림을 분석할 때 마을의 목축적인 분위기, 나와 나귀의 마주보기, 둥근 원과 그 안에 있는 신비적 형상의 나무 등은 팔루스에서 기능하는 타자적 기표의 이미지를 수행한다. 팔루스의 상징으로서의 원은 그런 이미지들을 통제하는 팔루스에 귀속시키는 상징적 역할을 한다.

레비나스의 신적 부성은 아버지와 아이의 관계에서 어떻게 자신의 초월성을 표현할 수 있는가? 이 점은 라캉이 부성을 단순히 팔루스에서 상징적으로 배치되는 욕망으로 부르는 것과 차이점이 있다. 먼저 레비나스에게 주체의 초월성은 사유적인 주체로부터 나오는 것이 아니라 신적 정신 또는 부성으로부터 주어진다. "자아의 생산성, 그것은 자아의 초월 그 자체다."[118] 그런데 자아는 자체적으로 초월성을 갖지 못하며, 초월성이 있다면 나 자신을 떠나 또 다른 생산성으로 신적인 초월성이 새롭게 전이(轉移)된다. 따라서 초월성은 타자에의 욕망으로 구현된다. 그리고 진정한 자아의 생산성을 가져오는 타자에의 욕망을 주체가 부정할 수 없는 가장 중요한 이유는 그 욕망이 궁극적으로 신의 이름으로 명령되는 것이

---

117 레비나스에게 유배적인 삶과 신이 부재한 세상은 계시로 인해 받아들인 토라에 의해 지배되며, 토라는 인간의 법과 윤리의 근원을 차지한다.

118 TI, p.254.

고, 초월성 자체를 실현하기 때문이다. 초월성은 신적 존재의 소유다. 그래서 타자에의 욕망, 즉 에로스는 부성적인 에로스(Eros paternel)의 차원에서 다뤄지곤 한다.[119]

그리고 이것은 이편 세계에 대한 신의 축복, 즉 신의 화신을 대신하는 세상에서의 생산성과 번영으로 나타난다. 즉 타자에의 욕망은 초월적 부성이 이편 세계에서 자신의 욕망을 실현하는 방식이다. "초월과 일체 그리고 생산성의 관계로서의 창조는 유일한 존재의 위치와 선택된 그 자신성을 조건 짓는다."[120] 레비나스에게 있어 타인에 대한 욕망 또는 에로스는 초월성을 지향하는 구조를 갖는다. 그래서 아버지와 아이 사이에는 신체적 관계를 뛰어넘는 초월의 관계가 발생한다. "나는 나의 자손을 소유하지 못하며 나는 나의 자손이다. 부성은 전적으로 타인 된 나로서 존재하는 이방인과의 관계다."[121] 나와 아이, 자손들의 관계는 자신을 구현하는 초월적 부성에 의해 결정된다. 근본적으로 레비나스에게 있어 일상적·물질적 세상은 초월적인 신이 신체적으로 부재하는 공간이며, 주체는 물질적 삶의 세계에서 향유를 통해 그 존재를 확인할 수 있다.[122]

그러나 라캉에게 있어 부성의 팔루스는 상징적 팔루스로 불리며, 아버지와 아이의 관계를 통제한다. 이에 비해 모성은 상상적 팔루스의 위치를 갖는다.[123] 팔루스는 주체의 결여를 대신할 수 있는 상징적 체계다.

---

119 "부성 속에서 욕망은 채울 수 없는 그것으로서 실현된다." (TI, p.250)

120 TI, p.256.

121 "Je n'ai pas mon enfant, je suis mon enfant. La paternité est une relation avec un étranger qui tout en étant autrui est moi." (TI, p.254.)

122 "신의 부성은 인간 가족을 위한 그의 사랑과 동등한 것이다. 모든 창조물은 모든 것들의 아버지가 사랑의 신이라는 사실에 대한 살아 있는 증거다." (Cohen, A., *Everyman's Talmud*, London: Dent&Sons Ldt.; *Le Talmud*, Paris: Payot&Rivages, 2002. p.94)

123 레비나스에게 있어 부성과 달리 모성(maternité)은 감각적인 것을 가능케 하며 상처받기 쉬움 등으로 나타나는 인간의 또 다른 본성이다. 예를 들어, "초월적인 타자성의 관념은 시

"팔루스는 (…) 타자의 욕망과 잠재적인 만족을 결정하는 것으로서의 위치를 점유하며 동시에 아이 자신의 욕망과 잠재적 만족을 결정하는 것이 된다."[124] 그리고 그런 체계에서 주체의 타자욕망은 자신의 불확실성과 결여로부터 비롯된 욕망을 타자적 기표로 대신하는 행위다. 팔루스가 실재 세계는 아니지만 언어적 소통과 상징성이 인간의 삶을 지배하는 것이라면 그것은 '유사적 실체'와 다름없는 것이다. "팔루스를 욕망하고, 그것을 향유하는 방식에 따라 여성과 남성을 구분하지만, 팔루스가 완전함의 기표가 아니라 결여를 욕망하는 기표로서 끊임없이 변화를 내재하고 있는 기표라면 (…)"[125] 그래서 주체는 팔루스 안에서 타자의 장(場)으로부터 호출되며, 그 이름(또는 시니피앙)에 의해 자신을 호명한다. "타자의 장에서 발생하는 시니피앙은 이런 의미화(significaion)에 의해 주체를 출현시킨다."[126] 이런 의미에서 주체의 욕망은 타자의 욕망이라고 할 수 있다. 따라서 레비나스의 주체 개념으로서 타자를 대신하는 대리(또는 대속)는 라캉에게서는 상징적 질서 속에서 타자적 기표들이 주체를 대신하는 것으로 작동하며, 주체의 또 다른 타자욕망을 발생시키는 전이적 주체의 개념을 가져온다.

기본적으로 라캉에게 분석가와 환자 사이에서 발설된 언어적 진술이 주체의 균열과 무의식의 우연적 열림이라면, 그 안의 타자들은 주체의 무의식적 욕망을 드러내는 기표들로서 작동한다. 주체의 모든 욕망은 상징체제를 여과해서 나온다. 라캉은 그런 체제를 인류학적·정치학적 측

간을 열게 하는 것이며 여성성(féminité)에서 찾아지는 것이다." (TA, p.14), "어머니의 신체와 같은 심령주의" (AE, p.85), "타자 지향적인 것을 완전히 구성하는 상처받기 쉬움의 모성은 궁극의 의미다." (AE, p.137)

124 《에크리 읽기: 문자 그대로의 라캉》, 브루스 핑크, 김서영 옮김, 도서출판 b, 2007, 246쪽.
125 권순정, 〈라캉의 환상적 주체와 팔루스〉, 새한철학회 《철학논총》 제75집, 2014, 48쪽.
126 *Le Séminaire XI*, p.188.

면에서 이해하고자 하며 모든 욕망의 진원지를 지배적인 권력, 헤게모니(hegemonie)에서 찾고자 할 것이다. 그래서 그는 욕망의 진원지를 원초적 아버지로부터 분석하려고 한다. 족보가 있는 가문에 시조(始祖)가 있는 것처럼 말이다. "모든 남자들이 상징적 거세에 의해 표식이 되지만 그럼에도 불구하고 남근 기능이 적용되지 않는 한 남자가 존재한다. 상징적 거세에 복종함으로써 자기 자리에 놓이게 된 적이 결코 없는 남자 말이다. 그는 법에 종속되어 있지 않다. 그는 자신의 법이다."[127] 그 원초적 아버지는 실제로 존재하는 것을 떠나 있는 존재이며 자신의 실체를 갖지 않을 가능성이 높다.

원초적 아버지는 레비나스가 말하는 부성적인 초월의 존재, 즉 신이 될 것이다. 그러나 라캉에게 신은 존재하지 않는다. 정신분석학적 관점에서 초월의 아버지는 실체가 없는 것이다.[128] 레비나스에게 있어 모든 관계, 즉 타자들 사이에도 욕망의 운동이 존재하지만 그 욕망의 진원지는 '더 높은 차원의 타자' 또는 신적 부성에 있다. 우리는 레비나스의 초기 작품들에 나타난 인간 이해가 원초적 본성과 주체의 부조리에 기초하고 있다는 것을 확인할 수 있었다. 신앙적 고백과 구원에의 갈망이 타자를 위한 윤리의 실현으로서 제시되고 있는 것은 그의 철학의 특징이다. 일상적 향유의 욕망이든 타인에의 욕망이든 이런 무의식적인 것들은 주체의 욕망을 넘어서 저편의 차원으로 승화된다. "확실히 무의식적으로 욕망은 그 대상 이상의 것을 가정하며 욕망할 수 있는 것 '저편 너머'로 나

---

127 《라캉의 주체: 언어와 향유 사이에서》, 205쪽.

128 레비나스에게 '아버지의 이름'으로 지칭되는 신적 부성은 영원성 자체이지만 "라캉의 경우 아버지는 욕망의 구조를 유지하는, 한 아버지를 나타내는 이름만을 갖고, 하나의 은유로서 등장한다." (Sarah Harasym, *Levinas and Lacan: The missed encounter*, State Uni. of New York Press, 1998, p.94)

아갈 수 있다."[129] 실제로 레비나스의 타자물음을 이해할 수 있는 철학적 사유의 범주는 주체와 타자, 인간과 신의 관계에서 비롯되며 타자에의 욕망은 '아버지의 이름'으로 유다이즘의 세계관을 통해 읽히곤 하지만, 라캉의 팔루스 관점에서 본다면 초월적 실체는 존재하지 않는다. 그리고 초월적 실체로부터의 부성도 상징체제와 권력의 작용 속에서 읽힐 것이다.

(5) 새로운 주체윤리의 가능성을 위해

필자가 이 글에서 마지막으로 찾고자 하는 것은 레비나스의 타자철학과 라캉의 정신분석학을 통해서 얻게 될 주체윤리에 대한 새로운 가능성이다. 다만 필자는 이 글의 기초적인 문제의식을 구성하고 있는, '인간 주체의 기본적인 욕망은 무엇인가?', '이것은 무엇을 지향하는가?, '왜 주체는 타자로서 존재하는가?' 그리고 '여기에 호응할 수 있는 주체의 윤리가 존재하지 않을까?' 등의 물음을 통해 레비나스와 라캉의 사상적 접점과 새로운 주체윤리에 관한 방향성을 찾고자 했다. 주체와 타자관계를 중심으로 레비나스의 타자철학, 라캉의 정신분석학을 사상적으로 비교하여 얻을 수 있는 것은 무엇인가? 필자는 그들의 사상적 배경을 중심으로 주체에 대한 현대적 관심을 표현하고 있는 대타자와 타자욕망이 각각 어떤 관점과 체계에 의해 지지·발전되고 있는지를 확인하고자 했다. 그리고 이렇게 알게 된 결과를 갖고 이것이 기여할 수 있는 것들은 무엇인가를 찾고자 한다.

첫째, 무엇보다 필자는 레비나스의 윤리학을 정신분석학적 관점에서 다시 읽어 나가면서 정신분석학의 영역에서도 주체윤리를 새롭게 발견할 가능성을 보고자 했다. 레비나스에게 있어 대타자에 대한 욕망은 주

---

129 EE, p.56.

체 앞에서 마주하고 있거나 이웃한 사람들에 대한 긍휼함과 존중을 통해 나와 다른 사람들에 대한 사랑과 휴머니즘을 실천하는 데 목적이 있다. 궁극적으로 그런 사랑은 신의 말씀을 실천하는 것과 다르지 않다는 데 그 의미를 부여하고 있다. 그런 실천이 가능한 가장 중요한 이유는 인간 주체의 본질이 타자성에 있기 때문이며, 이미 '나'는 타인들 가운데 숨어 있는 익명성의 주체이기 때문이다. 이런 측면에서 본다면 레비나스의 타자윤리는 '인간적인, 너무나도 인간적인' 초점을 갖고 타인들을 생각하고, 그들의 말을 경청하는 것이다. 유다이즘이나 유일신주의 등에 대한 선입견을 갖고 그의 윤리관을 본다면, 도리어 오늘날 '레비나스는 누구인가'라는 물음에 대해 공정한 평가를 가져갈 수 없다. 라캉이 무신론자라고 해서 그의 생각이 더 객관적이고 과학적인 것은 아니다. 간혹 대단한 일을 해낸 운동선수에 대한 인터넷 스포츠 기사를 보면 그 내용 밑에 수많은 댓글이 달린다. 예컨대 "갓(god) 현수, 올해 시험에 붙게 해주세요!"와 같은 간절한 소원이 줄을 잇는다. 이런 것들도 욕망이다. 라캉의 욕망 분석대로 그런 현상을 이해한다는 것도 정확하지는 않을 것이다. 인간은 왜 신을 찾는가? 어쩌면 가장 인간적인 것을 찾고자 하는 마음으로 찾는지도 모른다.

그렇다면 라캉은 우리에게 어떤 가치를 제안하고 있는가? 먼저 그는 주체 자신의 부조리에 대한 질문을 던지고 있다. 그렇다고 인간의 가치와 윤리적 선택이 상징세계에서 요구하는 통념대로 정당성을 가질 수는 없는 것이다. 그렇기 때문에 주체 자신에 대한 정신분석학적 이해는 자아에 대한 현실적 치유, 타자관계에 대한 인식을 주체 자신의 입장에서 다시 설정해 나가고자 하는 것에서 그 의미를 가질 수 있다. 레비나스와 라캉의 주체는 바로 '나'로서의 자아의 형성과 여기에 나타난 타자와의 관계를 분석한 것에서 커다란 공통점을 갖고 있다. 이런 점에서 라캉은 자아에 대한 배려의 기술과 가치를 요구한다고 볼 수 있다. 그리고 집단적 욕망의 분석을 통해 사회적 변화에 대한 기대와 요구를 살필 수 있는 과학적 자료를 제공하는 것이 정신분석학의 제 역할이기도 할 것이다.

둘째, 필자는 타자 중심적인 주체 문제에 관한 이해를 통해 오늘날 다문화 공동체 사회에 특히 필요한 공공의 가치와 사회적 윤리의식이 무엇인가에 대한 새로운 인식을 발견하고자 했다. 무엇보다 이 글은 주체와 타자의 관계를 윤리학과 정신분석학의 관점에서 다양하게 조명함으로써 타자에 대한 인식의 지평을 더욱 폭넓게 제시할 수 있는 이해를 갖고자 했다. 레비나스와 라캉의 타자 문제를 비교해 나감으로써 타자에 대한 가치의 성찰이 오늘날 다문화 시대에 요청되고 실천해 나가야 할 긍정적 가치와 일치해야 하지 않을까 생각하지 않을 수 없다. 왜냐하면 집단 이기주의와 배타주의 등을 극복해 나가는 길을 찾는 것이 우리 사회에 특히 필요한 사회적 가치와 윤리로서 정착되어야 하기 때문이다. 우리는 타자로서의 주체 물음과 타자욕망에 대한 이해를 통해 타자의 관점에서 주체를 바라보고 '타자와 함께할 수 있는' 주체의 가치를 발전적으로 인식할 수 있어야 한다.

오늘날 팽배해 있는 개인 중심적 가치관, 주체의 사회적 소외와 괴리감, 집단적인 배타적 심리 등을 극복해 나가기 위해 그 어느 때보다도 주체와 타자에 대한 학술적 인식과 사회적 논의 그리고 윤리의식의 회복이 필요한 때라고 판단할 수 있다. 공동체 사회와 관련해 주체와 타자의 관계는 새로운 이론적 근거와 실천을 요구한다. 특히 나와 타자 사이의 실존적 유대와 책임감이 공동체의 동질성 회복에 중요한 역할을 한다는 것은 분명하다. 이런 문제의식을 공유하고 있다면 주체윤리는 곧 타자와의 관계를 우선시하는 타자윤리라는 인식을 가져야 한다. 타인의 얼굴은 신과 인간의 얼굴을 모두 갖고 있다는 판단과 함께 더 중요한 점은 그 얼굴이 나의 얼굴을 연장한 것처럼 자아의 자화상은 아닌지 생각해 보는 것이다. "마치 타자의 얼굴은 나의 그것을 연장했던 것처럼 타자에 대한 책임이 있다."[130] 그리고 그런 책임감은 바로 나와 타자 사이의 유대를 통해 확보될 수 있는 주체 자신의 일체성으로부터 나온 것이라는 점도 깨달을 수 있다. 심지어 가장 구체적인 나 자신성(mon ipséité)이 타인의 얼굴이라고 주장하는 경우도 있다. 하나의 실존적 공동체에서 너와 내가 다를 수만은 없는 것이고, 마치 같은 배를 타고 있는 것처럼 상대방에 대한 배려와 책임이 필요하다는 것이 나와 타자 사이의 관계라고 볼 수 있다.

셋째, 필자는 위와 같은 지적 판단을 갖고 서로 다른 지식의 비교를 통해 새로운 가지를 찾고자 했다. 오늘날 타자에 대한 연구 관심은 철학뿐 아니라 문학, 미학, 정치학 그리고 과학에 이르기까지 광범위하게 확산되고 있다. 이런 점에서 이 글의 주제에서 중요한 몫을 차지하고 있는 타자에 대한 비교와 해석으로 더욱 다양한 학술적 영역에서 자아 문제를 새롭게 이해하는 데 지적인 도움이 되고자 했다. 타자에 관한 이해는 지식적인 인식의 지평을 꾀하며 윤리학, 심리학, 정치학 등의 분야에서 그것에 대한 인식이 충분히 이뤄지지 않는다면 새로운 가치를 이끌어 내기가 힘들 정도로 중요한 위치를 차지하고 있다. 심지어 빅데이터의 활용이 중시되는 사회에서 타자의 욕망과 심리가 정확히 이해되지 못하면 그런 통계자료들로 큰 가치를 얻지 못한다.

오늘날처럼 진리와 가치에 대한 이해와 해석이 다원화되었던 적은 없었을 것이다. 그만큼 윤리학이나 정신분석학은 말할 것도 없고 종교나 과학 등의 분야에서도 새로운 사고와 가치를 찾기 위한 융합적인 지식이 크게 호응을 얻고 있다. 그 가운데 타자 문제가 중요한 화두가 되고 있다.

---

130 DSAS, p.133.

그리고 자아와 타자에 대한 새로운 표현과 관점들은 특히 문학이나 예술 등에서도 다양하게 나타나고 있다. 개인주의와 다원주의 문화가 확산되고 있는 것은 현대사회에서 타자에 대한 관심이 일반화되고 있는 현상이다. 아울러 타자 또는 타인들에 대한 학술적이고 일상적인 이해가 더욱 필요한 이유는 그들과 그 어떤 관계를 갖지 않고는 현대인의 삶을 영위해 나가기가 어렵기 때문이다. 그런 점에서 오늘날 레비나스와 라캉의 사상은 특히 타자 문제에 관한 고전적 인식을 아직까지 우리에게 나누어 주고 있다.

3장 ───

다문화 공동체 사회와
타자의 문제

(1) 다문화 사회의 윤리적 부재를 넘어서서

다문화 사회는 우리 사회의 현실적인 특징을 보여준다. 그것은 그 어느 때보다 국제적으로 활발히 진행되고 있는 문화적 교류와 융합을 거스를 수 없는 다원주의 시대의 경향을 반영한다. 우리 사회도 예외는 아니다. 한류 문화의 확장과 함께 이주민의 유입과 정착으로 그런 시대에 들어선 것이라고 판단할 수 있다. 전통적으로 단일민족의 정체성을 유지해왔던 한국 사회는 21세기에 들어서 다양한 문화를 가진 외국인과 이주민들이 정착하게 되면서 급격한 변화를 맞이하고 있고, 이에 대해 국민적 정서가 그 어느 때보다 낯설게 여겨지는 바도 현실적으로 존재하는 것은 사실이다. 그러나 오늘날 우리 사회도 국제적으로 많이 개방되면서 적지 않은 위상을 갖게 되었고, 한국인들이 해외로 진출하며 정착민 자격을 얻게 되는 경우도 한층 증가하게 된 것을 고려하면 다문화 가정이 우리 사회에서 점차 늘어나는 것은 자연스러운 결과라고 볼 수 있다.

그러나 우리 사회는 낯선 이주민을 받아들이고 그들을 이해하며 함께 살 수 있다는 기대와 희망을 그들에게 진심으로 주기에는 아직도 사회적 역량과 국민적 의식을 충분히 갖추지 못하고 있다고 생각한다. 그들이 가장 곤혹스러워 하는 것은 우리 사회가 그들을 배타적인 태도로 대하는 데 있으며, 한 단계 낮은 문화 수준을 가진 사람들로 취급받는 데 있을 것이다. 반대로 한국인으로서 외국에 나가 그런 대우를 받는다면 인격적인 모멸감을 느끼거나 심지어 그 나라에 대한 반감을 갖게 된다는 것을 역지사지(易地思之)로 생각해 보자. 이제 국제사회에서 어떤 지역에서도 문화가 개방되지 않은 오지를 찾아보기 힘들다. 한국인으로서의 자긍심과 문화적 자부심은 세계시민으로서의 역량과 마인드를 갖춰 나갈 때 더욱 성장할 수 있다. 그러나 과연 우리 사회와 문화가 그런 역량과 철학을 지니고 있는지 반성해 보는 것도 건설적인 사회를 만들기 위한 토양이 될 것이다.

이런 뜻에서 이주민들이 겪는 어려움을 생각해 보자. 국내에 이주한 외국인 근로자와 그 가족들이 한국의 사회체제와 문화에 제대로 적응하지 못해 정상적인 거주 활동을 하지 못하는 바람에 사회적인 소외감을 느끼고 도태되는 현상이 늘고 있다고 한다. 그리고 경쟁력을 갖추지 못한 근로자들이 제대로 취업을 하지 못하고 심각한 경제적 곤란을 겪고 있다. 또 그 자녀들이 학교에 제대로 적응하지 못해 집단 따돌림을 당할 수 있다는 것도 그들이 겪는 고통 가운데 하나가 될 것이다.[131] 그렇다고 그렇게 어려움을 겪고 있으니 너희들 나라에 가서 살라고 하는 것은

---

131 한국의 학교교육에서 다문화 가정 학생들에 대한 교육은 매우 중요한 현안이 되고 있다. "서울시교육청은 지난 3월 말 기준 서울 영등포구 대림동 대동초등학교의 경우 전체 학생 510명의 40.3%(206명)가, 서울 구로구 가리봉2동 영일초교는 전체 학생 392명의 30%(114명)가 다문화 가정 학생이라고 2일 밝혔다. 서울 시내 전체 초등학생 45만 721명 중 2%(8605명)가 다문화 가정 학생인 것과 비교할 때 대단히 높은 수준이다. 서울 시내 전체 초·중·고등학생의 1%(104만 684명 중 1만 1722명)가 다문화 가정 학생이다." (《문화일보》, 2015년 6월 2일)

그야말로 배타적인 차별이며, 결코 바람직하지 못한 결과를 초래할 수 있다.

그들이 어려움을 겪고 있을뿐더러 일부의 국민적 정서는 그들을 부정적으로 보고 있는 것도 사실이다. 외국인 근로자들이 국내로 유입되고 산업 현장에서 그들이 차지하는 일자리가 점차 늘어나는 추세가 지속되면서 국내의 일자리 부족 문제가 더 심각해지고 있다는 우려도 있다. 그리고 한국 사회에 정상적으로 적응하지 못한 일부 외국인들이 범죄행위를 일으킨다는 문제를 지적하는 사람도 있다. 그러나 그들이 가져가는 일자리는 대부분 3D 직종(어렵고 더럽고 힘든 일)에 해당되며, 정상적인 일자리를 갖지 못했다는 이유로 그들에 대해 편견을 갖는 것은 인종차별에 해당된다. 그들도 주체적·사회적 인격을 가진 사람들이며, 그에 걸맞은 대우를 받을 권리가 있다.

필자는 다음의 글에서 다문화 사회가 초래하는 인간소외 및 갈등 문제를 해소해 나갈 수 있는 인간의 본성에 대한 철학적 해석을 제시하고자 하며, 주체-타자-공동체 사이에 존재하는 소통적 주체의 타자성과 책임 윤리를 주장하고자 한다. 그 결과 다문화 사회가 안고 있는 갈등 문제를 해결할 수 있는 철학적 시각과 해법이 제안될 수 있으며, 더 나아가 공동체의 윤리와 질서를 새롭게 조명할 기회를 가질 수 있을 것이다. 먼저 우리는 공동체 속에서 형성된 바람직한 삶의 본질이 타인의 삶과 함께 나눌 수 있는 공통분모를 갖는 것에서 가능하다고 생각한다. 그런 공동체의 삶에 관한 학술적 인식은 무엇보다 집단적 배타주의와 보수적인 통념적 가치가 지배하는 삶의 편견을 극복하는 데 일조할 수 있다. 이와 같은 다문화 사회 공동체에 대한 지적 관심은 혈연·지연·학연 중심적인 사회에서 빚어지고 있는 연고주의(緣故主義) 등이 자칫 초래할 수 있는 정치·

사회·문화 행태들을 비판하고, 집단적 이기주의가 대중적으로 점차 팽배하고 있는 현대사회의 왜곡된 가치 인식을 극복하는 계기가 되고자 한다.

필자는 위와 같은 주제의 문제의식을 갖고 너와 나, 그리고 사회 집단들 사이의 상호작용과 다양성이 인정되고 인간적 삶의 공동체를 지향하는 새로운 패러다임의 윤리를 논의하고자 한다. 이에 따라 필자는 그런 안목을 염두에 두고 오늘날 공동체 사회가 새롭게 요구할 수 있는 가치와 윤리를 대안적으로 제시하기 위해 일례로 레비나스의 타자윤리를 주요 논거로서 다뤄 나가고자 한다. 그의 윤리를 종교적 윤리나 규범적 가치로서 다룬다면 그가 제기하고 있는 윤리의 문제를 정확히 파악할 수는 없으며, 그가 왜 현대사상사에서 주목받고 있는 인물인지를 이해하는 데 큰 도움이 되지 않을 것이다.

그는 블레즈 파스칼(Blaise Pascal, 1623~1662)과 마찬가지로 인간을 이성적 존재로 보는 것이 아니며 불완전한 존재로서 정의한다.[132] 인간에게 고독과 불안은 주체 자신에게 실존적 물음을 근본적으로 던져 줄 수 있는 피할 수 없는 감정이다. 그리고 타자의 시선과 눈높이에 맞춰 살아가야 하는 주체의 실존적 부조리(不條理)는 나 아닌 타자로서 살아가야 한다는 사회적 억압을 발생시킨다. 역사적으로 근대적 주체성의 등장 이후 쇠렌 오뷔에 키르케고르(Søren Aabye Kierkegaard, 1813~1855), 카를 야스퍼스(Karl Jaspers, 1883~1969) 등에 의해 제기된 주체의 실존적 불확실성과 죽음의 한계상황에 관한 근본적 문제는 인간 자신에 대한 새로운 시대적 성찰을 발생시켜 왔다. 그래서 데카르트가 주장했던 코기토의 시대정신

---

[132] 파스칼은 그 자신이 수학자인데도 이성이 점차 주목을 받던 17세기에 이성이 아닌 신앙적 은혜를 체험하고 정신과 신체를 초월해서 신과의 깊은 관계를 맺는 것이 삶의 가장 중요한 목적이라고 말했다. 그는 《팡세》에서 이성은 오히려 인간을 갈팡질팡하게 만들며 신앙적 믿음을 감정에 두어야 한다고 주장했다.

은 근대 이후 발전한 탈코기토의 새로운 가치들과 구분된다. 레비나스를 비롯해 라캉, 메를로퐁티 등에 의해 제안된 인간의 주체성에 관한 현대적 가치는 그 대표적인 사례들이다. 즉 인간 자신을 바라보는 지성적 관심이 이성에서 신체, 무의식 또는 타자 중심으로 점차 변화하고 있으며 이것은 자연적 존재, 사회적 주체로서의 인간에 대한 이해가 높아지고 있음을 반영한다.

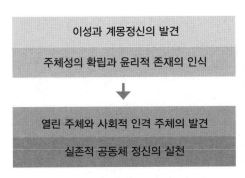

〈그림11〉 근대사회가 이성과 계몽정신에 기초했던 주체의 인격성을 강조했다면 현대사회는 타자에게 열려진 주체의 사회적 인격성을 필요로 한다. 이에 따라 근대와 현대 사이에는 시대적 윤리관의 차이도 발생한다. 이런 측면에서 레비나스의 타자윤리와 철학 실천의 가능성은 현대사회에 필요한 윤리관을 제시한다.

현대사회는 인간 주체에 대한 새로운 해석과 함께 철학의 문제를 나와 너 사이의 실존적 관계에서 찾고자 하는 철학의 실천과 반성을 요구하고 있다. 그래서 자연스럽게 공동체의 가치와 신념에 관한 지적 관심이 매우 활발해지고 있다. 예를 들어 프랑스의 관용(tolérance)이 계몽주의 사회 이후 주체적·윤리적 품위를 강조한 것이라면 연대(連帶, solidarité)는 공동체의 유대와 책임을 요구하는 현대사회의 시민정신이라고 볼 수 있다. 사회적 어려움을 함께 나누어 갖고 공생의 윤리를 실천하는 것이 연대정신이 갖는 특징이다. 예컨대 내가 실직자라 하더라도 이것이 개인의 능력 부족으로 생겨난 것이 아니며, 구조적인 문제가 선결되지 않는다면 이런 희생이 언제든지 발생할 수 있다고 말하는 것이 더욱 설득력 있는 논리를 갖는다는 것이다. 그만큼 현대사회에 와서는 나와 타인 사이의 소통과 책임을 중시하여 인간의 윤리적 회복을 꾀하고자 한다. 그리고 이와 관련된 가치관이 중요한 사회적 담론을 형성하고 있다는 것에 주시할 필요가 있다.

오늘날의 철학적 흐름은 사변적이고 논리적인 사유에 높은 평가를 주기보다는 소통과 치유에 더 큰 의미를 부여하고 있다. 앞의 도식을 살펴볼 때 사회적으로 열린 주체의식을 강조하고 타인과 소통하는 주체의 역량과 공동체 정신을 선호하고 있는 것이 현대의 철학정신이라고 해도 과언이 아니다. 그래서 오늘날 철학 교육을 어떻게 할 것이냐는 문제와 고민도 그런 관점에 문제의식을 갖고 생각한다면 새로운 철학적 가치를 형성해 나가는 데 있어 긍정적인 반응을 얻을 수 있을 것이다. 철학적 사유는 문제의식의 발견과 여기에 대한 주장과 논리가 있어야 하며, 해결방법 등을 찾는 것에서 그 필요성을 갖추게 된다.

어느 시대든지 철학이 존재해 왔다. 근대사회에는 신(神) 중심적인 세계관을 극복하기 위해 인간의 이성과 과학정신을 중시하는 시대정신이 있었다. 데카르트의 심신이원론 철학은 코기토의 인간정신과 자연학적 토대로서의 물질 및 신체에 관한 학설을 나름대로 정립하기도 했다. 그 결과 그가 학문적 업적으로 남긴 합리적 인간 본성의 이해와 과학적 세계관의 확립은 중세 시대의 신 중심 가치관을 극복하고 인간 중심의 새로운 시대의 패러다임을 연 지적 원동력이 될 수 있었다. 그 후 이성과 계몽정신이 확립되고 윤리적 존재로서의 주체성과 그 가치가 근대적 시대정신을 형성할 수 있었다.

그러나 근대 이후 신체적 주체로서의 인간, 그리고 그가 마주할 수밖에 없는 죽음의 한계, 타자세계에서 번민하는 주체의 허약함 등은 좀 더 현실적인 인간관을 반영한다. 그래서 정신분석학에서 말하는 주체의 분열(division)과 강박관념 등이 불완전한 인간 주체에 대한 기본적인 이해로서 등장하게 되었다. 이제는 완전성(perfection)을 지향하는 인간의 본성에 대한 성찰보다는 불완전한 존재로서의 인간 이해가 더 뚜렷한 경향을 보이고 있다. 주체 자신에 대한 회의는 타인 또는 자기 자신에 대한 교감이 빈약한 상태에서 빈번히 나타나고, 스스로 독단에 빠지거나 무기력 증상에 이르게 될 때 발생하기도 한다. 이렇게 형성된 배타적인 주체성과 타인과 연대할 수 없는 의식의 결여는 현대인의 취약한 의식구조를 형성한다.

그리고 인간 주체에 대한 후천적 징후들, 즉 자아의 분열적 현상들도 실존에 대한 한 가지 이해를 보여준다. 그래서 현대사회에서는 그 어느 때보다 열린 주체와 인격적 주체에 대한 관심이 높아지고 있으며, 타인과 유대를 맺고 여기서 나 자신의 사회적 정체성을 발견하고자 하는 지성적 관점이 새롭게 주목받고 있다. 이런 점에서 주체 구조의 한계를 넘어서, 특히 다문화 시대에 요청되고 있는 현대인들의 바람직한 주체성의 진단을 위해 레비나스의 주체의 타자성(altérité)이나 메를로퐁티의 실존적 익명성 등에 관한 새로운 인식을 가질 필요가 있다. 이 철학자들은 타인과의 소통을 위한 윤리나 나와 타인 사이의 실존적 유대를 중시한다.

오늘날 디지털 문화가 다원주의 시대를 선도해 나가고 있지만 다문화 사회의 교류를 항상 긍정적으로 발전시키고 있는 것은 아니다. 다문화 사회에 디지털 문화의 전파와 융합은 분명히 과거에 비해 집단과 집단, 그리고 주체와 타자 사이의 소통관계를 급속히 확장하는 이유가 되고 있다. 디지털 네이티브(digital native)로 불리는 현대인들은 디지털 네트워크 중심 사회에서 사람들 사이의 소통과 교감을 활발하게 하면서 삶의 효율성을 발전시켜 왔다. 그러나 불행하게도 서로 얼굴을 마주하지 않는 SNS(social network service) 소통 문화의 한계는 자기 중심적인 잘못된 집착이나 배타적인 집단의식을 가져오기도 한다. 문제는 그런 문화 속에서 주체의 왜곡 현상이 심화되어 자신의 정체성에 대한 부정 또는 타인에 대한 배타적 감정이 병리적 현상으로 나타난다는 데 있다. 가상세계에 침거해 자신의 상상과 집착만을 키워 나간다든가 자아의 왜곡을 가져오는 경향 때문에 현대사회에서 정신의학이나 심리치료 분야가 눈에 띄게 주목받고 있는 것도 우연한 현상이 아니다. 그리고 SNS 소통에 열을 올리다 보니 정작 주위 사람들을 제대로 살피지 못하는 불찰을 초래하는 등 디지털 사회의 새로운 문제점들이 야기되고 있다. 다른 사람의 얼굴을 직접 보지 않고도 얼마든지 소통 가능한 환경은 사회적 효율성을 가져다줄지는 몰라도, 병든 자아가 자라나고 있다는 것은 치러야 할 대가라고도 볼 수 있다.

일찍이 상담 및 임상치료로서의 철학과 그 실천을 주창한 라캉은 주체 자신의 불완전한 실존적 문제와 욕망의 전이 관계에 관심을 갖고 주체의 소외와 갈등을 타자와의 관계들로부터 심층적으로 해석하고 그 치유의 방법으로서 정신분석학을 제시했다. 즉 실천철학으로서의 라캉의 정신분석학은 인간의 정신적 치유를 위해 인간 주체를 성(性), 신체, 죽음, 타자욕망 등의 관계에서 연구한다. 이것은 실천철학적인 새로운 학문의 장르를 개척한 것이며, 오늘날 상담치료 및 철학치료학의 이론적 근거로서 상당 부분 활용되고 있다. 이와 더불어 우리가 이 글에서 주체의 병리적인 현상과 다문화 사회의 갈등을 해소해 나가기 위해 특히 레비나스의 타자의 얼굴에서 새롭게 제시되고 있는 타자윤리와 철학 실천의 필요성을 강조하고자 하는 것도 그런 맥락에서 설득력을 가질 수 있다.[133] 필자

---

[133] 사회적 실천으로서의 철학 실천의 가능성은 레비나스의 타자윤리에서 확인될 수 있다. 사람과 사람 사이를 공생적으로 잇게 하고 사람이 사람에게 향하게 하는 인간의 윤리적인 본성을 레비나스의 주체의 타자에의 지향성(l'un-pour-l'autre), 즉 '사이'의 정신에서 주목해 볼 수 있다. 이것은 공동체의 주요 덕목으로서 제시되곤 하는 소통, 화해, 관용 등의 윤리적 관념이 왜 가능한 것인지를 논의할 수 있는 새로운 윤리적 정서를 제시한다.

는 나와 너 사이의 실존적 관계에 철학 실천의 정신을 적용하고 레비나스의 주체의 책임윤리로부터 치유로서의 철학적 방법을 발견하면서 공동체 사회에서 요구하는 새로운 철학정신이 무엇인지를 나와 타인의 관계 속에서 확인해 보고자 한다.

인간 본성에 대한 근본적 시선과 주체의 타자성 및 책임윤리의 필연성 등에 관한 요청은 갈등사회의 문제 해결을 위한 새로운 인식의 관점을 보여준다. 특히 레비나스에게 있어 주체는 항시 '타자로서의 나(Moi Autre)'로서 존재한다. 그리고 타자는 주체 앞에서 고유의 얼굴을 갖고 존재하는 이웃(prochain)으로서의 자아다. "얼굴들은 서로가 다른 이들로 향한다."[134] 우리는 여기서 자아의 연장으로서 타인의 얼굴을 살펴볼 수 있다. 그는 마치 타자의 얼굴은 나의 그것을 연장했던 것처럼 타자에 대한 책임이 있다고 말한다. 어쩌면 타인에 대한 인격적 배려는 나와 타인 사이의 실존적 연민과 책임에서 발생하는지도 모른다. 왜냐하면 우리의 얼굴들은 이미 서로의 자아를 선(先)구성하고 있는 나 자신의 얼굴들이기 때문이다. 그래서 나와 타인 그리고 이런 관계를 배양하는 사회성은 자아를 형성해 온 타자성의 근거이며, 현실적인 주체는 이런 타자성을 떠나 존재할 수 없다. 그의 논리대로 생각한다면 나의 주체성은 그 바깥의 구조, 사회성 속에서 이미 기능하고 있는 것이다.

그의 책임윤리는 특히 사회성을 함께 나누는 구성원들 사이에서 강조되는 것이라고 볼 수 있다. 여기서 사람들 사이의 사회성은 타자성이라고 생각하면 된다. 그리고 타자성은 나의 책임을 문책하곤 한다. 예컨대 악한 죄를 범한 사람의 얼굴은 범죄자의 얼굴이지만, 혹시 그 얼굴에서 나의 얼굴이 보이지는 않을까? 따라서 레비나스의 책임윤리는 타자성에

---

134 ADV, p.38.

서 비롯된 실존윤리다. 바로 이런 실존적 주체의 타자성은 그가 타인들에 대한 주체의 책임윤리를 주장하는 가장 핵심적인 이유다. 타자에 대한 주체의 실천적 욕망, 즉 책임감은 나와 타인들이 거주하는 공동체 속에서 나 자신의 인격적·도덕적 실현을 가져올 뿐만 아니라, 그의 주장에 따르면 데카르트의 코기토주의(cogitisme)를 타인과의 관계 속에서 완성할 수 있는 길을 연다. 따라서 코기토는 주체의 내부에 간직된 완전성이 아니라 타인의 얼굴들에 이미 구현되어 있다. 이렇게 나와 타자의 관계에 대한 탁월한 철학적 시선을 통해 레비나스는 현대사회에서 급격히 문제가 되고 있는 다문화 사회의 갈등과 상처를 치유해 나갈 수 있는 하나의 철학적 해법을 제시하고 있는 셈이다.

(2) 무엇이 너와 나 사이의 소통의 윤리를 가능케 하는가?

우선 레비나스는 인간 주체의 정체성이 원래는 하나의 원천으로부터 비롯되었다는 가정을 통해 갈등사회에서 빚어지고 있는 인간 자신의 근본적 치유가 그런 원초적 관계로의 회귀에서 해소될 수 있다고 주장한다. 인간은 근본적으로 둘이 아니라 하나다. 다만 세상의 삶은 불완전성에서 시작하며, 그 차이를 극복하기 위해 타인에 대한 욕망이 존재한다. 그에게 있어 주체는 태어날 때부터 불완전한 존재이며, 물질적 세계에서 운명처럼 살아가는 분리(séparation)의 존재다. 나와 타자는 하나의 존재로부터 분리된 불완전한 존재들이다. "인간이란 무엇인가? 그는 하나의 존재이면서 둘로 이뤄진 존재다. 실재의 한가운데 있는 분열(division), 찢겨짐이다."[135] 즉 주체와 타자는 각각 둘이 아니라 본래는 하나의 존재다. 그래서 '가까움(proximité)' 또는 에로스로 불리는 타자에의 욕망은 그런 분열

---

135 ADV, p.128.

〈그림12〉 아마라 모한, 〈대화〉(1987). 레비나스의 주장대로 인간 본래의 정체성이 둘이 아니라 하나였다면 인간 갈등의 문제를 해결하기 위해 좀 더 다양한 해법들이 모색될 수 있다.

과 찢겨짐을 치유하며 필연적으로 타자들과의 가까움을 행하면서 심지어 자아의 구원을 가져올 수 있는 탁월한 철학적 사건이라고도 말할 수 있다.[136] 그에게 있어 에로스는 주체성을 바깥으로 생산하며 '가까움'을 통해 타자세계에 참여하도록 한다.

레비나스에 따르면 인간은 현실적으로 분리된 존재다. 삶과 죽음이 존재하는 현실은 영원한 세계가 아니기 때문에 인간은 불완전한 존재로서 태어난다. 그러나 불완전성에서 완전성으로 나아가는 것은 인간의 가장 중요한 욕망이다. "친근성은 분리의 완성이며 에너지다. 그것으로부터의 분리는 자신을 체류와 거주로서 구성한다."[137] 사람은 어딜 가든지 정을 붙이기 나름이라고 한다. 그리고 다 사람들이 사는 곳이라고 한다. 바로 이 때문에 인간은 삶을 살아가며 나와 다른 타자와 함께 거주한다. 그가 말하는 친근성은 타자에게로 향하는 본성을 갖고 있다.

현실적 삶은 척박하며 죽음이 존재하는 종말적인 세계다. 그러나 레비나스에게 이런 세계는 부조리로 가득한 세계이기 이전에 마치 플로티노스의 인간 이해와 같이 영혼의 운동이 존재하는 생명의 세계다.[138] 그래서

---

136 "타인과 이웃에의 가까움은 존재 안에서 계시가 드러나는 피치 못할 순간, 절대적인 현존이다." (TI, p.51) 플라톤의 《향연》에서 에로스의 기원을 설명하고 있는 아리스토파네스는 원래 한 몸이었던 인간이 신의 단죄를 받아 두 몸으로 분리된 이후 서로 다시 하나가 되려는 온전한 욕망과 에로스가 나타났다고 설명한다. 한마디로 치유를 위해 에로스가 생겨난 셈이다.

137 TI, p.129.

138 플로티노스의 유출설(流出說)과 레비나스의 분리론(分離論)은 영혼의 운동이 현실 속에 존

레비나스가 말하기를 진정한 삶은 부재이고, 이 때문에 존재는 영혼의 고향을 찾아 '다른 곳으로(ailleurs)', 또 달리해서(autrement)', '타자(autre)'로 향한다고 하지 않는가? 이것은 그가 말하는 형이상학의 핵심이다. 즉 타자에의 욕망은 부재와 부조리의 세계에서 자아의 정체성을 실현해 나갈 수 있는 필연적 운동이다. 따라서 타자와의 소통 또는 주체의 타자성의 관점에서 인간 주체의 존재론적 지위는 '있음' 자체가 아니라 '사이'의 관계에서 발견될 수 있어야 한다. 그리고 '사이'는 사람과 사람 사이의 정과 가까움, 그리고 책임으로써 채워지는 공간이다.

여기서 '가까움'은 너와 나의 관계를 지배하는 '사이'의 정신이 된다. 이런 사이의 관계는 교감을 중시하며 인격적이고 책임적인 관계를 수반하는 특수한 간격이다. 이런 관계성에 기초해 나와 타자의 관계는 그 어떤 관계보다도 우선한다. 마치 타인과의 관계를 떠나 세계나 신(神)에 대한 보편적 인식은 없다는 것과 같은 논리를 나와 너 사이의 관계에서 찾아볼 수 있는 것이다. 심지어 타자들로부터 빚어진 고난과 책임은 새로운 낯선 차원으로 주체를 인도할 수 있는 가능성이다. "초월과 존재 건너편에 있는 무한에 대한 윤리적 의미는 이웃에 대한 가까움과 타인에 대한 나의 책임감으로부터 이끌어진다."[139] 결국 나 자신의 주체성은 타인들과의 관계로부터 자유로울 수 없으며, 나와 타자 사이의 거리 또는 관계성은 '나'의 주체성을 지배할 수 있는 결정적인 이유가 된다. 이 점에서 우리는 레비나스에게 있어서의 나와 타자 사이의 관계를 살펴보면서 그가 주장하는 '우리들 사이에(entre nous)'가 이상적인 공동체로 나아갈 수

재할 수 있는 동기로 작용한다. "개별자의 영혼들은 존재가 되어 왔던 곳으로부터 도약해서 자신에게로 회귀하고자 하는 충동으로 이뤄진 정신적 욕망을 갖고 있다." (Enn, IV 8, 4.)

139 DQVI, pp.115~116.

있는 원초적인 출발점이 될 수 있다는 것을 이해할 수 있다.[140] 말하자면 우리는 '사이'의 있음이 새로운 공공세계(公共世界)에 대한 이해의 지평을 가져올 실마리를 제공할 수 있다는 점에 착안해서, 특히 '사이'의 관계로부터 출발한 공공세계 또는 공동체가 어떤 기준에 의해 도덕적 선이나 미덕을 판단할지 가늠해 볼 수 있다. 즉 타인의 얼굴 중심적인 가치에 대한 배려는 그 어떤 윤리나 도덕에도 선행한다.

그래서 레비나스는 근대철학 이후의 코기토주의를 해체했다는 평가를 받으며, 자아의 완전성(perfection)이 타인의 얼굴로부터 실현될 수 있다는 논리를 주장한다. 데카르트에게 있어 코기토(cogito)는 진리의 확신에 이를 수 있는 유일한 실천적 사유다. 그런데 이렇게 생각해 보자. 만약 이웃의 얼굴들이 거울을 들여다보면 비치는 나 자신의 얼굴과 같다면 세상의 모든 얼굴은 자아의 '다원적 형상(形像)'과 다르지 않으며, 타자들에 대한 실천적 책임은 나 자신에 대한 그것과 다르지 않다. 사실 그에게 있어 '형상(形相)과 형상(形像)은 같은 의미'일 것이다. 만약 이 문구를 이해할 수 있다면 타인의 얼굴이 갖는 의미를 정확히 이해한 셈이다.

레비나스는 코기토가 아닌 타인의 출현과 그의 얼굴들이 무한성 그 자체를 나타낸다고 생각한다. "무한성을 파악하는 것, 이것은 이미 타인을 환대하는 것에 있다."[141] 심지어 사유하는 주체의 내부가 아니라 주체 바깥의 타자에 의해 무한성이 계시되기도 한다. 그가 이성적 사유보다도 타인의 환대나 계시를 중시하는 것은 종교적 신앙으로부터 성숙되었지

---

140 '우리들 사이에'가 나와 타자 사이를 가정하지만 그렇다고 주체 중심적인 관계는 결코 아닐 수 있음을 주의해야 한다. 이에 반해 후설의 경우 타자관계는 주체적 자아로부터 연장 관계에 있다. 그는 대상 또는 타자와의 지향적인 관계에서 자아의식의 확실성과 그 초월성을 설명한다. 그에게 타자는 주체와의 지향적 관계에서 구성된다. "타인은 원초적 세계, 또는 모나드의 자아로서 간접제시적으로 통각된다."《데카르트적 성찰》, 183쪽)

141 TI, p.94.

만, 타자의 절대성을 주장한 것은 사유하는 주체의 한계를 지적한 것이며 주체 앞에 있는 이웃의 존재를 철학적 사유의 중요한 문제로 받아들인 데서 기인했다. 그래서 그에게 있어 타인의 얼굴은 사유의 바깥에 있으면서 자아가 추구하는 형상(形相)의 궁극적인 현재인 셈이고, 그 얼굴은 초월의 지평을 주체의 동일성이 아닌 타자의 타자성의 관계들로부터 열게 하는 가능성을 가져다준다. 따라서 자아실현을 위한 휴머니즘의 실천적 근거도 타자에게 있기 때문에 낯선 사람들, 즉 타자에 대한 배려와 심층적 이해는 오늘날 다문화 사회에서 요구하는 윤리와 가치를 뒷받침해 줄 수 있는 철학적 근거를 제시한다.

레비나스는 나와 타인 사이의 인격적 가까움이 서로 마주한 얼굴들 사이에 존재한다고 주장한다. 예컨대 이방인의 얼굴은 이미 나에게 말을 걸고 있다고 한다. 얼굴은 친근성 자체이며, 만약 그렇지 않다면 주체 자신의 배타적인 폐쇄성에서 기인할 뿐이다. "얼굴은 말을 한다. 얼굴의 드러남은 이미 말 건네기(discours)다."[142] 그리고 우리는 가까움의 관계를 가져오는 주체-타자들로 이루어진 이웃 관계를 가정해야 할 것이다. 이런 측면에서 "얼굴들은 서로가 서로에 대해 존재하는 인간들의 실존과 이런 상호적인 관계 속에 있게 되는 작은 사회다."[143] 레비나스에게 있어서도 주체의 '있음'은 타자와의 사이로부터의 관계임이 분명하다. 우리는 그의 윤리사상에서 가장 중요한 주제인 '가까움'과 '주체의 타자 지향성'을 소개하면서 철학 실천의 존재론적 근거인 '사이'의 정신을 논할 수 있다. 우리는 이런 점을 나와 타자 사이의 실존적 관계에 적용할 수 있다. 오해와 갈등을 겪고 있는 다문화 사회가 관용주의를 지향하면서 공동체 사회의

---

142 TI, p.61.

143 ADV, p.38.

〈그림13〉 강상훈, 〈대화〉(2008). 타인들과 나눌 수 있는 대화와 인지적 교감은 너와 나의 소통의 공동체와 교차적 실존을 새롭게 이해할 수 있는 중요한 단서가 된다.

정체성에 대해 넓은 안목을 갖고 배려와 연대 중심의 윤리적 기초를 쌓아 가야 한다.

너와 나 사이의 가까움과 '사이'의 정신은 우리가 레비나스의 타자철학과 공동체 윤리 속에서 살펴볼 수 있는 너와 나 사이의 인격적 가까움과 '사이'의 정신을 중심으로 오늘날 새로운 주체 개념, 그리고 이것이 적용될 수 있는 철학 실천의 가능성을 제시해 준다. 타인에 대한 가까움은 단순히 정언명법으로서 요구되는 것이 아니라 나와 너 사이의 존재 이유이며, 여기서 비롯된 존재론적 필연성이라는 것을 이해할 수 있다. 그리고 이런 이론적 배경을 갖고 너와 나 사이의 가까움과 교제(communion)는 철학 실천의 필요성과 방법론을 발전시켜 나갈 단서를 제시해 줄 수 있다. "세상의 사회성은 소통과 교제다."[144] 그렇다면 그런 '사이'의 정신은 레비나스의 타자철학에만 적용될 수 있는 것인가?

필자는 자아의 정체성을 이해하기 위해 타인들과의 실존적 교차와 그들 사이에 있는 '나'의 익명성을 분석하는 것이 타자철학의 이론적 배경을 제공하는 것이라고 판단한다. 이 점에서 우리는 메를로퐁티에게도 주목해 볼 수 있다. 그에게 있어 원시인의 삶은 신체적인 원초적 삶의 시작이며, 이로부터 사회적 삶의 세계를 경험하게 되면서 그가 주장하는 '세계'에 기초하는 실존관계가 무엇인지를 생각해 볼 수 있다. 그런 세계는

---

144 DE, p.61.

'교차(chiasma)'라고 하는 삶의 실존적 소통 행위를 통해 그려진다. 교차는 자아, 타인 그리고 세계가 어우러지는 소통적 삶의 방식이기도 하며 상호주체성의 바탕이 되기도 한다.[145] 교차는 나와 타인들이 실존적 유대를 갖는 중요한 이유가 된다. 만약 그런 교차가 없다면 타인과 삶을 나눌 수 없으며, 주체 자신의 존재 근거도 사유하기 힘들 것이다. 그래서 사회적으로 교차적 상호 교제와 소통 관계가 빈번해진다면 유대와 공감대는 더 확산된다. 메를로퐁티는 이렇게 말했다. "우리는 자연인(homme naturel)처럼 우리와 사물 가운데, 우리와 타인 속에 자리 잡을 것이다. 일종의 교차에 의해 우리는 타자들이 되고, 세계가 되는 지점에 위치하게 될 것이다. 철학은 자연인과 같이 자아가 세계로, 타자에게로 나아가는 곳에 의지한다."[146] 그에게서 삶의 세계는 나와 타인들이 교차하는 실존적 공공의 세계라고 볼 수 있을 것이며, 이런 점은 레비나스에게 있어서도 타자세계가 외부에 실현된 주체성의 구조라는 것과 일치한다.

오늘날 매우 활발해진 문화적 교류와 집단적 소통을 나와 타자 사이의 관점에서 이해하기 위해 디지털 문화학자 피에르 레비(Pierre Lévy)에 주목해 볼 수 있다. 그는 새로운 소통의 가능성을 위해 인류 역사가 발전적으로 이끌어 왔던 보편적인 상호작용의 영역과 여기에 잠재된 집단의식에서 다원주의 시대를 예측한다. "우리의 뿌리는 수평적으로, 사방으로 뻗어 나가는 뿌리줄기(rhizomes)로 변해야만 할 것이다. 우리는 종족과 혈통, 수용 여부를 결정해야 하는 삶의 방식이 초래한 다양한 선택 앞에 놓

---

145 "나의 신체의 각 부분이 다 같이 하나의 시스템을 형성하듯이, 타인의 신체와 나의 그것은 유일한 전체이고 하나의 현상의 안과 밖이 되며, 나의 신체가 매순간 흔적이 되는 익명적 실존(l'existence anonyme)이 이제부터 동시에 그 두 신체에 거주한다." (PP, p.406)

146 VI, p.212. "교차는 단지 나와 타인 사이의 교환뿐만 아니라 또한 나와 세계 사이의 교환, 현상적 신체와 객관적 신체 사이의 교환, 지각하는 것과 지각된 것 사이의 교환이다." (VI, p.268)

이게 될 것이다. 그런 선택은 이민이나 다른 문화권에 속한 상대와의 결혼, 사회적 유동성이나 전문 공동체와의 통합 혹은 개종 등에 의해 이루어질 수 있을 것이다."[147] 즉 레비에게 있어 그와 같은 이종결합(異種結合)에 의한 다문화 중심주의의 실현은 미래의 공동체 사회를 예감할 수 있는 새로운 문명주의의 바탕이 된다. 그에게서 확인할 수 있듯이 인류의 번영과 생명력은 인종들 사이의 만남과 교섭, 그리고 다문화가 서로 융합하는 지평에서 지속될 수 있다. 이런 점에서 현대인들은 다문화 시대에 살면서 이 시대가 요구하는 소통과 가치에 지적인 관심을 가질 필요가 있다.

(3) 나와 타인들 사이의 책임의 윤리란 무엇인가?

레비나스가 주장하는 타자윤리는 주체를 타자와의 관계로부터 인식하기 때문에 책임윤리를 가져오지만, 이것은 주체 자신에게 요구하는 규범적 행위에 따르는 윤리가 아니다. 물론 근본적으로 타자윤리는 신 중심적인 종교적 신앙이 뒷받침될 수 있다고 생각할 수 있으나, 그에 의하면 신은 수많은 타인의 얼굴들로 존재하는 것 외에 아무것도 아니다.[148] 이 점에서 신은 다(多)와 타(他)로서 존재하는 셈이다. 그래서 신의 말씀에 무조건적으로 복종한다는 것은 타인들과의 관계와 이것에 대한 책임이 없다면 불가능하다. 말하자면 타자윤리는 주체의 구원과 속죄를 실천하는 종교적 정서를 반영한다고도 할 수 있지만 여기서 눈여겨보아야 할 점은 그런 윤리가 반드시 가정하는 것은 나와 타자의 관계라는 것이다. 나 자신도 다와 타의 관계에서 존재한다. 그래서 '마주보기(le face-à-face)'도 신을

---

147 《누스페어》, 피에르 레비, 김동윤 외 옮김, 생각의나무, 2003, 162쪽.

148 레비나스의 신은 인간의 배후에 있는 것이 아니라 인간 자신을 통해 스스로 계시한다고 볼 수 있다. "신보다 더 토라(Torah, 신의 말씀)를 사랑하라. 이것은 바로 구체적으로 인격적인 신(un Dieu personnel)에 다가서는 것이다." (DL, p.206)

만날 수 있는 절대적 조건이면서 동시에 관계로부터 주어지는 나의 실존적 구체성이며 주체의 존재 이유다. 다시 한 번 다음의 주장을 되새겨 보자. "타인의 고난은 절대적으로 구체적인 것인데, 왜냐하면 타인의 얼굴은 자신의 고유한 구체성과 유일성으로부터 가장 구체적이면서 유일적인 나 자신성(mon ipséité)을 등장케 하면서 나와 관계하기 때문이다."[149] 그래서 우리는 레비나스의 타자윤리가 나와 타자 사이의 실존적 관계로부터 벗어날 수 없는 책임감에서 비롯된다는 것을 이해할 수 있다.

이제 레비나스의 타자윤리와 책임감이 실존적 관계와 사회성 그리고 정서적 동정으로부터 구체적으로 나타난다는 점에 주목해 보자. 그에게 윤리는 정언명법에 따르거나 합리적 주체의 자율적인 선택에 의해 존재하는 것이 아니다. 그 어떤 윤리도 나와 타자 사이의 마주보기, 그리고 그 사이에 존재하는 책임감에 앞서 존재하지 않는다. "타자의 얼굴은 나 자신의 동일성에 관한 자족감을 의문시하고 타자를 향한 무한한 책임감을 강요한다. 그것은 얼굴에 관한 즉시적인 윤리의 구체성에서 요구하는 본래적인 초월이다."[150] 사실 그 얼굴들은 거의 예외 없이 나에게 무언가를 묻고자 하고 따지기도 하며, 질타하기도 한다. 이런 것들은 나의 심기를 불편하게 하기도 한다. 그런데 레비나스는 이런 상황이 오히려 나 자신에 대한 자족감에서 벗어나라는 계기로 다가온다고 본다. 사실 초월은 쉬운 것이 아니다. 그래서 인내심이 필요하다. 그에게 초월은 나의 이기성에서 떠나는 것에 있으며, 이런 의미에서 그의 타자윤리는 책임과 초월의 윤리라고 말할 수 있다.

---

149 François-David Sébah, *Lévinas. Ambiguïté de l'altérité*, Paris: Les Belles Lettres, 2000, p.49.
150 DQVI, p.206. 레비나스의 타자윤리는 구체적인 책임윤리와 종교적 초월성을 수반한다. "타인과 이웃의 가까움은 존재 안에서 계시가 출현하는 피치 못할 순간, 절대적인 현존이다." (TI, p.51)

그래서 타자윤리는 종교적인 정서와 윤리적인 정당성을 무조건적으로 내세우는 것이 아니라 실존적 책임과 인지상정(人之常情)의 보편적 정서에 호소한다. 왜 그런 것인가? 이 점은 타자철학의 보편적 가능성을 생각할 수 있는 부분이기도 하다. 살아 있는 것에 대한 긍휼과 동정 그리고 타인들에 대한 탁월한 감수성은 타인들에 대한 실존적 책임을 가져오는 원인이며, 그런 감수성은 주체를 세계에 열게 하는 가능성이다. 그런데 그런 감수성은 운명처럼 주어진다. "감수성은 상처받기 쉬움, 민감성, 노출이며 타인에 의해 포위되고 관계된 것이다."[151] 자신에 대한 주체로서의 인식은 그런 관계에서 생겨난다. 사실 인간이 불완전한 존재인 이상 이런 감수성을 갖지 않은 사람은 없으며, 이런 정서가 윤리적 행위를 요구하기도 하는 책임감으로 나타나는 것이라고 분석할 수 있다. 더 나아가 타자윤리는 생명에 대한 동정과 희망을 강하게 근저에 두고 있다. 신체적 동정과 공감은 주체와 타자 사이를 더 가깝게 한다. 레비나스는 그런 실존적 정서를 기초로 주체와 타자 사이의 가까움과 책임관계를 말하며, 이런 관계를 시발점으로 주체의 사회적 생산성은 확장된다.[152]

레비나스가 생각하는 가장 이상적인 공동체는 타인들이 서로 얼굴을 마주하고 서로에 대한 경외와 책임감을 발견하는 곳에 있다. 어쩌면 나를 제외한 타인들 모두와 나의 생명이 있도록 만든 종적인 관계가 없다면 나의 존재는 이 세상에 없을 것이다. 그래서 이미 주체는 타인들에 대

---

151 AE, p.101.

152 더 나아가 타자윤리는 생명윤리와 호흡한다. 삶에의 경외, 생명의 존엄한 가치는 현실세계에 대한 강한 긍정의 표현이다. 삶의 터전으로서 자연은 인간의 태어남과 죽음이 공존하는 삶의 현실이다. 그리고 이런 자연은 생명의 지속이 이루어지는 공간이며, 여기서 모든 생명체는 우연성이 아니라 필연성의 과정에 의해 지배된다. 생명에 대한 강한 긍정은 생명의 영원한 구원을 위한 메시아니즘을 요청하기도 한다. 그러나 더 중요한 것은 생명의 영속성이다. "자손과의 관계는 타자와의 관계이며, 권력이 아니라 생산성인데 절대적인 미래 또는 무한한 시간과의 관계다." (TI, p.300)

한 빛이 있다. 그의 이 말을 기억하자. "인간은 이미 완전하게 만들어진 우주 안에 들어왔고, 벌 받은 첫 번째 존재다. 인간은 자기가 하지 않은 것에 응답해야 한다. 인간은 우주에 대해 책임이 있고 피조물들에게 볼모로 잡혀 있다."[153] 그래서 레비나스에게 있어 모든 존재는 생명을 가진 소중한 존재이며, 또 앞선 존재들에 대한 책임감을 요구받는다. 나와 타자의 관계는 이미 다르지가 않다. 예컨대 나의 얼굴이 눈앞의 거울에 비춰지듯이, 타인의 얼굴이 바로 나의 얼굴이다. "주체는 〔타인에게 붙잡힌〕 볼모다."[154] 그래서 그에게 있어 사회 공동체는 운명 공동체다.

나와 타인들이 모인 그런 열려진 공동체는 생명과 운명 그리고 사랑을 함께 나누는 곳이다. 왜냐하면 그곳에서 사람들은 서로가 서로에 대해, 그들 사이의 얼굴들 가운데서, 각자의 자아의 정체성을 발견하기 때문이다. 그런 작은 공동체는 그가 생각하는 유토피아다. "나(moi), 말하자면 타자들에 대해서 '나 여기에 있다(me voici)'라는 것은 근본적으로 자신의 자리 또는 존재 안의 은신처를 상실한다는 것이며, 유토피아적인 편재(ubiquité)에 들어서는 것이다."[155] 사실 '나 여기에 있다'라는 것은 신 앞에 숨을 곳이 없는 실존을 의미하지만, 실제적으로는 타자들 가운데 내가 존재한다는 것을 나타낸다. 그리고 그 가운데 함께 있는 곳에서 이미 유토피아가 시작된다는 것이다. 서로서로 얼굴을 마주하는 곳이 최초로 시작한 원점이 바로 가족이며, 이곳의 가까움이 이웃으로, 지역으로, 사회로 확대되기를 바라는 것이 레비나스의 생각일 것이다. 결과적으로 타인들에게의 '가까움'을 지향하는 사회성(socialité)은 유아론적 주체의 배타성을 극복하고 타자의 관계에서 나를 발견할 수 있는 주체성의 근거라

153 DSAS, p.136.
154 AE, p.142.
155 AE, p.233.

고 할 수 있다.

타인의 얼굴은 낯선 얼굴이며, 이미 가족의 얼굴을 넘어 이웃의 얼굴이다. 얼굴에 관한 레비나스의 지대한 관심은 주체의 사회적 실존과 그 책임성을 일깨우는 것으로, 그 얼굴이 이웃한 나(soi prochain)의 자아인 이상은 주체는 타자에게서 빠져 나올 수 없는 그와의 일체를 이미 구성한다. 그리고 그 얼굴은 내가 만났던 모든 사람의 얼굴로 같은 얼굴은 없다. "타인의 얼굴은 환원되지 않는 차이인데, 나에게 부여되고 나에 의해 이해되며 나의 세계에 속하는 모든 것에 뜻하지 않은 출현을 일으킨다."[156] 타인의 얼굴에 의해 나와 타인 사이를 끈끈히 묶는 유대는 타자성에서 비롯된 것 외에는 아무것도 아니며, 나 자신성은 타자에 대한 가까움 또는 타자성을 통해 타자와 함께 이미 묶여 있다는 것이다. 이것은 타자에 대한 책임감을 갖게 하는 원천적인 이유가 될 수 있다. 그래서 "대체될 수 없는 주체의 일체성(Unité du sujet un)은 타자에 대한 책임감이라는 돌이킬 수 없는 소환에 놓여 있다."[157] 즉 주체는 타자에 대해 이미 파기될 수 없는 그와의 일체를 구성한다. 따라서 우리는 타자에 대한 인간의 가치가 인간에 대한 신의 명령으로서 요구된다는 종교적 차원에 대한 이해를 떠나 실존적 공동체가 윤리적으로 가져야 할 나와 타자 사이의 인격적 관계를 더 중요하게 생각해야 한다. 이런 관계가 우선시되는 사회가 가장 이상적인 사회인 셈이다.

레비나스는 타인의 얼굴을 분석하면서 데카르트 이후 중시했던 사유 주체로서의 주체성에 근본적인 이견을 제시한다. "볼모로서의 주체성, 이 관념은 자아의 현존이 철학의 시작이며 완성으로서 나타난다는 입장

---

156 ADV, p.139.

157 DSAS, p.133.

을 전도한다."[158] 그 얼굴은 데카르트가 말하는 코기토(*cogito*)와 같은 진리의 명백함인데, 왜냐하면 얼굴은 신적인 창조의 질서와 맞닿아 있기 때문이다. "얼굴은 데카르트적인 합리주의를 지지했던 신적인 진리성과 같은 명백함을 가능케 하는 명백함이다."[159] 그리고 그 얼굴은 이미 실존적인 공동체의 암묵적 질서 가운데 나 자신성을 구성한다. 따라서 타인의 얼굴을 통해 여기저기서 발견될 수 있는 디아스포라의 윤리는 사회성(socialité)을 떠날 수 없는 주체의 윤리를 확장한다. 그리고 그것은 타인의 낯선 얼굴을 환대해야 한다는 실존적 책임윤리를 발생시킨다.

"나 자신 속의 무한의 관념 또는 신에 대한 관계는 타인에 대한 관계에서 오는 구체성과 이웃에 대한 책임감인 사회성에서 찾아온다. 그 책임감이란 어떤 경험에서도 포착할 수 없던 것이며 다만 타인의 얼굴과 그 타자성, 그 낯섦 자체에서 오는 것으로서 내가 알 수 없는 곳에서 오는 명령이다."[160] 그런데 여기서 무한의 관념과 구체성을 어떻게 연결시켜야 할까? 레비나스는 탈무드를 읽으면서 신의 말씀과 여기에 얽힌 앎을 통해 신적 존재의 무한성과 인간에 대한 영적인 인도를 얻고자 한다. 그래서 그의 탈무드 읽기는 매우 돈독하다. 그런데 그는 마치 삶 속의 탈무드와 같은 타인의 얼굴을 통해 신의 무한성과 계시를 보고자 한다. 그 얼굴에 삶의 진리가 숨겨져 있다는 것을 깨닫고, 무한성이 그런 낯선 구체성에서 현시된다는 것을 체험적으로 이야기한다. 그래서 그에게 이방인(l'étranger)과의 만남은 하나의 신비적 체험과 더불어 책임의 윤리를 절대적으로 요구한다.

다문화 사회 공동체는 나와 타인들이 함께 실존하는 공공세계로서 존

---

158 AE, p.163.

159 TI, p.179.

160 DQVI, p.11.

재한다. 이것은 나와 가깝게 이웃한 삶의 세계이며, 나와 타인들 사이의 책임관계를 요구하는 세계다. 따라서 이런 세계에서 통용될 수 있는 삶의 가치는 타자와의 관계를 우선시하는 윤리를 요청하며, 이런 가치는 사회 공동체가 추구하고자 하는 선의 가치를 타자 중심에서 새롭게 구성한다. 그런 세계에서 '나'의 정체성은 타인과의 관계를 통해 성립되기 때문에 나와 이웃의 관계는 이미 낯선 타인의 관계가 아니다. 레비나스에 있어서도 자아는 이웃한 자다. 즉 자아의 정체성과 윤리적 보편성은 이웃한 타인들과의 사이로부터 자유로울 수 없다. "이웃의 얼굴은 모든 자유스러운 합의, 모든 협정, 모든 계약에 앞서면서 기피될 수 없는 책임감을 나에게 의미한다. 그것은 표상을 벗어나는 것이며, 현상성에서의 이탈 그 자체(défection même de la phénoménalité)다."[161] 이런 의미에서 모든 가치의 중심은 나와 타인들 사이의 파기될 수 없는 실존적 관계와 책임감을 수반하며 존재한다. 우리는 이런 가치를 공공의 윤리로서 발전시켜 나갈 수 있다. 그리고 그 윤리는 나와 이웃한 타인의 얼굴에서 시작한다. 마치 그 얼굴은 우주론적 이치를 비추고 있는 살아 있는 이성과 같으며, 모든 윤리가 최초로 시작하는 성스러운 장소이기도 하다.[162]

(4) 다와 타를 위한 새로운 공동체의 정신이란 무엇인가?

오늘날의 사회 공동체는 인종과 혈연관계의 경계를 허물고 다양한 문화가 서로 만나 융합하는 다원주의적 사회를 급속히 현실화하고 있다. 다만 이런 현실을 애써 외면하고 새로운 변화를 사회적으로 인식하지 못한다면 오히려 역사·문화적 정체성의 지속에 있어서도 사회적 위기를 초래

---

161 AE, p.112.

162 타자의 얼굴에는 속된 것과 성스러움이 마주한다. "타자는 얼굴을 통해서 고결함, 그리고 하강하게 되는 고귀와 신적인 것의 차원을 표현한다." (TI, p.240)

할 수 있으며, 공동체를 위협할 수 있는 가치의 공동화(空洞化) 현상과 윤리적 부재도 피할 수 없게 된다. 어쩌면 사회 곳곳에서 발생하고 있는 다문화 사회의 갈등은 낯선 타인들에 대한 문제에서 야기된 것이 아니라 토착적 공동체 사회의 모순에서 나타날 수 있는 문제가 아닌지에 대한 인식도 필요하다. 또한 다문화 가정, 혼혈인은 그런 사회의 희생양이 되는 것은 아닌지 반성해야 할 것이다. 한 국가의 민주와 복지의 정도를 가늠할 수 있는 바로미터가 '다문화적 가치와 제도가 그 사회에 제대로 정착되어 있는가'에 있다고 해도 과언은 아니다.

필자는 이 글의 주제에 대한 논의를 통해 레비나스의 타자철학에 대한 이해를 토대로 새로운 사회성으로 열려 있는 주체가 지향해야 할 소통의 가치를 찾아 현대사회에 필요한 새로운 공동체의 윤리를 모색하고자 했다. 이런 관심은 다문화 사회의 갈등과 문제를 해소해 나갈 수 있는 철학적 인식을 제공하는 데 목적이 있다. 특히 공동체의 구성이 다(多)와 타(他)를 지향하는 주체와 타자 사이의 소통을 바탕으로 한다는 점에서 레비나스의 타자윤리는 현대사회를 반성할 수 있는 시의성(時宜性) 있는 철학적 사유를 보여준다. 특히 철학 실천의 관점에서 본다면 그의 철학은 실천적 소통의 가치를 요구한다. 오늘날 현대사회에서 소통 기반 사회를 성취해 나가기 위해 발전시키고 지향해야 할 문제 해결 방법이 많이 있지만 소통의 공동체를 진작하는 데 있어 공동체 구성원들의 공공세계에 대한 책임의식이 무엇보다 중요한 역할을 한다. 만약 우리가 사회 여러 곳에서 겪고 있는 주체의 소외와 갈등 문제를 치유해 나갈 수 있는 처방을 철학 실천의 관점에서 찾아내고 사회적 소통과 나눔의 공동체를 형성해 나가기 위한 기초를 닦아 나가야 한다면, 그 어느 때보다 자타불

이(自他不二)의 공동체 정신이 필요하다고 볼 수 있다.[163]

나와 타인 그리고 우리 사이에서 왜 자타불이의 관계가 형성될 수 있는가? 레비나스의 경우 먼저 이것은 이른바 자립체라는 존재 개념에서 나타난다. 플로티노스에게 있어 이편 세계에서 영혼을 갖고 있는 모든 존재는 여기에 해당된다. 레비나스에게도 자립체는 '있음'의 현실 속 인간 존재를 지칭하며, 그 있음의 구조 속에서 모든 존재는 서로가 서로에 대해 비(非)인칭적인 익명성을 띠고 있다. "'있음(l'il y a)'은 자립체가 생산되는 공간이다."[164] 즉 그런 공간에서 존재하는 것들은 관계성으로부터 서로가 서로에 의해 자신들을 규정한다. '있음'의 실존적 현실 자체는 '나' 자신이 자립체로서 존재하도록 하지만 이웃과의 관계를 떠나 나 자신이 존재할 수 없는 타자성의 공간이다.

이런 공간에서 '나'는 타자관계 속에서 자신을 의식하며, 이런 관계를 배제한다면 나는 부재의 존재이며 고독에 의해 자신을 발견할 뿐이다. 그런데 "고독은 타인과의 관계의 결여에 의해 나타나는 것이 아니라 자립체의 기능에서 비롯된다."[165] '있음'의 현실 또는 타자세계에서 자립체는 이미 자신을 숨기고 있는 익명성을 지닌다. '나'의 존재가 자립체라는

---

163 오늘날 철학 실천은 철학 상담 또는 인문 치료 방법론이 활성화되면서 주목받기 시작한 것으로, 일반적으로 알려진 실천철학과는 구분된다. 실천철학은 사유 중심적인 관념론 이후 실천 중심의 철학이 모색되었던 19세기의 철학 사조라고 볼 수 있다면, 철학 실천은 나와 타자의 관계, 공동체 정신, 사회적 변화를 통한 실천 운동의 모색을 중시한다. 철학 실천은 철학의 문제가 이성 중심인 사유보다는 주체와 타자 사이에 상재해 있는 정신적 유대와 이것을 기초로 하는 실천에 의해 해결될 수 있다는 믿음을 가정한다. 그래서 공동체 속에서 타인과의 실존적 일체감, 너와 나 사이의 소통과 철학의 실천 가능성 등을 높이 평가하는 것이 철학 실천이다. 이런 철학 실천은 오늘날 철학 및 인문 상담, 심리치료 등이 활성화되면서 주목받기 시작했으며, 그 이론적 근거와 해석 등에 관한 필요성이 점차 높아지고 있다.

164 TA, p.28.

165 TA, p.35.

것은 나 자신이 다(多) 또는 타(他)로서 존재할 수 있다는 것을 나타낸다. 이렇듯 타자 중심적인 근본적 존재론은 나 자신의 주체성이 나 자신 속에 있다는 것을 부정한다. 주체는 이미 다중적(多重的)·익명적 존재다. 왜냐하면 존재의 본질은 타자성이기 때문이다. 여기서 타자성은 윤리적 책임을 요구하는 가능성이기 이전에 이미 존재의 '있음'에 대한 존재론적 규정이기도 하다.

레비나스에게 있어 타자의 얼굴은 나의 책임이 회피될 수 없는 공동체의 얼굴을 이미 형성하고 있다. 얼굴들은 서로에 대해 공생적 관계를 형성하며, 나의 자아의 원천이고 또 종교적 시각에서는 계시가 되기도 한다.[166] 또 그것들은 서로를 바라보며 사회적으로 친숙한 관계를 공유함으로써 그 어떤 윤리나 도덕보다도 실존적인 유대를 맺게 한다. 그래서 타인의 얼굴은 윤리에 선행한다. 따라서 우리가 어떤 윤리적 판단을 하게 될 때 쌍방의 관계에서 유대와 책임감을 중심으로 상대방의 입장을 고려해 나가야 가장 이상적인 결과를 가져올 수 있다. 타자의 얼굴은 나의 얼굴이고 공동체의 얼굴이며 절대자의 얼굴인 셈이다. 따라서 얼굴들은 서로에 대한 이타적인 교감을 유지해야 하고, 편견을 갖고 서로를 보아서는 안 된다. 얼굴들 속에서 '사이'의 정신이 추구하는 이타주의는 새로운 사회성을 열게 할 수 있는 가능성이다. 레비나스에게 이타성(désintéressement)은 인간의 본성이지만, 서로에 대한 책임감으로부터 발생한다는 사실에 주목해야 한다. 그가 생각하기에 이타주의는 바로 상생의

---

[166] 유대인들은 디아스포라의 역사 속에서 이웃들 가운데 신의 강림을 희구하고 계시를 기대했다. 그들의 전통적인 경서 미드라시(Midrash)에 의하면, 토라가 70개의 얼굴을 갖는다고 한다. (Bremidbar Rabba 13:15) 레비나스에게 특히 타자는 고아, 과부, 가난한 사람들과 같은 사회적 약자이면서 보살핌을 요구하는 긍휼의 대상이기도 하다. "벌거벗은 얼굴은 빈곤한 자와 이방인의 궁핍을 나에게 보여준다." (TI, p.188) 그리고 타자는 낯선 경험을 주는 경외의 대상이기도 하다. "신은 타자다." (TI, p.252)

윤리라고 말할 수 있다.

위와 같이 타자성을 중심으로 존재의 근거를 살펴볼 때 열린 공동체의 실현을 위한 자타불이의 정신은 레비나스나 메를로퐁티의 철학에서 살펴볼 수 있는 삶의 실존을 위한 중요한 가치가 될 수 있다. 그래서 나와 타자 사이의 실존적 유대(solidarité)와 나눔의 미덕 그리고 책임의식 등을 다문화 공동체 사회의 주요 가치로서 평가할 수 있다. 오늘날 주체와 타자관계는 서로 떼어 놓고 생각할 수 없는 중요한 철학적·사회적 문제로 인식되고 있다. 아리스토텔레스는 《니코마코스 윤리학》에서 이미 공동체의 선과 정신적 덕에 일치할 수 있는 행복을 제시했다. 그리고 너와 나의 소통과 교감을 위한 새로운 철학정신은 타자와의 소통과 대화, 그리고 배려의 기술로서 타자 중심적인 소통을 지향해 나가기 위한 노력으로 발전해야 한다. 철학 실천은 그 하나의 방법일 수 있다. 예컨대 이주민들에 대한 생활 상담, 취업 알선, 교육 지원 등은 그들의 심신을 회복시키고 공동체의 소속감을 고취하는 사회적 소통의 한 방법이 될 수 있다. 이렇게 나와 타자 사이, 그리고 공동체의 원활한 소통 관계를 만들어 나가는 것도 새로운 공동체 사회를 만들어 나가기 위한 철학 실천이라고 말할 수 있다.

오늘날 다문화 사회로 변화를 겪지 않는 경우는 거의 없을 것이다. 국내외의 다문화 사회가 초래하고 있는 인간의 소외와 갈등 문제를 어떻게 해소해 나갈 것인가? 한 지역의 문화적 전승과 발전은 대부분 토착적인 제도적 범위 안에서 이루어지기 때문에 이주민들과의 갈등과 마찰은 서로 다른 세계관 또는 현실적인 제도, 그리고 교육받아 왔던 사회적 통념과의 충돌로 발생하는 경우가 많다. 그렇기 때문에 이주민들이 새로운 문화와 제도에 적응할 수 있게 하는 사회적 배려가 무엇보다 우선시되며, 그런 배려가 실제적인 도움으로 나타날 수 있는 교육 지원도 체계적으로 정착되어야 한다. 이주민 가정과 외국인 체류자들이 점차 증가하고 있는 추세를 피할 수 없는 현실로 직면하면서 학교교육에서도 다문화 가정 거주민들에 대한 사회적 배려와 지속적인 관심이 요구되고 있다. 그들이 공동체 사회에서 소속감을 인정받고 평등한 권리를 부여받으며 성장해 나갈 수 있게 하는 교육적 노력이 뒷받침되어야 한다.

다와 타가 어울리는 다문화 사회의 정체성에 대한 비판적 이해는 '공공(公共)의 정신이란 무엇인가', '그것을 실현할 수 있는 주체성의 근거는 무엇인가' 등에 대한 새로운 비전을 함께 나눠 갖는 계기가 될 것이다. 그리고 미래 사회의 공동체 정신은 구성원들에게 소통과 관용 그리고 기회 균등을 적극적으로 부여해 나갈 때 현실화될 수 있다. 따라서 다문화 이주민들의 영입과 이들에 대한 사회적 책임과 배려는 기존 사회의 질서와 가치를 와해하는 것이 아니라 오히려 새로운 공동체 사회, 즉 국제사회에서 열려진 공동체를 지향하고 국가적 에너지를 총체적으로 발전시켜 나갈 기회가 될 수 있다. 우리는 새로운 변화를 적극적으로 인식할 수 있는 공동체 사회의 공공의 정신과 책임윤리가 필요한 시대에 살고 있다.

(5) 소통과 책임의 윤리에 관해

필자는 이 글에서 레비나스의 주체성에 대한 이해를 토대로 타자와 세계 그리고 새로운 사회성으로 열려 있는 소통의 가치를 찾고자 했으며, 현대사회가 필요로 하는 새로운 공동체의 정신을 제시하고자 했다. 즉 주체에 대한 시대적 해석들, 다시 말해 데카르트의 코기토주의에서 레비나스의 가까움에 관한 이해를 통해 새로운 실존적 기반을 모색해 나가고자 했다. 나와 타인 사이에서 발생하는 실존적 가까움은 가족과 같은 친근한 정서적 유대에서 비롯되는 것이지만, 이런 관계성은 윤리의 시작을 가져온다. 그리고 가까움은 타인에 대한 책임을 일깨우는 가장 중요한 감정인 셈인데, 이런 감정이 아니더라도 그것은 사람들 사이에서 외면할 수 없거나 피지 못할 상생의 감정을 수반한다. 레비나스는 이것을 책임윤리로서 규정한다.

즉 책임윤리는 나와 타인들 사이의 사회성을 중시하는 공공세계의 가치로서 인식되고 있는 셈이다. 그의 철학은 삶의 세계 또는 공공세계에서 주체 바깥의 다른 주체들 즉 다(多)와 타(他) 가운데 주체의 정체성을 새롭게 발견할 것을 요구한다. 그에게 있어 인격적 관계와 책임감은 나와 너 사이의 '마주보기'에서 발생하며, 여기서 '사이'의 정신은 상대방에 대한 수긍과 책임의 자세를 요구한다. 즉 얼굴을 마주하는 상호 간의 정서적 이해와 유대는 '사이'의 정신이 추구하는 이타주의를 실현해 나갈 수 있는 길을 제시한다. 사이라고 하는 인간적 관계에서 이타주의를 생각한다는 것은 최선의 윤리를 찾는 것과 같다. 특히 다원주의 사회에서 나와 타자 사이의 인격적 관계와 책임감은 사이의 정신을 실현할 수 있는 기초가 되며, 소통의 사회를 만들어 나갈 수 있는 중요한 윤리적 덕목이 될 것이다.

살펴보았듯이 레비나스의 타자철학에서 이끌어 낼 수 있는 공동체의 윤리는 다문화 사회인 오늘날 나와 타인 관계에서 정립될 수 있는 자아의 정체성을 이해하는 데 매우 설득력 있는 논리를 제시해 준다. 물론 메를로퐁티가 주장하는 공동체의 윤리 역시 나와 타인들 사이에 존재하는 실존적 유대감이 유아론적 자아의식을 극복하고 자아의 정체성을 타인과 함께하는 역사 및 문화 공동체에서 발견할 수 있음을 보여준다. 만약 우리가 그 철학자들로부터 나와 타인들 사이에서 실천할 수 있는 역지사지(易地思之)의 가치관을 어렵지 않게 배워 나갈 수 있다면, 오늘날 다문화 사회에서 발생하고 있는 적지 않은 나와 타인들 사이의 오해와 갈등을 해소해 나갈 수 있게 할 훌륭한 교훈을 얻을 수 있다. 나와 타인 사이에서 주고받을 수 있는 그런 이타적 교감은 새로운 공동체 사회를 만들어 나가는 궁극적인 소통의 가치가 될 수 있다. 이런 측면에서 오늘날 공동체 사회에서 강조해야 할 나와 타인 사이의 새로운 정신은 다문화 사회가 지향해야 할 현대의 철학정신이라고 말할 수 있다.

베르그송 이후
애매성의
존재 이해와
그 표현들

필자는 다음의 글에서 베르그송 이후 프랑스의 현대 철학자들 가운데 특히 메를로퐁티, 들뢰즈, 레비나스 등의 사상에서 눈여겨볼 수 있는 철학적 개념인 애매성(曖昧性, Ambiguïté)에 대해 관심을 갖고자 한다. 그렇다고 이것이 정체불명의 모호한 뜻을 지녔다는 것이 아니다. 애매성이라는 개념은 데카르트가 이성적 사유의 중요한 특징으로 말했던 명확성(clarté)과 대조되는 것으로, 존재의 '있음'의 문제를 시간적 생성(베르그송과 들뢰즈), 공간적 세계(메를로퐁티), 타자(레비나스) 등의 주요 문제들과 함께 설명할 때 그 특성이 잘 드러난다.

특히 필자는 애매성이라는 주제를 갖고 그 철학자들이 지니고 있는 공통적인 관심사와 각각의 차별성을 부각하기로 하고, 레비나스의 타자철학도 그런 사상적 맥락을 통해 현대 철학의 중요한 일부를 차지하고 있다는 것을 검토해 보고자 한다. 예컨대 레비나스의 타자철학도 윤리적 안목에서만 살펴볼 것이 아니라 프랑스 현대 철학의 일반적 경향 가운데 하나로서 이해한다면 그의 철학을 좀 더 객관적으로 파악하는 데 도움이 될 것이다. 위에서 언급한 철학자들은 동시대의 역사와 문화, 그리고 사상적 흐름 속에서 새로운 사유의 방식을 개척하며 시대적인 인간의 가치를 찾고자 한 데서 역사적 호흡을 같이했던 인물들이다.

레비나스 자신도 베르그송, 메를로퐁티, 폴 리쾨르(Paul Ricoeur), 라캉, 사르트르 등의 동시대 다른 철학자들과 직간접적으로 사상적 교류를 갖게 되면서 현대적 사유의 지평을 광범위하게 넓힐 수 있었던 계기를 갖게 된다.[1] 물론 그의 사상적 기반이 유다이즘이기는 해도 러시아어, 독일어, 프랑스어 등에 능통할 정도로 유럽의 철학과 문학, 사상 등을 매우 다양한 방식으로 섭렵한다. 그래서 그의 그런 지식적인 배경을 가정하면서 타자철학을 이해하고 여기서 볼 수 있는 역동적인 생명주의, 존재가 갖는 '있음'의 애매성, 무한에의 욕망 등의 관점을 파악한다면 레비나스와 프랑스 현대 철학의 관계를 긴밀하게 묶어 나가는 데 한층 탄력을 받을 수 있다.

사실 그가 생존했던 시대는 19세기의 진화론과 유물론, 인류학, 실증주의적 가치관 등의 도래로 겪어야 했던 신적 존재에 대한 불확실성, 진리의 부재, 이성과 자아의 확실성에 대한 회의, 무기력하고 모순적인 인간 자신에 대한 불신 등을 피할 수 없었다. 특히 양차 세계대전은 실존의 절대적 위기를 초래했다. 따라서 인간학적 입장에서 세계에 실존해 있는

---

1 1930년대에 레비나스는 젊은 철학자로서 독일의 프라이부르크 대학에 유학을 가서 후설과 하이데거의 철학을 직접 배웠고, 프랑스에 와서는 후설의 《데카르트적 성찰》을 번역·출판하여 그의 철학과 현상학을 자신의 스승이자 소르본 대학의 교수였던 장 발(Jean Wahl) 등 파리의 지식인들에게 처음으로 소개할 정도로 명석하고 열정적인 인물이었다. 당시 그는 사르트르나 메를로퐁티 등의 다른 젊은 철학자들보다 앞서 이름을 알리기도 했으나 제2차 세계대전 때 가족들이 러시아에서 나치에 학살당하고 그 충격으로 《시간과 타자》(1948)의 발행 이외에는 한동안 두드러진 활동을 보이지 못했다. 그 후 그의 재능을 안타깝게 생각하던 장 발 교수가 레비나스를 교수로 추천하기 위해 국가박사학위 취득을 권유했다. 이에 그는 학위논문으로 《전체성과 무한》(1961)을 발표하고, 지방의 푸아티에 대학에서 교편생활을 시작했다.

인간 자신의 현실적 조건들 즉 신체, 지각, 타자, 욕망, 무의식 등의 실제적 기준과 가정들을 갖고 인간을 보고자 하는 경향이 두드러졌다. '사실 인간이 뭐 그런 거 아냐?'라는 누구나 공감할 수 있는 가치들을 갖고 인간 자신을 들여다보고자 한다. 그래서 그런 다양한 인간 이해의 방법을 갖고 포스트모던 시대의 문화와 예술, 철학과 문학 등이 각광을 받게 된 것도 우연이 아니다. 아래의 오른쪽 사진을 보면 그야말로 매우 실제적인 관점에서 인간 자신을 상상할 수 있는 의미를 지니고 있다. 그러나 그렇게 실제적으로 인간을 성찰한다고 해서 하찮은 미물처럼 인간이 가치 없다는 것은 아니다.

포스트모던 시대에는 탈권위적 주체, 자유와 향유를 지향하는 주체, 소통과 연대를 중시하는 주체 등에 대한 인식이 높아진다. 레비나스의 타자철학과 인간에 대한 새로운 사유도 그런 시대적 가치들에 의해 조명될 수 있다는 것도 그의 사상이 타자 문제에만 천착한 것이 아니라 신체, 지각, 욕망 등에 대한 현대적인 인간 이해와 깊이 연루되어 있다는 것을 보여준다. 그는 초기 작품에서 과감하게 주체 바깥으로 사유를 넓혀 가며 외부세계에 대한 무

〈그림1〉 발터 베냐민은 외진 아제(Eugène Aget, 1856~1927)의 사진 이미지에서 사물적인 공허함을 바라보고 아우라가 사라진 인간의 역사와 사물적 존재로서 인간 문화에 관심을 갖는다.

한한 동경을 표현하기도 하고 낭만적 정서와 열정을 토로하기도 한다. "도피(évasion)는 자기 자신을 떠나려는 욕구(besoin de sortir de soi-même)이며, 말하자면 가장 근원적이고 치유될 수 없는 연쇄성 즉 '내가 자기 자신

으로서 존재한다는 사실'을 탈피시키는 것이다."[2] 청년 시절 그는 러시아 문학에도 심취해 특히 도스토옙스키, 톨스토이, 투르게네프 등의 소설들은 그에게 문학적 감성을 키워 준 각별한 것이었다. 또한 셰익스피어의 《햄릿》 등은 어쩔 수 없는 인간의 번민, 우유부단함 등 실존의 한계상황 등을 깨닫게 해주는 것이었다.

또한 그는 《존재와 다르게: 본질의 저편》(1976)에서 신체의 신체성 (corporéité)을 통해서도 확실히 가까움, 타자지향성으로서의 감성이 인도된다고 말하기도 하고 '모성적 신체로서의 심령주의(psychisme comme un corps maternel)'를 주장하기도 해 그가 말하는 심령주의가 인간의 감성적 지각이나 신체적 수고로움 등에 내면화된다는 것을 밝히기도 한다.[3] 예를 들어 얼굴이 주름지고 검게 그을리도록 늙어 가신 어머니의 모습이 연민으로 남아 있고, 그렇게 나에 대한 당신의 사랑이 수고로움으로 깊이 남아 있듯이, 레비나스는 거기서 이 세상에서 가장 위대한, 아니 그 자체에서 지고한 사랑의 흔적을 보고자 한다. 바로 이 흔적, 신체적인 투박스러움이나 거친 무례함 등에 역설적으로 담겨 있는 가까움이나 타인들에 대한 정성으로 마음 가득했던 애절함 등이야말로 세속적 인간들의 사랑과 심령주의를 표현하는 것은 아닐까? 그의 심령주의는 세속적인 사랑이나 연민으로 가득한 눈길, 소소하게 나누는 일상의 정에서도 표현되는 것이라고 본 것이다. "무례함(irrespect)은 얼굴을 가정한다."[4] 얼굴들의 다정다감한 모습은 서로에게 위로가 되며 휴식의 공간이 된다. 또한 레비나스는 타인에 대한 넘치는 환대와 과잉(surplus)에서 오는 일방적이고 비대칭적인 사랑의 진정성을 주장하기도 한다. 사실 그렇게 넘치는 사랑은

---

2 DE, p.73.

3 AE, pp.85, 97.

4 TI, p.240.

흔히 부모와 자식 사이의 사랑이라고 말할 수 있는데, 이런 사랑은 평등한 사랑이 아니라 일방적이기 때문에 불평등한 사랑이며 그가 말하는 타인에의 욕망과 나와 타인 사이의 비대칭성이 바로 그것을 의미한다. 그에게 있어서도 얼굴은 애매성, 비대칭성의 얼굴이다.

일찍이 데카르트가 확실성 또는 명확성의 방법을 갖고 진리를 찾고자 했던 것에 비해 애매성은 현대 철학에서 존재와 진리의 문제를 새롭게 이해하는 관점으로서 비결정성, 불확정성, 다의성 등의 입장에서 인간과 사물세계를 보고자 한다. 이런 관심은 위에서 언급한 베르그송 이후 메를로퐁티, 들뢰즈, 레비나스 등의 철학에서 살펴볼 수 있다. 베르그송도 정신과 신체의 이원성을 탈피해 신체적 지각 행위에서도 지각 그 자체를 넘어서는 것이 파악될 수 있다고 한다. 그리고 이런 관점을 발전시킨 메를로퐁티의 지각의 현상, 들뢰즈의 신체와 개체성, 앞서 언급한 레비나스에게 있어 타인의 얼굴과 욕망 등에 나타난 애매성의 관심들은 데카르트의 이성 중심적 가치관과 기계론적 세계관을 탈피하고 역동적 가치관을 형성한다. 쉽게 말해, 이성적으로 명확하게 분별할 수 없는 존재의 '있음'이나 지각의 운동, 욕망의 정체성 등이 애매성에 해당된다.

애매성은 사물이나 관계 등에서 볼 수 있는 의미의 중의성(重義性)이라고 해도 틀리지는 않을 것이다. 그것은 사물세계에 대한 인식의 태도에 새로운 변화를 주고 있을 뿐 아니라 정신성과 물질성(또는 신체성) 사이에서 존재의 '있음' 자체를 탈(脫)인지주의의 관점에서 사유하기도 한다. 예를 들어, 시간 자체를 볼 수 없다고 하지만 잘린 나무 밑동의 나이테를 보면 그 흔적을 볼 수 있지 않은가. 눈으로 볼 수 있는 시간의 물질성! 특히 얼굴도 그렇다. 레비나스가 생각하는 초월과 삶의 범사들도 분명히 그런 관계에 있다. 즉 초월성과 물질성 그 사이에 애매성이 있다.

정신분석학에서 말하는 대타자의 개념에 대해 설명할 때도, 예를 들어

'더운 날 연인과 함께할 때는 아이스크림을 먹어야 한다'고 생각하고 있다면 이런 판단은 어디서 오는 것인가? 혹시 며칠 전 TV 광고에서 유명 연예인들이 그것을 맛있게 먹었던 것을 보기 좋게 기억했던 것은 아닐까? 만약 그렇다면 내가 아이스크림을 먹어야 한다고 생각한 것은 라캉이 말하는 타자욕망인데, 이 욕망은 대타자(Autre)라고 하는 광고 이미지로부터 나온 것이라고 볼 수 있다. 결국 그 타자욕망은 주체적인 욕망인가, 대타자의 욕망인가? 바로 그 욕망이 애매성이다. 이와 같이 현대 철학의 다양한 사유는 새로운 주체의 출현 즉 신체적 주체, 지각의 주체, 욕망하는 주체, 타자로서의 주체 등에 대한 지적 관심을 자연스럽게 높이게 되며, 그중에서도 메를로퐁티, 들뢰즈. 레비나스, 라캉 등의 프랑스 현대 철학자들이 포스트모던 시대에 특히 주목을 받게 된 것이다.

그런 시대에 앞서 실제로 신체나 욕망의 기준을 앞세워 인간을 바라보는 새로운 관심들은 문화와 예술 분야에서 먼저 잉태되기 시작했다. 인상파의 선구자 에두아르 마네(Édouard Manet)의 〈올랭피아(Olympia)〉(1865)가 표현한 대담한 섹시 포즈와 그 돌발성에 당시의 관객들은 당혹스러운 거부감을 느꼈다고 한다. 유난히 흰 빛깔로 스포트라이트를 받고 있는 나체의 포즈와 도발적인 시선은 위압적인 이미지를 연출

〈그림2〉 마네의 〈올랭피아〉. 현재 이 자리에서 욕망하는 인간, 이것은 신화적 진실에 앞서는 것이라고 마네는 믿는다.

하며, 이런 이미지는 신비적인 여성성을 불식하고 육감적인 자태로 드러나고 있는 원초적인 본능을 표현한다. 산드로 보티첼리(Sandro Botticelli)의 〈비너스의 탄생〉에서 바닷속 조개로부터 여인이 태어

나듯이, 외설스러운 여인의 자태는 침대 위 흰색 시트를 펼쳐 놓고 현대적인 비너스의 탄생을 선언하고 있다. 곧 욕망의 탄생인 셈이다. 그래서 작품 속의 주인공은 떳떳하다. 유혹하는 붉은색 머리 리본, 누군가로부터 받은 꽃다발을 들고 눈치를 보는 흑인 시녀, 한 짝은 옆으로 벗겨진 슬리퍼, 침대 끝에서 어슬렁거리는 검은 고양이 등은 침실의 은밀한 유혹과 나르시시즘을 노골적으로 드러낸다. 즉 새로운 인간의 형상과 그 욕망을 표현한 작품의 효시로서 마네의 〈올랭피아〉를 누구나 기억한다.

그렇다. 새로운 시대의 철학은 인간의 낯선 면모들, 그러나 이성과 정신적 가치에 의해 숨겨져 있었던 또는 억압되었던 욕망들을 재조명하고 인간의 실제적 위상을 다시 평가하기 시작한다. 이런 의미에서 프랑스의 현대 철학은 포스트모더니즘의 예술적 상상력과 적극적으로 조우하며 현대의 가치 체계를 재편하고 새로운 기초를 제공하는 데 매우 큰 공헌을 한다. 예를 들어 메를로퐁티와 폴 세잔(Paul Cézanne, 1839~1906), 들뢰즈와 프랜시스 베이컨(Francis Bacon, 1909~1992)의 관계 등이 철학과 예술의 만남을 의미한다. 그래서 필자는 현대 지성사에서 특화된 주제로서 발전한 타자, 신체, 지각 등의 문제에 주목하고 이 가운데 레비나스의 타자철학이 우연히 나타난 것은 아니라는 점을 밝히고자 한다.

애매성의 철학적 사유는 현대 예술의 아버지라 불리는 세잔 이후 앙리 마티스(Henri Matisse, 1869~1954), 베이컨, 르네 마그리트(René Magritte, 1898~1967) 등과 같은 문제 작가들의 작품 분석을 통해 현대의 새로운 미학적 경향을 비평해 나가는 데 있어서도 큰 도움이 될 것이다. 애매성에 관한 철학적 주제의식과 해석을 갖고 현대 예술의 새로운 논쟁과 발상을 분석하고 현대인의 새로운 정신세계와 질서를 이해해 보는 것도 큰 의미가 될 수 있다. 프랑스철학을 얘기할 때 특히 문학, 예술 등을 빼놓을 수 없는 이유가 여기에 있다. 그리고 이 글에서 애매성의 주제와 소재들을 함께 다뤄 나가면서 철학과 현대 미학 사이의 학제적 담론들을 창의적으로 생산해 나갈 수 있다는 희망도 갖고자 한다. 애매성은 인간 중심적인 태도를 벗어나 더 넓은 다의적인 관점에서 삶의 가치와 물자체를 보고자 하는 식견을 요구한다. 나약하고 미미한 존재로서의 인간, 이 세상에서 죽음을 넘어설 수 없는 부조리한 인간이기에 애매성은 인식의 한계를 늘 깨우치게 한다. 또한 애매성의 끝에서 인간의 눈과 귀로는 알 수 없는 신비가 존재한다는 것도 잊지 말자. 새롭고 깊은 차원에서 나와 세상 그리고 시간과의 관계를 통찰하고자 하는 철학적 의도에서 애매성에 대한 사유가 시작된 것이다.

1장

베르그송의 생명철학과
비결정성

(1) '비결정성', '있음'의 새로운 질서

애매성은 존재의 '있음'에 대해 새로운 질서를 부여하는 비결정성의 차원에서 그 '있음'의 문제를 해명해 주고 있다. 애매성은 존재-실체에 관한 속성을 새롭게 해석하는 방법론을 제시한다. 우리는 데카르트 이후 무한성에 관한 사유가 현대에 이르러 탈(脫)인간 중심적 사유의 발전과 함께 어떻게 애매성에 관한 철학적 문제의식을 형성하게 되었는지 살펴보고자 한다. 데카르트에게 무한성에 대한 사유가 주체의 내적 완전성을 명확하게 직관하는 것에서 가능한 것이었다면, 우리는 그런 무한성이 주체의 바깥에서, 그 너머의 애매성의 관점에서 모색될 수 있다는 것을 논의할 수 있다. 메를로퐁티, 들뢰즈, 레비나스 등은 무한성과 애매성의 관계를 어떻게 사유한 것일까? 이것은 이 글의 문제의식이기도 하다.

비결정성은 지성 중심적 인지주의의 한계를 벗어나 우주, 생명, 시간의 관점에서 존재의 근원과 발생을 살펴보고자 한다. 그리고 애매성은 그런 존재의 형상(形像)을 통찰할 수 있는 구체적인 이해를 도모하며 의식과 물질 사이의 탈(脫)경계에서 현시하는 '있음' 자체를 해석한다. 베르그송 이후 존재에 대한 사유의 관념으로서 애매성은 '비결정성의 지대(zone d'indétermination)'로부터 존재의 생성을 가정한다. 베르그송에게 있어 '있음'의 비결정성은 의식의 출현과 깊은 관계가 있으며, 그 의식에서 자유와 생명의 영역이 확대해 나가는 지속(持續, Durée)이라고 하는 시간의 실체적 관념이 발생한다. 사실 지속은 시간을 초월한다. 여기서 '있음'은 생명의 있음이고, 지속의 있음이다. 그 '있음'은 생명의식의 출현이며, 물질에 대한 저항으로부터 확보된다. 그리고 비결정성은 생명과 창조적 지속의 '있음'을 배양하는 존재의 심층적 또는 잠재적 차원이다.

베르그송은 '있음'의 비결정성에 대해 이렇게 설명한다. "생명체가 처리하는 독립성의 몫은, 또는 앞으로 말할 것처럼, 그의 활동을 둘러싸고 있는 비결정성의 지대는, 생명체가 관계하는 사물들의 수와 거리를 선험적으로(a priori) 평가하게 해준다."[5] 신경계의 활동을 통한 지각 자체의 풍부함은 비결정성의 몫의 증가와 관련된다. 비결정성은 의식의 잠재성과 순수 지속을 실현하기 위한 생성적 '있음'의 차원이다. 베르그송에게 있어 생명의 힘이 지배하는 우주도 본질적으로 비결정성 또는 역동주의(dynamism)가 실현되는 공간이다. 이에 비해 물질세계는 결정성이 적용되는 공간이다. 우리가 주목해야 할 점은 비결정성은 지성적인 사유의 범주를 통해 판단될 수 있는 것이 아니라 행위의 중심을 차지하는 지속의 역량 속에 위치해 있으면서 정신적 기억과 물질 사이에서 생명력을 확장해 나가는 힘의 차원을 드러낸다는 것이다. 그에게 있어 순수 지속은 힘이다. 예를 들어 니체에게 힘에의 의지가 생성의 본질인 것처럼 여겨지듯이, 베르그송에게도 존재를 영구히 실현해 나가는 원동력은 바로 생명력의 순수 지속이고 이것은 비결정성의 세계를 형성한다.

---

5 《물질과 기억(Matière et mémoire)》(1939), 앙리 베르그손, 박종원 옮김, 아카넷, 2005, 62쪽.

물론 위에서 언급한 베르그송 이후의 프랑스의 철학자들이 '있음'의 비결정성 또는 '있음'의 애매성을 사유의 기초로 삼았다고 해서 그들이 베르그송의 후예로서 재평가될 수 있다는 것은 결코 아니다. 다만 베르그송이《물질과 기억》에서 사유의 여백으로 남기고 있는 그런 개념들로부터의 존재 이해는 다분히 그 이후의 현대 사상가들에게 적지 않은 영향을 미친다. 특히 현대의 프랑스철학에서 찾아볼 수 있는 정신과 신체에 대한 비이분법적 사고들은 그 여파라고 해도 과언이 아니다.[6] 무엇보다 애매성은 명확성과 구분된다. 왜 그런가? 데카르트 이후 이성을 중심으로 한 사유의 명확성은 세계의 구조를 필연적 관계로부터 사유함으로써 결정론적 세계관을 구축해 왔고, 대륙의 합리론이라고 하는 거대한 지성사를 형성할 수 있었다. 이에 반해 베르그송 이후 지성주의에 대한 철학적 반성은 이성적 사유로는 미처 파악할 수 없었던 미지의 세계, 즉 철학적 직관이 허용될 수 있는 생명 중심의 비결정적 또는 역동적 세계를 바라볼 수 있게 한다.[7]

베르그송은 신체 이미지와 지각 활동 그리고 지속으로서의 창조적 생성 등의 주요 관심들을 중심으로 실재와 표상세계로 구분되는 세계 인식에 대한 새로운 전환점을 모색하기 시작한다. 특히《물질과 기억》,《창조

---

6 메를로퐁티는 정신과 신체 사이에 놓여 있는 모순적 논리가 신체 지각 중심의 행동의 차원에서 해소될 수 있다고 주장하고 주체를 신체 주체로서 정의한다. "신체가 즉자 존재에 의해 규정되는 한, 그것은 기계 장치로서 획일적으로 기능하고, 정신이 순수 대자 존재에 의해 규정되는 한, 그것은 자기 앞에 펼쳐진 대상들만을 인식한다."《지각의 현상학(La Phénoménologie de la perception)》(1945), 메를로퐁티, 류의근 옮김, 문학과지성사, 2002, 201쪽)

7 베르그송에게 있어 물질세계는 기계적 구조를 이루고 있으며, 그런 세계로부터 물질화된 의식은 직관과는 다른 지성의 발생을 가져온다. "물체와 미립자는 우주적 상호작용 속에서 용해되어 가는 경향이 있다. 우리의 지각들은 사물 자체의 그림보다는 오히려 사물에 대한 우리의 가능적 행동의 그림을 보여준다. (…) 윤곽이나 경로는 의식이 물질에 작용할 준비가 되어 감에 따라서, 즉 요컨대 지성이 형성됨에 따라서 뚜렷하게 된다."《창조적 진화》, 285쪽)

적 진화》등은 메를로퐁티, 들뢰즈 그리고 레비나스 등에서 새삼 일깨워 질 수 있는 철학적 문제의식들을 예감하게 한다. 예를 들어 메를로퐁티 가 베르그송이 추구하고자 했던 심신일원론을 신체 주체와 지각에 관한 심층적 이해를 통해 재구성하고자 한다면, 들뢰즈는 베르그송의 지속과 창조에 관한 생명주의를 생성의 분화(分化, différenciation)에 관한 사유를 통해 역동적으로 수용한다. 이와 함께 레비나스는 집단적 주체성에 편입 될 수 있는 주체성의 비판과 새로운 타자의 해석을 통해 비결정성과 애 매성에 관한 사유를 살펴 나간다. 이런 측면에서 우리는 애매성에 관한 철학적 주제를 갖고 프랑스 현대 철학에 대한 이해를 더욱 흥미 있게 가 져갈 수 있다.

그렇다면 애매성의 철학이란 무엇인가? 애매성은 확실성 또는 명확성 과 비교될 수 있는 새로운 존재 이해이며 비결정성, 불확정성, 다의성(多 義性) 등의 관점으로 존재의 본질을 해석한다.[8] 애매성은 존재에 대한 인 식의 태도로 그치는 것이 아니라 그 자체가 존재의 속성이기도 하다. 왜 냐하면 그것은 물질성(materialité)과 정신성(spiritualité) 그 사이에 있는 존 재의 위상을 모호하게 드러내기 때문이다.[9] 그렇다면 우리는 왜 애매성 을 사유하고자 하는가? 들뢰즈는 《베르그송주의》에서 이렇게 말한다. "지속은 본질적으로 기억·의식·자유이다."[10] 지속은 베르그송에게 있어

---

8 비결정성은 물질세계를 지배하는 필연적 인과관계에 의해 존재의 본질이 결정되는 것을 거 부한다. 베르그송에게 있어 존재의 본질은 지속이고, 이것에 의해 생명의 세계를 직관할 수 있는 원천적인 정체성이 확보된다.

9 일부 식자들은 그런 특징을 가진 프랑스철학를 명확하지 않다는 이유로 비판할 수 있겠지 만, 그것은 오해이거나 인식의 부족에서 나타나는 현상이다. 사실 명확하지 않은 것이 아니 라 다의적인 가능성을 열어두고 있는 것이 프랑스 현대 철학의 또 다른 매력이다.

10 《베르그송주의(Le Bergsonisme)》(1966), 질 들뢰즈, 김재인 옮김, 문학과지성사, 1996, 67쪽. 베르그송은 이렇게 말한다. "의식의 운명은 뇌 물질들의 운명과 연결되어 있지 않다. 결국 의식은 본질적으로 자유롭다. 그것은 자유 그 자체이다." 《창조적 진화》, 401쪽)

생명의 흐름이고 잠재성은 존재의 내적인 역량으로 주어져 있는데, 근저의 의식 또는 기억이 바로 그런 흐름을 형성한다. 그것은 존재의 본질이 생명의 영속성을 실현해 나가는 것, 즉 생성에 있다는 것을 주장할 수 있는 '있음'의 근거다.

그런 사유가 본격적으로 나타나기 시작한 것은 베르그송의《물질과 기억》에서부터다. 그에게 있어 지속은 지성에 의해 파악될 수 없으며, 직관적 사유로 인해 밝혀질 수 있다. 그리고 비결정성으로부터 비롯된 새로운 존재의 이해는 정신과 신체의 '있음'에 대한 새로운 해석을 가져온다. 예를 들어 신체는 모든 지각 이미지를 가져오는 중추적인 이미지의 하나다. 그리고 지각 이미지도 전적으로 물질적 이미지는 아니며 의식의 한 순간에 그 이미지 내부에서 잠재성이 드러난다. 이런 점에서 신체 및 지각 이미지도 결정성이 아닌 애매성 그 자체라고 말할 수 있다. 결국 그는 우리가 지각할 수 있는 세계, 즉 정신과 물질이 서로 만날 수 있는 경험적 세계, 그 접점에서 신체적 지각 그 자체, 또는 순수 지각을 넘어서 있는 생명의 힘과 흐름 그리고 그 과정을 규명하고자 한다. 이런 의미에서《물질과 기억》은 정신과 물질이 내재성과 외재성의 관계로부터 서로 교차할 수 있는 지각의 영역에서 새로운 철학적 사유가 시작되고 있음을 검토해 나가고 있다.[11]

그 책에서 볼 수 있는 가장 중요한 문제의식은 지각의 차원에서 경험되는 물질적 이미지들 가운데서 정신의 지속을 직관적으로 인식해 나가고자 하는 데 있다. 그는 그 책에서 이렇게 단언한다. "이 문제는 바로 영

---

11 베르그송은 빛과 신경요소들 사이에서 순간적으로 만날 수 있는 감각-운동적 과정으로부터 이른바 '의지의 비결정성'을 찾고자 한다. 그는 지각의 이미지 속에 내재된 의식의 선험성에 주목한다. 그래서 그는 경험적 지각 속에도 비결정성을 본질로 하는 의식이 선재한다고 본다. 예를 들어, 빛이 신체에 지각된 것은 나의 의식이 빛을 지각하는 것이다.

혼과 신체의 통일의 문제이다. 그것은 우리에게 아주 예민한 형태로 제기된다. 우리는 물질과 정신을 심층적으로 구별하기 때문이다. 그리고 우리는 이 문제를 해결할 수 없는 것으로 간주할 수 없다. (…) 순수 지각이 우리를 위치시킬 곳은 진실로 물질이며, 우리가 이미 기억과 함께 파고들어갈 곳은 실제로 정신 자체이다."[12] 과연 그는 데카르트 이후 심신이원론의 사상적 기저를 부정하고 새로운 일원론의 철학을 제안하고 있는 것일까? 만약 우리가 그의 철학을 일원론으로 일반화해 옮겨 놓는 것으로 성급한 결론에 이른다면 그가 천착했던 심층적인 문제의식을 잃어버릴 수 있다.[13] 그는 데카르트의 이원론, 다윈의 일원론을 모두 부정한다.[14] 이 점에서도 정신과 물질 그 사이에 '있음'의 애매성이 위치한다. 애매성은 두 가지의 교차 지점, 즉 존재의 물질성과 다른 차원의 방향으로 역동적으로 나아가는 정신성 사이에서 '있음' 자신을 나타낸다. 그래서 애매성은 정신과 물질의 융합으로 '있음'을 설명하는 일원론적 해석을 가져온다.

무엇보다 애매성은 기계주의 또는 목적론적 세계관에서 야기될 수 있는 결정성, 필연성과 같은 인식론적 가치를 부정한다. 그의 지속이론은 지성적인 사유의 범주를 떠나 생명의 내적 운동 자체를 중시한다. 이런

---

12 《물질과 기억》, 301쪽.

13 베르그송의 철학은 일원론인가, 이원론인가? 들뢰즈는 그 해석의 방식을 이렇게 논한다. "베르그송적인 방법은 두 개의 주요한 양상을 보여주었는데, 하나는 이원론이고 다른 하나는 일원론이다. 우선 우리는 갈라지는 계열들이나 본성상의 차이들을 '경험의 전환점' 너머로 뒤따라가야 했다. 그다음에, 여전히 훨씬 더 너머에서, 우리는 이 계열들의 수렴 지점을 재발견해야 했고 새로운 일원론의 권리를 복권시켜야 했다."《베르그송주의》, 99쪽)

14 베르그송에게 진화이론은 결정론적 기계주의의 한 부분으로 비친다. "진화론 철학은 무기물질에 대해 성공했던 설명 과정을 생명의 사실에도 주저 없이 확장시킨다. (…) 그것은 대담하게도 개념적 사유의 힘들만 가지고 모든 것을, 심지어 생명까지도 관념적으로 재구성하는 데 착수한다."《창조적 진화》, 9~10쪽)

운동은 세대들로 이어지는 근원적 계기(繼起, succession)를 실현하기 위해 생명의 약동(élan vital)을 요구한다. 그 정신적 약동은 물질의 지배를 뚫고 생명의 근원적인 정체성(identité)을 실현하기 위한 것이다. 이에 반해 기계론적 결정론이 지배하는 생명체의 고전적 표본이라고 볼 수 있는 오른쪽의 삽화에서 우리는 생명체의 역동성을 기대하기 어렵다. 데카르트가 실체라고 불

〈그림3〉 데카르트의 《인간론》에서 신체와 감각 작용은 물질적인 실체로서의 메커니즘을 나타낸다. 이것은 애매성의 시각에서 신체와 지각운동을 보고자 하는 것과 뚜렷이 구분된다.

렀던 물질의 구조와 운동 그리고 신체 기능들은 베르그송에게는 작용과 반작용의 관계들이며 이미지들의 총체 속에서 인식된다. 그래서 베르그송은 이미지들의 총체를 물질이라고 부른다.

데카르트에게 있어 의식 자체가 이성적인 본성에 따르고 그 속성이 결정성에 기초하고 있다면, 베르그송에게 있어 그것은 신체 너머의 생명의식으로부터 발생하며 물질과 비물질 사이에서 생명 운동의 자발성을 확보해 나갈 수 있는 비결정성 또는 잠재성을 갖고 있다. "의식은 본질적으로 자유롭다. 그것은 자유 그 자체이다. 그러나 의식은 물질 위에 놓여 그것에 적응하지 않고서는 물질을 통과할 수 없다. 이러한 적응을 지성성이라고 부르는 것이다."[15] 물질화에 익숙해진 의식이 자연적 본능이나 지성을 발생시키는 것이라면 창조적 본성은 의식의 본질을 차지한다.

우리는 여기서 세계에 대한 베르그송의 인식이 기계론(mécanisme)과 역동주의(dynamisme) 사이의 구도 속에서 형성되고 있음을 알 수 있다. "자

---

15 《창조적 진화》, 401쪽.

유의 문제가 왜 기계론과 역동론이라는 자연에 관한 두 개의 대립되는 체계에 싸움을 붙였는가를 이해하기는 어렵지 않다. 역동론은 의식이 제공한 의지의 활동이라는 관념으로부터 출발하여, 그 관념을 조금씩 비움으로써 타성을 표상(représentation)하는 데에 이른다. 그것은 따라서 어렵잖게 한쪽으로는 자유로운 힘 그리고 다른 쪽으로는 법칙에 지배되는 물질이라는 개념을 갖게 된다. 그러나 기계론은 반대의 진로를 따른다."[16] 여기서 기계론은 공간적인 측정과 외부세계의 인과관계 그리고 표상적인 체계 등에 의해 결정되는 법칙세계를 지칭하며, 이에 반해 역동주의는 사물이 위치한 공간적 배치나 표상을 벗어나 있는 사물 자체의 내적 속성이다.[17]

우리는 그리스 철학자 플로티노스(205~270)가 물질세계에서 영혼의 존재와 아름다움을 직관하고 있다는 것을 알고 있다. 자연의 조화와 아름다움은 바로 세계에 내재된 영혼들로부터 나온다. 그에게 있어 미의 가치는 물질세계에서 빛을 내는 영혼의 운동을 표현한다. 이 영혼은 생성의 원동력이며 정신적으로 활동하는 것이다. 그는 영혼과 물질의 관계에 대해 이렇게 말한다. "과연 무엇 때문에 정령(精靈, Daimon)의 존재가 육체적인 것과 결합하는 것일까? 그 자체는 육체적인 것이 아니다. 그렇듯 육체적인 것과의 결합에 어떤 원인이 부재한다면 불가능한 것이 아닐까? 그러면 무엇이 그 원인일까? 여기서 우리는 '정신적인 물질'을 전제

---

16 《의식에 직접 주어진 것들에 관한 시론(Essai sur les données immédiates de la conscience)》(1889), 앙리 베르그손, 최화 옮김, 아카넷, 2001, 179~180쪽.

17 베르그송은 물리적 결정론을 경계한다. "사람들은 물질로부터 우리의 감각이 거기에 입히는 구체적 질들, 즉 색깔, 열, 저항, 무게까지를 벗겨내고, 결국 동질적 연장성, 즉 물체 없는 공간을 대면하게 될 것이다. 이제 공간에서 도형을 잘라내고, 수학적으로 공식화된 법칙에 따라 그것들을 움직이게 하고, 물질의 외양적 성질들을 그 기하학적 도형의 형태와 위치 그리고 운동에 의해 설명하는 것 이외에 취할 입장은 더 이상 거의 남지 않을 것이다." (《의식에 직접 주어진 것들에 관한 시론》, 254~255쪽)

해야 한다. 그로써 '저 정신적인 물질과 교제해 온 어떤 것'이 그 스스로 육체적인 물질이라는 이 세상의 물질 안으로 들어올 수 있다."[18]

여기서 말하는 그 어떤 것은 세상을 원천적으로 발생시킨 영적인 근거 또는 본질 자체라고 말할 수 있는데, 플로티노스가 말하고 있듯이 그 근거는 이른바 '정신적인 물질' 또는 영혼의 중심이면서 살아 있는 것들에 생기를 불어넣는 다름 아닌 일자(一者) 자체다. 사실 이것은 세상의 창조와 생성을 가져왔던 초월의 실체다. 그렇다면 여기서 정신적인 물질이란 무엇인가? 이것은 베르그송 이후 현대의 주요 철학자들인 메를로퐁티, 들뢰즈, 레비나스 등에게 있어 개별성을 넘어서 있는 신체성, 타자의 얼굴이라는 이름으로 불리는 것이 아닌가? 그리고 물질과 생기가 교차하는 애매성 그 자체는 아닌지 생각해 볼 수 있다.

그렇다면 왜 우리는 베르그송 이후 애매성의 철학을 탐구하는 것인가? 오늘날 무한성은 데카르트에서 그러했듯이 주체의 내적인 완전성에 대한 사유를 통해 파악될 수 있는 것이 아니라 타자, 지각, 신체 등과 같은 '주체 바깥'의 세계에 관한 이해를 통해 새롭게 사유될 수 있는 것이다. 그렇다고 외부성의 세계가 단순히 물질적인 세계를 의미하지는 않는다. 레비나스도 말했듯이 근원적인 것은 외부로 흐른다. 그래서 외부세계는 애매성 그 자체이기도 하다. 그리고 그런 사유의 실마리는 베르그송의 주요 저서《물질과 기억》에서 본격적으로 밝혀진다. 물론 그가 유심론의 입장에서 정신과 물질의 운동에 관한 철학적 해명을 내놓았다 하더라도 그는 존재의 본질이 코기토에 있는 것이 아니라 지속에 있다는 것을 밝힌다. 그래서 존재의 '있음'의 문제가 존재 자체에 이미 시간의 관념이 들어가 있는 생성의 이치에 의해 창조적으로 모색될 수 있게 된다.

---

18 Enn, III 5, 6.

그렇다면 존재의 지속으로서 생성은 무엇을 재현하는 것인가? 말하자면 제한될 수 없는 무한성의 창조적 진화가 그것이다. 그리고 무한성은 물질이 아닌 생명의식에 존재하며, '있음'의 비결정성을 구성한다. 우리는 베르그송에게 있어서의 무한성이 데카르트의 그것과 차별화된다는 데 유의해야 하며, 그런 무한성은 데카르트가 주장하듯이 이성적 사유에 의해 명확하게 파악될 수 있는 것이 아니라 생명의 흐름 속에 내재하며 직관에 의해 이해될 수 있는 것이다.

(2) 베르그송의 신체-지각 이미지와 그 애매성

현대 철학자들은 주체성의 근거를 타자성(他者性, altérité) 또는 익명성을 중심으로 이해하고자 하며, 정신과 물질의 관계를 물심일원론 관점에서 논하기도 한다. 굳이 레비나스의 타자성을 염두에 두지 않더라도 만약 자아의 타자성을 자연성에 두고 이야기할 때 나의 생명의 근거는 자연에 있다고 해야 할 것이다. 그 예로 물아일체(物我一體)로부터 자아의 몽상과 정체성을 사색하고 있는 가스통 바슐라르(Gaston Bachelard, 1884~1962)에게 지각의 이미지는 영성의 근원과 우주에의 동질화를 찾는 데 있다. 다음의 예문을 읽어 보자.

> "나는 냇가에서 꿈꾸면서 푸르고 맑은 물, 목장을 푸르게 물들이는 물에 나의 상상력을 바치는 것이다. 깊은 몽상에 잠김이 없이, 또 나의 행복을 다시 보지 않고는 냇가에 앉을 수가 없다. 그것이 고향의 물이나 시냇물이어야 한다는 것은 필요치 않다. 무명의 물도 나의 모든 비밀을 알고 있다."[19]

---

19 《물과 꿈》, 가스통 바슐라르, 이가림 옮김, 문예출판사, 1980, 22쪽.

위의 글을 읽으면서 건네 오는 주요 단어는 자아, 자연, 지각, 몽상, 비밀 등에 관한 것이다. 그리고 그 감상을 적어 보았다. "자연에 나의 자아를 맡기고 거기에 침잠하며 시간 가는 줄 모르고 앉아 있는 사념 속에 작은 시냇물 소리를 들으며 깊은 몽상에 빠져들어 자연의 품에 안겨 비로소 생명을 만들었던 최초의 음성을 몸으로 느끼면서 나의 모든 비밀을 엿듣곤 한다." 물질적 현상들에 대한 나의 지각이 없다면 나와 자연 사이의 내연적 관계, 그리고 그 배후에 있는 비밀의 소리를 들을 수가 없다. 사실 내가 자아와 자연세계의 깊은 관계를 이해하는 데 명확한 이성적 사고는 필요하지 않다. 그저 느끼는 대로 자연의 소리와 냄새를 맡고, 이것들에 사로잡혀 몽상에 빠지고, 나의 의식 깊은 곳에 있는 내면의 세계를 찾고자 하면 된다. 필자가 이런 예시를 들고자 하는 이유는 바로 베르그송의 신체 지각과 물질적 이미지, 그리고 직관을 이해하기 위해서다. 그리고 그가 물질세계에서 보았던 애매성의 실체를 이해하기 위해서다.

애매성은 존재의 실체를 이해하고자 할 때 명확성과 극명하게 대조되는 철학적 관념으로서 출발한다. 그리고 형이상학적 사유의 문제로 귀결되고 있는 애매성은 세계, 타자, 시간 속에 내재되어 있는 존재의 '있음'과 시간적 속성을 탐구한다. 만약 그 애매성이 베르그송에게 있어 정신과 물질의 관계 속에서 존재의 이면을 드러내는 하나의 물질적 이미지로서 존재하는 것이라면, 우리는 그가 말하는 지각 이미지를 통해 그 너머의 이미지도 가정해 볼 수 있다.[20] 따라서 물질적 이미지는 필연성에 의해

---

20 베르그송에게 있어 물질적 이미지는 지각의 대상이면서도 그 자체로 애매성을 지니고 있다. 즉 그 이미지는 직관의 대상이 될 수 있는 지속의 이미지이기도 하다. "베르그손 철학의 전체에서 볼 때 이미지는 지속의 개념으로부터 이해해야 한다. 베르그손의 지속은 무엇보다 질적 변화를 의미하는데, 이 질적 변화는 우주 전체에서 나타나는 존재 방식이다. 그것은 끝없는 파동적 흐름 속에서 각 영역마다 고유한 리듬을 보여준다. 우리의 지각에 나타난 구체적 특성들은 이 연속적인 질적 변화를 우리 방식으로 순간 속에서 파악한 것이

지배되는 표상적인 이미지로 머물고 있는 것이 아니라 비결정성의 이미지를 숨기고 있기 때문에 경험과 직관의 영역, 즉 애매성을 형성하고 있다는 것은 분명하다. 이런 의미에서 베르그송에게 있어 지각은 물질적인 순수지각을 전적으로 뜻하는 것이 아니라 그런 지각 행위에 숨겨져 있는 순간의 의식을 직관하는 것에 철학적 의미를 갖고 있다. 일반적으로 순수지각은 물질을 의식하는 시간적·촉각적 행위이지만 그는 이런 지각의 이미지를 넘어서 있는 정신적인 것을 직관하고자 한다.

베르그송은 이미지에 대한 이해를 경험주의적 관점에서 시작하며 신체 지각을 통해 표상된 외부세계에 대한 경험적 이미지를 중시한다. 그리고 여기서 얻어지는 표상적인 이미지들은 실재론 또는 관념론의 어느 한 입장에서 지지될 수 있는 지각 이미지를 구성하지 않는다. 즉 실재론적 입장에서 지각을 가져오는 물질적 실재를 인정하는 것이며, 관념론적 입장에서 그런 실재는 이미지들로서 자신을 구성한다는 것이다. 그렇게 그에게 지각 이미지는 물질적 표상으로서 이해되지만 지각에 의해 획득된 그런 물질적 이미지는 정신적인 명증성에 귀속될 수 있는 속성을 지닌 것은 아니다. 그것은 지각의 내·외부의 작용으로부터 발생한다. 이런 측면에서 그것은 애매성의 성격을 갖고 있다. 그리고 물질세계는 물질적 전체로서의 실재 또는 지각 이미지의 총체로서 여겨진다.[21]

그는 마치 경험주의자처럼 사물세계를 실재로서 인정하지만 다른 한

다. 바로 이 순간적으로 파악된 존재자를 그는 이미지라고 부른다."(《물질과 기억, 시간의 지층을 탐험하는 이미지와 기억의 미학》, 황수영, 그린비, 2006, 59쪽)

21   베르그송은 왜 신체 내의 신경계와 운동에 관심을 갖는가? 그런 메커니즘은 하나의 표상체계를 구성한다. "나는 내 신체를 유입신경들과 유출신경들, 그리고 신경중추들과 더불어 고찰한다. (…) 내 지각 중추들의 내적 운동들 속에서 모든 것은 변한다. (…) 나의 지각은 이 분자적 운동들의 함수이며, (…) 신경계와 그것의 내적인 운동들의 이미지는 가정상 특정한 물질적 대상의 이미지에 지나지 않으며, 나는 물질적 우주를 그 전체 속에서 표상하기 때문이다."(《물질과 기억》, 45~46쪽)

편 직관주의자로서 지속이 적용될 수 있는 그 배후의 세계를 암시한다. "비록 당신이 나의 의식을 제거한다 하더라도, 물질적 우주는 본래대로 존속한다. 단지 당신이 사물들에 대한 나의 행동의 조건이었던 지속의 이 특별한 리듬을 제외했기 때문에, 이 사물들은 과학이 구분하는 그만큼의 순간들로 분절되면서 (…)"[22] 본질적으로 이 세계는 지속의 리듬을 갖고 존재함에도 불구하고 과학적 지성은 그런 세계를 법칙에 의해 나눌 뿐이다. 표상과 이미지들은 자신들을 통해 숨기고 있거나 그 배후에 존재하고 있는 실체를 반영한다. 그런데 그 실체는 물질 그 자체가 아닌 것은 분명하다. 따라서 경험주의적 입장에서 경험적 이미지들을 생산하는 물질적 실재는 인정되지만 이것이 실체의 지위를 갖고 있는 것은 아니다. 물질세계는 과학과 지성의 이름으로 파악될 수 있는 표상적 질서를 획득하고 있지만 이것은 이미지들의 총체로서 체계화된 것일 뿐이다.

베르그송은 《물질과 기억》에서 고전적 전통에서 말하는 실재 또는 표상과는 구분되는 새로운 의미의 개념적 의도를 지닌 물질적 이미지에 관해 설명한다. 그는 이미지들의 총체가 물질이라고 말한다. 여기서 물질은 표상에 물적 근거를 둔 것이 아니라 실재성을 지니고 있는 것이며, 다만 그 자체로 배타적으로 존재할 수 있는 물질적 실체로서가 아니라 외부세계에 작용하거나 반작용하면서 다양한 이미지들의 출현을 가져올 수 있는 실재성을 지닌다. "나는 (지각) 이미지들의 전체를 물질이라고 부르고, 나의 신체라는 어떤 결정된 이미지의 가능적 행동에 관련된 이 같은 이미지들을 물질에 대한 지각이라고 부른다."[23] 그에게 있어 물질적 이미지는 정확히 말해 실재와 표상 사이에 위치하는데, 바로 여기서 이미지 자

22 《물질과 기억》, 347쪽.
23 《물질과 기억》, 45쪽.

체가 갖고 있는 애매성의 개념이 나타난다. 그에게 있어 물질, 정신 등은 각각의 수많은 이미지 가운데 실재하는 것처럼 보이며 대부분의 이미지는 지각에 의해 주어진다.

특히 그는 신체 지각에 주목해서 정신과 물질 사이의 양립 불가능성을 해소할 수 있는 철학적 일원론을 지지한다. 그러나 그는 신체 또는 지각 중심주의를 주장하는 것은 결코 아니며, 다만 지각의 내부에 깊이 내재된 잠재성 또는 비물질적인 에너지를 찾고자 한다. 즉 그는 물질 자체를 지각하는 순수지각에도 신체 지각의 잠재성이 존재한다는 것을 인정한다. 그는 감각들이 신체의 밖에서 지각된 이미지들이 아니라 신체 자체 속에 위치한 정념(affection)이라는 것에 주목한다. "우리 신체의 이른바 감각적인 요소들 각각은, 그것이 일상적으로 지각하는 외적 대상들에 관해, 그것의 잠재적 행동과 같은 종류에 속함에 틀림없는, 자신의 고유한 실제적인 작용을 가진다."[24] 그런 신체 지각의 잠재성은 지각 자체에 이미 내재하며, 지각을 발생시키는 것처럼 보이는 신체는 정신에 대해 배타적인 실체의 개념을 갖지 못하며 지각 이미지들부터 구성된 하나의 실재라는 것이 밝혀진다.

신체적 행동의 잠재성과 지각에 관한 이해는 다음과 같은 문구들을 통해서도 확인할 수 있다. "우리 신체에 대한 사물들의 잠재적 작용과 사물들에 대한 우리 신체의 잠재적 행동이야말로 우리의 지각 자체이다."[25] 여기서 신체의 잠재적 행동은 물질성에 귀속되지 않는 것처럼 보인다. 이와 같이《물질과 기억》에서 설명되고 있는 신체와 지각의 관계 등에 대한 베르그송의 과감한 가정과 실증적인 그의 주장들은 메를로퐁티의 지

---

24 《물질과 기억》, 94쪽.
25 《물질과 기억》, 384쪽.

각이론에 상당한 영향을 미친 것으로 추측할 수 있다. 그리고 그에 의해 설파되었던 주장, 즉 결과적으로 순수지각과 정신적 기억 사이에는 본성상의 차이가 없고 정도의 차이만이 발견된다는 주장은 당시의 인류학적·생물학적 인간 이해에 적극적으로 반기를 들고 나선 것으로 감성적 심령주의를 지지하고 있는 레비나스의 입장과도 거의 일치하는 부분이다.

이렇게 신체뿐 아니라 우주도 경험주의적 실재의 세계로 구성되며, 우리가 알고 있는 자연법칙은 여기서 발생하는 모든 현상을 우리에게 지각된 이미지들의 총체 속에서 서로가 서로에게 연관되어 있는 것처럼 보이게 한다. "모든 이미지는 어떤 이미지들에는 내적이고, 또 어떤 이미지들에는 외적이다. 그러나 이미지들의 전체에 대해서는 그것이 우리에게 내적이라고 말할 수도, 외적이라고 말할 수도 없다. 왜냐하면 내재성과 외재성은 단지 이미지들 사이의 관계이기 때문이다."[26] 그에게 있어 모든 존재는 서로 작용하면서 물질적 이미지들을 만들어 낸다. 그리고 이런 이미지들은 지각의 대상이지만 그 자체로 실체-이미지로서 존재하는 것은 아니며 물질적 우주 속에서 작용하는 실재-이미지들이다. 베르그송에게 정신과 물질은 각각의 실재적 이미지를 지니고 있지만 그렇다고 두 개의 실체가 각각 인정되는 것은 아니다. 그에 따르면 물질은 기억 없는 정신이기 때문에 정신적 실체 중심의 일원론의 철학이 주장될 수 있다.

실제로 우주 자체는 우리가 알고 있는 이미지들의 총체이면서 이것들은 실재를 반영하는 경험의 영역으로부터 주어져서 신체 지각에 의해 표상되는 속성을 지닌다. 그에 따르면 이미지는 실재와 표상 그 사이에 위치해 있으면서 실재를 반영하는 물질적 이미지이면서 일차적으로 지각의 영역에서 자신을 드러낸다. 그런 지각의 영역은 바로 신체의 잠재성

---

26 《물질과 기억》, 51쪽.

에 의해 확보되는 공간이기도 하다. "모든 일이 진행되는 모습을 볼 때 내가 우주라고 부른 이 이미지들의 총체 속에서, 그 유형이 내 신체에 의해 제공되는 어떤 특별한 이미지들을 매개로 하지 않고서는 진정으로 새로운 것은 산출될 수 없는 것 같다."[27] 즉 신체에 의해 모든 이미지들이 제공된다는 것은 이런 이미지들이 신체 지각의 대상들이라는 것이다.

여기서 베르그송이 신체에 주목한 이유는 신체 지각과 그 활동이 정신적인 것과 배타적인 이항 관계를 구성하는 것이 아니라 정신세계의 수축(contractions)으로서 신체 이미지 또는 이와 관계된 외부세계를 승인하고 있기 때문이다. 예를 들어 기체의 응축 상태가 액체이고, 액체의 응고 상태가 고체가 되는 상황을 떠올려 보자. 이런 상관관계에서 물질적 성분은 변함이 없다. 그래서 그가 정신의 존재와 그 범주를 인지한다는 것은 물질과 지각의 이미지들 속에서도 정신의 잠재적인 차원이 직관될 수 있다는 것은 아닐까?[28] 따라서 지각으로부터 구성된 물질적 이미지들은 물질성 그 자체에 의해 제한되지 않는다.[29]

---

27 《물질과 기억》, 39쪽. "나의 신체는 물리적 세계의 전체 속에서 다른 이미지들처럼 운동을 받고 되돌려 보내면서 작용하는 이미지이며 (…)."(《물질과 기억》, 41쪽)

28 베르그송에게 있어 정신은 기억으로서 존재하며, 이것도 부분과 전체의 기억들로 나뉜다. 부분 기억(souvenir)이 물질적 이미지로 강요된다면 전체 기억(mémoire)은 정신적 이미지로 팽창한다.

29 들뢰즈도 이미지는 물질이라고 말한다. 그렇다고 이것이 순수 물질을 의미하지는 않는다. 베르그송에게 있어 물질-이미지는 무엇인가? "다시 말해, 지각된 것, 현상, 즉 이미지가 **주관 안에 존재하는 주관적이고 내적이며 정신적인 어떤 것이 아니라, 주관 밖에 존재하는 외적이고 객관적인 것이며 물질적(혹은 물리적)인 것이라고 말하는 것이기 때문이다.**"(조현수, 《물질과 기억》 1장에서 펼쳐진 의식의 연역과 그 의미〉, 《철학연구》 제97권, 2012, 145쪽) 이와 같은 일부 논자의 주장은 물질적 이미지가 기계적 운동과 논리에 전적으로 귀속될 수 있는 여지를 가져올 수 있다. 우리는 물질적 이미지가 지각의 대상으로서 경험적 실재를 추정케 할 수 있다는 데 동의할 수는 있지만 그것이 사물의 물질성을 표상하기 위해 존재하는 것만은 아니라는 점을 강조하고자 한다. 베르그송은 실재와 표상이라는 경험주의적 전통에서의 두 대립을 해소하기 위해 '물질 이미지'라는 절충적 개념을 마련했다.

베르그송에게 있어 존재는 전체로서의 세계 안에 위치하며, 우리가 일반적으로 이런 세계를 물질세계라고 부르는 것은 그 세계가 지각 가능한 세계이거나 신체 지각에 의해 물질적 이미지를 만들어 내기 때문이다. 우리는 여기서 한 걸음 더 나아가 신체 지각에 의해 우연적으로 인지된 외부세계의 물질적 이미지가 기억-이미지로 변환되고 있음에 주목해 볼 수 있다. "이미지-기억들은 본질적으로 달아나는 것들이기 때문에 단지 우연적으로만 구체화된다. 우리의 신체적 태도가 우연히 정확하게 규정되어 그것들을 유혹하건, 이 태도의 비결정성 자체에 의해 그것들의 변덕스러운 출현이 자유롭게 일어나게 되건 간에 사정은 마찬가지다."[30] 즉 그는 모든 지각 이미지들 가운데 그렇게 달아나는 기억-이미지들이 실제로는 비결정성 때문에 비롯된다는 것을 밝힌다. 베르그송에게 정신-기억-지각은 분해될 수 없는 주체 자신의 영역이다. 데카르트에게 정신이 존재한다는 것은 '생각하는' 것이 있기 때문에 밝혀지듯이 마찬가지로 베르그송에게 정신이 존재한다는 것은 '기억하는 것'이 있기 때문에 밝혀지며 기억이 있다는 것은 '지각하는' 것이 있기 때문에 드러난다.

전통적으로 형이상학은 신과 무한성의 관념을 사유해 왔으며, 베르그송은 그런 형이상학을 정신을 정점으로 세계와 물질 그리고 신체 이미지들로부터 재구성한다. 그의 철학은 신비주의적 영성과 생리적·실증적 과학관을 접목하며 물질세계에 생기를 불어넣는 삶의 세계를 구축한다. 이런 세계가 정신적 명상이나 사유를 여과해서 얻어지는 것이 아니라는 점에 주목해 보자. "정신은 물질로부터 지각들을 빌려 와 거기서 자신의 양분을 이끌어 내고, 자신의 자유를 새겨 놓은 운동의 형태로 물질에게 지

---

30 《물질과 기억》, 184쪽.

각들을 돌려준다."[31] 그에게 있어 지각 이미지들은 마치 물질의 옷을 입고 있는 것처럼 보인다. 그러나 물질과 지각 사이에도 애매성은 여전히 존재한다. 지각은 단순히 감각 정도로 그치지 않기 때문이다.

인간은 정신과 신체를 가진 존재다. 그 정신은 순수기억이라는 영성과 물질적(또는 회상적) 기억을 갖고 있다. 그리고 물질적 의식은 신체 지각에 관여한다. 따라서 단순한 지각일지라도 여기에는 정신적 소여가 이미 들어가 있다. 근본적으로 베르그송의 철학에서 실체 그 자체는 존재와 세계 사이의 수많은 이미지가 만들어 낸 다의성 가운데 드러나며, 신체라는 중추적 이미지도 우주의 운동과 작용들 가운데 실재로서 인정되는 다의성의 결과다. 그리고 신체는 세계와의 관계를 선택적으로 표상하는 제한적인 도구로서의 역할을 한다. "나의 신체는 물리적 세계의 전체 속에서 다른 이미지들처럼 운동을 받고 되돌려 보내면서 작용하는 이미지이며 (…)."[32]

사실 그에게 있어 우주적인 전체는 표상들의 체계로서 자신을 드러내며, 이런 것들이 인간의 정신이나 신체로부터의 표상이라고 주장하는 것은 의미가 없다. 우주를 바라보는 인간의 신체적인 표상도 전체적인 표상의 일부로부터 존재하는 것이지만 전체적인 표상에 영향을 주지는 못한다. 즉 신체도 하나의 이미지다. 이에 비해 지각은 사물에 대한 잠재적 행동을 측정한다고 한다.[33] 본질적으로 베르그송이 주목하고자 하는 것은 지각에 내재되어 있는 기억과 잠재성의 영역이다. 기억은 현재화를 진행하는 지각에 투사되어 나타난다.

---

31 《물질과 기억》, 409쪽.

32 《물질과 기억》, 41쪽.

33 《물질과 기억》, 299쪽.

"지각은 생명체(l'être vivant)의 행동 능력, 즉 받아들인 진동을 이어 나갈 운동 또는 행동의 비결정성을 표현하며, 그것을 측정한다. 우리가 보여준 바 있듯이 이 비결정성은 이미지들에 대한 반사로 표현되거나 또는 차라리 우리 신체를 둘러싸고 있는 이미지들의 분할로 표현될 것이다."[34]

외적 세계에서 신체는 지각 이미지들을 가능케 하는 가장 중추적인 이미지이며, 이것에 의해 존재하는 모든 것은 감각적 외적 세계에 위치해 있는 것처럼 보이지만 그것들의 내연(內緣)은 본질적으로 비결정성과 잠재성을 지니고 있다. 이제 그런 관계는 신체 지각이 아니라 의식의 직관에 의해 파악되어야 한다는 여지를 남긴다. 다음의 주장을 들어보자.

"우리는 물질의 감각적 성질들 자체는, 만일 우리가 우리 의식을 특징짓는 지속의 이 특별한 리듬으로부터 그것들을 분리해 낼 수 있다면, 더 이상 밖으로부터가 아니라 내부로부터 그 자체로 알려질 수 있다고 말할 것이다. (…) 우리의 잇따르는 지각들은 우리가 지금까지 가정했던 것처럼 결코 사물들의 진정한 순간들이 아니고, 우리 의식의 순간들이다."[35]

베르그송에게 순수지각은 가장 낮은 단계의 정신이며 기억 없는 정신의 일부인 것처럼 여겨진다. 따라서 그가 정신과 물질의 세계를 아우르는 통일적인 실체의 차원을 예단하려고 했던 것은 사실이다. 그는 물심일원론에 의해 대립된 세계를 통합하려고 하지만 결국은 정신 자체의 세계, 좀 더 정확히 말하자면 스스로 약동하면서 존재하고자 하는 지속의

---

34 《물질과 기억》, 114쪽.
35 《물질과 기억》, 122쪽.

세계를 확보해 나가고자 한다. "순수지각이 우리를 위치시킬 곳은 진실로 물질이며, 우리가 이미 기억과 함께 파고 들어갈 곳은 실제로 정신 자체이다."[36] 그래서 데카르트에게 있어 코기토가 단순히 생각함의 차원을 넘어서서 주체의 확실성을 가져다주는 근거이고 신으로부터 주어진 내적 완전성을 가정하는 것이라면, 베르그송에게 있어 지각 행위는 사물을 단순히 감각하고 인지하는 정도가 아니라 감각 자체를 넘어서 있는 정신적 지속을 파악하도록 요구받는다.

〈그림4〉 칸딘스키, 〈노랑, 빨강, 파랑〉(1925). 무형적 대상, 즉 소리와 리듬은 비공간적 움직임을 갖고 선과 색채로 표현된다.

왼쪽의 작품을 눈여겨 보자. 바실리 칸딘스키(Wassily Kandinsky), 마티스 등의 현대 작가들도 지각 행위의 예술을 통해 그들이 지향하고자 하는 정신적 가치의 세계를 추상 또는 반추상화로 적극적으로 표현한다. 예를 들어 칸딘스키의 회화 예술에서 예술적 이미지는 '사물 그 자체의 지각' 또는 공간적 구상이라는 전통적인 이해를 떠나 작가의 내면적인 관념을 회화적 이미지로 나타낸다. 즉 실재(實在)가 무엇인지에 대한 미학적 관심이 즉물적인 대상 세계와 이것이 옮겨질 공간의 구도로 기획되는 것이 아니라 작가의 내면세계로 향하게 된 것이다. 작가의 내적 의식에 의해 마련된 형상(形像)이야말로 사물적인 지각에 의해 주어진 실제적인 대상보다 앞서 존재한다는 것이다.

---

36 《물질과 기억》, 301쪽.

254쪽의 그림을 보자. 형태와 색채의 이미지는 사물세계를 그대로 모방해서 그려진 것이 아니라 정신과 의식세계에서 포착된 소리와 리듬을 공간적 이미지로 드러낸 것이다. 사실 신체적 지각 자체로부터 직접 얻어진 것을 표현한 것이라기보다 의식과 기억 속의 작용을 나타냈다. 지각한다는 것은 무엇일까? 작가는 정신적 지각과 상상을 통해 정신세계의 질서와 리듬을 표상하고자 한 것이 아닐까? 신체적 지각 너머에 존재하는 순간의 의식과 그 투명성을 보는 듯하다. 그래서 마치 베르그송이 말한 순수기억의 한 형상을 이미지로 보는 것 같다. 결론적으로 베르그송은 지각의 심층적 의미에 대해 이렇게 말한다.

"지각하는 것은, 요컨대 무한히 펼쳐진 한 존재의 막대한 기간들을 더욱 강렬한 삶의 더욱 구분된 몇몇 순간들로 응축시키는 것으로, 그렇게 해서 매우 긴 역사를 요약하는 것으로 이루어진다. (…) 그것은 우리가 지각 행위 속에서 지각 자체를 넘어서는 어떤 것을 포착한다는 것을 뜻한다."[37]

즉 지각 이미지는 지속의 역사라는 잠재성을 숨기고 있는 애매성 자체다. 지각은 사물세계를 인지하고 그 내용을 신경계를 통해 의식에 전달하는 메신저의 역할을 하는 것이 아니다. 본질적으로 지각은 이미 그 자체로 살아 있는 역사라고 생각해 볼 수 있다. 다만, '순수지각'은 물질세계에 대한 적극적인 적응을 가져올 수 있도록 물질 운동의 기본적 패턴인 필연성과 인과관계를 인지할 수 있게 하는 지성적인 작용과 상호 관계에 있다. 신체 지각도 생명 활동을 수행한다. 다만 생명체가 신체적 연장성을 지니고 있다고 해서 그것이 물질세계에 종속될 수 있는 것은 아

---

37 《물질과 기억》, 347쪽.

니다.[38] 이제 주목해 보아야 할 점은 베르그송에게 있어 그 어떤 지각이더라도 여기에는 엄청난 수의 순간들이 응축되어 있다는 것이고, 이런 잠재성은 순수지각이나 지성이 아니라 순수기억의 장(場)에서 다뤄질 수 있어야 한다.

(3) 새로운 무한의 관념으로서 애매성의 사유들

현대 철학에서 존재를 구성하는 존재론적인 요소들 즉 지각, 신체, 타자는 오늘날 주체의 주체성을 새롭게 정의할 수 있는 개념들이다. 그렇다면 그 세 가지 요소는 무한성에 관한 전통적인 관념을 어떻게 수용하고 있는 것이며, 시대적인 인간의 가치를 새롭게 조명함에 있어 어떻게 철학적 문제의식을 보여주고 있는 것인가? 이렇게 우리는 베르그송 이후 메를로퐁티, 들뢰즈, 레비나스 등의 현대 사상가들이 지각, 신체, 타자 등에 관한 애매성을 왜 사유하고 어떻게 그 가치들을 발전시켰는지에 관심을 가질 수 있다.[39]

---

38 베르그송에게 있어 신체적인 물질성은 데카르트의 이해와 같이 기계주의에 귀속된다. "물론 생명체도 역시 한 부분의 연장(延長)으로 이루어졌으며, 이것은 그 연장의 나머지에 연결되어 전체와 연대하고 있으며, 물질의 임의의 부분을 지배하는 것과 동일한 물리화학적 법칙에 종속되어 있다."(《창조적 진화》, 37쪽)

39 베르그송에게 있어 지각 이미지는 애매성 그 자체다. 물질적 이미지로 보일 수 있는 부분에서도 그는 의식의 저항과 지속을 사유한다. 이런 이미지에는 물질성의 실재가 자리 잡고 있는 것처럼 보이지만, 만약 그렇다면 지각은 가분적 대상이지만 본질적으로 불가분적 단위로서 존재한다. 예를 들어 우리는 사물의 현상을 관찰하고 그 내용을 시간적으로 측정하고 기록할 수는 있다. 그러나 이내 기억 속에 들어와 남아 있는 감각의 내용을 시간적 순서에 따라 분해할 수는 없다. "의식과 물질, 영혼과 신체는 이처럼 지각 속에서 접촉하게 되었다. 그러나 이 생각은 어떤 측면에서는 모호한 채로 남아 있었다. 왜냐하면 그 경우 우리의 지각, 그리고 우리의 의식도, 사람들이 물질에다 부여하는 분할 가능성을 공유하는 것처럼 보였기 때문이다. 우리가 이원론적 가설에서 지각하는 주체와 지각된 대상의 부분적인 일치를 받아들이기를 자연적으로 혐오하는 것은, 대상이 우리에게 본질상 무한히 가분적으로 나타나는 대신 우리는 우리 지각의 나누어지지 않은 단위를 의식하고 있기 때문이

《방법서설》에서 확실성의 진리를 주장하는 데카르트에게 있어 정신과 물질은 모두 실체의 지위를 부여받고 있으며 명증적인 의미 구조를 갖고 있다. 그래서 사유와 기계적인 운동은 각각의 실체를 본질적으로 구성하는 속성들이다. 그에게 감각 현상은 확실한 인식을 제공할 수 없는 임의성 때문에 불확실한 판단을 가져다준다. 그래서 거기에도 사유 작용이 개입되어야 한다. 이에 반해 이성은 인간에게 우월한 판단 능력을 부여한다. 그러나 베르그송에게 이성은 지적 판단을 가져오는 인지적 능력일 뿐이다. 그에게 정신은 어떤 의미를 지니고 있는가? 첫째, 그는 물질적 실재와 그 이미지들을 정신적 실체를 중심으로 이해하고자 한다. 둘째, 그는 인간의 정신을 지성의 이름으로 제한하여 보는 것이 아니라 생명의 지속성을 근거로 해서 보고자 한다. 이런 중요한 측면들은 베르그송의 철학이 데카르트 이후 새로운 시대정신을 창안해 나갈 수 있는 가치들을 시사해 준다.

그렇다면 베르그송은 어떻게 새로운 정신의 차원을 개진해 나가고 있는가? 그에게 있어 정신과 물질은 각각 다른 실체를 구성하지 않는다. 물질도 기억 없는 정신일 뿐이다. 그가 생각하는 정신의 실체도 시간의 관념과 '있음'의 물질성과 결부되어 있다. 왜냐하면 존재는 생명 자체이기 때문이다. "생명이 순수의식이라면 또는 차라리 의식 초월적인 것이라면 그것은 순수한 창조적 활동성일지도 모른다. 실제로 생명은 무기물질의 일반 법칙에 종속된 유기체에 얽매여 있다. 그렇지만 사태가 진행되는 모습은 생명이 이러한 법칙을 넘어서기 위해 가능한 최선을 다하고 있는 것처럼 보인다."[40] 베르그송에게 있어 생명의 세계에서 스스로 창조하는

다."《물질과 기억》, 365쪽)

40 《창조적 진화》, 367~368쪽.

힘은 자유로운 행위의 본질이며, 지속의 실현을 위해 출산과 같은 행위에서도 물질적 경계를 넘어서고자 하는 생명의 약동을 발견할 수 있다. 그런데 바로 이 점, 즉 초월의 의식 또는 순수지속이 자신을 실현하기 위해 다시 새로운 물질성과 결부되어 재활한다는 점에 착안하도록 하자.

생명의 본질은 물질세계에서 부단히 자신을 실현하고자 하는 약동에 있다. 현실세계에서 물질성은 비결정성의 생명의식과 더불어 실존을 구성하며, 그런 물질성의 현상에서 생명을 영위해 나가기 위한 정신적 '있음'의 잠재성 또는 애매성을 발견할 수 있다. 예를 들어 한 어미의 뱃속에 있는 새끼의 경우, 일정한 수태 기간이 지나 더 이상 그곳에 머물 수 없고 바깥으로 출산됨으로써 한정된 그곳의 물질적 공간을 넘어서 자신의 생명을 실현할 수 있다. 그리고 태어난 그 생명은 물질세계의 죽음과 신체적 한계를 뛰어넘어 다시 새 생명을 잉태하지 않는가.

오늘날 새로운 사유의 세계는 인간의 탈(脫)이성적인 본성에 더욱 많은 관심을 갖게 되었고 지각, 신체, 타자 등은 인간의 정체성을 새롭게 이해하려는 지적인 동기들을 갖는다. 특히 베르그송이 비결정성에 관한 심층적 사유를 제기한 이후 메를로퐁티, 들뢰즈, 레비나스 등에 의해 본격적으로 던져진 애매성에 관한 존재 물음이 현대의 형이상학적 사유를 발전시켰다고 해도 과언이 아니다. 말하자면 그들에게 삶의 지속과 무한성 그리고 세계와의 소통을 위한 '근원적 형이상학'은 이성 중심적인 시야를 벗어나 인간의 신체와 사유 자체를 초월해서 애매성이라는 실루엣으로 감춰져 있던 삶의 실체를 사유하기 시작한 것이다.

형이상학은 현상 배후의 것들을 들여다보고 그 내부를 근본적으로 사유해 나간다. 그리고 그 숨겨진 지대가 바로 신체, 지각 그리고 타자의 영역 속에서 현대의 사상가들에 의해 심층적으로 사유된다고 볼 수 있다. 필자는 베르그송이 남긴 철학적 여파 속에서 애매성의 형이상학과 그 현대적 사유가 어떻게 개념화되고 있는지를 '신체적' 지각, '분화로서의' 지속, '타자에의' 약동이라는 관점에서 각각 살펴보고자 한다. 그리고 필자는 위의 관점들을 각각 발전시키고 있는 메를로퐁티, 들뢰즈, 레비나스의 철학이 베르그송과의 차별화를 시도하면서 데카르트의 코기토의 정신을 어떻게 극복하고 있는지 설명해 나가고자 한다.[41]

---

41 "메를로퐁티는 데카르트가 아르키메데스의 점에 놓았던 반성적 코기토를 몸에서 일어나는 묵시적 코기토로 대체했다." (김상환, 〈프로이트, 메를로퐁티, 그리고 새로운 신체 이미지〉, 《프랑스철학》 제5집, 한국프랑스철학회, 2011, 44쪽)

2장

지각, 신체, 타자의 애매성:
메를로퐁티, 들뢰즈, 레비나스

(1) 베르그송과 메를로퐁티: 지각의 초월성으로

베르그송 이후 애매성에 관한 현대적 사유는 메를로퐁티의《지각의 현상학》(1945)과《보이는 것과 보이지 않는 것(Le Visible et l'invisible)》(1964) 등에서 진척되고 있는 지각이론을 중심으로 시작되었다고 해도 과언이 아니다. 그리고 그는 현대 철학자들 중에서 애매성의 철학을 주장한 대표적인 학자다.[42] 그는《지각의 현상학》에서, 특히 칸트의 선험성과 데카르트의 원근법주의가 지성주의에 바탕을 둔 것이라고 비판하며 신체 지각이 갖고 있는 자연적인 원초성과 문화적 통각으로서의 가능성 등을 기초로 지성에 귀속될 수 없는 신체적 반응의 자율성 등을 제시한다. 더 나아

---

42 "메를로퐁티는 순수 반성 이전의, 또는 객관적 사유 이전의 현상으로 돌아가 기존의 주객 문제와 심신 문제를 해소 또는 해결하려 한다. 그 현상은 주체와 대상 또는 정신과 물질의 경계가 불분명한, 비(非)반성적이고 선객관적인 영역이다." (주성호, 〈메를로퐁티의 육화된 의식: 애매하고 모호한 인간존재〉,《철학사상》제43호, 철학사상연구소, 2012, 289~290쪽) "메를로퐁티의 철학적 반성은 데카르트의 반성처럼 반성하는 자아에 대한 투명한 자아성(ipséité)을 정립할 수 있는 명증성과 같은 것이 아니다. 왜냐하면 메를로퐁티의 반성은 언제나 반성적 사유가 반성되지 않은 또는 이전적인 것이 지니는 암시적 영역을 전제로 하고 있다."(《메를로퐁티와 애매성의 철학》, 김형효, 철학과현실사, 1996, 17쪽)

가 《보이는 것과 보이지 않는 것》에서 '애매성' 그 자체로서의 신체에 대한 이해, 즉 '살의 현상학(phénoménologie de la chair)'을 개진하기 시작한다.

학문적 영향 관계에서 메를로퐁티를 베르그송의 후예라고 부른다. 지각의 형이상학과 관련해서는 더욱 그렇게 여겨진다. 즉 지각의 잠재성이라는 부분에서 지각은 사물세계를 단순한 인지하는 감각 행위를 수행하는 것이 아니라 존재 자신을 상위의 원천으로 인도하는 역할을 하는 것이다. 그래서 그는 이성적 사유를 중시하는 이른바 반성철학을 극복하고 지각 중심주의를 발전시켜 신체 주체와 세계 사이의 통일성을 지향하는 '살의 현상학'을 주장한다. 이런 존재론적 착상은 베르그송의 정신 중심 일원론을 더욱 완전한 형태로 진작한 신체 중심의 일원론이라고 평가받을 수 있다.

예를 들어 신적 존재가 영혼의 원천이라고 하듯이, 자연은 바로 신체의 그것이라고 할 수 있다. 영혼이 신의 분신이라면 신체는 자연의 분신이고, 영혼이 신의 부름을 받는다면 신체는 지각에 의해 자연세계로 귀환하고자 한다. 따라서 인간은 신체 주체로서 그런 세계 속에서 자신을 바라보고 거기에 위치시킨다. 사실 전통적으로 서구 사상에서 자연은 물질이며 법칙에 따라 지배되는 공간으로 생각되어 왔다. 이것은 이원론적 세계관이 존재해 왔음을 의미한다. 이런 점에 비추어 메를로퐁티가 자연의 지위를 절대적 존재로 올려놓은 것은 매우 획기적인 생각의 전회라고 볼 수 있는데, 세계와 주체의 관계는 마치 노자(老子)가 말한 물아일체와 거의 다를 바가 없다.

262쪽의 그림에서 제시한 신체의 시(視)근육과 신경계의 기능은 단순히 물활론(物活論)을 반영하는 것이 아니라 유기체로서 활동하고 있는 신체의 메커니즘을 가정한다. 그래서 이런 구조를 가진 신체 기관과 모든 기계적 유기체는 자연적인 실체를 구성한다. 데카르트는 이렇게 주

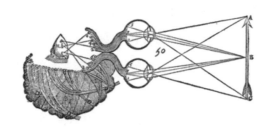

장한다. "동물은 정신
을 전혀 갖지 않고 있
고, 기관의 배치에 따
라 작동하는 것이 바
로 그의 자연이며, 이
는 바퀴와 태엽만으로
만들어진 시계가 우리
의 모든 능력 이상으

〈그림5〉 데카르트의 신체 기관은 유기적인 회로와 같이 구성되며
특히 동공의 구조는 외부세계를 원근법적 시각에 의해 재단한다.
(Descartes, *L'Homme de Rene Descartes*, Paris: Charles Angot, 1664. : Ministère
de l'éducation nationale, Œuvres de Descartes, L. Cerf, 1897)

로 정확하게 시간을 헤아리고 때를 측정하는 것과 마찬가지다."[43] 이 점
은 메를로퐁티가 생각한 신체 이해와 매우 상반되는 견해다. 데카르트는
자연을 마치 기계 그 자체와 다를 바가 없다고 판단하지만, 메를로퐁티는
그것을 살아 있는 유기체로서 이해하며《지각의 현상학》에서 데카르트의
원근법주의는 사물세계를 재단하는 지성주의의 오류라고 비판한다.

무엇보다 그에게 있어 실존의 문제는 주체가 신체공간으로서의 세
계 안에 위치해 있다는 것에서 밝혀지며, 이런 세계는 사고에 의해 표상
된 공간이 아니라 신체주체와 더불어 상호 감각적인 통일성을 형성한다.
"심장이 유기체 안에 있는 것처럼 고유한 신체는 세계 안에 있다."[44] 신체
없이 세계가 사유될 수 없고, 세계 없이 신체는 존재하지 않는다. 그리고
지각은 그들 사이의 유기적 관계이며, 세계에 반응하는 신체의 고유성이
다. 따라서 지각은 세계 또는 자연과의 내적 소통을 쥐고 있는 신체적 주
체의 탁월한 행위다. 이것은 단순히 대상을 인지하는 감각적 행위가 아
니라 세계 내에 존재하고 있는 신체가 자신의 원천을 향해 근본적으로

---

43 《방법서설》, 216쪽.
44 《지각의 현상학》, 311쪽.

움직이는 존재의 필연적 행위를 가져온다.

메를로퐁티에게 있어 지각은 신체 주체가 사물세계에 반응하는 것에서 발생하지만 세계와 끊임없이 교섭하면서 세계로 향하는 존재론적 운동을 한다. 그래서 존재는 '세계에로의 존재(l'être au monde)'라고 불린다. 세계는 신체 주체보다 훨씬 큰 자연적 유기체이며, 나의 신체는 거기에 귀속되어 있기 때문에 근본적으로 나와 세계는 지향적인 관계에 놓여 있다. 즉 정신의 선험성이 아닌 신체의 선험성은 그런 지향적인 관계 속에서 선취된다. "우리가 우리의 신체에 의해서 세계에 존재하는 한, 우리의 신체로 세계를 지각하는 한, 세계의 경험을 세계가 우리에게 나타나는 대로 소생시키는 것이 필요할 것이다. (…) 왜냐하면 사람들이 자신의 신체를 가지고 지각한다면 신체는 자연적 자신(un moi naturel)이자 말하자면 지각의 주체이기 때문이다."[45] 예를 들어, 신체 주체는 바깥의 공기를 들이마시면서 숨을 쉰다. 내가 호흡을 하고 멀리 있는 산을 보며 나뭇가지에 앉아 있는 새들이 지저귀는 소리를 듣곤 하는 것은 내가 세계를 마주하고 있는 유일한 신체공간이다. 이렇게 나의 신체와 세계는 지각을 통해 불가분하게 얽혀 있다. 따라서 메를로퐁티가 생각하는 세계는 사유 안에서 추상적으로 재구성된 것이 아니라 나의 신체와 더불어 있는 신체공간이다. 여기서 신체는 자연적인 나 자신이라고 말할 수 있다. 또한 나의 마음을 추스르기 위해 산과 바다가 있는 자연을 찾아 휴식을 얻을 수 있고 심신의 정화를 가져올 수 있다는 것은 신체와 자연이 서로 닮아 있기 때문에 가능하다. 따라서 신체는 자연의 일부이고 그 성분을 갖고 있다.

메를로퐁티에게 있어 그렇게 신체는 자연적인 주체의 지위를 갖는다. 데카르트의 코기토가 인간을 스스로 대자적인 존재로 만든 필연성을 지

---

45 《지각의 현상학》, 316쪽.

닌 반면, 지각은 그런 사유 중심적인 코기토와 같이 외부세계를 정신적 주체에 의해 구성하거나 표상하는 것이 아니라 이미 세계에 위치해 있는 인간의 원천적인 존재 이유를 실현하도록 요구한다. 따라서 메를로퐁티에게 지각 행위의 탈자성(脫自性)은 주체성을 세계로 열게 하는 본성이다. 그리고 행위는 초월적 주체성을 논할 수 있는 근거가 된다. 여기서 주체성의 탈자성을 다음과 같은 부분에서 검토할 수 있다.

> "주체성이기 위해 **타자**에게로 열리는 것, 자기에게서 나오는 것은 시간에 본질적이듯 주체성에 본질적이다. 우리는 주체를 구성하는 자로서, 주체의 많은 경험들이나 **체험**들을 구성된 것으로 표상해서는 안 된다. '선험적 나(Je transcendantal)'를 참된 주체로서, 경험적 나를 그 그림자나 흔적으로 취급해서는 안 된다."[46]

그리고 가장 구체적인 신체 지각에서 그런 탁월한 운동이 포착된다. 예를 들어 '나는 어디에 있는가?'를 생각하는 것에서 나의 확실성을 발견하는 것이 아니라 '여기 이렇게' 소파에 앉아 신문을 보며 열린 창문을 통해 들려오는 아이들의 뛰어노는 소리를 듣고 있는 나, 이렇게 나는 존재하는 것이다. 어떻게 보면 지각은 이미 세계를 사유해 나가는 행위와 같은 것이다. 이렇게 본다면 신체 주체의 지각 행위는 대상의 통일성을 가능케 하는 코기토의 지위를 갖고 있다. 지각은 근본적으로 우주, 세계와의 만남을 가능케 하는 형이상학적 사건이며, 지각 행위는 우주에 대한 총체적인 지각을 반영한다. 그렇기 때문에 지각은 지성적인 정신에 앞서 나와 세계의 관계를 이미 선취하며 세계와의 내재적 소통을 가능케 하는

---

46 《지각의 현상학》, 637쪽.

초월의 근거다.

 다만 여기서 주의할 점은 메를로퐁티가 주체의 초월성을 말할 때 이것이 칸트나 베르그송 등이 사용했던 선험성과 구분된다는 점인데, 그는 굳이 '선험적 나'를 쓰기보다는 '초월적 나'를 선호한다. 무엇보다 그가 서구의 사유주의 전통에서 전유되었던 선험철학의 용어들을 피하고 자연적·역사적·문화적 삶 속에서 체화되어 형성된 주체의 존재를 차별화하기 위해 '초월적 나'를 사용한 것으로 보인다. 즉 주체와 대상 사이에서 감각적 경험에 앞서 정신적으로 또는 연역적으로 먼저 인식한다는 의미를 지닌 *a priori* 대신에 사물과 타인들과의 관계에서 이미 체화되어 존재하는 나, 여기서 상호 주체적인 존재로서의 나를 이끌어 내고자 할 때 초월의 뜻을 가진 'transcendance'를 사용한다. 그럼에도 불구하고 그의 텍스트를 읽어 나갈 때 의미상으로는 선험적 맥락에서 이해되는 경우도 적지 않다.

 메를로퐁티의 지각의 이미지 속에는 세계와의 관계가 이미 포섭되어 있으며, 비결정성 또는 애매성은 그런 내재적 관계를 나타낸다. 결국 지각 자체에 대한 물리적 결정론은 적용될 수 없다. "때로는 지각된 것 속에 그 점도로서 적극적인 '미규정성(un indéterminé positif)'이 현존하고 있기 때문에, 공간적, 시간적, 수적 전체는 조작 가능하고 분별 확인 가능한 용어들로 분절될 수 없다."[47] 그리고 여기서 그런 비결정성은, 베르그송도 주장하고 있듯이 지각 이미지에 원천적으로 내재하는 선객관적 영역에 해당된다는 사실은 분명하다. 메를로퐁티가 말하듯이 애매성은 신체에 의해 지각된 삶의 세계 모두에 퍼져 있는 셈이다. "그가 말한 '애매한 삶'은 결국 지각의 현상 속으로 용해되어 처리된다. 그 지각의 현상이

---

47 《지각의 현상학》, 50쪽.

바로 세계, 삶의 세계, 생활세계다. 모든 예술적 창조, 철학적 관념, 과학적 인식 등도 모두 지각의 세계와 무관하지 않다."[48] 그가 말한 비결정성은 본원적인 지각 운동에 내재된 것이며, 사물세계를 선객관적으로 구성한다는 점에서 베르그송도 동의하듯이 사물들의 수, 거리 등을 재구성할 수 있다.

그러나 메를로퐁티가 말하는 세계와 신체 사이의 선객관적인 영역은 모호하고 애매하다. "앞에서 우리는 그에게서 감각 내용과 의미 또는 사물과 의식이 나눠져 있지 않음을 보았다. 내가 푸른 하늘을 보고 거기에 육화되어 있다고 할 때, 그의 입장에서 나의 의식과 푸른 하늘 또는 하늘의 푸르름은 명백히 나눠져 있지 않다."[49] 이런 의미에서 현상학적 지각은 세계 내의 공간 속에서 신체 바깥으로 열려진 삶을 실현해 나가는 자연적인 활동이다. 마치 끊임없이 들려오는 멜로디가 음표들의 총체들로 구성될 수 있듯이, 개별 음표들이 갖고 있는 소리의 높낮이와 길이는 그런 멜로디를 떠나서 존재할 수 없다. 감각이 개별 음표들의 현상이라면 애매성이 부여된 지각은 총체적인 멜로디 속에서 살아 있는 리듬 그 자체다.

그렇다고 메를로퐁티에게 있어 애매성이 주체와 대상 사이의 모호한 인식 관계로서 한정될 수 있는 것은 아니다. 근본적으로 애매성은 신체적 소통의 근거인 세계와 타자, 그리고 시간성 등을 존재의 뿌리로 가정한다. 존재는 신체 지각에 의해, 그 자신을 넘어서서, 자신의 바깥에서 세계라는 존재론적 토양을 통해 설명될 수 있다. 존재는 비결정성의 지대, 즉 기계론적 인과율이 적용될 수 없는 세계 속에서 신체공간을 만들어

---

48 《메를로퐁티와 애매성의 철학》, 21쪽.

49 주성호, 〈메를로퐁티의 육화된 의식: 애매하고 모호한 인간존재〉, 《철학사상》 제43호, 철학사상연구소, 2012, 302쪽.

낸다. 그에게 있어 신체 지각은 세계와의 근원적인 관계로부터 사유될 수 있는 형이상학적 사건이다.

지각현상은 세계에 이미 내적으로 유기적으로 열려 있는 사건이며, 공간을 선객관적으로 이해할 수 있는 선험적 근거다. 말하자면 지각의 속성은 일반적인 사유에 의해 분류되거나 개념적인 정의에 의해 재단될 수 있는 것이 아니라 오히려 선객관성의 영역을 형성한다. 이런 의미에서 그에게 있어 코기토의 명확성은 지각의 애매성에 대해 존재론적으로 우월할 수 없다. 그에 따르면 명증적인 사고는 사물의 현상들을 개념화하면서 지각의 애매성을 제거한다. 이런 제거는 실제적으로 주체가 세계에 위치할 수 있는 삶의 요소들을 없애는 것과 같은 것이다.

우리는 메를로퐁티의 신체 이해를 베르그송의 그것과 비교해 볼 수 있다. "신체는, 단지 운동들을 받아들이고, 그것들을 자신이 잡아두지 않을 경우에는, 어떤 운동기제에 전달하는 책임을 지고 있는 전도체에 불과하다. 이때 [신체의] 작용이 반사적이면 운동기제도 결정되어 있고, 작용이 의지적일 경우 그것은 선택된다."[50] 베르그송에게 신체가 어떤 의미에 있어서든 지각 이미지를 만들어 낼 수 있는 하나의 이미지-실재로서 이미 주어지고 세상을 표상할 수 있는 기제로서 역할을 한다면, 메를로퐁티에게 그것은 지각 운동을 수행하고 있는 자율적 기제이면서 이미 세계의 구조에 암묵적으로 편입되어 있으며 지각 운동은 이런 지향적 관계를 표현한다. 그런 지각 운동 속에는 세계에 열려진 신체와 세계 사이의 구조가 존재한다. 그리고 이런 신체와 세계 사이의 근본적 결합이 가능할 때 세계 내부에 있는 개개의 사물들이 비로소 나의 지각의 대상이 된다. 예를 들어 나의 방 안(세계)에 있는 노트북(사물)은 내가 나의 방을 의식하는

---

50 《물질과 기억》, 135쪽.

것에서 나에 대한 노트북으로서 의미를 갖는다는 뜻이다. 만약 그 노트북이 다른 사람의 방에 놓여 있다면 마치 내 것이 아닌 것처럼 낯설게 느껴질 것이다. 그래서 그는 이렇게 말한다.

"사물은 지각에서 실제적으로 주어지지 않는다. 그것은 우리에 의해서 내적으로 다시 잡히고, 사물이 우리가 우리 자신과 함께 근본 구조들을 가져오는 세계이자, 사물이 세계의 가능적 구체성들일 뿐인 것으로 되는 그런 세계와 결합되는 한에서 우리에 의해 재구성되고 체험된다. 그것은 우리에 의해 체험되지만 그래도 역시 우리의 삶을 초월한다."[51]

더 나아가 그런 신체공간은 타인의 신체공간과 연합해서 역사적·문화적 공간을 만들어 가며, 이런 공간은 나의 신체 자아를 귀속시키는 초월의 장(場)을 형성하게 될 것이다. 기본적으로 그에게 있어 '지각하는 나'의 의미는 타인을 의식하는 나의 신체성에서 비롯된다. 그리고 신체는 지각의 주체다. "내가 나 자신에게 주어진다 함은 나의 주위에 있는 상황이 나에게 감추어지지 않는다는 것, (…) 의미한다."[52] 그에게 있어 진정한 코기토의 의미는 자연적 세계와 사회적 세계로 열려 있는 나 자신을 의식하는 것에 있는데, 그 기초가 바로 지각하는 신체적 자아에 의해 주어진다는 것은 확실하다. 이런 지각 행위는 그의 존재론을 구성하는 토대가 된다. 그리고 지각한다는 것은 나의 실존을 이미 구성하는 모든 것들에 대해 자아가 참여하는 것을 의미한다. 특히 타인들의 참여로 함께 밝혀진 상호주체성은 초월적 주체성의 가능성을 보여주는 것이다. 이것은

---

51 《지각의 현상학》, 490쪽.
52 《지각의 현상학》, 539쪽.

곧 자아의 확실성에 이르게 된 것을 의미한다. 진정한 코기토의 실현이라고 볼 수 있다.

> "초월적 주체성(subjectivité transcendantale)은 그 자신과 타인에게 있어서 밝혀지고 바로 이 점에서 주체성은 상호주체성이다(intersubjectivité). 실존이 어떤 행동으로 소환되고 참여하자마자 그것은 지각에 부딪힌다. 모든 다른 지각처럼 그 지각은 자신이 알고 있는 것 이상의 것을 확신한다."[53]

메를로퐁티는 반성철학에서 중시하는 자아의 초월성을 주체의 목표로 삼고 있는 것이 아니라 역사적·문화적·예술적 주체로서 인류의 사회적 삶에 적극 참여하고 가치를 창조해 나가는 실존을 강조한 것이라고 짐작된다. 그렇다면 철학사에서 줄곧 논쟁이 되어 왔던 상호주체성과 초월성의 문제가 신체성과 지각주의를 중심으로 자연스럽게 해소된 것이라고 볼 수 있지 않을까?

예를 들어 오른쪽의 그림에서 볼 수 있는 회화 공간은 신체의 형상으로 가득 차 있으며 신체와 신체 사이의 다른 공간들이 그런 형상들과 거의 구분되지 않는 색채와 형태로 구성되어 있다. 즉 물리적 공간이 아닌 신체와 신체 사이의 실존적 공간이 그려져 있으며, 여

〈그림6〉 파리 퐁피두센터 국립현대미술관에 소장된 작품의 사례와 같이 모든 실존의 공간은 신체적 지각의 세계에 근거를 두며 타인과 나 사이의 상호주체성은 여기서 발생한다. 이 그림에서도 신체와 공간(또는 세계) 사이의 경계가 구분되지 않는 애매성이 존재한다.

---

53 《지각의 현상학》, 542쪽.

기서 각각의 신체는 그 공간의 일부로서 흡수되고 있는 듯하다. 그리고 그 어떤 빈 공간도 없다. 즉 나와 타인들이 연합해서 만들어 낸 실존적·문화적 공간이 삶의 공간이며, 여기에 주체성이 존재한다는 의미를 건네 주고 있다. 마치 '선험적' 주체성이 이미 그런 공간에서 구현되고 있는 듯하다. 이런 공간은 신체적 지각으로부터 확장된 나와 너의 상호주체성의 세계다. 여기서 나와 타인은 신체적 공감을 토대로 상호주체성을 형성한다. 이렇듯 신체-타자-세계의 통일에서 모색될 수 있는 것이 진정한 주체의 주체성이다.

여기서 신체는 타인과 연합하는 실존적 익명성의 세계를 형성하며 주체는 다시 이런 세계에 참여한다. "이제 타인의 신체를 지각하는 것은 바로 나의 신체이고, (…) 세계를 취급하는 익숙한 방식으로서 발견한다. 이제부터 나의 신체의 부분들이 다 같이 체계를 형성하듯, 타인의 신체와 나의 신체는 하나의 전체이고 하나의 현상의 안팎이며, 나의 신체가 언제나 흔적이 되는 익명적 존재가 이제부터 그 두 신체에 동시에 거주한다."[54] 메를로퐁티에게 있어 세계는 나의 신체와 타인의 그것이 서로 연대해서 신체공간을 만들어 내는 익명성의 공간이다. 즉 나의 실존은 어디에 있는가? 그것은 역사와 문화가 오랜 시간 만들어 낸 원초적이면서 토착적인 삶 속에 이미 구성되어 있다고 해야 할 것이다.

실존의 익명성은 이미 레비나스도 비슷하게 주장하는 주체의 '있음'의 방식이다. 익명성의 공간에서 나의 실존은 도처에 존재한다. 무엇보다 지각의 구체성은 개인적 실존을 뛰어넘어 더 넓은 세계의 차원에 나 자신이 속하도록 만드는 계기로서 작용한다. 그리고 그런 차원에 이미 형성되어 있는 역사와 문화 그리고 타인들과의 관계로부터 주어지는 삶의

---

54 《지각의 현상학》, 529쪽.

원천은 주체에게 초월과 모든 인식의 근거를 갖게 한다. "초월들의 **원천** (*Ursprung* des transcendances)이 형성되는 애매한 삶(vie ambiguë)이고, 이 원천 은 근본적 모순을 통해서 나를 초월들에 연결하며, 이를 토대로 인식이 가능해진다."[55] 주목해 볼 부분은 모든 인식을 가능케 하는 근거가 원천 적 세계에 있다는 것이다. 원천적 세계는 후설이 말하고 있는 생활세계 와 가깝다.

원천적 삶의 존재로서 나를 확신하는 주체의 초월성은 반성적 의식과 같이 정제되어 있는 것처럼 존재하는 것은 아니며 그 초월성은 삶과 죽 음이 있는 세계에서 다른 존재들과 얽혀 있거나 더불어 존재하기 때문 에, 메를로퐁티가 말하는 초월주의를 예측하기 위해서는 사물과 정신 사 이에 놓여 있는 이원론적 사유의 경계를 버려야 하며 바로 여기서 지각 의 애매성이 발견된다. 즉 나의 지각도 아니고 타인의 지각도 아닌 그 모 호함이 있다. 예를 들어 찬란히 햇살이 비치는 자연을 상상하고 나뭇가 지의 파릇한 잎들이 빛을 내고 있을 때 이것은 태양의 빛인가, 나뭇잎의 빛인가?

메를로퐁티에게 있어 진정한 코기토의 확실성은 세계에 열려져 뿌리 를 내리고 있는 신체 주체의 깊이를 발견해 나가는 것에 의미가 있다. "내가 코기토에서 발견하고 인식하는 바는 (…) 나의 존재 자체인즉, 초 월의 깊은 운동이요, 나의 존재와 세계의 존재의 동시적 접촉이다."[56] 데 카르트의 코기토의 궁극적 확신이 신적 정신에 이르는 것에 있고, 레비 나스의 그런 확신이 타인의 얼굴을 마주 보는 것에 있다면 메를로퐁티에 게 그것은 나와 원천적 세계가 만나는 곳에 있다. 나의 신체 지각은 원초

---

55 《지각의 현상학》, 547쪽.

56 《지각의 현상학》, 563쪽.

〈그림7〉 세잔의 〈수욕도〉(1906). 우리는 이 그림에서 '살'의 애매성을 발견할 수 있다.

적으로 자연에 열려진 본성적 유대를 갖고 있으며, 역사적·문화적 삶의 체험과 전승이 있는 세계가 있고 여기에 참여하는 것에서 주체의 초월성이 확인된다. 이것은 사유에 의한 초월이 아니라 주체의 신체적 지각과 세계 경험에 의해 주어지는 것이다.

메를로퐁티의 지각의 초월성은 베르그송의 지각의 잠재성과 구분된다. 베르그송에게 있어 물질과 기억 사이에는 중심적인 이미지의 역할을 수행하는 신체가 있으며, 이것으로부터 비롯된 지각 이미지는 하나의 선택적인 이미지로서 신체와 물질 사이에 위치해 있으면서 기억의 현재화를 발생시키는 작용을 한다. "우리의 신체는 그것이〔지각이〕매순간 우주 속에서 점유하는 위치에 의해서 우리가 영향력을 가질 수 있는 물질의 부분들과 국면들을 표시한다. 우리 지각은 정확히 사물에 대한 우리의 잠재적 행동을 측정하는 것이므로 (…)"[57] 베르그송의 지각의 잠재성에 대해, 메를로퐁티에게 있어 지각의 심층성은《지각의 현상학》에서 언급된 '지향적 호(arc intentionnel)'에 비교할 수 있다. 그는 역사, 문화 속에서 전승되고 이해된 실존적 삶의 체감을 지각의 차원에 반영하며 지각의 통일성을 주장한다. "의식의 삶—인식의 삶, 욕망하는 삶, 또는 지각의 삶—은 '지향적 호'에 의해서 기초 지어지고, 이 지향 호는 (…) 우리가 그러한 모든 관계 속에 위치 지어지도록 한다. 감각의 통일성, 감각과 지

---

57 《물질과 기억》, 299쪽.

능의 통일성, 감성과 운동성의 통일성을 이루는 것은 바로 이 지향적 호이다."[58] 메를로퐁티에게 있어 의식의 지향성은 지각의 그것이며, 이것이 반성적 의식의 그것처럼 명확하지 않은 이유는 지각 운동 자체 속에 이미 불가분적인 실존적 삶 자체의 다원성이 '토착적으로' 내재되어 있기 때문이다. 그리고 이런 애매성으로서의 지각은 타인들 사이에서 주체가 가져가는 삶의 지각이며, 이것은 '세계에로의' 통일적인 지각을 지향한다.

이제 메를로퐁티에게 있어 애매성 그 자체로서의 삶에 대한 이해는 지각의 현상학에서 살(chair)의 현상학을 주장하기에 이른다.[59] 살은 신체의 외부에 있지만 세계의 내부에 있다. 그런 살은 신체와 세계 사이를 긴밀하게 직감한 철학적 사유의 결과다. 우리는 그런 이해를 세잔의 그림을 통해 가질 수 있다. 세잔의 말년에 그려진 〈수욕도〉 연작이 바로 인간세계의 원초적인 어울림과 자연과의 조화 일체를 표현하며 삶의 유토피아를 자연스럽게 그려내고 있듯이, 우리는 이런 회화적 동기를 메를로퐁티의 신체 이해에 적용할 수 있다. 〈수욕도〉는 하늘, 땅, 인간, 나무 이미지들에서 볼 수 있는 황색과 푸른색 중심의 수채화적인 채도를 통해 자연과 인간에 내재하는 일체적인 관념 즉 '살'의 가시성을 표현하고 있는 셈이다. 그런 (황색과 푸른색의) 우주적 살은 도처에 존재한다.

---

58 《지각의 현상학》, 218쪽. 베르그송은 지각의 차원에 대해 이렇게 설명한다. "우리 지각에 주어진 직접적인 지평은 우리에게 비록 지각되지 않고 존재하지만, 필연적으로 더 넓은 원에 의해서 둘러싸여 있고, 이 원은 자신을 둘러싸는 다른 원을 포함하며, 이렇게 무한히 계속되는 것처럼 보인다."《물질과 기억》, 248쪽)

59 "살은 물질이 아니고, 정신이 아니며, 실체가 아니다. 살을 지칭하기 위해서는 '원소(élément)'라는 옛 용어를 써야 하지 않을까 싶다. 물, 공기, 흙, 불을 말하며 사용했던 의미에서, 요컨대 시간과 공간상의 개체와 관념의 중간에 있는 것, 존재 양식이 조금이나마 존재하는 곳에서는 어디서나 그것을 입수하는 일종의 육화된 원리라는, 유(類)에 속하는 사물이라는 의미에서의 원소. 살은 이러한 의미에서 존재의 한 '원소'이다."《보이는 것과 보이지 않는 것 (Le Visible et l'invisible, Gallimard)》(1964), 모리스 메를로퐁티, 남수인 외 옮김, 동문선, 2004, 200쪽)

"우리는 자연인(homme naturel)처럼 우리 자신 속에 그리고 사물 가운데, 또 우리 자신 속에 그리고 타인 속에 자리 잡을 것이다. 즉 일종의 교차(交叉, chiasma)에 의해 우리는 타자가 되고 또한 우리는 세계가 되는 지점에 자리잡을 것이다."[60] 메를로퐁티에게 지각은 단순히 경험주의적인 감각의 활동 또는 신체의 주관적인 활동을 의미하는 것이 아니다. 그것은 '나'의 분신들과 같은 타자들이 근원적으로 위치해 있는 삶에의 자연적인 복귀이며, 살은 그들의 가시성이고 '나'와 동일화된 애매성이다. 또한 신체 주체의 지각은 '나'의 근원, 즉 '세계'로 향하는 나르시시즘의 사건이다. 예를 들어 우리가 산과 들이 있는 자연을 바라보고 느끼는 것은 근원적 나를 돌아보는 것이다. 그래서 내가 자연을 응시하는 것은 나와 같은 타자가 나를 바라보는 것과 같다. "숲에서 나는 여러 번에 걸쳐 이런 느낌을 받았다. 내가 숲을 바라보는 것이 아니었다. 나무가 나를 바라보았고 나무가 나에게 말을 했다. …… 나는 그저 귀를 기울였다. 화가는 우주에 관통돼야 하지 우주를 관통하길 원해서는 안 된다. (…) 나는 깊이 잠기기를, 깊이 묻히기를 기다린다. 내가 그림을 그리는 이유는 거기서 빠져나오기 위해서인 것 같다."[61]

(2) 베르그송과 들뢰즈: 지속의 애매성, 창조적 생성을 위한 분화?

질 들뢰즈의 물질 개념을 베르그송의 그것과 견주어 볼 때 생명의 잠재성이 물질화 또는 분화(分化) 과정에서 현실화한다는 것에 주목해서 좀 더 특화된 의미의 존재의 애매성을 찾아볼 수 있다. 사실 분화의 개념은 프리드리히 빌헬름 니체(Friedrich Wilhelm Nietzsche)의 《비극의 탄생(Die

---

60 《보이는 것과 보이지 않는 것》, 230쪽.

61 《눈과 마음》, 61쪽.

Geburt der Tragödie)》에서 살펴볼 필요가 있다. "개체화의 원리가 부서지면 자연의 가장 깊은 근저로부터 환희에 넘친 황홀함이 용솟음친다. 이로써 우리는 '디오니소스적인 것'의 본질을 엿보게 된다."[62] 인간 자신의 정체성을 개체화의

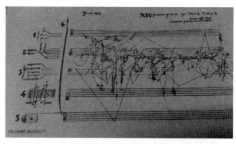

〈그림8〉질 들뢰즈와 펠릭스 가타리가 공저한 《천 개의 고원》에서 예시된 아방가르드 작곡자 실바노 부소티의 악상부호. 불연속적 화음과 전위적 리듬을 표시하고 있다. 이런 리듬은 마치 존재와 생성의 그것과 같다.

줄기나 가지에서 볼 것이 아니라 그 뿌리로부터 본다면, 존재의 원천적인 존재 이유를 근본적으로 파악할 수 있다는 것이 개체화의 파기일 것이다. 존재는 우주에 내재된 보편적 힘을 실현하는 것에서 궁극적인 존재 의미를 발견할 수 있다. 니체에게 있어 힘에의 의지는 이편 세계의 모든 만물이 그 자신들로 하여금 끊임없이 창조적으로 형성해 나가도록 하는 우주와 생성의 힘이라고 할 수 있다. 그에 따르면 모든 존재는 의지를 지니고 있으며, 의지의 본질은 자기 자신을 부단히 넘어서고자 하는 데 있는데 이것은 힘으로 나타난다. 니체가 그런 힘을 디오니소스라는 생성과 대지의 신에서 발견한다. 들뢰즈의 분화도 니체의 탈개체화의 원리로부터 이해할 수 있으며 바뤼흐 스피노자(Baruch Spinoza), 베르그송 등의 영향을 받으며 그의 철학은 완성된다.

사실 들뢰즈의 철학은 프랑스 현대 철학 가운데 가장 난해한 위치를 점하고 있다. 그는 《천 개의 고원(Mille Plateaux)》(1980)에서 "존재는 고아"라고 말한다. 존재는 무수한 차이(différence)의 구조로부터 잉태된 개체의

---

62 Nietzsche, *Die Geburt der Tragödie*, 1.

형상을 지니고 있지만 그 안에도 수많은 속성의 잠재성과 다양성을 지니고 있다. 그래서 존재 자신도 그 어떤 것에 의지한 특별한 핏줄을 갖고 있지 않기에 차이 그 자체의 존재, 즉 고아라고 할 수 있다. 존재들의 다양한 교차와 차이로부터 얻어지는 것이 개체이며, 이것은 서로 다른 것들이 합해져서 나타난 이른바 이종접합(異種接合)의 결과다. 따라서 분화는 존재의 생성과정이다. 또 다른 표현으로 그는 존재를 리좀(rhizome), 단면(plan) 등으로 부르기도 한다. 특히 그는 존재의 신체 형상을 '기관 없는 신체(corps sans organes)'로서 주장하기도 하는데, 예를 들어 정육점에 걸려 있는 소의 신체기관처럼 신체가 각각의 경계를 갖고 나뉜 것이 아니며, 신체 부위의 어떤 기관들도 존재론적 우월성을 지닐 수 없다는 의도를 갖고 있다. 그 어떤 존재도 신체와 욕망을 가진 주체적이고 자유로운 존재이며 비(非)오이디푸스의 주체, 유목적인 주체로서 그 어떤 것과도 결합할 수 있는 초월적 경험의 주체라고도 한다.

무엇보다 들뢰즈의 분화에 나타난 애매성은 물질화에 적극적으로 생명주의를 부여하는 것이고 잠재성의 현실화이며, 다원적인 존재들을 출현시키는 지속의 속성을 표현한다. 그에게 있어 개체의 새로운 발생은 수많은 차이로 구성된 잠재성 자체가 이 사이들로부터 생명의 현실화를 가져오는 것에서 나타난다.[63] 사실 이런 점은 물활론(物活論)의 개념에 가까울 수 있다. 필자는 신체와 지속에 관한 베르그송과 들뢰즈 사이의 서로 다른 철학적 관심들을 비교하며 들뢰즈의 애매성 개념이 더욱 철저하게 다원주의적 일원론의 관점으로 사유되고 있음을 살펴보고자 한다.

---

63 "베르그손은 잠재적인 생명이 현실적인 생명종(種)들로 바로 분화하는 과정을 다루었지만, 들뢰즈는 잠재적인 이념과 현실적인 종분화 사이에 양자의 비재현적 차이, 즉 표현적 관계를 보장하는 특유의 개체화 과정을 삽입시킨다." (김재희, 〈들뢰즈의 표현적 유물론〉, 《철학사상》 제45호, 2012, 139쪽)

들뢰즈가 볼 때 베르그송에게 있어서의 신체의 지위는, 마치 플라톤의 이원론에서 유래되었듯이, 현실세계에서 연장성을 가진 것 이외의 다른 특화된 의미를 갖는 것처럼 보이지 않는다. 사실 베르그송의 물질적 신체라고 하더라도 이것은 가장 낮은 단계의 정신의 현실태로 보이기 때문이다. 그에 따르면 베르그송이 경험세계의 복합물들 가운데 연장(延長)과 지속을 구분하고 있다는 점에서, 플라톤의 정신을 따르고 있다는 것이다.[64] 즉 베르그송의 철학은 사실상 이원론의 체계를 갖고 있다는 것이다. 이에 반해 들뢰즈에게 있어 물질은 정신과 이항적인 관계에 있는 것도 아니며, 공간적 속성만을 지니고 있는 것도 아니다.

사실 베르그송에게 있어 존재는 하나로부터 연유하고 세계는 그로부터의 통일체를 형성하고 있다고 해도, 이것은 다분히 정신적 관점에서 신체도 하나의 이미지이고 물질성 그 자체를 표현하는 이미지도 분명히 아닐 것이라는 가치를 가져온다. 그리고 그에게 있어 그런 신체 이미지를 떠나서 우주라고 하는 세계를 체감하기 힘들다. 그래서 들뢰즈는 베르그송이 방법으로서의 직관과 통일성을 선택했다는 점에서 그를 플라톤주의자로 평가했는지 모른다. 실제로 베르그송은 신체와 그 지각 활동을 근거로 해서 물질세계를 보고자 한 것은 아니다. 왜냐하면 본질적인 생명의 세계는 직관에 의해 직시될 수 있는 것이지 지각 이미지들의 총체로 구성된 것은 결코 아니기 때문이다. 다만 우주를 지각하는 것은 신체로부터의 그것에 의해 가능하다는 것이고 이것은 한계에 이를 수 있다고 베르그송은 지적한다.

그래서 베르그송은 이렇게 말한다. "우주를 생명체의 표면으로 축소시킨 후, 이 신체 자체를 사람들이 결국 비연장적이라고 가정할 하나의 중

---

64 《베르그송주의》, 23쪽. "베르그송은 플라톤적인 악센트를 회복시킨다." (《베르그송주의》, 59쪽)

심으로 수축시켜야만 한다. 그때 사람들은 이 중심으로부터 비연장적인 감각들을 나오게 할 것이고, (…) 이 비연장적 감각들은 마침내 연장된 우리 신체를 먼저 낳고, 그다음에는 다른 모든 물질적 대상들을 낳을 것이다."[65] 이와 같은 신체 및 지각에 대한 그의 이해는 들뢰즈의 해석과 미묘한 차이점을 갖는다. 문제는 선험성에 관한 해석의 차이에서 발생한다. 베르그송에게 원천적인 선험성의 영역은 신체적인 것 발생 이전에 주어진 고차원적인 것에 속한다. 과연 들뢰즈에게 있어서도 연장적 또는 비연장적 지각들이 각각 구분되어 다른 본성의 차이들로부터 존재할 수 있는가? 물론 그렇지 않다.

들뢰즈는 정신과 신체의 범주를 두 개의 이항적인 관계에서 구성하지 않는다. "우리는 회상과 지각을 뒤섞는다. 그러나 우리는 더 이상 지각에 속하는 것과 회상에 속하는 것을 인지[재인식]하지 못할뿐더러, 표상 안에서 물질이라는 순수현존과 기억이라는 순수현존을 더 이상 구분하지 못하고, 또 회상-지각들과 지각-회상들 사이에서 정도상의 차이들만을 볼 뿐이다."[66] 말하자면 그에게는 정도의 차이에서 회상과 지각이 존재한다. 이에 비해 물론 베르그송에게 그런 차이는 본질적으로 차이는 아니라고 말할 수 있겠지만 그럼에도 불구하고 이것은 직관적 이해일 뿐이고, 지성에 의해 파악된 물질적 운동과 이미지는 기계적 필연성을 갖고 있다는 점에서 회상과 지각 사이에는 상이점들이 존재한다.

들뢰즈에게 신체는 그 무엇으로부터 유출된 이미지나 표상이 아니라, 그의 표현을 빌리면 단면(plan)의 지위를 갖고 있다. 베르그송은 신체가 마치 유동적인 액체가 응고된 상태로 존재하는 것과 같다고 한다. 사실

---

65 《물질과 기억》, 95쪽.
66 《베르그송주의》, 23~24쪽.

평면도는 이차원적인 조감도일 뿐이다. 들뢰즈에게 신체는 우주의 많은 속성 가운데 하나이며, 그가 주장하는 '내재성의 단면(plan d'immanence)' 그 자체가 바로 신체를 가진 존재의 형상이다.[67] 예를 들어, 마치 칼로 사과를 반으로 베었을 때 보이는 잘린 단면이 그런 것이다. 그런데 신체 그 배후에는 이것을 귀속시키는 그 어떤 것도 없다. 신체의 각 형상(形像)들은 그 자체가 이미 하나의 고유한 관계를 구성한다. 이런 점에서 그의 신체 이해는 베르그송이나 메를로퐁티의 그것과는 근본적인 차이점을 갖는다. 들뢰즈에게 우주적 유기체의 한 일부, 단면으로서의 신체 이미지는 베르그송과 같이 내적인 정신 또는 기억을 환기하는 이미지가 아니라, 실체 그 자체의 분열로서 설명되는 것이 적절할 수 있다. 그리고 차이의 존재로서 그 이외의 다른 것들과 융합될 수 있는 잠재성을 갖고 있다.

그래서 들뢰즈는 신체 이미지의 애매성을 회화적 주제로 발전시킨 현대의 문제작가 베이컨의 역동적인 신체 이미지들을 분석하면서 그림의 기하학적 구조 안에 배치된 신체의 형상들에 주목한다. 대부분 그런 형상들은 종(種)에 귀속된 것도 아니고, 개체주의를 표방하고 있는 것도 물론 아니다. 아마도 베르그송에게 그런 신체 이미지들은 물질화된 신체 이미지 이외의 다른 어떤 것을 표현하지는 못할 것이다. 말하자면 들뢰즈는 베르그송의 신체 이해보다 더 주목할 만한 비연장성 또는 탈자적인 신체의 위상을 발견하고 있는 셈이다. 그에 따르면, 신체-고기는 인간과 동물의 공통 지대이고, 그들 사이를 구분할 수 없는 영역이 존재한다. 따라서 다양한 신체들 사이에 존재하는 교차적 또는 통섭적(通涉的) 감각

---

67 "내재성의 단면은 각 체계의 부분들 사이에서, 그리고 하나의 체계와 다른 체계 사이에서 성립되는 운동으로서 무한한 일련의 그러한 블록들, 또는 동적 단면들이 존재한다."(《시네마1, 운동-이미지(Cinéma 1 -L'image-mouvement)》(1983), 질 들뢰즈, 유진상 옮김, 시각과언어, 2002, 117~118쪽)

은 새로운 육감 또는 정기(精氣, esprit)에의 상승을 가져온다. 이런 '가로지르기' 감각은 바로 베르그송이 주장하는 비연장적 감각의 차원과 개념적으로 다르게 비교될 수 있는 것이다.

들뢰즈에게 신체는 자신의 배후에 다른 근거를 갖고 있지 않은 형상 그 자체의 지위를 갖고 있으며 '물질화', '개체화' 등의 출현 방식으로 내재성 그 자체를 근본적으로(radically) 현실화한다. 데카르트가 정신과 신체를 이원론적 실체들로 구분하고 정신의 우월성을 주장한 것과는 대조적으로 이제 신체는 그 자체 내에서 내재성을 드러내기 때문에 물질적 존재 이상의 지위에 올라서게 된다. 들뢰즈에 따르면 왼쪽의 그림과 같은 베이컨의 신체 이미지는 그런 애매성 아니면 오히려 매우 투명한 또는 불투명할 수 있는 신체의 지위를 보여준다. 신체는 세계의 중심이며

모든 것이 생산되는 '순간의 정점'에 서 있는 형상 자체다. 그는 베이컨의 회화 이미지들에 대해 이렇게 말한다. "베이컨에게 있어서 거울은 단순히 반사하는 표면이 아니라 모든 것이 되고자 한다. 거울은 때로 검고 불투명한 두터움이다. (⋯) 신체는 거울 속으로 들어가 그의 그림자와 함께 거기에 거주한다. (⋯) 거울 뒤에는 아무것도 없고, 그 안에 있다."[68] 말하자면 거울에 비친 신체 그 자체는 유일한 형상이면서 그 배후에 어떤

〈그림9〉 베이컨의 신체 이미지. 이런 이미지에는 새로운 자아 중심적인 유희 내지 실존적인 부조리 의식 사이의 애매성이 존재한다.

---

68 《감각의 논리(Logique de la sensation)》(1981), 질 들뢰즈, 하태환 옮김, 민음사, 2008, 28쪽.

것도 없다는 것을 보여주는, 그래서 사라질 수밖에 없는, 즉 죽음으로부터 자유로울 수 없는 실존적 한계를 지닌다. 그래서 유희적인 속성을 드러내기도 하고 죽음의 공포에 휩싸이기도 하는 것이 거울에 비친 존재의 형상이다. 들뢰즈에게 이런 신체의 형상들은 애매성 그 자체다. 이에 반해 베르그송에게 있어 신체의 위상과 의미는 크게 두 가지로 나눠 생각해 볼 수 있다.

첫째, 그에게 있어 신체는 물질적 이미지이고, 이런 이미지의 존재로서 신체적 지각을 떠나 지속의 한 순간을 직관할 수 없다는 점이다. 그러니까 신체 이미지는 두 가지의 이항적인 대립, 즉 정신과 물질 사이의 두 물결이 만나는 지점을 형성하며, 여기에 상승 또는 하강의 각각 다른 에너지가 존재한다. 그는 이렇게 주장한다. "우리의 신체는 물질적 세계의 중심을 점한다. 그것은 이 물질적 세계로부터 우리가 직접적으로 흐른다고 느끼는 것이다. 우리의 현재의 현실성은 이 신체의 현실적 상태로 이루어진다. (…) 우리의 현재는 우리의 실존의 물질성 자체, 즉 감각들과 운동들의 전체이지 다른 것이 아니다. 그리고 이 전체는 결정된 것이며 지속의 각 순간에 유일한 것이다."[69]

둘째, 신체는 다른 물질세계의 이미지들과 마찬가지로 물질 그 자체라고 여겨질 수 있는 그 어떤 실체가 아니라 운동과 작용들 사이에 존재하는 이미지다. 그것은 정신과 물질세계의 '사이'의 존재이며, 외부세계를 지각할 수 있는 존재다. "내가 나의 신체라고 부르는 이 특별한 이미지는, 우리가 말했듯이 매순간 우주적 생성의 하나의 횡단면을 구성한다. 따라서 그것을 받은 운동들과 보내는 운동의 **통행로**(lieu de passage), 즉 나에게 작용하는 사물들과 내가 작용을 행사하는 사물들 사이의 연결선, 한마디

---

69 《물질과 기억》, 239쪽.

로 감각-운동적인 현상들의 자리이다."[70] 베르그송에게 있어 신체 이미지는 이와 같은 애매성의 위치를 갖고 있으면서 이미 퇴행적인 정신의 이미지이거나 나와 사물들 사이에서 발생하는 감각적 운동의 통로로서 존재한다.

그렇다면 이제 베르그송과 들뢰즈 사이에는 어떤 지속의 개념이 각각 다르게 존재할 수 있는가? 들뢰즈는 《베르그송주의》의 첫 부분에서 베르그송의 철학을 평가하면서 그 사유의 주요 단계가 지속과 기억 그리고 생명의 약동에 있으며, 직관은 그런 것들을 이해할 수 있는 가장 중요한 방법이라고 말한다. 그렇다면 왜 직관인가? 그에 따르면 직관의 형식은 지성이 자칫 범할 수 있는 개념 중심적인 환원주의를 경계할 수 있기 때문이다. 베르그송에게 기억 없는 정신은 물질에 불과하며 이런 물질은 지성 또는 신체감각의 주요 대상이 된다. 그렇기 때문에 직관은 경험적 감각주의 또는 지성주의를 극복할 수 있는 철학적 방법이며, 이것에 의해서 비로소 물질세계를 관통하고 있는 지속을 의식할 수 있다. 그러나 들뢰즈에게 그런 직관은 환원 가능한 단일성이 아니라 환원 불가능한 다양성 또는 차이의 애매성을 겨냥한다.

베르그송에게 있어 지속은 물질세계에서의 영속적인 생명을 실현하기 위해 생명의 약동을 요구한다. 그렇다면 이런 약동은 베르그송과 들뢰즈 사이에 서로 동의될 수 있는 부분인가? 그들 사이에 지속과 약동은 존재의 활동을 영속적으로 가져온다. 다만 들뢰즈에 따르면 그것들은 잠재성의 현실화 또는 분화로부터 가능하다. 베르그송은 지속이 양적인 것이 아니고 다수성으로서 존재한다고 말한다. "우리 속의 지속이란 무엇인가? 수와는 유사성이 없는 질적 다수성이요, 유기적 발전이지만 증가

---

70 《물질과 기억》, 259쪽.

하는 양은 아닌 것이요, 그 속에 구별되는 질이 없는 순수 이질성이다. 간단히 말해, 내적 지속의 순간들은 서로의 밖에 있지 않다."[71] 즉 지속은 무수한 순간들의 다수성에 의해 구성된다. 그런데 이런 다수성은 들뢰즈에게 있어서는 물질적 이미지의 형상을 갖고 있다. 그는 이렇게 말한다. "지속은 단지 물질의 가장 수축된 정도일 뿐이며, 물질은 지속의 가장 팽창된 정도이다. 하지만, 지속은 능산적 자연과 같으며, 물질은 소산적 자연과 같다. 정도상의 차이들은 '차이'의 가장 낮은 정도이다."[72] 들뢰즈에게 있어 존재 내부의 잠재성은 분화된 모든 것들이 서로 섞이고 또 교차할 수 있는 가능성이며, 지속은 잠재성이 다양성으로서 분화하는 순간 속에서 계기(繼起)의 현실화를 가져온다.

그래서 들뢰즈는 베르그송의 기억과 지속의 관념으로부터 새로운 생성의 리듬, '잠재적 다양성'을 주장한다. 이것은 존재의 분화를 일으킬 수 있는 근본적인 가능성이며, 하나의 지속이 아닌 여럿의 지속을 실행한다. 무한의 차이들로 구성된 것이 총체성이며, 이것은 잠재성의 현실화 또는 분화를 부단히 꾀한다. 차이들은 서로 교차하면서 잠재성의 현실적 실현을 가져온다. 그래서 그는 지속의 잠재성과 다양성을 이렇게 옹호한다. "지속은 그것이 하나의 다양성이며, 다양성의 한 유형이라는 바로 그 이유로 생성과 대립한다. 바로 그 다양성 덕에 대립자들 즉 일(Un)과 다(Multiple) 일반이, 모든 '척도'와 모든 진짜 실체 없이, (…) 너무 큰 결합에로 환원되지 않을 수 있게 되는 것이다. 지속 그 자체인 이 다양성은 (…) 다와 결코 혼동되지 않는다."[73] 그에게 있어 일반화의 원칙에 의해 실행되는 환원주의적 생성의 운동은 지속과 다양성을 실현할 수 없다.

---

71 《의식에 직접 주어진 것들에 관한 시론》, 277쪽.
72 《베르그송주의》, 129쪽.
73 《베르그송주의》, 61~62쪽.

그렇다면 들뢰즈에게 있어 다양성의 운동과 파장을 일으킬 수 있는 존재의 실체란 무엇일까? 이것은 잠재성을 가늠할 수 있는 사유의 실마리가 될 수 있다. 그것은 바로 생성의 최소 단위로서의 '리좀(rhizome, 뿌리줄기)'으로 불린다. 리좀은 잠재성의 영역을 하나의 네트워크로서 구성한다. "나무나 나무뿌리와 달리 리좀은 자신의 어떤 지점에서든 다른 지점과 연결 접속한다. 하지만 리좀의 특질들 각각이 반드시 자신과 동일한 본성을 가진 특질들과 연결 접속되는 것은 아니다. (…) 리좀은 '하나'로도, '여럿'으로도 환원될 수 없다. 그것은 단위들로 이루어져 있지 않고, 차원들 또는 차라리 움직이는 방향들로 이루어져 있다."[74]

이 점에서 들뢰즈에게 지속의 최소 단위는 순간들이라고 하는 시간성이 아니라 차이를 갖고 존재하는 특화된 '있음' 자체다. 즉 그에게 리좀은 그 어떤 것으로도 환원이 불가능한 최소의 실체이면서도 개체적인 단위를 나타내지 않으며 '움직이고 결합하는' 생기의 속성을 지니고 있다. 잠재성의 분화 과정은 개체화, 존재의 다양화에 의해 생명의 약동을 실현할 수 있다. "우리가 보기에 '지속'은 본질적으로 잠재적 다양성(본성상의 차이가 나는 것)을 정의한다. 그다음에 '기억'은 이 다양성, 이 잠재성 안에서의 모든 **차이**의 정도들의 공존인 것처럼 보인다. 끝으로 '생명의 도약'은 그 정도들과 상응하는 **분화의 계열**들에 따라서 (…) 이 잠재성의 현실화를 가리킨다."[75] 이런 약동은 고차원적 정신의 실현을 지향하는 베르그송의 그것과 구분된다.

이런 들뢰즈의 주장은 베르그송의 일원론에서 다원론을 재구성하고자 하는 의도를 보여준다. 여기서 물질과 기억은 더 이상 질적인 차이를 갖

---

74 《천 개의 고원(Mille Plateaux)》(1980), 질 들뢰즈 외, 김재인 옮김, 새물결, 2003, 46~47쪽.
75 《베르그송주의》, 160쪽.

고 있는 것이 아니라 양적인 정도의 수준에서 결정되거나 잠재적인 통일성 안에서 각자의 차이들로서 존재할 뿐이다. 따라서 생명의 진화와 약동은 그에 따르면 분화의 과정으로 설명될 수 있으며, 이것은 잠재성의 현실화가 되는 것이지 특정 물질성 또는 현실화의 원칙에 의해 지배되는 것은 결코 아니다. 그에게 있어서의 애매성, 즉 물질주의 및 생명주의 그 사이의 분화 과정에서 생성되는 '있음'의 다양성은 그를 베르그송보다 훨씬 더 철저한 일원론자로 여겨지게 한다.

(3) 베르그송과 레비나스: 타자의 초월성과 애매성

베르그송과 레비나스 사이에는 어떤 공통점이 있을까? 사실 두 철학자의 관계에 있어 눈에 띄게 세부적인 개념들이 서로 중첩되거나 특정 논제를 갖고 서로 다루고 있는 것은 아니다. 그럼에도 불구하고 초월성과 지속, 기억과 지각, 생명의 비약과 타자의 이해 등에서 비교될 수 있는 철학적 맥락이 서로에게 있는 것은 사실이다. 그리고 그들이 유대인 철학자라는 점에서 물질적 삶을 초월한 영원성, 초월과 기억 등에 관한 유다이즘의 정서를 공통분모로 갖고 있다는 점도 부정할 수 없다. 레비나스에게 에로스가 타자에의 욕망(Désir d'Autrui)을 위해 신적인 부성을 실현해 나갈 수 있다는 것이 인간의 본래적인 기억, 즉 '기억될 수 없는 것(Immémorial)'에서 비롯된 것이라면, 이런 형이상학적 설정은 베르그송에게 있어서도 주체에 남아 있는 순수기억(mémoire pure)에 비유될 수 있을 것이다.[76] 필자는 이런 측면과 더불어 특히 베르그송의 생명의 비약이 레비나스의 타자철학에서는 어떻게 적용될 수 있는지 살펴보고자 한다.

---

76 "(기억과 두뇌의 관계에 관한 두 번째 가설에 있어) 기억과 두뇌의 기능은 다른 것이며, 지각과 회상 사이에는 정도의 차이가 아니라 본래적인 차이가 있다." (Henri Bergson, *Matière et mémoire*, Paris: PUF, 1939. ; coll. 〈Quadrige〉, PUF, 1993, p.266.)

베르그송의 지속의 세계는 레비나스에게 있어서는 타자세계로서 그 영속성을 실현한다. 지속의 목적이 오랜 시간에 걸쳐 생명체가 지닌 본 질적인 생명력을 실현하는 데 있다면, 타자세계의 목적도 신적 초월성 이 세대와 세대에 이르기까지 다산성으로 실현되는 데 있다. 특히 우리 는 초월적인 현시라는 타자의 애매성과 그 타자에게로 향하는 주체의 에 로스 또는 욕망이 갖고 있는 애매성에 주목해 볼 수 있다. 따라서 레비나 스에게 있어서의 애매성은 타자 또는 에로스를 논의할 때 나타나는 사례 라는 것에 주시할 수 있다. 그는 사랑(l'amour)의 초월성 또는 애매성에 대 해 이렇게 설명한다. "타인의 맞이함, 환대와 같은 초월의 형이상학적 사 건은 사랑이 그렇듯 완수될 수 있는 것은 아니다."[77] 타인에의 욕망은 형 이상학적 초월성을 지닌 것이기 때문에 인간관계에서의 사랑과 희생을 넘어서 존재한다. 베르그송의 생명력의 지속이 개체의 죽음 그 이후에도 영속되는 것과 같다. 예를 들어, 연어가 생명을 잉태하고 상류로 거슬러 올라가 새끼들을 낳고 죽었다 하더라도 그 새끼들은 연어의 생명을 지 속시켜 나간다. 그래서 초월의 생명력은 어미 연어의 개체성을 뛰어넘어 존재하는 것이다.

그리고 레비나스가 말하는 얼굴에는 초월의 빛이 현시하며, 이것은 비 물질적인 것이지만 세월의 주름이 새겨진 물질적인 얼굴을 떠나 드러나 는 것은 아니다. 그래서 그 얼굴은 성스러움과 세속적인 것이 교차하는 애매성을 지니고 있다. "타인의 얼굴은 현상과 이탈의 애매성을 지니고 있다."[78] 그런 애매성은 초월성과 밀접한 관계를 지니고 있다. 주체는 타 자에 대해 본질적으로 지향적인 관계에 있으며, 이런 관계는 얼굴 자체

---

77 TI, p.284.

78 Jacques Rolland, "L'ambiguïté comme façon de l'autrement", *Emmanuel Lévinas. L'éthique comme philosophie première*, Paris: Cerf, 1993, p.443.

가 지닌 초월성 때문이다. 또한 지향적 관계를 넘어서 있는 얼굴의 비현
상성에 의해 주어진다.[79] 이 외에도 우리는 레비나스의 철학에서 애매성
과 관련된 다수의 단서를 발견할 수 있다. 무엇보다 타인의 얼굴이 현시
하고 있는 애매성, 그에게 무조건적으로 나아가는 에로스의 애매성 그리
고 존재 자체를 지시할 때 언급되는 '다르게 존재하는(autrement qu'être)'
의 애매성 등을 살펴볼 수 있다. 이 표현은 부사적인 형식을 지니고 있
으며 '있다'라는 être 동사가 고정되고 불변하는 의미를 지니고 있다면
autrement는 그런 상태를 흔들어 놓으며 또 다르게 존재하게 만든다. 타
인을 위해 대리(substitution)의 역할은 한다는 것은 그를 대신해서 행동하
는 것을 의미한다.

　레비나스에게 있어 타자는 주체를 이미 초월해 있는 존재다. 사실 타
자는 나와 다른 존재이며 물리적 공간의 거리도 갖고 있지 않은가. 그런
데 타자는 가장 구체적인 나 자신이라고도 한다. "타인의 시련은 절대적
으로 구체적인 것인데, 왜냐하면 타인의 얼굴은 자신의 고유한 구체성과
유일성으로부터 가장 구체적이면서 유일적인 나 자신성(mon ipséité)을 등
장케 하면서 나와 관계하기 때문이다."[80] 즉 타자는 분명히 '나'가 아니면
서 근본적으로 '나' 자신이라는 설명이다. 나 자신성은 전적으로 타자들
로 인해 이들의 타자성으로 결정되는 구체성과 유일성을 갖는다. 그런데
타자성에는 주체를 뛰어넘어 전혀 다르게 존재하는 초월성과 비결정성
이 개입한다. 그런 애매성의 출현이 바로 얼굴에서 드러난다.

79　레비나스의 후기 철학에 해당하는 《존재와 다르게: 본질의 저편(Autrement qu'être ou au-de là
　　de l'essence)》(1974)에서 앎으로서의 지향성에 관한 의미는 표상적인 이론체계의 한 형태로
　　서 강조된다. 그 후 '비지향성(non-intentionnalité)'의 개념이 제시된다. 이런 이유로 그는 후
　　설 현상학의 지향성과 단절한다. 이에 대한 논의는 1983년 발표된 〈비(非)지향적 의식〉이
　　라는 논문에서 나타난다.

80　François-David Sébah, *Lévinas. Ambiguïté de l'altérité*, Paris: Les Belles Lettres, 2000, p.49.

그런데 우리가 이런 의미들을 숙고할 수 있는 이유는 근본적으로 그의 철학에서 주체와 타자는 평등한 관계에 있지 않기 때문이다. 나의 앞에 있는 그런 타자를 인간 또는 신이라고 부른다. 그래서 타자의 타자성은 전적으로 나에게 낯선 관계들로부터 결정된 구체성이면서 이것을 넘어서 있는 초월성이기 때문에 애매성이다. 이런 애매성은 가장 낯설게 나의 앞에 출현하는 것이다. 여기서 타자성은 그 어떤 입장에 있어서도 주체의 원천이며 생명의 근거를 차지한다. 따라서 타자에게 나아가는 욕망은 그에 대한 무한한 책임감을 요구하기도 하며, 그것은 타자성의 원천을 향해 무한히 나아가는 주체 자신의 운동을 나타낸다. 그리고 그 원천을 앞으로 언급할 신적 부성이라고 말할 수 있을 것이다. 이런 부성은 물질세계에서 수많은 타자성으로서 또한 존재하게 될 것이다. 그래서 우리는 타자, 아니 그 원천을 향해 나아가는 욕망을 타자에의 욕망이라고 부른다. 따라서 이런 욕망을 무조건적인 에로스로서 정의 내릴 수 있는데, 이것은 나 자신성이라고 할 수 있는 주체의 주체성이 타자성에 의해 지배되기 때문에 발생한다.

이제 그 에로스를 하나의 초월의 운동으로서 이해하고자 한다. 레비나스에게 있어 주체와 타자 사이에 존재하는 시간의 초월성이라고 할 수 있는 통시성 또는 순수지속은 어떻게 사유될 수 있는가? 그리고 주체의 에로스와 기억은 무엇에 근거를 두고 있는가? 그에게 있어 에로스는 영적인 욕망이며 신적인 부성에 의해 열려지는 타인에의 욕망(Désir d'Autrui)으로서 나타난다. 이런 영성 운동은 초월을 지향하며 주체의 욕망 속에 관통되어 있는 것이다. 이런 심령주의는 공시적(synchronique) 표상 구조가 아니라 통시적(diachronique) 표현이다. 강한 전류가 흐르면 불꽃을 일으키며 전선의 피복이 타들어 간다. 그런 에너지와 같은 것이 통시적 초월성이다. 그래서 타인에의 욕망이 수고로움과 때로는 고통을 일으키며 신체를 고달프게 하지만, 그 욕망은 심령적인 에너지로서 초월을 실현한다. 이런 에너지는 생명의 온기를 불어넣는 것으로 '나'는 쇠하고 이로 인해 세상에 따뜻함이 전해지는 초월성을 의미한다.

그 영적인 에너지는 인간세계에서 사랑의 전이(轉移, transmission)로서 설명될 수 있을 것이다. 예를 들어, 나의 수고로움과 힘듦은 신체적 쇠진을 가져오지만 그 온기(溫氣)는 타자들에게 나눠진다. 이것은 사랑의 현상학, 초월의 현상학이라고 할 수 있다. 그 에너지는 생명의 힘이다. 니체에게 모든 존재에 힘에의 의지가 있다면, 베르그송이나 레비나스에게는 생명에의 힘과 의지가 있다. 레비나스에게 생성적 에너지의 근거는 초실체성이라고 할 수 있는 부성에 있다. 부성 그 자체는 창조성이다. 베르그송에게 마치 정신적 지속과 생명의 원천이 존재하는 것과 같다. 그러나 레비나스에게 인간 자신은 초월의 주체가 될 수 없다. 그 초월의 주체는 유일신주의에서 말하는 절대자가 된다. 이렇게 본다면 예를 들어 메를로퐁티가 주장하고 있듯이 상호 주관적인 영역에서 발견할 수 있는 주체의 초월성은 부정될 수밖에 없다.

부성은 생명을 가진 존재들에게 원천적인 기억과 정체성을 부여한다. 이 땅에서 부성은 자신의 타자성, 즉 다산성으로 출현한다. 이런 기억은 '기억될 수 없는(Immémorial) 것'이다. "기억될 수 없는 과거는 지금까지 현재화되지 않았던 의미이며, 타자에게의 책임감으로부터 의미되는 것이다."[81] 예를 들어, 그런 기억은 신과 인간 사이에서 발생하며 인간에게 언약으로서 주어지며 계시가 된다. "이후 네 이름을 아브라함이라 하리니 이는 네가 열국의 아비가 되게 함이니라. (…) 내가 내 언약을 나와 너와 너의 대대 후손의 사이에 세워서 영원한 언약을 삼고 너와 네 후손의

---

81 Emmanuel Lévinas, "Diachronie et représentation", *Emmanuel Lévinas: L'éthique comme philosophie première*, Paris: Cerf, 1993, p.462.

신이 되리라."(창세기17: 4~7) 그리고 그 실천을 위해 '기억될 수 없는 기억'은 주체로 하여금 타자로 나아가게 하는 필연성을 지니고 있으며, 이것은 주체의 의지적 선택을 넘어서 있다. 이것은 주체의 본질적 욕망으로 나타나며, 마치 순수기억으로부터 환기되는 것과 같다. 유대인들에게는 기억의 역사가 있다. 신과 유다이즘의 역사를 살펴볼 때 디아스포라 또는 유배의 삶은 이스라엘 민족의 운명으로서 받아들여진다. 그런데 그 기원은 이미 신과 아브라함의 관계에서 출발한다고 한다. "신이 아브라함에게 말하기를 곧 너는 너의 나라, 고향, 아비의 집을 떠나 내가 지시할 땅으로 가거라."(창세기 12:1) 그는 이런 역사는 고난의 역사가 아니라 신의 뜻을 실현하는 창조의 역사라고 말한다.[82]

결국 베르그송에게 있어 생명의 약동이 순수 기억을 부단히 실현해 나가는 데서 물질적 저항을 넘어서서 발생하는 것이라면, 레비나스에게 있어 에로스 또는 타인에의 욕망도 '기억될 수 없는 기억'을 궁극적으로 실현해 나가려는 존재의 약동에 비교될 수 있다. 또한 베르그송에게 있어 생명 자체가 영구적인 지속과 창조성을 나타내는 것과 마찬가지로 레비나스에게 있어 죽음을 넘어서 타자들에게 나아가는 욕망도 초월자의 신비와 영원성 그리고 창조를 실현해 나간다. 우리가 베르그송과 레비나스의 철학적 공통분모를 찾고자 할 때는 앞서 설명했던 유다이즘의 역사와 정서도 참고할 필요가 있을 것이다.

그 철학자들에게 있어 초월의 시간 속에 신이 존재하든 그렇지 않든지 간에 인간의 실존에 있어 죽음이 본질적으로 존재하지 않는다는 것을 고려해 볼 필요가 있다. 한편 레비나스는 베르그송의 신의 관념을 수용하지 않는다. "베르그송의 창조적인 비약은 예술적인 창조와 우리가

---

82 Ernest Gugenheim, *Les Portes de la Loi*, 1982; *Le Judaïsme dans la vie quotidienne*, Paris: Albin Michel, 2002, p.40.

다산성이라고 부르는 세대(génération)를 같은 운동에서 혼동하고 있으며, 그것은 죽음에 대한 고려가 없고 일반적인 범신론(panthéisme)으로 향한다."[83] 그에게 있어 타자는 무한성을 현시하는 초월적인 신비이며 애매성 그 자체라고도 볼 수 있는데, 특히 그런 타자가 자손과의 관계를 통해서 구체화된다고 가정한다면 그런 타자에의 무한의 욕망은 미래 지향적 삶의 욕망이라고도 볼 수 있다. 즉 삶의 영원성을 보증해 주는 구원의 관념은 내세가 아니라 현세에서의 실현에 있다는 것도 가정해 보아야 한다. "자손과의 관계는 타자와의 관계이며 권력이 아니라 생산성인데, 절대적인 미래 또는 무한한 시간과의 관계다."[84] 그래서 미래에의 생산성을 가져오는 에로스는 현세 지향적인가, 아니면 내세 지향적인가? 분명한 점은 레비나스에게 있어 지속의 관념은 타자들과의 삶 속에서, 그리고 최후에는 나의 죽음으로 인해 나 자신이 배제된 그런 삶 속에서도 궁극적으로 실현될 수 있다는 것이다.

오른쪽 작품을 예로 들어 보자. 가령 할아버지, 아버지, 나의 3대의 엄지손가락이다. 언젠가 나의 손가락도 가장 밑으로 내려오고 나의 후손들이 그 위를 차지할 것이다. 그렇게 나와 타자들은 죽음과 함께 떠나지만 영원한 생명력은 지속된다. 이것은 초월성이다. 따라서 초월성은 타자 가운데, 또한 그를 뛰어

〈그림10〉홍대 교정에 있는 조형 작품의 예. 시간의 초월성은 세대들을 넘어서, 아니 타자들의 삶 속에 '지속'으로서 존재한다.

---

83 TA, p.86.

84 TI, p.300.

넘어 생명의 지속을 실현한다. 그것은 타자들과 그 다산성으로 인해 현시되기 때문에 애매성을 지니고 있다. 레비나스에게 있어 타자들 사이에서 지속되는 시간의 통시성(通時性, diachronie)은 정신의 초실체성이 실현되는 영원한 시간성이다. 따라서 그런 통시성은 인간의 죽음을 뛰어넘어 존재하는 초월적인 시간으로서, 그 중심은 신에게 있다. 그것은 신의 현시와 인간적인 구체성 사이에서 타자의 애매성으로서 존재한다. 그래서 타자에게의 에로스가 절대적인 까닭은 존재의 원천으로 나아가는 운동이기도 하고 신 자신의 섭리이기도 하기 때문이다.

통시성의 주체, 즉 초실체성(transsubstantiation)은 일자이며 창조자이면서 자신의 정신(또는 토라)을 실현하기도 하는 모든 혼(魂)들의 근거다. 따라서 인간이 지니고 있는 생명의 혼은 일자의 정신에서 비롯되었다는 플로티노스의 영혼 이해를 같이 떠올려 볼 수 있다. 그 혼은 신적인 정신과 연결되어 있다. 이런 영적인 정체성은 베르그송의 생명의 원천과 비교될 수 있을 것이다. 레비나스에게 있어서도 초실체성은 인간과 타자들의 세계에 들어와서 지속과 창조적 약동의 중심이 된다. 이런 초월의 실현은 마치 넓게 씨앗들을 뿌리는 파종(播種)과 같이 인간에게 널리 디아스포라의 삶을 부여한다. 그리고 이런 선구적인 삶은 고난과 한계를 넘어서 역설적으로 창조적 번성을 의미한다고 한다.[85]

무엇보다 우리가 레비나스의 타자철학에서 발견할 수 있는 베르그송의 사상적인 관념들은 창조적 지속, 기억 그리고 감각 운동 등에 관한 것

---

85 "유다이즘에 있어서 유배는 창조적인 격동이며, 서사적인 행위이며, 형이상학적인 수고스러움이다. 결코 운명적이고 슬픈 무기력함이 아니다." (Shmuel Trigano, *Un exil sans retour?*, Stock, 1996, p.290) 일반적으로 유대인들의 현세관이 만물과 자손의 번영에 관심을 갖는 것도 그런 시간의 통시성을 현세적 삶의 지속 속에서 보고자 하는 긍정 때문일 것이다.

이다.[86] 레비나스에게 있어 타인에의 욕망은, 주체성의 입장에서 본다면, 초월자에게로 나아가는 탈자적인 운동이며 낯선 신비와의 결합을 가져온다. 베르그송에게 있어 생명의 약동이 지금까지 경험하지 못했던 새로운 삶의 차원으로 들어서는 삶의 본질이라면, 레비나스에게 있어서도 타인에의 욕망은 창조적 지속의 실현이며 새로운 약동이다. 그 욕망은 신비와의 만남을 가져오는 에로스, 즉 여성성으로서 해명되기도 한다. "시간을 개방하는 초월적인 타자성의 관념은 무엇보다 타자성의 그 내용물(altérité-contenu), 여성성으로부터 추구된다."[87] 주체가 타자에게로 향하고 타자의 타자성을 찾고자 내몰리는 것은 주체가 본성에 따라 내연적으로 갖는 에로스와의 절대적 관계로부터 비롯되는데, 이것을 여성성이라고 한다.[88]

모든 존재는 타자성을 본질로 하며, 이것은 구체적인 타자로 향해 에로스를 발생시키는 이유가 된다. 그런데 에로스는 주체의 욕망 또는 그의 선택에 의해 발현되는 것이 아니다. 무조건적 행위를 가져오는 그것은 비자발적 의지에서 비롯된다. 마치 그것은 물질 너머에서 자신을 실현해 나가려는 정신적 에너지와 같다. 이런 의미에서 주체의 행위는 영

---

86 레비나스에게 있어 감각은 단순한 신체 활동에 그치지 않는다. 이 점은 감각 이미지에도 의식이 존재한다는 베르그송의 주장을 환기한다. "레비나스는 후설의 지향성을 평가하면서 이것에는 감각적인 것을 구성하는 '감각하는 것(le sentir)'과 '감각된 것(le senti)'이 확실히 구분되어 있다고 믿고 있으나, 이것들은 통일된 의식을 형성하며, 여기서 그것들이 주체와 객체로서 구분되는 것은 아니라고 이해한다. 그에게 있어 의식의 통일을 가져오는 중요한 활동은 심령주의에서 기인하는 것이며 감각적인 행위도 심령적인 의식에서 독립적인 것이 아니다." (졸저 《레비나스의 타자철학》, 114쪽)

87 TA, p.14.

88 여성성은 모든 인간이 갖는 내적 성향이며, 타자성 그 자체 안에 스며들어 있다. "여성적인 것은 빛을 지향하는 초월성이 아닌 수줍음을 통해 존재자로서 완성된다." (TA, p.81) "타자가 본질로서 내포하는 것은 타자성이다. 이것은 우리가 이런 타자성을 에로스와의 절대적 관계 속에서 찾아왔던 이유이기도 하다." (TA, p.80)

적인 활동을 실현하는 일종의 '통행로'가 된다. 이것은 베르그송에게 있어 높은 차원의 정신이 실현되어 나가는 형이상학적 운동의 통로와 크게 다를 바가 없을 것이다. 그에게 있어 모든 생명은 물질의 저항을 극복하고 다른 단계로 나아가는 역동적인 힘을 가지고 있으며, 이것은 정신적인 에너지다.[89] 마찬가지로 레비나스에 있어서도 타인에의 욕망은 마치 순수지속을 실현하는 영적인 힘이다. 우리는 그 철학자들에게서 존재의 원천적 힘을 구성하는 생명, 기억, 지속 등을 공통적으로 발견할 수 있다. 존재는 자신의 정체성을 부단히 실현하고자 하며, 개체의 삶과 죽음을 뛰어넘는 생명의 지속을 본질로 한다. 그리고 생명의 힘은 높은 차원의 정신으로부터 비롯된다.

세계 속에 존재하는 모든 것은 근본적으로 불가지성의 속성을 표현하고 있는 것처럼 보인다. 그래서 애매성은 존재의 정체성을 사유하기 위한 하나의 철학적 관점을 제공한다. 데카르트가 명확성에 의해 실체로서의 정신을 이해하고자 했듯이 애매성도 실체로서의 존재를 해석한다. 다만 실체로서의 애매성은 통시적인 시간관념 또는 타자의 이해를 수반한다. 레비나스에게 있어 존재자로서의 자립체(hypostase) 개념도 애매성의 예라고 볼 수 있다. 이 경우 존재는 타자로부터의 '있음'의 존재이며, 타자들 사이에 존재하는 익명성을 자신의 본질로 한다. 이에 반해 명증성은 주체의 내적인 자기반성에 의해 존재할 뿐이다. 애매성의 정체성은 도처에 존재한다.

플로티노스의《엔네아데스》에 따르면 존재하는 모든 것은 자립체이며

---

89 베르그송에게 있어 생명의 에너지는 물질을 넘어서 존재하며 상승적인 생기를 부여한다. "우리가 말하는 생명의 약동은 창조의 요구로 이루어진다. (⋯) 그것은 필연성 자체인 이러한 물질을 포획하고 거기에 가능한 한 가장 많은 양의 비결정성과 자유를 도입하는 경향이 있다."(《창조적 진화》, 375쪽)

영혼을 갖고 있다고 한다. 그렇다면 그에게 있어 모든 존재가 보편적으로 갖고 있는 영혼은 어디로부터 연유하는 것인가? 그것은 일자(一者)로부터 발생하고 일자에게로 향한다. 레비나스에게 있어 모든 존재가 갖고 있는 타자 지향성도 그런 심령적인 운동을 보여준다. 그에게 있어 실체는 '다르게 존재하는(autrement qu'être)'의 끊임없는 변신에 의해 주어지며, 이것은 본질(essence) 바깥에서 자기 정체성을 타자들에게 무조건 되돌려주는 행위로 나타난다. 그래서 타인에의 욕망은 존재의 형이상학적 운동이며 무한성을 표현한다. 타자에의 에로스를 통해 계시되는 인간에 대한 신의 사랑과 믿음은 '절대 타자적인 것으로(absolument autre)' 늘 새롭게 갱신되는 것이며, 앞서 언급했던 바와 같이 나의 자손의 관계 역시 그런 신적인 창조와 생성의 질서를 전제한다.

우리는 여기서 무한성의 관념으로서 타자의 애매성을 검토해 볼 수 있을 것이다. 타자는 타자성의 근거이면서 무한성의 현시다. 그것은 존재와의 원천적인 관계다. 여기서 타자는 데카르트가 말하는 무한성의 관념을 대신할 수 있다. 즉 타자와의 만남은 코기토의 확신이며 신비와의 그것이다. 타자의 얼굴은 무한의 현시이며, 타자와의 만남에 의해 인간은 계시의 삶을 영위해 나갈 수 있다. 여기서 타자는 신이다. 그렇기 때문에 레비나스에게 있어 타자존재는 주체 앞에 있으면서 영원히 건너갈 수 없는 높은 차원에 있는 애매성 그 자체다.

우리는 이 글에서 신체, 지각, 지속 등에 관한 현대적 사유들이 '있음'의 이해에 대한 새로운 가치를 형성하고 있다는 것을 확인했다. 그 결과 애매성은 베르그송 이후 비결정성의 세계 구조 속에서 불가피하게 사유될 수밖에 없는 존재의 한 속성을 나타낸다. 그리고 우리는 그것에 대한 이해가 특히 메를로퐁티, 들뢰즈, 레비나스 등에게 있어 '있음'의 비결정성에 관한 철학적인 문제의식을 형성하는 데 중요한 동기가 된다는 것도 살펴보았다. 우리는 베르그송 이후 현대 사상사를 읽어 나갈 수 있는 주요 관점으로서 애매성의 사유가 왜, 어떻게 발전되고 있는지를 살펴보고자 했다. 무엇보다 애매성은 삶에 대한 가치가, 이원론적 세계관을 갖고 있는 특정 종교주의나 결정론을 지지하는 과학주의를 옹호하는 입장이 되어서는 안 되며, 생명 중심의 우주와 타자 그리고 시간의 이해를 떠나 가능하지 않다는 것을 보여준다. 애매성은 '있음'의 존재가 본질적으로 생명의 지속을 실현해 나가는 것이라는 점을 보여 준다. 그리고 그것은 존재의 본질을 타자성에 의해 사유해 나갈 수 있는 흥미로운 사례를 보여준다.

먼저 베르그송에게 있어서 '있음'의 정체성은 개체주의에 있는 것이 아니라 그 너머에서 생명의 기원을 갖고 지속되고 있는 훨씬 큰 타자성에서 비롯된다. 타자성은 근대 이후 형성됐던 대자적 존재로서의 주체성을 극복하고 주체의 주체성이 근본적으로 어디에 위치해 있는가를 문제 삼는다. 그것은 주체성을 넘어서 있는 존재의 원천적 근거이며, 자신을 뛰어넘고자 하는 힘과 역동성을 존재에게 부여한다. 비결정적 지대의 타자성 안에 생명의 잠재성과 약동이 초월적으로 존재한다. 이런 입장에서 존재의 본질을 사유한 철학자가 바로 베르그송이고, 그는 '있음'에 관한 철학적 사유의 초점을 생명의 창조적 지속에 맞춘다. 그래서 그는 물리적 결정론에서 얻어지는 확정성에 의해 인간의 운명과 행동이 지배되는 것을 비판한다.

이런 의미에서 우리는 애매성의 관점을 중심으로 발전되고 있는 메를로퐁티의 신체 및 지각 중심주의, 들뢰즈의 분화적인 지속의 관념, 레비나스의 에로스와 타자이론 등이 갖고 있는 특화된 의미란 무엇인가 등을 이 글에서 살펴보고자 했다. 중요한 점은 우리가 그런 사유들을 통해 세계와의 관계 속에서 영위해 나가는 삶은, 자아 중심적인 세계가 아니라 세계 모두의 관계 속에서 나 자신의 삶을 타자성의 관점에서 조망할 수 있어야 한다는 것이다. 즉 삶의 타자성이란 주체 중심의 유아론적 삶을 버리고 그 너머에서 근원적인 초월의 정신과 이타주의를 실현할 수 있는 존재의 본질이다.

우리는 '있음'의 비결정성과 애매성에 관한 사유를 토대로 생명현상에 대한 새로운 인식과 함께 자아의 정체성에 관한 다양한 이해의 범위를 가질 수 있었다. 베르그송은 새로운 시간의 관념을 중심으로 생명의 본질을 사유한 철학자이며, 자아의 정체성을 생명의 기원과 창조 그리고 우주적 차원에서 찾고자 했다. 그에게 있어 자아에 대한 깊은 반성은 물리적 공간 또는 사회적 표상들 속에 자아를 위치시키는 것이 아니라 영원한 내적 흐름 가운데서 자아의 본질을 직관하는 것이다. 이와 비교해서 메를로퐁티에게 있어 자아의 정체성을 타자성의 입장에서 고려해 볼 때, 자연은 생명의 모체이기 때문에 자아의 타자성은 그런 자연성을 '있음'의 본질로 받아들인다.

메를로퐁티의 '살'의 현상학적 애매성, 들뢰즈의 생명의 잠재성과 그 분화에서 볼 수 있는 지속의 애매성도 '있음'의 정체성을 우주론적 차원에서 새롭게 해석한다. 또한 레비나스도 낯선 존재로부터의 계시(啓示) 또는 낯선 존재로의 개시(開示)에서 '있음'의 정체성을 타자에게서 이해하고자 하며, 여기서 타자는 세상에 부재로서 존재하는 신과 실존적 인간 사이의 애매성을 갖고 있다. 이렇게 볼 때 우리가 이 글에서 살펴보고자 했던 베르그송 이후 애매성의 철학은 비결정성의 지대로 열려진 생명의 존재 이유와 그 가치를 탐구하고 있으며, '나'의 실존과 정체성을 우주적·생성적·다원적 차원에서 발견하는 데 근본적인 의미를 갖고 있다.

3장 ———

지각의 존재론적 이해와
현대 미학

필자는 이제 예술 작품에 나타난 지각(perception)의 존재론적 이미지에 대한 미학적·철학적 이해를 통해 사물세계의 '있음'에 관한 예술가들의 사유와 해석을 비평하고자 하며, 지각이란 무엇인가라는 철학적 문제를 새롭게 검토해 보고자 한다. 특히 현대 예술가들이 생각하는 '있음'의 애매성에 대한 상상과 표현은 철학자들이 추상적으로 생각하는 차원과 다른 흥미로운 관점을 보여주는 경우가 많다. 필자는 이런 점들에 착안해 그런 작품들을 애매성의 입장에서 분석해 보고자 한다. 포스트모던 예술 시대에 새로운 지각의 이미지를 표현하고 있는 예술 작품들을 비평하면서 지각에 관한 철학적 해석과 비평을 넓혀 나갈 수 있을 것이다. 현대 예술에서 지각이 차지하는 위상이란 무엇이고, 그 이미지는 무엇을 표현하는가? 우리는 정신과 물질 사이에서 작용하는 지각의 운동을 데카르트 이후 베르그송, 메를로퐁티, 들뢰즈 등의 주요 이론을 참고로 이해하면서, 그들의 사유 세계와 연관된 일부 예술 작품들을 소개·비평하고 철학과 예술적 세계에 대한 융합적인 관심도 확장해 나갈 수 있을 것이다.

(1) 예술적 이미지란? 사유와 지각 사이에서

예술적 이미지는 작가의 상상과 사유를 표상하며, 특히 사물세계를 느끼고 판단하는 방법으로서 지각의 이미지는 예술의 본질을 차지한다고 해도 과언이 아니다. 예술은 이미지를 표현하는 장르다. 삶의 본질이 영혼이나 에로스 등에 있다 하더라도 예술가는 시각적·촉각적 이미지를 통해 자신의 생각과 느낌 그리고 상상을 이미지로써 표현한다. 이런 이유에서 예술가에게 지각의 이미지는 단순히 사물세계에 대한 신체적 반응을 의미하지는 않는다. 고중세의 시대에 예술을 경시했던 것은 예술이 사유를 모방하는 신체적 표현 기술로 여겨졌기 때문이다. 그러나 특히 현대 예술의 아버지로 불리는 세잔 이후 사물의 색채와 공간 배치를 중시하는 현대 예술에서, 예술가의 사유와 지각 행위는 회화적 구도보다 선행하는 창작의 조건이며 이것은 비평의 관심이 되기도 한다.

철학과 마찬가지로 예술도 삶과 세계를 사유하고 해석한다. 그래서 '예술을 철학한다'라는 말도 예술적 이미지에 구현된 작가의 새로운 시선을 찾기 위한 '예술을 사유한다'라는 말과 다르지 않다. 그만큼 예술에 대한 대중적 관심뿐 아니라 예술을 미학적 차원에서 보고자 하는 지적 사유가 늘어나고 있고, 작가들도 '생각하는 예술'에 창작의 동기를 부여하는 경우가 많다.

그런 의미에서 오른쪽의 그림은 '세계를 어떻게 볼 것인가'라는 예술적 사유를 표

〈그림11〉 르네 마그리트의 〈잘못된 거울(Le faux miroir)〉 (1935). 실재세계의 애매성의 일례. "내가 보고 있는 푸른 하늘은 실재 자체인가, 아니면 내 눈에 비친 하늘인가?"

현한다.[90] 푸른 하늘과 구름을 캔버스에 그리고 있는 화가의 손동작은 결국 화가 자신의 눈동자에 비친 하늘과 구름의 이미지를 베끼고 있는 것은 아닐까? 우리는 세계와 사물세계를 논리적으로 인식하고 있다고 하지만 결국 이것도 인간의 눈에 비친 표상이 되지 않을까? 가령 현재 내 눈앞에 커피 잔이 있다고 하자. 지금 내가 보고 있는 그 잔은 나의 의식 밖에 있을까, 아니면 나의 의식 안에 있을까? 여기서 독자들이 웃음을 짓는다면 그 애매성의 이미지를 이해하고 있는 것이다.

텍스트의 의미가 다양한 해석을 통해 탐구될 수 있듯이, 예술적 이미지도 감상자들의 각각 다른 관점에 의해 비평될 수 있다. 비평가들은 작가의 사유와 지각을 표현하는 예술 작품에 대해 여전히 많은 것을 기대한다. 예술적 이미지는 인간의 상상과 실재세계에 대한 지각 행위를 통해 진화해 왔다. 근본적으로 예술은 작가의 상상과 지각을 반영하고 있는 행위예술이며, 미적 이미지는 작가의 특정 관점과 표현 기법을 요구한다. 그래서 현대 예술은 어렵다. 생각하는 예술을 지향하기 때문이다. 상상과 직관으로 그려진 작가들의 문제의식과 생각을 이해한다는 것은 마치 철학적 사유를 가져다주는 것과 다를 바가 없다.

특히 현대 예술에서 작품 활동은 작가의 상상과 사유 그리고 지각에 대한 창의적이고 융합적인 심미안을 발전시켜 왔으며, 이런 의미에서 작품에 대한 심미적 판단과 이해가 비평적 차원에서 매우 절실하다고 볼 수 있다. 물론 하나의 작품이 작가의 주관적 판단과 인상을 그려 낸다는 것을 부정할 수는 없다. 분명한 점은 현대의 예술 세계에서는 그 어느 때

---

90 르네 마그리트(René Magritte)는 인간의 사유 속에 고착되고 있는 본질과 표상이라는 이원적 사물의 구조를 해체하고 표상적인 이미지에 오버랩 되고 있는 사물의 숨겨진 진실을 폭로한다. 예술적 사유의 오해와 진실을 전달하고 있는 셈이다. 〈붉은 모델(Le modèle rouge)〉(1935), 〈매혹자(Le seducteur)〉(1951) 등이 그런 진실을 표현하고 있다.

보다 작가의 문제의식이 더욱 첨예한 기법으로 표현되고 있으며, 그 기법도 엄청난 변화를 거쳐 왔다는 것이다. 가장 창의적인 예술은 시대를 앞서간다.

그러나 포스트모던 시대에 이르러 예술가의 사유가 무엇을 지시하고 있는지, 찾고자 하는 진리가 무엇인지를 가늠하지 못할 정도로 현실과의 과감한 괴리감을 가져오기도 한다. 다른 한편으로 현대 예술과 비평에서 신체에 대한 새로운 해석이 가능해지면서 지각에 관한 미학적 심도가 더욱 높아지고 있음에 주목할 필요가 있다. 그래서 그 어느 때보다 예술 작품에 대한 미학적 해석과 비평이 더 요구받고 있는지도 모른다. 과거의 전통에서 예술적 이미지는 지각 자체에 작가의 생각을 두고 표현한 것이 아니라 특히 회화적 구도와 배치에 따라 사물 자체를 그려 나갈 때 미적인 가치를 가진 것으로 평가되기도 했다. 즉 주제와 의도의 명확성이 배경적인 구도 속에서 잘 드러날 수 있어야 한다.[91]

예를 들어, 이성적 사유에 근거를 두었던 레온 바티스타 알베르티(Leon Battista Alberti, 1404~1472)와 데카르트의 예술론을 살펴보기로 하자. 르네상스 문화의 초기는 고대 및 중세의 모사적인 예술론에 영향을 받았고, 알베르티의 예술론은 과거의 표상적인 예술론을 종합하고 르네상스 예술 세계의 새로운 질서를 개척했다. 건축, 회화 등의 다양한 장르에 남겨진 그의 저작과 예술론은 르네상스 미학의 토대가 되었다. 그의《회화론》에 따르면, 회화의 우선적인 목적은 인간 이성의 원리에 따라 외부세계

---

[91] 전통적인 예술적 사유와 이미지는 다음과 같은 특징을 갖는다. "고대 후기와 중세에는 플라톤의 모방론이 르네상스 예술관의 토대로서 통용되었다. 예술의 목표로서 간주되는 미 개념은, 부분과 전체의 규칙적인 비례와 조화를 통해 획득되는 것이고 이런 목표를 추구하는 데 있어 중요한 방법으로 여겨진 것은 특히 원근법과 같은 지식들이었다."《예술이론의 역사》, 우도 쿨터만, 김문환 옮김, 문예출판사, 1997, 74쪽)

를 재현하는 데 있다.[92] 수의 비례가 그 중심에 있다. 따라서 수학적 원리나 사물세계의 과학적 연구에 따르지 않는 예술론은 어떤 것도 용납되지 않았다. 그는 실재와 이것을 재현하는 이미지의 비례적인 관계에 특히 관심을 갖고, 실재세계를 표현할 수 있는 예술의 수학적 사고를 실현했다. 따라서 회화적인 미는 수의 보편적인 비율과 배열에 따라 성립될 수 있다는 그의 실재론을 이해할 필요가 있다. 그는 구도를 중시하는 르네상스 시대의 새로운 예술론을 개척했으며, 수학과 과학적 지식에 바탕을 두고 비례와 원근법에 관한 이치를 확립해 나가면서 레오나르도 다빈치(Leonardo da Vinci)와 알브레히트 뒤러(Albrecht Dürer)의 드로잉에도 상당한 영향을 주었다. 그의 예술적 활동은 이성적 사유의 질서를 재현하는 것에 있었다.

근대에 이르러 미학적 관념은 숭고한 사유의 미를 나타내기도 했지만, 이성적 사고의 범주 속에서 지각 행위를 평가하기도 한다. 데카르트의 광학적 시선은 감각 운동이 하나의 기계적 반응에 불과하다는 것을 보여준다. 신체가 기관의 배치에 따라 작동하는 것은 신체의 본성이다. 사실 그는 미의 재현에는 큰 관심이 없었다.[93] 다만 사물세계의 기계적인 운동은 수와 비례에 의해 존재하는 것이니만큼 이것을 인지하는 감각 운동은 당연히 인간의 사유와 판단에 의존할 수밖에 없다. "나는 지금 물체조차도 본래는 감각이나 상상력이 아니라 오직 오성에 의해서만 지각된다는 것을, 물체는 만져서 혹은 보아서가 아니라 이해함으로써 지각된다는

---

92 《회화론》, 레온 바티스타 알베르티, 김보경 옮김, 기파랑, 2011 참고.

93 데카르트는 무엇보다 이성 중심적인 사유의 질서를 중시한다. "사실 수학적 방법에 의해 통제되는 통일된 지식을 꿈꾸었던 데카르트는 미학론을 전혀 집필하지 않았다. 그의 《음악에 관한 소고》(1618)는 젊은 날—그는 당시 22세였다—의 작품인데, 감각적 즐거움과 미의 조건들을 수학적 비례식들의 도움을 받아 규정하고 있다." (《미학이란 무엇인가》, 마르크 지므네즈, 김웅권 옮김, 동문선, 2003, 48쪽)

것을 알게 되었다.”[94] 이처럼 데카르트에게 있어 대상을 지각하고 이것을 판단하는 능력은 시각적 시스템을 지배하는 정신적 두뇌 활동으로부터 기인한다. 따라서 색채나 형태를 그려 내는 외부의 물체 이미지가 순전히 지각에 의존한다면 그것은 확실한 표상이 될 수 없다.

결과적으로 데카르트의 학문적인 성과로 인해 외부세계를 과학적 시선으로 관찰하고 자연적인 필연성과 내재성을 탐구하고자 하는 지성적인 능력은 중세시대의 목적론적 세계관을 극복할 수 있었다. 그에게 있어 물질세계에 대한 이성적 판단은 그런 역할을 위해 필수적인 것이었다. 물체의 실체성을 인지하고 있던 그에게 감각과 대상 사이에는 미학적 의미가 부여된 지각의 특수성이 인정되는 것이 아니라 그저 수와 비례에 의해 조합될 수 있도록 기하학적 공간과 지성적 판단이 우선적으로 작용할 뿐이다. 즉 감각의 이미지는 사유 작용으로부터 자유롭지 못하다.

데카르트의 지각에 대한 이해는 현대의 미학비평을 새롭게 개척했던 메를로퐁티의 지각과 공간의 관계와 근본적으로 상반되는 것이다.[95] 현대 예술에서 지각이 차지하는 위상이란 무엇이고, 그 이미지는 무엇을 표현하는가? 필자는 정신과 물질 사이에서 작용하는 지각의 운동을 데카르트 이후 베르그송, 메를로퐁티, 들뢰즈 등의 주요 이론을 참고로 이해하면서 그들의 사유 세계와 연관된 일부 예술 작품들을 소개·비평하고 철학과 예술적 세계에 대한 융합적 관심을 확장해 나가고자 한다. 해석과 비평은 미처 깨닫지 못한 것을 일깨워 준다. 텍스트가 지닌 논리와

---

94 《성찰》, 55쪽.

95 공간과 지각에 대한 데카르트와 메를로퐁티 사이의 큰 견해차는 세계를 바라보는 근본적인 차이점에서 나타난다. “데카르트는 공간이라는 나름대로 온전하고, 명료하고, 논의하기 쉽고, 동질적인 존재를 구상했다. 데카르트가 구상한 공간은 사유가 관점을 초월하여 내려다보는 공간이요, 직각으로 교차하는 세 축 위로 통째로 옮겨지는 공간이다.”(《눈과 마음》, 83쪽)

검증적 분석을 떠나 예술가의 직관적 이미지를 표현하고 있는 것이 예술이다. 그럼에도 불구하고 그 어떤 예술 작품이더라도 작가의 표현 기법과 생각의 차원을 비평가 또는 감상자에게 보여주며 이뤄질 수 있는 예술 세계에서의 상호작용이 없다면 미학적 가치와 기준을 새롭게 발전시키기 어려울 것이다.

(2) 포스트모던 시대 예술적 이미지의 근거들

과거 회화적 서사성은 사유의 재현을 시도하거나 이야기의 구상을 중시하는 전통을 만들어 왔다. 특히 중세 이후 종교적 서사성을 표현했던 예술은 자연스럽게 이야기의 한 해석을 전달해 왔거나 사유의 한 표본을 보충하는 수단이 되기도 했다. 본질과 표상이라는 이분법적 구조 속에서 예술적 표현은 사유에 종속된다. "예술가는 항상, 그리고 우리는, 예술가의 작품을 관조할 때 그의 경험을 재산출하면서 항상, 현실적인 그림으로부터 '이상적인 본(ideal pattern)'으로 눈길을 돌리고, 그런 다음에 다시금 '본'으로부터 그 그림에로 눈길을 돌린다."[96] 즉 예술적 이미지의 배후에는 반드시 생각의 원천을 다루고 있는 전형이 존재해 왔다. 그러나 오늘날 인간이 삶의 중심으로서 세계에 위치하면서 예술적 지각 행위와 그 이미지는 세계에 위치한 인간 자신에 대한 해석을 통해 표현된다.

특히 19세기 이후 예술이 사유로부터 이탈하기 시작하며 실존적 일회성, 우연성과 마주치는 예술적 이미지는 내면적 삶의 공허를 폭로하거나, 새로운 삶에의 귀환을 제시하는 경우가 많았다. 예술이 인간의 정신적 세계를 구현한다는 근대의 예술적 통념을 허물게 된 계기는 사진예술로부터 비롯된다. 사진 이미지는 실재 그 자체를 표현한다고 믿었기 때

---

96 《미적 경험과 플라톤의 이데아론》, 존 알렉산더 스튜어트, 양태범 옮김, 누멘, 2011, 203쪽.

문에 사진 이미지의 물적 토대에는 특별한 권위나 아우라(aura)가 존재할 수 없다. 그래서 사진예술은 사물세계를 있는 그대로 바라보는 지각 이미지의 모든 것이라고 해도 과언이 아니었다. 그것은 명확성과 실제성의 상징이 되었다. 자칫 지각 이미지의 사물화가 우려된 것도 그런 관계에서 비롯됐으나 사진예술은 예술이 천재적인 독창성을 표현한다는 독점적 지위를 허물게 된다. 특히 베냐민(1892~1940)의 예술비평은 유물적 인간의 실존적 지위와 역사 이해를 반영한다.[97] 이런 의미에서 영상 이미지는 인간과 세계의 관계에 대한 해석에 큰 변화를 가져왔으며, 인간 존재를 역사적·사물적 공간 속에 위치시키며 즉물적 존재의 연장으로서 이해하기 시작했다. 예를 들어 오늘날 새로운 예술적 지각을 형성하는 데 적지 않은 영향을 끼쳐 온 외젠 아제(Eugène Aget, 1856~1927), 마르셀 뒤샹(Marcel Duchamp, 1887~1968), 리처드 세라(Richard Serra, 1939~)의 작품을 살펴보기로 하자. 이들은 사물세계에 대한 실제적 인식과 지각의 관점을 중시함으로써 현대 예술의 새로운 변화를 모색했다.

오른쪽에서 볼 수 있는 아제의 사진

〈그림12〉 아제의 사진 작품. 베냐민에 따르면 아우라를 파괴하는 일은 오늘날 지각의 예술이 갖는 시대적 특징이다.

97　베냐민의 예술적 감수성은 도시가 지니고 있는 역사성, 생명력, 과거와 현대가 만나는 삶의 터전 등에서 영감을 얻으며 실존적 삶의 미학을 개척한다. 예를 들어 도시화에 남겨진 인간의 흔적은 삶과 역사의 그것이며, 이런 언저리에 미학적 사유가 투시된다. "베냐민에게 건물, 공간, 기념물과 대상들이 도시 환경을 구성한다. 도시 환경은 인간의 사회적 활동 양식에 대한 반응이자 구조이다. 건축과 인간의 행위는 서로를 형성하고 또 상호 침투한다." (《발터 벤야민과 메트로폴리스》, 그램 질로크, 노명우 옮김, 효형출판, 2005, 23쪽)

이미지는 베냐민의 인간 이해와 예술적 관심을 짐작케 한다. 마네킹은 부조리한 삶의 공간 속에 갇혀 있으며, 그의 시선은 밖을 응시하고 있지만 무의미하다. 그리고 유리창에 비친 건너편의 건물 이미지는 예술 작품의 아우라를 상쇄한다. 도시화의 과정에서 빚어지는 삶의 부조리와 소외의 현장에서 아우라는 빛을 잃는다. 그러나 아우라를 제거한 자리에 실재의 이미지가 보충된다는 것은 예술적 지각을 사물화하는 것이 아니라 새로운 예술적 지각, 즉 인간과 세계 사이의 직접적 소통 또는 인간 자신의 눈과 손을 통해 얻은 즉물적 자각이 예술의 중요한 부분을 차지하게 된 것을 의미한다. 중세시대 이후 흔히 볼 수 있었던 종교적 상상과 신비주의 또는 구도나 비례를 중시했던 근대적 예술의 질서가 서서히 인간 자신이 주체가 된 시선이나 지각에 의지하는 새로운 예술로 변화하기 시작한다.[98] 베냐민에게 있어 물질적 삶의 터전 속에서 형성된 존재는 현실의 위상이지만 그렇다고 가치가 없는 것은 아니다. 일회성, 공허 등은 인간이 세계에 직접적으로 느끼는 새로운 자각이다. 이렇듯 인간을 실재적인 존재로 위치시키면서 지각은 세계와 소통할 수 있는 가장 확실한 근거가 될 수 있었다.

포스트모던 시대가 시작되면서 더욱 다양한 방법으로 인간과 세계를 표현하는 예술적 실험이 등장한다. 새로운 예술정신은 사물세계의 질서를 일정한 구도와 배치에 의해 재현하기보다는 인간의 유희적 상상을 더 선호하며 극단적으로 예술 자체의 무의미성을 주장하기도 한다. 세잔 이후 파블로 피카소(Pablo Picasso, 1881~1973)나 뒤샹은 예술의 유희적 발상

---

98 인상주의는 그런 변화의 중심에 서 있다. 예를 들어 인상파 화가 에드가 드가(Edgar Degas)의 〈압생트〉(1876)를 보자. "기우뚱한 구도와 비대칭적인 인물 배치는 전체적으로 사진술의 적용을 암시하는데, 새로운 테크놀로지에 대한 드가의 호기심을 잘 보여준다."(《인상파, 파리를 그리다》, 이택광, 아트북스, 2011, 219쪽)

또는 실제적 지각을 중시한다. 그들에 따르면 예술적 진실은 어디에 존재하는 것일까? 어쩌면 누구나 알고 있는 진실을 재현하거나 그 객관성을 나타내는 것은 예술의 영역이 아니라는 것을 그들은 보여주는 듯하다. 그만큼 포스트모더니즘은 자유, 일탈, 창조의 미를 중시한다.

피카소는 현대 예술의 대명사라고 해도 과언이 아니다. 그만큼 예술의 창의적·자율적 영역을 크게 확장한

〈그림13〉 피카소의 〈마리 테레즈의 초상〉 (1937). 마치 거울 앞에 서 있는 연인의 이미지를 준다.

작가로, 평면예술의 안과 밖을 넘나드는 새로운 미의 기준을 제시했다. 회화적 공간은 상상과 유희의 장소이며, 마치 모든 것을 비춰 줄 수 있는 입체의 거울과 같이 사물세계를 보여준다. 즉 회화적 평면은 사물세계의 파노라마를 펼쳐 보여주는 입체적 조감으로 거듭 태어난다. 따라서 예술적 이미지는 평면 중심적인 시선에서 본다면 사물 이미지의 변형을 초래하거나 마치 거울에 비친 사물의 즉자성을 보여주듯이, 평면의 입체적 구도를 통해 재현된다. 그가 보여준 큐비즘은 사물 자체가 지니고 있는 원형의 이미지를 캔버스라는 평면에 재현하고자 한 것이라고 평가하는 경우도 있다. 피카소의 새로운 평면예술은 인간의 예술적 상상과 유희를 가져오고 표상적인 사물의 질서를 왜곡하기도 하지만, 예술의 자율적 영역을 크게 확장한다.

예술의 본질은 창의성이 아니라 예술가의 임의적인 선택이거나 취향을 반영하기 때문에 예술 작품으로서 미화된 위상은 허구에 지나지 않는다는 극단적인 예술론도 등장한다. 그래서 예술의 본질이 기성품(ready made)에 비유되기도 한다.[99] 뒤샹의 작품은 그런 예술적 판단을 반영한다. 예술은 본질적으로 임의적인 선택이기 때문에 예술가가 아닌 누구라도 예술가가 될 수 있으며, 예술가가 예술을 독점해야 할 이유는 없다는 논리가 성립된다. 예술의 정의를 논하면서 그것이 사물이나 사유의 형상, 본질 등을 표현한다고 하는 것은 무의미하다. 왜냐하면 예술은 작가의 선택적 행위이기 때문이다. 다만 예술이 우리에게 즐거움을 줄 수 있거나 간혹 공허함을 느끼게 해줄 수 있다면, 예술 작품의 또 다른 존재 이유가 있을 것이다. 〈샘(La Fontaine)〉(1917)은 개념예술의 효시가 되었으며, 작가의 예술적 발상이나 문제의식을 중시하고 높이 평가하는 계기를 가져왔다. 그러나 그것은 미적 지각보다 예술적 구상과 착상 문제에 더 초점을 두고 있기 때문에 정확히 말하자면 예술 작품이라기보다는 설정 작품에 가깝다고 보아야 할 것이다. 그럼에도 불구하고 〈샘〉을 비롯한 뒤샹의 작품은 오브제 예술의 발전적 전기를 마련하는 등 미래의 예술적 감수성에 큰 변화를 예고하고 있었다.

그 후 현대의 예술 작품은 회화적 대상이면서도 철학적·문학적·음악적 심지어 수학적 대상으로서 하나의 종합예술의 경향을 띠고 있으며, 대중적 시선을 그 어느 때보다도 깊이 의식하고 있다. 감상자들의 느낌 자체에 작품의 예술성을 호소하는 경향도 있다. 그래서 시각적 퍼포먼스, 작품의 작업 과정 자체가 이미 아틀리에와 전시실 사이의 경계를 허물고 있는지 모른다. 이것은 삶의 실존과 실제성에 대한 다원적인 이해가 점차 확대되고 있다는 것이며, 결과적으로 피할 수 없는 예술적 장르의 확장을 의미한다. 그리고 미학적 측면에서 진실과 오해 사이의 애매성이 우리

---

99 "사실 레디메이드는 예술의 정의 문제를 제기한다. 처음에 아무것도 아닌 것 혹은 거의 아무것도 아닌 것, 즉 평범하거나 시시한 물건이 '예술가'의 명명과 제도의 '확인'을 통해서 기적적으로 '예술 작품'으로 변모된다."(《미학이란 무엇인가》, 363쪽)

의 진실로서 다가오고 있다
는 것도 나타낸다. 우리는 그
런 예술적 사례를 뒤샹이나
백남준의 포스트모던 예술
정신을 통해 확인할 수 있다.
오늘날 우리가 기대할 수 있
는 예술적 새로움, 창의적 기
법 등은 현대성 또는 애매성
의 차원에서 연출되고 그려

〈그림14〉세라의 〈기울어진 궤(Tilted Arc)〉(1981). 3차원적 공간과 시간 속에 배치되는 설치예술은 장소 특수적인 공공예술의 새로움을 시도한다. 여기서 예술적 생명력은 공간 지각을 떠나 존재할 수 없다.

지고 있는 셈이며, 그런 현대 예술의 특징을 예상하면서 예술 작품을 바라보는 비평적 시각도 달라져야 한다.

위와 같은 개념예술의 새로운 시도 가운데 예술적 지각 문제를 단적으로 직관하고 있는 작품도 있다. 오른쪽에 제시한 세라의 작품은 예술적 지각이 특정 장소를 떠나 지속성을 갖기 어렵다는 것을 보여준다. 작품 그 자체의 물질성과 함께 예술적 지각의 특정성을 주장할 수 있는 것이다.[100] 예술 작품은 어느 곳에서 전시되더라도 예술성을 똑같이 간직하고 있는 것이 아니라 역사적·문화적·지형적 특정성 또는 물질성을 통해 그 예술적 가치가 승인될 수 있다. 심지어 위의 작품은 예술에 대한 감상자의 태도 또는 지각의 변화를 요구하고 있다는 점에서 설치예술이 나아갈 바를 시사해 주고 있다. 예술적 감상에 대한 통념을 뒤바꾼 세라의 작품은 낯선 지각의 새로움을 감상자들에게 부여함으로써 그런 지각이 발

---

100 아서 C. 단토(Arthur C. Danto)는 세라의 작품을 이렇게 평가한다. "세라의 작품인 〈기울어진 궤〉는 마치 공간의 유일한 역할이 세라의 조각을 위한 일종의 확장된 기반이어야만 하는 듯이 공간을 가상적으로 다루면서 공간의 기본적 기능들을 전복시키는 지점까지 밀고 가 공간을 지배한다."(《철학하는 예술》, 아서 C. 단토, 정영도 옮김, 미술문화, 2007, 64쪽)

생활 수 있는 국지성(locality) 또는 공시적 맥락이 작품의 중요한 일부이거나 배경이 될 수 있다는 것을 증명한다.

즉 신체적 지각은 공시적(空時的) 지각이며 이것은 곧 전적으로 지각의 존재 이유가 될 수 있는데, 이것을 표현하는 예술 작품은 특히 공간적 배치에 민감하게 반응할 수밖에 없다. 공간 지각이 지성적 판단에 의지하는 것이 아니라 신체가 위치해 있는 국지성에 의해 결정된다는 것은 새로운 예술적 지각의 출현을 시사한다. 이런 측면은 메를로퐁티가 말하는 지각의 발생과 그 애매성에 일치한다. 나의 고유한 지각은 지금 여기에 위치해 있는 나와 타자나 사물들과의 관계로부터 발생한다. 레비나스도 이에 대해서는 동의할 수 있는 지각의 논리라고 할 수 있다. 세라의 작품은 사유와 공간 사이의 예술적 구도가 지각과 공간 사이의 그것으로 바뀌고 있는 변화를 반영한다.

(3) 사물의 있음에 대한 지각 이미지의 예술적 재구성

현대 예술은 대상 세계를 실재론적 관점에서 파악하는 것이 아니다. 세잔(1836~1906) 이후 마티스, 칸딘스키, 몬드리안 등의 회화 이미지를 보면 이것들은 대상성을 떠나 이것의 움직임을 직관하는 사유의 관점에 의해 재구성된다. 즉 사유와 지각의 조화가 드러나는 경향이 나타나지만, 여기서 사유는 인간의 자유로운 상상이나 실제적인 지각을 바탕으로 하는 것이다. 세잔의 원근법 해체는 새로운 예술적 기법의 중심에 있다. 칸트에게 있어 사물의 지각은 공간과 시간의 선험적 감성형식에 의해 먼저 부여되지만, 세잔에게 있어 사물의 근거는 주어진 공간적 구도에 의해 배치되는 것이 아니라 사물들 사이의 관계로부터 발생한다. 이런 측면에서 세잔은 사물세계의 구성과 밀도를 중시하며 공간 지각과 그 이미지를 표현한다. 즉 그는 사유로부터 독립된 회화적 공간에 대한 이해를 개척하게 되는데, 이것은 신체 주체와 상관관계를 맺고 있는 메를로퐁티의 사물세계 이해에 적지 않은 영향을 준다. 세잔이 캔버스에 구현한 예술적 공간은 때로는 사물 이미지의 배치에 불균형을 초래하게 되는데, 이것은 자연세계를 이해하고 인지하는 방식이 사물 중심적인 '사물에의 지각'으로 나타나고 있기 때문이다. 이런 세잔의 시도는 과거의 예술적 구도를 뒤바꾸는 사건에 비유될 수 있다.

클로드 모네(Claude Monet, 1840~1926) 이후 인상파 화가들의 관심은 빛에서 파생되는 색채를 캔버스에 그려 내는 것이었다. 색채는 고정된 것이 아니라 항상 빛의 파장을 통해 다양하게 그 색감을 드러내기에 사물의 형태마저 빛의 채색에 의해 다양한 모양새로 구성된다. 즉 지각의 이미지는 외부세계의 빛에 적극적으로 반응하면서 회화적 동기를 완성할 수 있었다. 그들 가운데 세잔은 더 나아가 사물세계에 대한 지각의 이미지가 사물들 사이의 관계로부터 발생한다는 착상을 한다. 따라서 색감들의 음영은 빛의 명암을 반영하는 것이 아니라 사물들 사이로의 동화(同化) 자체에서 그려진다. 사물들의 형태와 색채는 보는 사람의 이미지가 아니라 사물들 사이에서 주고받는 사물의 이미지를 표현한다. 즉 사물 자체로의 회귀는 세계를 보는 사람의 사유와 인상을 최대한 배제하는 것처럼 보인다. 사물의 구도와 배치는 원근법의 조망 아래 정해지는 것이 아니라 사물 자신들의 어울림, 이웃하기 등에서 새로운 조화를 추구한다. 그래서 세잔의 사물세계는 공간적·물리적 비례 구도를 탈피한다. 사물세계의 차이와 관계성에 초점을 두고 지각의 이미지가 완성되며 회화 구도가 자연스럽게 만들어진다. 그는 사물세계의 자연성을 표현하기 위해 사물의 이미지를 지각에서 사유의 이미지로 재구성하기 시작하는데, 여기서 현대 예술의 중요한 특징인 비구상성이 제시된다.

세잔은 2차원적 평면의 회화 구도 속에서 사물들의 배치와 구성에 집

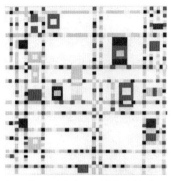

〈그림15〉 몬드리안, 〈브로드웨이 부기우기〉
(1942~1943). 비구상 작품의 회화적 물질성
은 상상력과 구도에 의해 재구성된다.

착하며 사물의 색채예술에서 사유
의 미학으로 들어선다. 이런 그의 회
화 기법에 고무된 피카소, 마티스 등
은 현대 예술의 한 획을 긋게 된 비구
상적 예술을 시작한다. 칸딘스키, 피터
르 코르넬리스 몬드리안(Pieter Cornelis
Mondriaan) 등도 그런 계열에 속하는
대표적인 작가다. 즉 예술사에 회화적
인 지각의 이미지가 비구상적인 방식
으로 인지되는 경향이 나타나게 된 것

이다.[101] 이렇게 세잔 이후 현대의 문제 작가로 평가되고 있는 마티스, 칸
딘스키, 마그리트, 베이컨, 몬드리안 등이 시도한 포스트모던의 회화적
특성은 화가들의 새로운 상상력을 자극한다.

특히 우리는 칸딘스키나 몬드리안의 작품 속에서 선 또는 곡선 등의
기하학적 형태가 이미지 자체의 형상을 표현하는 것을 발견할 수 있다.
사물의 물질성과 이것에 대한 지각 행위가 없어도 예술이 성립될 수 있
다는 것은 아방가르드의 한 사례가 된다. 칸딘스키의 회화적 선과 색채
의 미는 음악소리와 같은 무형적인 추상성을 나타낸다.[102] "그림 속에서
하나의 선이 사물을 묘사하는 목적에서 벗어나 그 자체가 하나의 사물

---

101 현대 예술의 아버지라고 불리는 세잔은 비구상예술을 개척한다. 공간의 기하학적 구성은
   사물 자체로의 지각을 실현하는 것처럼 보인다. "세잔은 역동적이고 총체적인 시점을 형
   상화하여 입체주의 회화의 대담함을 예고하고 있는 것이다. 소실점으로 향하는 선은 여러
   개이며 직각으로 교차한다."(《세잔》, 스테판 멜시오르 뒤랑, 염명순 옮김, 창해, 2000, 64쪽)
102 칸딘스키는 예술적 지각을 사유 속에 귀속한다. "그(칸딘스키)의 그림에는 선과 색채들만이
   있을 뿐 우리가 꼭 집어 '이것은 무엇이다'라고 말할 수 있는 사물의 형태가 없다. 칸딘스키는
   이 선과 색채들을 '사물들'이라고 부른다."(《마그리트와 시뮬라크르》, 박정자, 기파랑, 2011, 59쪽)

노릇을 한다면 그때 그것의 내적 음향은 그러한 부차적 역할 때문에 약해지는 것이 아니라 오히려 완전한 내적 힘을 획득하게 된다."[103] 이제 예술적 관심이 사물의 형상을 실재 그대로 드러내는 것에서 기존의 회화적 구도가 자연스럽게 해체되고 사유의 내면성을 추상적으로 형태화하는 것으로 이동하는 데 주목해 보자. 이런 측면에서 몬드리안에게 있어 예술적 지각은 사물세계를 하나의 관념 또는 형상(形相)으로서 그려 낸다. 공간을 좌표와 선형 중심으로 배치하는 것은 비구상예술의 전형적인 특징이 되었다. 칸딘스키가 내면적 상상을 표현한다면, 몬드리안은 외면적 사물세계의 형상(形像)을 기하학적 형태로 취하면서 촉각적 이미지를 배제하는 장르를 개척한다.

우리는 위와 같은 주요 작가들의 작품을 해석·비평하면서 사유와 실재 사이의 애매성 관점에서 작가들의 사유세계를 설명할 수 있을 것이다. 특히 현대 작가들의 작품 이미지는 직관적인 상상력과 신체적 느낌을 구현함으로써 감상자들과 교감 또는 소통을 이루어 낸다. 그리고 우리는 그런 소통의 내적 공간에 논리적으로 설명할 수 없는 공감의 코드가 있다고 판단할 수 있다. 무엇보다 그런 공감의 코드, 특히 현대 예술의 변천 과정에서 주목할 점은 새로운 예술적 이미지의 창조와 변화가 과거와 달리 작가의 상상력 또는 사유의 역량에 의해 진행되고 있다는 것이며, 그 추이를 살펴보면 현대 예술은 특히 미학적 시각 또는 예술적 비평을 적지 않게 요구한다. 현대 작품 가운데 회화적인 이미지가 실재를 표현하는 것인지, 아니면 허구적인 속성을 그 본질로 하는 것인지 판단하기 위해 무엇보다 '실재'가 무엇인지에 대한 반성을 해야 하며, '재현'의 경우도 마찬가지다. 만약 실재가 존재한다면 재현의 이미지는 그것을 드러내

---

103 《예술과 느낌: 바실리 칸딘스키 예술론(Essays ueber Kunst und Kuenstler)》, 막스 빌, 조정옥 옮김, 서광사, 1994, 41쪽.

기만 하면 된다. 다만 실재라는 것이 대상적인 형상인가 아니면 관념적인 형상인가라는 물음들을 거치면서, 문제는 어떤 미학적 기준에 의해서도 그것을 객관적으로 평가할 수 없다는 것이다.

미학비평에 있어 물질과 지각 사이의 애매한 관계를 해명하기 위해 바슐라르에게 주목해 볼 수 있다. 그에게 있어 물질적 이미지는 숭고의 미를 절정에 이르게 할 수 있는 지각의 대상이면서 정신적·물질적 일체감을 부여할 수 있는 애매성을 띠고 있다. 그 예로 물아일체로부터 자아의 몽상을 체험하고 정체성을 사색하고 있는 바슐라르에게 있어 지각 이미지는 사물세계에의 동화를 암시한다. 그는 《불의 정신분석(La psychanalyse du feu)》, 《물과 꿈》 등의 저서에서 인류학적 상상력과 내면세계의 몽상적 성찰로 물질적 이미지 또는 초월의 지평을 새롭게 창조했다. 물과 불은 공통적으로 인간에게 나르시시즘을 불러일으키는 원천적·본능적 차원의 심미성을 제공하며, 그렇기 때문에 그런 물질성의 근거는 바깥에 있는 것이 아니라 사유하는 사람의 내부에 위치해 있다. "아궁이 앞에서 꿈꾸는 인간은 깊이의 인간이요, 생성의 인간이다."[104] 그런 물질적 이미지는 결코 인간의 정신세계와 상상력의 반대편에 있는 것이 아니며, 물질에 대한 심미성은 오히려 신비적이다. 그 이미지는 물질적 표상이 아니며 직관에 의해 성찰되고 있는 것으로서, 그렇다고 지각이 결여되고 있다는 것은 결코 아니다.

바슐라르에게 있어 몽상은 미적 이미지를 가져오는 동기를 제공하기 이전에 인간 자신을 깊이 사유해 나가면서 물아일체의 초월성을 불러일으킬 수 있는 성찰의 행위다. 우리는 그의 사상을 정신과 물질적 이미지 사이의 애매성의 관점에서 이해해 볼 수 있으며, 특히 물질적 이미지에

---

104 《불의 정신분석》, 가스통 바슐라르, 김병욱 옮김, 이학사, 2007, 108쪽.

대한 그의 직관적 사유는 예술적 창조가 무엇인가를 제시할 수 있는 실마리가 된다. 지고의 예술적 사유는 종교적 초월성과 맞닿아 있다. 우리는 그런 사례를 플로티노스의 자연사상에서 찾아볼 수 있는데, 자연은 물질이 아니라 원천으로부터 분리된 영혼이 살아 숨 쉬는 생성의 세계다. 그가 말하듯이 "원천은 만물에로 분화되어 사라져 버리는 것이 아니다."[105] 이런 관점은 사물세계가 단순히 물질로 구성되어 있다는 것을 부정한다. 플로티노스에게 있어 예술적 감성은 자연의 움직임을 직관하고 궁극의 실재를 발견하는 것에 있다. 지각 가능한 물질세계는 생동함으로 가득 차 있다. "어떻게 저편 세상의 사물들과 이편 세상의 그것들이 아름다울 수 있을까? 우리는 형상의 참여에 의해 이편 세상의 사물들이 아름답다고 주장할 수 있다."[106] 생동하는 물질세계에 대한 새로운 예술적 지각은 지각 자체가 하나의 사유 행위로서 발전될 수 있다는 것을 보여준다. 그래서 지각하는 인간은 사유하는 인간이다.

예를 들어 김창렬 화백의 물방울 작품 시리즈가 그런 물질적 이미지를 관조하고 표현한 것이라고 생각할 때, 플로티노스나 바슐라르의 물질세계에 대한 인식은 더없이 좋은 미학적 비평의 토대를 우리에게 제공하고 있는 셈이다. 사물세계에는

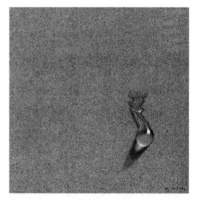

〈그림16〉 김창렬 작가의 〈물방울〉(1973). 지각은 물질적 이미지에 투시된 본질을 직관한다.

---

105 Enn. III 8, 10. "영혼은 운동의 시작이다. 영혼은 다른 모든 것들에게 운동을 부과한다. 반면에 영혼은 스스로에 의해 움직인다. 영혼은 영혼이 깃드는 몸체에다 생명을 주며, 영혼은 이 생명을 자체의 능력으로 지니고 있었으며 결코 잃어버리지 않는다." (Enn. IV 7, 9)

106 Enn. I 6, 2.

언제나 빛과 그림자가 있다. 그리고 움직임과 운동 속에 자신을 무(無)로 되돌리며 새로움을 창조하는 생성이 있다. 이렇게 끊임없이 새로운 형상들이 사물세계에 구현해 내는 우주의 신비는 물질과 그 이면 사이의 경계에서 예술가의 영감(靈感)을 불러온다. 감각적 행위를 뛰어넘어 물질적 움직임을 통해 이것을 만들어 내고 해체하는 그런 힘을 직관하는 것은 예술가의 또 다른 몫이다. 그래서 예술가가 물질세계에서 응시하는 빛에 대한 찬미는 예술적 미를 창조한다. 여기서 예술적 지각은 우주적 이치나 생명에 대한 직관적 표현을 수반하는 것이며, 예술가들의 정신세계를 반영하는 것임은 틀림없다.

베냐민과 함께 지각의 이미지에 대한 총체적 이해의 변화를 가져온 철학자는 메를로퐁티다. 먼저 그는 과학과 거리두기를 통해 신체 주체의 지각에 근거를 두고 세계를 이해하기 시작한다. 그에게 있어 공간 지각은 지성적 판단이 아니라 신체성에 의해 '원천적으로, 초월적으로' 주어진다. 결국 사물세계가 관찰 가능한 물질이나 법칙의 대상이 아니며, 지각과의 관계를 통해 해명될 수 있다는 것은 예술적 표현에 있어 새로운 동력을 제시한다. 신체와 이것의 몸체를 이루는 자연과의 관계 속에서 자아를 지각의 주체로서 해석한 그는 이렇게 말한다. "신체, 그리고 세계와의 접촉을 가져가면서 우리가 발견하게 될 것은 우리 자신이다. 왜냐하면 자신의 신체를 지각하게 된다면 신체는 자연적 나(moi naturel)이며, 마치 지각의 주체와 같기 때문이다."[107]

예술적 행위는 지각의 행위로부터 촉발됨에도 불구하고 그 지각 속에는 상상, 사유, 그리고 지성적 판단 등이 용해되어 나타난 그 무엇의 결과물이 내재한다. 지각의 이미지는 단순히 물질과의 접촉을 통해 표현된

---

107 Merleau-Ponty, *Phénoménologie de la perception*, Paris: Gallimard, 1945, p.239.

신체적 반응을 지시하지 않는다. 일찍이 데카르트에게 있어서 그것은 사유 작용과 연관되었다. 메를로퐁티에게 있어서는 지각은 세계에 귀속된 신체 주체의 교감이 표현된 것이며, 신체적 반응으로서의 감각과는 차원이 다른 것으로 '세계에로의 존재(être au monde)'를 실현할 수 있는 소통의 방식이기도 하다. 그에게 지각이란 무엇인가? 지각 속에는 사유 작용이 개입하지 않는다. 지각은 신체 주체와 세계의 사이를 이어 주며, 신체 주체가 세계에 귀속되도록 하는 일종의 존재론적 운동이다. "지각은 우선 사물의 지각이 아니라 세계를 구성하는 요소들에 대한 지각이며 세상에 소속된, 차원에 소속된 사물들에 대한 지각이다. 나는 이 '요소들' 속에 빠져 들어가고, 주관성에서 존재로 미끄러져 들어가는 세상 속에 바로 내가 있다."[108]

따라서 메를로퐁티에게 있어 신체는 하나의 자아이며, 그 활동으로서의 지각은 곧 자아의 활동이다. 그리고 그런 신체는 사물들과 타인들 사이에 거주한다. 그에게 있어 지각의 주체에게 공간의 실체는 신체 주체와의 관계로부터 주어지는 것이다.[109] 그 자체 공간의 실체성은 존재하지 않으며, '신체도식(schéma corporel)'은 사물세계가 이미 신체적 지각이 융합된 곳으로 이해될 수 있음을 보여준다. 예술가는 세계를 지각하며 이것을 캔버스에 회화적 이미지로서 구현한다. 그러나 이것은 매우 다양한 예술가들의 상상과 관점들에 의해 새로운 구도, 형태, 색채로 드러날 수밖에 없다. 현대 예술에서 지각은 물질성에 반응하는 감각의 차원이 아니라 예술적 행위를 통해 인간과 세계의 관계를 근본적으로 직관할 수

---

108 Merleau-Ponty, *Le visible et l'invisible*, Paris: Gallimard, 1964, p.271.
109 메를로퐁티에게 신체성과 사물들 사이를 경계 짓는 이분법적 도식은 존재하지 않는다. 즉 몸과 세계는 일체 관계에 있다. "사물들과 내 몸이 똑같은 재질로 되어 있으므로, 내 몸의 시지각은 어떤 식으로든 사물들 안에서 생겨나야 한다."(《눈과 마음》, 43~44쪽)

있는 중요한 동기가 되고 있다.

(4) 베르그송 이후 지각의 이미지와 잠재성

우리는 베르그송에게서 지각에 관한 좀 더 심층적인 체계성을 발견할 수 있다. 지각은 물질과 맞닿는 인지 활동을 가져오면서 여기에 응축되어 있는 그 깊이를 숨기고 있다. 지각 속에는 인간적 사유를 넘어서는 형이상학적 시간이 융해되어 있다는 것을 확인할 수 있다. 곧 지각의 이미지는 잠재성을 반영한다. 그는 지각한다는 의미를 어떻게 받아들일까? 그런 행위는 신체적 감각일 수도 있고, 실존적 반응으로 나타날 수도 있다. 그는 그런 지각 행위 속에서 지각 자체를 넘어서는 그 어떤 것을 파악하자고 말한다. 즉 지각 자체에는 이미 오랜 역사가 숨겨져 있으며 이것은 물질적 진화의 역사 가운데 만들어진 것이 아니다. 신체적 지각임에도 불구하고 여기에는 직관에 의해 설명될 수 있는 의식이 내재되어 있다는 것이다.

따라서 그에게 있어 지각의 이미지는 물질적 이미지가 아니라 실체적

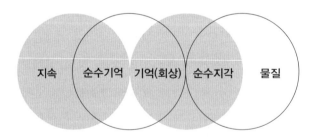

〈그림17〉 베르그송에게 있어 지각의 이미지는 어떻게 구성될까? 왼쪽에서 첫 번째 원은 지속의 범주, 두 번째 원은 정신(의식)의 범주, 세 번째 원은 신체의 범주, 네 번째 원은 물질의 범주. 데카르트의 심신이원론에서는 정신과 신체가 서로 전혀 다른 실체의 지위를 갖고 있다. 이에 반해 베르그송에게 있어 심신일원론은 정신과 신체가 마치 고리와 같이 연결되어 있는 교차의 구조를 갖는다.

파장에서 드러날 수 있는 대목이 아닌지 파악해 볼 필요가 있다. 우주에는 수많은 영역에서 다양한 변화 속에 물결의 파장과 같이 드러나는 이미지들이 존재하는데, 이런 현상들이 물질적 운동에서 전적으로 비롯되는 것은 아니다. 베르그송의 지속은 모든 영역에서 질적인 변화를 고취해 나가며, 모든 현상과 이미지 속에서도 자신을 드러낸다. 그렇다고 순수지각 자체가 지속의 근원을 파악하는 직관의 지위를 얻는다는 것은 결코 아니다. 순수지각은 물질적 이미지를 얻게 할 수 있는 가장 직접적인 반응이다. 그러나 지각의 이미지로 표현된 감응에는 가장 순수한 의식도 포착된다. 이런 입장은 데카르트에게 있어 지각에 의한 사물세계의 이미지가 본질적으로 사유 작용에 의해 인지된다는 것과 논리적으로 구분된다.

베르그송의 지각에 관한 이해를 318쪽의 도식을 통해 설명해 보도록 하자. 인간은 정신과 신체를 가진 존재다. 지속은 물질세계를 초월해 있는 생명의 순수한 흐름을 형성하며, 이것은 인간의 순수기억을 차지한다. 정신적 지성은 신체적 지각의 장(場)을 통해 물질세계를 필연적으로 인지한다. 회상은 정신과 신체가 결부되어 발생하며 경험적 기억을 갖는다. 이에 비해 순수기억은 지속을 직관할 수 있는 탁월한 의식이다. 그런 관계들 속에서 지각의 이미지는 일차적으로 물질에 대한 신체적 감응 때문에 나타난다.[110] 정신적 기억이 존재하듯이, 신체적 지각이 존재한다. 정신의 속성이 기억이며, 신체의 속성은 지각이다. 정신과 신체는 전혀 다른 범주들을 구축하고 있는 것이 아니다. 각각의 속성인 경험적 기억과

---

110 베르그송은 실재의 존재를 인정하지만 수많은 이미지의 총체라고 말한다. 그리고 중추적인 신체는 그런 것을 인지하는데, 이것이 지각이다. 이런 측면에서 지각도 신체와 물질 사이에서 발생하는 이미지다. "나는 물질을 이미지들의 총체라고 부르겠고, 물질의 지각을 나의 신체와 같이 어떤 결정된 이미지의 가능적 행동에 관련된 것과 같은 이미지들이라고 부른다." (Bergson, *Matière et mémoire*, Paris: PUF, 1939, p.17. 이하 MM이라 약칭한다.)

지각은 서로 교차하면서 정신과 신체를 연결해 준다.[111] 따라서 교차하고 있는 부분들은 애매성을 갖고 있다. 베르그송은 생명의 흐름과 삶의 시간이 지성에 의해 분절될 수 없는 연속성을 지닌다는 데 주목하고 있는 듯하다. 하루가 스물네 시간이라고 해서 하루의 삶을 스물네 부분으로 균일하게 구분할 수 없는 것과 같다.

베르그송은《물질과 기억》에서 지각의 이미지를 설명하는데, 이런 이미지를 만드는 것은 신체라는 중추적 이미지로부터 가능한 것이지 신체 그 자체로부터 비롯된 것만은 아니다. 신체도 하나의 이미지일 뿐이다. 따라서 지각의 이미지가 신체로부터 나온다는 보장이 없다. 따라서 그 이미지는 정신적 의식으로부터 발생할 수 있다는 개연성이 열린다. 그는 의식과 신체적 지각의 이미지들을 구분할 필요가 없었고, 오히려 지각의 본질이 의식의 범주 속에 편입될 수 있는 가능성을 확보했다. 그는 이렇게 말한다. "우리의 지각은 실제적으로 지속의 일정한 두께를 차지하고 있으며 그 결과 우리의 잇따르는 지각들은 결코 사물의 진짜 순간들이 아니라 우리가 지금까지 가정했던 것처럼 우리 의식의 순간들이다."[112]

어떻게 보면 그에게 있어 지각은 가장 낮은 단계의 의식인 것처럼 여겨진다. 따라서 그는 정신과 물질세계는 각각 다른 차원이지만 의식과 지각의 관계에 대한 설명을 통해 일원론적 실체의 차원을 암시하고 있는

---

111 베르그송에게 있어 기억과 지각은 이미지들 사이의 관계로 나타난다. 모든 이미지는 가변적이며 서로 교차하기도 한다. "모든 이미지는 어떤 이미지들에게는 내적인 관계에 있고, 또 다른 이미지들에게는 외적인 관계에 있다. 그러나 이미지들의 전체는 우리에게는 내적이라고도 외적이라고도 말할 수 없다. 왜냐하면 내재성과 외재성은 이미지들 사이의 관계이기 때문이다." (MM, p.21) 가령 문을 열고 실내로 들어오는 사람이 있다고 하자. 이 모습을 실내 안에서 본 사람의 이미지가 있고 그 모습을 복도에서 본 다른 사람의 이미지도 있을 것이다. 그래서 안과 밖의 이미지들은 이것을 본 사람들의 위치에서 결정될 뿐이다. 그리고 그런 이미지들이 하나의 사실, 즉 누군가가 실내로 들어갔다는 사실을 말해 준다.

112 MM, p.72.

지도 모른다. 우리의 의식이 순수지각과 정신 사이의 범주에 걸쳐 존재하는 것이라면 지각은 단순히 물질적 이미지만을 표상하지 않는다는 결론을 얻을 수 있다.[113] 무엇보다 베르그송이 궁극적으로 사유하고자 한 것은 생명의 실체와 그 지속이다. '있음'이란 무엇일까? 여기서 '있음'은 생명의 있음이고, 지속의 있음이다. 그 '있음'은 생명 의식의 출현이 있는 자리이고, 물질에 대한 저항으로부터 확보된다. 그리고 비결정성은 생명과 창조적 지속의 '있음'을 배양하는 존재의 심층적 또는 잠재적 차원이다.

〈그림18〉 김영원 작가의 〈그림자의 그림자: 꽃이 피다〉(2008). 과연 생명의 꽃이란 무엇인가? 그 꽃을 만드는 것은 지속이라고 하는 뿌리다.

그의 이론을 오른쪽의 작품에 적용해 보자. 하체는 하나인데 상체는 여러 개이고 그 그림자가 마치 꽃봉오리와 같은 형상을 만들어 내고 있다. 플라톤에 따르면, 삶은 이데아의 모사다. 따라서 삶의 뿌리는 단 하나뿐인 이데아가 되고, 우리의 현실은 그림자놀이에 불과한 것이다. 이런 입장에서 본다면 위의 작품은 흥미롭다. 중요한 점은 뿌리라고 할 수 있는 삶의 근본적인 중심은 생명력을 상징하는 지속에 있다는 사실이다. 이 하나의 생명력은 다른 무수한 현실 속의 생명체들로 물질들의 옷을 입고 태어날 것이다. 그 생명체들은 지속의 내재성을 지니고 있고, 그들의 삶과 죽음을 떠나서 저 멀리 지평에는 초월의 시간이 존재할 뿐이다. 결국 베르그송은 바로 이것을 사유하고자 한 것이 아닐까? 모든 개체의 삶과 현실은 근원적 생명의

---

113 "순수지각이 우리를 위치시키는 곳은 진실로 물질이며, 우리가 이미 기억과 함께 스며 들어가는 곳은 실제로 정신 자체다." (MM, p.200)

뿌리를 갖고, 이 영원한 생명의 존재를 지속적으로 표현한다. 따라서 생명체들에게는 보편적인 생명의 역사가 존재하며, 이것은 정신적 실체가 자신을 실현해 나가는 창조의 과정이라고 말할 수 있다.

이렇게 살펴본 베르그송에게 있어서의 지각의 이미지 속에는 지속이라는 숨겨진 차원이 존재하는 셈이다. 이런 입장에서 지각의 표현으로서 예술적 이미지 속에는 작가가 직관하고 있는 삶의 깊이가 숨겨져 있다고 볼 수 있다. 마치 플로티노스가 생동하는 사물세계 속에서 영원한 생명을 직관하고 이것을 아름다움이라고 일컫는 것과 다르지 않다. 우리는 지각 이미지의 해석에 관한 문제를 들뢰즈의 감각의 차원에서 재구성해 볼 수 있다. 그는 차이의 철학을 통해 '감각한다'의 의미를 존재의 본질적 운동의 차원으로 심화한다. 그에게 있어 지각의 이미지는 공통적으로 예술적 표현에 대한 새로운 관점을 제시해 준다.

들뢰즈에게 감각은 신체적 표현이면서 근원적 잠재성을 드러내는 차이의 표현이다.[114] 감각은 매우 다양한 속성이 서로 교차하면서 표현되는 이미지로서 구체화된다.[115] 따라서 감각을 가져오는 신체는 표상적인 관계에서 논의될 수 있는 것이 아니라 마치 사과를 자른 한 단면과 같이 무한한 실체의 일부가 된다. 이것은 존재의 형상(形像, figure)이다. 그런 신체로부터 비롯되는 감각이기에 여기에는 베르그송이 직감했던 오랜 시

---

114   차이의 존재론은 다시 '다른 것 되기'를 지향한다. "들뢰즈는 회화를 감각의 범례적인 예술로서, 그러므로 미학적 경험의 내적 차원을 가장 충만하게 표현하는 매체로서 간주한다. 여러 예술 중 가장 육감적인 예술인 회화는 비개인적인 감응과 지각의 세계에서 감각을 탈구체화하고, 재육질화하면서, 신체를 '다른 것 되기'에 끌어들인다."《들뢰즈와 음악, 회화, 그리고 일반예술》, 로널드 보그, 사공일 옮김, 동문선, 2006, 14쪽)

115   "다양한 진폭의 파장이 기관 없는 신체를 관통한다. 이 파장은 그 진폭의 변화에 따라 신체에 상이한 층리(層理, niveaux)의 영역을 남긴다. 이런 층리의 진폭과 외적인 힘의 교차에서 감각이 발생한다. 기관은 이런 교차에 의해 결정될 것이며 한정적인 기관에 불과하다." (Deleuze, *Francis Bacon : Logique de la sensation*, Paris: Seuil, 2002, p.49. 이하 FB로 약칭한다.)

간의 역사가 잠재되어 있다. 때로는 신체적 욕망을, 때로는 일탈적인 욕망을, 때로는 디오니소스적 욕망을 실어 나르는 것이 감각의 잠재성이라고 할 수 있다. 이것을 표현하는 것이 예술이며, 예술은 바로 감각의 예술이다. 그리고 감각의 주체는 신체다.

들뢰즈는 신체와 감각 그리고 색채의 관계를 이렇게 말한다. "색채는 신체 속에 있고 감각(sensation)도 신체 속에 있다. 공중에 있는 것이 아니다. 감각은 그려지는 것이다. '그림 속에 그려진 것은 신체다'. 신체는 대상으로서 재현된 것이 아니라, 그런 감각을 체험하는 것으로서 살아 있는 것이다"[116] 즉 예술적 지각은 신체 자신이 자신을 그려 낸 것이고, 이것은 색채와 형태로 표현된다. 지각이 신체로부터 비롯되지만 이런 신체에는 매우 많은 지층이 각각의 속성들로서 개입되어 있다. 그런 지층들의 교차적 지각이 예술적 행위로 나타난다. 결국 들뢰즈는 신체 자체가 중심이 되고 있는 감각과 그 표현으로서의 예술을 등장시킨다. 이에 비해 베르그송의 지각은 우리가 앞서 살펴보았듯이 신체 자체를 뛰어넘어 지각의 잠재성을 표현하는 것에 의미가 있다.

이와 같이 베르그송, 메를로퐁티 등과 사뭇 다른 들뢰즈의 감각 행위를 살펴볼 수 있었다. 그리고 신체에 대한 이해는 베르그송은 말할 것도 없고 메를로퐁티의 신체성에 대한 존재론적 평가보다도 훨씬 더 체험적이고 긍정적인 신체미학을 구성할 수 있는 동기가 된다. 들뢰즈에게 있어 사물세계는 총체성 가운데 기계적인 연관성을 구성하며, 동적인 역동성을 통해 '상호 접속'되어 있다. 그렇다고 그런 구조가 우리가 알고 있는 단순한 기계적 메커니즘을 의미하는 것이 아니라 그만큼 아주 미세한 존재일지라도 그 가운데 상호적인 연관 구조를 지니고 있다는 것이다. 신

---

116 FB, p.40.

체도 예외는 아니다. 그래서 이런 신체를 욕망하는 기계(machine désirante)
라고도 말한다. 들뢰즈에게 있어 새로운 지각의 경험 또는 탈(脫)개체적
체험으로부터 오는 차이의 발생과 그 와해는 내재된 잠재성을 표현한다.

다층적 관계들의 교차와 만남은 차이의 이미지로서 나타나는 감각 작
용이다. 따라서 개개의 사물성은 그런 다층적인 관계들로부터 중첩되거
나 교차되어 존재하기 때문에 사물의 이미지는 불균형, 비대칭 등의 모
습으로 그려진다. 실제로 그가 대표적인 사례로 들고 있는 베이컨의 회
화 이미지도 그런 특징을 갖는다. 들뢰즈에게 베이컨의 그림은 신체적인
잠재성과 그 특질을 구도, 색채, 형태 등으로 표현한 것이라고 볼 수 있

〈그림19〉 베이컨의 〈자화상〉.

다. 왼쪽의 신체 이미지에서 머리
부분은 없거나 반쯤 돌려져 있거
나 불투명하게 처리되어 있다. 머
리 부분은 다리나 팔과 같이 신체
의 확장된 부분에 불과했던 것이
다. 들뢰즈에 따르면 지각의 본질
은 단순히 신체 반응을 넘어서서
존재의 다층성과 차이를 가로지
르는 잠재성을 표현한다. 따라서
종차(種差)로부터 분화된 개체적
인 형상(形像, figure)은 하나의 이미지일 뿐이며, 무수한 속성이 서로 교차
하면서 발생하는 단면에 불과하다. 베이컨에 대한 그의 예술비평인 《감
각의 논리》는 '기관 없는 신체', '동물 되기' 등의 관점에 의한 그림 그리
기에 초점이 모인다.

또 다른 예를 살펴보자. 325쪽의 사진에서 볼 수 있는 〈돼지, 고로 나
는 존재한다〉는 하나가 될 수밖에 없는 생명에 대한 긍정을 단적으로 보

여준다. 돼지에 대한 신체 체험
은 이런 감각의 접속을 통해 자
연 속에 있는 '위대한 생명의
동료'를 만나는 것이다. 즉 원
천과의 재결합이기 때문에 마
치 코기토의 행위와 같다.[117] 그
래서 '돼지, 고로 나는 존재한
다'라는 작가의 의도가 표현된

〈그림20〉 김미루 작가의 퍼포먼스 〈돼지, 고로 나는 존재한다(The pig that therefore I am)〉(2012). 인간과 동물 사이의 경계에서 새로운 잠재성의 체험은 서로의 다름을 와해하는 감각적 체험에 의해 가능하다.

작품이라고 볼 수 있다. 새로
운 감각에 대한 체험은 들뢰즈가 말했듯이, 존재의 잠재적 운동과 속성
을 설명한다. 감각은 하나의 이종 접속이며, 서로 다른 속성들이나 범주
들 사이에서 이동한다. 들뢰즈가 베이컨의 화화예술에 대한 비평을 통해
말하고자 하는 것도 감각의 발생과 표현에 관한 것이다. "적극적으로 베
이컨은 감각이 하나의 질서(ordre)에서 다른 질서로, 하나의 층에서 다른
층으로, 하나의 영역에서 다른 영역으로 이동하는 것이라고 항상 말한다.
왜냐하면 감각이 변형의 주인이고 신체 변형의 행위자이기 때문이다."[118]
감각의 운동이 생명체들의 질서를 형성하고 더 나아가 이것들을 아우르
고 있는 우주의 수많은 속성들 사이에서 관통되고 있다는 점은 흥미롭다.
　들뢰즈에게 지각 자체는 베르그송이나 메를로퐁티가 이해했던 방법
그 이상으로 존재론적 근원과 발생을 나타낸다. 그래서 예술도 인간 자

117　생태학자 헨리 데이비드 소로(Henry David Thoreau, 1817~1862)가 일상을 소개하는 예를 들
　　어 보자. "자신이라는 하나의 존재가 살아 있는 대지라는 〈하나의 생명〉에 압도되는 것을
　　느꼈다. 인간은 자연 속에 있는 활력의 감각이 없다면, 육체라는 차갑고 활발하지 못한 덩
　　어리에서 분리되어 소외된 존재가 되고 만다." (《생태학, 그 열림과 닫힘의 역사》, 109쪽)
118　FB, p.41. 그는 이 책에서 형이상학적·존재론적 구성을 이루는 다양한 범주들, 층리들 사
　　이에서 서로 다른 힘들이 교차하면서 특화한 감각이 발생한다고 말한다.

신에 대한 이해를 새롭게 창조할 수 있는 각별한 장르로서 주어진다. 들뢰즈는 잠재성을 현실화의 범주 속에서 이해한다. 근원적인 것은 분화(分化, différenciation)의 계열들에 따라 외재성으로 드러날 수 없는 것이며, 잠재성도 자신을 드러내기 위해 현실화라는 생성 또는 창조의 방식을 선택할 수밖에 없다. 결국 그는 베르그송의 지속과 창조에 관한 생명주의를 생성의 분화 과정으로서 역동적으로 수용한다.

"간략히 말해 잠재성의 고유성은 잠재성 자신이 분화하면서 현실화하는
방식으로 존재하는 것이다. 그리고 스스로 분화할 수밖에 없으며, 자신을
현실화하기 위해 분화의 계열들을 창조한다."[119]

이렇게 볼 때 생명의 비약(élan vital)이 잠재성의 분화와 현실화를 통해 실현된다는 것은 자명하다. 즉 차이와 관계들 속에서 잠재성이 표출된다. 그리고 존재에게는 잠재성으로부터의 힘(puissance)이 존재하며, 이것은 서로 다른 것들이 결합하거나 접속될 때 더 큰 잠재성의 실현을 가져온다. 즉 생명의 힘은 차이로부터 잠재성을 창조적으로 실현하며 분화는 그 과정이라고 볼 수 있다.[120] 이런 맥락을 통해 살펴볼 수 있는 들뢰즈의 예술론은 신체적 지각과 욕망의 이미지들 가운데 차이의 생성과 잠재성을 표현하는 것으로 귀결될 수 있다. 그리고 예술적 표현과 그 이미지는 그와 같은 애매성을 드러내는 과정이라고 볼 수 있다. 이미 만들어진

---

119 Deleuze, *Le Bergsonisme*, Paris: PUF, 1966, p.100.

120 들뢰즈에게 있어 생명의 창조적 진화는 분화 과정에 의해 실현된다. "생명은 한 존재로 먼저 있은 후에 비로소 진화하거나 차이를 만드는 것이 아니라 차이를 생성하는 포텐셜이며 역능들 사이의 접속과 관계 속에서 현실화된 하나의 포텐셜이다."(《이미지와 생명, 들뢰즈의 예술철학》, 클레어 콜브룩, 정유경 옮김, 그린비, 2008, 19쪽)

작품보다는 만들어지고 있는 작품 자체에서 감각의 잠재성과 애매성이 표현되는 것이다. 이렇듯이 그가 말하는 감각적 운동은 잠재성의 현실화 과정에서 발생한다. 그의 철학은 차이를 통해 존재의 잠재성을 표현하는 힘의 존재를 가정하기 때문에, 이런 점에서 신체적 욕망과 그 잠재성을 드러낸다고 여겨진 베이컨의 작품은 그의 미학적 비평을 수행하는 데 매우 좋은 사례가 될 수 있었다.

오른쪽 베이컨의 작품에서 볼 수 있는 신체 형상들은 그 적절한 비평의 대상이 될 수 있다. 이 그림에서 신체적 형상들은 회화적 배경, 즉 물적 구조(aplat) 속에서 작동하고 있는 것처럼 보인다. 원형의 트랙은 신체들을 제한하는 것이 아니라 오히려 물적 구조 속에 융합하는 기능을 한다. 그럼에도 불구하고 우리는 인간의 욕망과 예술적 감각을 표현하고자 하는 베이컨의 작품 세계와 들뢰즈의 미학적 차원을 일치시켜 볼 수는 없다. 지각이든 감각이든, 이런 것들은 삶의 현실에서 세계와 소통할 수 있는 가장 직접적인 것이다. 특히 베르그송이나 들뢰즈에게서 그것은 각각 정신적 또는 신체적 잠재성을 표현한다.

〈그림21〉 베이컨의 〈투우경기〉(1969). 들뢰즈에 따르면, 그는 회화적 구상을 차단시킨 비구상성을 단적으로 표현한다.

데카르트 이후 다른 현대 철학자들에게서 일반적으로 눈여겨볼 수 있는 것은 지각의 현상이며, 메를로퐁티나 레비나스에게도 그런 현상들이 결코 단순히 물질적 이미지만을 반영하지 않는다. 특히 레비나스에게 있어서도 감각적인 것(sensible)은 심령적인 것이 지나가는 통로가 된다. 이런 이유에서 감각은 단순히 오감적인 기능을 수행하지 않는다. "감성(sensibilité)의 즉시성(immédiateté), 이것은 고유한 물질성이 지니고 있는 '타자 지향적인 것(le *pour autre*)'이다. 그것은 또는 가까움(proximité)이며 타자에의 즉시성이다."[121] 여기서 감각은 실존적 고유성이지만 여기에 이것을 넘어서 있는 초월성이 있다는 것은 특히 베르그송의 지각의 애매성과 상당히 많이 닮아 있는 부분이다. 그리고 감각이 타자에게로 향하는 것, 즉 차이의 관계에서 발생한다는 점은 들뢰즈의 차이의 철학에도 적용될 수 있다.

그 철학자들이 보기에 현실의 세계 속에서 실존은 삶과 죽음의 실재를 마주하지만 그렇다고 삶의 본질이 죽음에 의해 지배되는 것이라고 여겨지지 않는다. 오히려 실존적 삶의 중심을 잡고 있는 것은 근원적 존재일 수 있는데, 이것은 '있음'이 우리의 직관에 의해 통찰될 수 있는 삶의 지속성 가운데 존재하는 것이라고 볼 수 있다. 그 철학자들은 지각 또는 감각 속에 숨겨진 생명 차원의 거대한 힘과 잠재성을 표현하고자 한 점에서 비슷한 공감대를 유지하고 있다. 우리의 일상적 '있음'이더라도, 이것은 또 다른 차원의 존재 이유가 아닌가? 사실 이런 점들은 베르그송 이후 프랑스 현대 철학의 특징이라고 생각한다.

특히 베르그송 이후 지각의 구체적인 이미지는 추상적인 차원과의 결합을 통해 존재하는 것이다. "살아 있는 전체성의 표현으로서 운동과의 근원적 통일의 관점인 지각을 엄격하게 재포착하기 위해 여전히 추상적인 지각과 운동의 대립을 넘어서야만 한다."[122] 지각 속에는 늘 추상성이 존재한다. 그렇다고 지각의 추상성이 지각에 대한 사유를 위축시키는

---

121 AE, p.94.
122 《지각: 감각에 관하여》, 르노 바르바라, 공정아 옮김, 동문선, 2003, 82쪽.

것은 아니다. 지각은 외부세계를 인지할 수 있는 경험적 통로이면서 또한 경험적 지각 자체와 다른 차원의 것을 출현시킨다는 점에서 그 추상적 의미를 새롭게 발견할 수 있다. 그리고 지각이나 감각은 사람들마다 다를 수밖에 없는 차이를 표현한다는 점에는 이견이 없을 것이다. 우리는 그런 이미지가 색채와 형태들로 표현되는 예술의 장르에서 과연 그려낼 수 있는 것이 무엇인가를 세잔의 사물세계의 이미지나 베이컨의 잠재성의 이미지의 예를 통해 추측해 볼 수도 있다. 그리고 어디까지나 그런 이미지가 인간의 상상과 직관, 그리고 가치를 표현한다는 점에서 예술적 이미지는 늘 해석과 비평의 대상이 된다.

(5) 지각의 새로운 자각과 예술정신

현대 예술은 작가의 자유로운 소통적 사유와 그 표현 기법의 다양성을 중시한다. 특히 예술적 장르가 미학적 구성과 자격을 갖추게 된 것은 근대 예술 이후의 시점부터 가능해진 것이라고 볼 수 있으나 19세기 이후 인간 자신에 대한 실존적 체험과 이것을 중시하는 세계관의 변화와 더불어 예술적 토양도 새로운 자생력을 갖게 되었다. 베냐민의 미학은 그런 전기를 마련한 셈이며, 이와 더불어 물질적 이미지를 통해 인간의 지각과 그 표현을 반영하게 된 것이 예술의 큰 변화였다고 볼 수 있다. 인상파 화가들은 예술의 주체가 인간 자신에게 있음을 보여주는데, 모네의 빛의 미학과 세잔의 사물의 미학은 예술을 위한 예술, 미 자체를 위한 미학적 탐구가 새로운 가치로 자리를 잡게 된 전기였다고 판단할 수 있다.

따라서 필자는 20세기 현대 예술의 심층적 발전과 그 양상을 지각의 이미지를 통해 제시하고자 베르그송 이후 지각의 이미지에 대한 새로운 사유를 중시하고 예술과 미의 현대적 의미를 찾고자 했다. 그리고 그 가운데 애매성이 숨기고 있는 심층적 가치와 그 미적인 표현을 살펴보고자 했다. 특히 메를로퐁티나 들뢰즈의 예술비평은 그런 사유를 철학적으로 탐구하면서 인간의 신체성과 그 잠재적 토대에 근거를 두고 미의 가치를 이해한 경우라고 볼 수 있다.

오늘날 예술정신이란 무엇인가? 예술은 지고의 가치나 자연을 모방하는 장르가 아니라 인간 자신에 대한 심층적 이해를 표현한다. 다만 이런 이해는 인간의 무의식이 중요한 예술적 소재가 되었다는 것이 아니라 타자와 사물세계 그리고 우주에 대한 예술적 사유가 점차 확대되고 있다는 것을 의미한다. 따라서 오늘날 지각의 여과를 통해 그 숨겨진 차원을 사유하고 자유롭게 표현하는 것은 현대 예술의 중요한 특징이 되고 있다. 따라서 이런 가운데 전통적인 회화 구도와 미적 기준은 큰 변화를 겪게 된다. 이런 점에서 들뢰즈의 새로운 감각의 이해는 인간의 잠재성과 감성을 다른 차원의 시각에서 사유한 결과라고 평가할 수 있다.

필자는 예술적 이미지의 시대적 변화와 지각의 이미지를 새로운 차원에서 제시하고 있는 작가와 비평가들을 소개하면서 포스트모던 시대의 예술을 가장 창의적으로 표현하고 있는 작가 또는 비평가가 베이컨이나 들뢰즈라는 것을 말하고자 하는 것이 아니다. 다만 이들에 의해 인간과 우주에 대한 새로운 지각의 이미지와 그 다양한 해석이 등장하고 있다는 것을 확인하고자 한다. 특히 필자는 철학적인 사유의 방식, 즉 애매성과 지각의 이미지의 관점에서 현대의 주요 작품들을 소개하고 비평하고자 했으며, 이런 것이 자연스럽게 철학과 예술의 창조적 만남과 새로운 비평 문화를 만들어 가는 데 하나의 도움이 되리라고 기대한다.

존재의 타자성과
'탈존(脫存)'의
형이상학

필자는 이 글에서 존재의 생성과 형성이라는 측면에서 그 본질적 근거가 타자성에 있다는 것을 밝히고자 한다. 그런데 그 철학적 근거가 레비나스의 타자철학에서 주목해 볼 수 있는 것만은 아니다. 다른 현대의 철학자들, 특히 메를로퐁티, 들뢰즈 등도 존재와 타자의 관계 그리고 타자성의 문제를 근본적으로 사유한다. 그리고 그들이 제시하고 있는 형이상학적·존재론적 가치는 그런 문제들을 분석하고 존재와 세계, 더 나아가 우주 속에서 자기정체성과 초월성의 차원을 깊이 있게 사유하고 있다는 점에서 특히 부각된다. 나와 타자 사이의 관계를 넘어서서 더 큰 차원에서 존재의 문제를 검토하고 있다는 사실은 곧 형이상학에 대한 각별한 이해가 없다면 독자들이 그들의 책을 결코 쉽게 독해할 수 없다는 것을 의미한다.

그들이 제시하고 있는 초월의 형이상학은 어떤 관점에서 무엇을 다루고 있는 것일까? 그들은 존재의 형상(形像)을 다루고 있다. 존재 자체가 지니고 있는 본질을 사유하기 위해 먼저 '지금, 여기에' 있는 형상들을 그려 나간다. 그 과정에서 신체, 지각, 그리고 타자들과 관계를 맺고 있는 존재의 모습들이 그려지고, 주체가 지니고 있는 욕망의 문제를 살펴 나간다. 이런 형상들로 그려진 존재는 자기정체성을, 즉 '……때문에 따라서 나는 존재한다'라는 목적적 가치에 의해 설명한다. 그들의 사상에는 논리적인 체계가 있다. 인간의 문제를 사유한 서론이 있고, 존재의 문제를 해명하는 본론이 있고, 무엇을 지향할 것인가라는 결론이 있다. 필자는 그들의 형이상학을 살펴보면서 존재의 외부성에 먼저 주목하고자 한다. 즉 타자나 외부성에 의해 주어진 실존적 형상을 떠나 그들의 형이상학을 이해하기 어려우며, 특히 사유의 문제가 존재의 바깥에 있다는 점을 간과해서는 안 된다. 이것은 프랑스 현대 철학의 특징이다.

그래서 필자는 '존재 자신을 떠나서 존재를 이해하자'는 취지에서 '탈존'의 형이상학을 이 글의 주제로 제시하고자 한다. 존재의 본질이나 근거가 바깥으로부터 주어지는 것이 그런 형이상학을 형성하게 되는 철학적 동기가 된다. 레비나스의 타자성, 메를로퐁티의 자연성 또는 사회성, 들뢰즈의 차이의 관점 등이 그것을 반영한다. 필자는 그런 점들에 주목해서 그 철학자들에게 있어서의 존재의 형상과 탈존의 형이상학적 문제들을 다뤄 나가되, 특히 미학적 차원에서 그 의미를 소개·분석하고자 한다. 특히 메를로퐁티나 들뢰즈는 자신들의 사상을 세잔이나 베이컨의 예술 작품들에 적용하면서 현대적 사유의 지평을 더욱 넓혀 나가고 있다. 우리가 이에 대한 이해를 비평적 입장에서 진척해 나간다면 앞의 글에서 밝혔던 애매성의 철학과도 연관되어 흥미로운 글의 전개가 될 수 있으리라고 기대한다. 눈으로 볼 수 있는 철학, 이것도 탈존의 형이상학에 대한 지적 관심을 높일 수 있다고 생각한다. 레비나스, 메를로퐁티, 들뢰즈의 철학과 사상의 이해는 20세기를 대표하는 최고의 형이상학을 사유할 수 있는 선물을 가져다준다.

1장

레비나스의 탈(脫)주체화와 타자성의 이미지
─시간, 공간, 타자의 이미지를 중심으로

(1) 타자성의 철학적 사유

레비나스는 20세기의 사상, 문화, 가치 등이 새롭게 잉태되던 시기에 천재적인 지성과 표현 능력을 갖고 때로는 전통적인 것과의 단절을 야기할 수 있는 독창적인 철학을 확보해 나간다. 그의 타자철학에서 지속적으로 등장하는 현대적인 관심 즉 주체, 타자, 욕망, 무한성, 감성, 여성성, 신체성 등은 우연히 나타난 것이 아니라 현상학, 실존철학, 정신분석학 등의 역사적 성과와 교류하면서 얻은 현대적 가치를 반영한다. 특히 그는 주체의 문제를 성찰함에 있어 이성 중심적인 자아의식이나 사회인류학의 관점에서 정의될 수 있는 집단적 주체성 등을 비판한다. 필자는 그의 타자철학에 나타난 타자성에 관한 존재론적 사유를 살펴보면서 존재의 타자성이 왜 근본적인 것인가를 파악하고자 하며, 더 나아가 타자성을 이해할 수 있는 예술적 표현과 이미지들에 관해 소개하고자 한다.

레비나스의 타자철학은 삶에 대한 근본적인 성찰에서 비롯된 것이기에 그가 말하는 타자란 곧 세계나 우주 등으로 환원하여 볼 수 있는 근거를 갖고 있으며, 그가 이해한 사회적 정의도 주체의 타자성에 바탕을 둔 것으로 책임감을 가져오는 이유가 된다. 필자는 그의 타자철학에 관한 안목을 존재와 삶에 관한 사유의 차원으로 좀 더 넓혀 나가기 위해 삶과 시간, 그리고 인간의 정체성을 표현하고 있는 예술적 이미지들을 연관시켜 타자철학에 관한 의미의 확장을 검토하고자 한다. 그런 표현들은 주로 타자성의 관점에서 볼 수 있는 것들이며, 우리의 일상과 관계도 그런 관점에서 본다면 삶의 이해를 가져오는 데 적지 않은 도움이 될 것이다.

그에게 있어 주체의 의미란 무엇인가? 기본적으로 그의 타자철학은 자아 중심적인 철학의 전통을 부정하고 초월성의 가치를 타자의 출현과 타자성에서 찾아내고자 한다. 대부분의 철학적 전통은 주체의 선험주의나 주체화의 연장에 있기에 주체의 초월성을 출현시키는 것은 마치 통과의례와 같은 것이었다. 그런데 레비나스는 오히려 그런 것들이 관념주의에 빠져서 타자의 문제를 소홀히 했고, 이에 따라 자아 중심적인 철학, 체계 중심적인 철학이 등장하게 된 배경이 되었다고 비판한다. 그에 따르면 주체는 흔들리는 갈대와 같이 나약한 존재이며, 심오한 고독 속에 갇혀 있으며 상처받을 수 있는 성격으로 인해 외부세계에 쉽게 노출된다.[1] 그래서 주체는 자신을 지배하고 있는 타자성으로부터 빠져나올 수 없는 '있음(l'il y a)'의 존재다. 주체성의 원점은 타자다. 주체는 타자에의 시선과 그 중심을 떠나서 무한의 관념을 사유할 수 없다. 따라서 신과 우주, 그리고 세계 내의 존재를 바라보는 주체의 철학적 사유는 타자성의 관점에서 비롯된다. 그의 타자철학은 타자의 심층적 이해를 통해 신과 영혼의 관념을 사유할 수 있는 철학적 방법론을 제공할 수 있는데, 무엇보다 영혼의 존재 이유가 단순히 구원의 가능성을 위한 것이 아니라 궁극적으로 주체의 죽음 이후 타자의 세계에서 실현될 수 있는 생명의 지속과 무한

---

1 레비나스에 따르면 고독은 단순한 외로움으로부터 나타난 심리적 현상이 아니라 존재 자신의 원천적인 문제, 즉 존재론적 분리 또는 자립체의 기능으로부터 비롯된다. (TA, p.35)

성을 열게 하는 것에서 그 의미를 파악해 볼 수 있다. 그에게 타자의 낯선 출현은 무한성과의 조우를 암시하며, 타자는 곧 하나의 신(un Dieu)이기도 하다.

무엇보다 레비나스에게 무한성의 현시는 다(多)와 타(他)로 나타난다. 그런 현시는 계시와 다르지 않으며, 신비주의적 직관에 의해 체험될 수 있는 것이 아니다. 그래서 타자의 얼굴과 그에게의 가까움은 마치 코기토에 이르는 길이 된다. 원래 코기토는 사유 중심적인 철학에서 세계를 바라보는 원점이다. 이에 비해 타자는 자아 중심주의를 분열시키고 자아를 세계로 열게 하는 구심점이다. 이 점에서 타인의 얼굴은 눈으로 볼 수 있는, 즉 '사유 바깥에 있는' 코기토의 형상(形像)이라고 말할 수 있다. 과거의 코기토가 자아의 내부에 존재하는 완전성 또는 확실성의 관념을 파악할 수 있는 근거라면, 타인의 얼굴은 주체의 바깥에서 초월자를 만날 수 있는 낯선 형상이다. 이에 비해 데카르트는 내면의 코기토에 의지해서 신의 완전성을 직관하지 않았는가. 그래서 레비나스의 타자의 형상은 내면세계의 확실성과 지향적 관계에 있는 대자적인 것이 아니라 주체성의 의식과는 전혀 다른 외부세계에 위치한다. 그리고 그 형상의 궁극적인 원천은 주체 바깥의 무한성으로부터 주어지는 것이기에 타인의 얼굴은 코기토의 위상을 갖는다.[2] 그런데 그 수많은 얼굴은 무한성을 늘 동일한 형상으로 보여주는 것이 아니라 그들 자체에서 각각의 낯선 모습으로 최초의 무한성을 출현시킨다. 타자의 얼굴이 초월과 무한성의 얼굴인 이유가 여기에 있다.

그래서 레비나스의 타자철학에서 신은 하나가 아니라 여럿 그 이상으로서 타인의 얼굴들로 출현한다. 내 앞의 얼굴들은 이 세상에 무수히 많

---

2 "얼굴은 데카르트적인 합리주의를 지지했던 신적인 진리성과 같은 명백함을 가능케 하는 명백함이다." (TI, 179)

기 때문이다. 데카르트의 코기토가 주체의 주체성과 그 근거를 직관할 수 있는 선험적 구조를 갖고 있다면, 레비나스의 타인의 얼굴은 다와 타로서 설명될 수 있는 자아의 원천적 근거에 대한 새로운 정의다. 그 얼굴의 출현은 수없이 많은 형상으로 존재하는 신의 현시 또는 계시라고 말할 수 있다. 물론 타자의 형상(形像)이 초래할 수 있는 탈(脫)코기토주의를 지향하는 새로운 주체성의 개척은 프로이트의 성(性)과 무의식, 라캉의 타자의식, 메를로퐁티의 신체도식(schéma corporel), 들뢰즈의 리좀(rhizome, 뿌리줄기) 등과 같은 이론에서도 비슷하게 찾아볼 수 있다. 즉 오늘날 주체성에 관한 주요 철학적 논쟁은 신체 지각이나 타자성에 관한 이해를 떠나서는 활발히 진행될 수 없다. 레비나스의 타자 관념에도 에로스·성(性)·신체성 등이 수반되며, '타자는 신'이라고 말하는 그에게 있어 타자의 출현은 신과 같은 순백의 존재에 덧칠을 가할 수 있는 것이기에 초월의 신을 부정하는 것처럼 보인다.

그렇다면 타자철학에 관한 근본적인 물음으로서 레비나스에게 있어 신과 타자란 무엇인가? 이에 관한 사상적 연원을 헤브라이즘에 두고 이해할 때, 그가 비판하는 서구 사상의 정체성은 일반적으로 헬레니즘에 뿌리를 둔다. 그리스철학 이후 신의 존재는 인간의 사념(idée) 속에서 소통될 수 있는 데 반해, 레비나스에게 신은 그 바깥에 존재한다. 그래서 그는 주체의 사념을 넘어서 있는 타자에게서 신의 현시(顯示)를 사유하고자 한다. 그런데 타자는 주체의 자아보다도 더 크고 훨씬 근원적인 존재다. 주체는 자신의 바깥에 있는 타자들을 통해 신의 존재를 볼 수밖에 없다. 타자들은 얼굴을 가진 이웃이고, 더 나아가 세계와 우주이며 모든 존재의 원천이라고 할 수 있다. 말하자면 그들은 생명의 근거다. 그래서 타인의 얼굴은 자아-형상(形相)의 궁극적인 실재인 셈이고, 초월의 지평을 열게 한다. 어쨌든 우리는 레비나스의 사상을 읽어 나감에 있어 초월의 존재가 사유의 바깥에 있다는 것과 타자성이 존재를 지배하는 근본적인 원천이라는 것을 가정해야 한다. 이에 따라 그가 말하는 타인에의 욕망(Désir d'Autrui)이란 것도 코기토가 추구하는 것과 같은 우월한 지위를 갖는다.[3] 그에 따르면 그 욕망은 이성보다 우월하다. 그래서 타자에 대한 주체의 사념은 신에 대한 앎으로서의 다른 추상적인 사념들보다 앞선다. 이와 같은 레비나스의 신에 대한 이해는 헬레니즘의 지적 전통 가운데 사념 속에 절대정신이 존재한다고 주장하는 다른 철학자들의 사유주의와 그 체계성을 비판하는 이유가 되곤 한다.

근본적으로 레비나스의 타자철학은 삶에의 철학이다. 그에게 주체의 근거가 타자이듯이 타자철학의 근원도 삶에 있다. 그리고 삶의 본질은 타자성에 있다. 그가 타자철학에서 주장하는 타자성은 자아가 주체가 되어서 세상을 대상으로서 바라보고 이해할 수 있는 대자적 세계의 본질을 의미하는 것이 아니라 주체성 너머의 총체적인 근거다. 이 근거는 자아를 이미 잉태하고 생명을 주었던 존재의 근원성이라고 부를 수 있다. 그래서 우리는 그의 타자철학을 생명의 원천적 근거와 존재의 발생 그리고 타자성을 존재의 본질로서 사유하는 철학이라고 말할 수 있다.

이와 함께 주체에게 있어 에로스는 타자성과의 근원적인 만남을 가져오는 탁월한 사건이 될 것이다.[4] 그것은 삶을 타자와의 관계에서 실현할 것을 요구하는 욕망이다. "에로스에서 생산되는 주체성에 관한 동일성의 구조는 고전적 논리의 밖으로 우리를 인도한다."[5] 에로스는 타자성과 그 원천으로 나아가는 형이상학적 운동이다. 즉 타자의 타자성을 향해 주체

---

3 "데카르트에게서 무한의 관념은 이론적인 것이고 사유이며 앎이다. 나에게서 무한에 대한 관계는 앎이 아니라 욕망(Désir)이다." (EI, p.97)

4 Jean-Luc Thayse, *Eros et fécondité chez le jeune Levinas*, Paris: L'Harmattan, 1998, p.53.

5 TI, p.305.

의 욕망이 발생하며, 이것을 타자에의 지향성(l'un-pour-l'autre)이라고 부른다.[6] 그런데 우리는 주체의 이런 운동에 있어 두 가지 물음을 가질 필요가 있다. 첫째, 그 운동의 실체가 과연 주체 자신에게 있는가? 둘째, 주체 자신은 초월성을 가졌는가? 우리는 이런 물음들에 대해 일단 코기토가 지닌 주체의 일반적인 의미를 제거해 나가고자 한다. 데카르트에게 있어 주체는 사유의 근거로서 정신을 지니고 있으며, 이것은 하나의 실체다. 그런데 레비나스에게 있어 주체는 타자 없이 자신의 근거를 갖지 못한다. 이 근거는 주체의 밖에(hors du sujet) 있다. 그에게 있어 존재를 지칭하고 정의할 수 있는 자립체(hypostase)는 그런 불가분의 관계로부터 비롯된다.

이제 우리는 타자성에 숨겨져 있는 기본적인 관념들을 살펴볼 수 있다. 타자성은 시간성, 물질성 그리고 여성성이 근거를 이루는 존재의 본

〈그림1〉 분리와 부재의 존재 관념은 레비나스의 타자 철학을 본질적으로 구성하는 존재론적 기초다. 그 관념들 속에서는 인간의 운명, 생명의 존재 이유, 그리고 지속으로서의 삶의 역사가 숨 쉰다.

질이다. 존재는 양식을 얻어 삶을 영위하는 물질적인 존재이면서 타자와의 관계를 성취하면서 분리로서의 존재를 체류(demeure)와 거주(habitation)에 의해 완성한다.[7] 여기서 양식과 거주는 존재가 삶을 영위하기 위한 필수적인 조건이며, 이 과정에서 자신을 실현한다. 자아는

---

6 주체 앞의 타자란 이미 그에게 향하는 에로스를 가정한다. 그리고 에로스의 정신은 존재를 실현할 수 있는 원동력이다. "타자가 본질로서 내포하는 것은 타자성이다. 이것은 우리가 이런 타자성을 에로스와의 원래적인 관계 속에서 찾아왔던 이유이기도 하다." (TA, p.80)

7 "세계의 타자에 대해서 나의 존재 방식은 체류하는 것이다." (TI, p.7)

본래부터 타아로서 존재하며, 이런 주체는 부재를 자신의 본질로서 경험한다. 하이데거의 죽음, 사르트르의 무, 그리고 레비나스의 부재를 서로 비교해 볼 수 있다. 340쪽의 사진에서 볼 수 있는 나무의 가지는 뿌리로부터 분화한다. 그리고 자신들의 부재를 빛과 가지와 가지 사이의 '가까움'으로 채우고 성장한다.

레비나스에게 자아의 원천은 타자들에게 위치해 있다. 여기서 우리는 존재의 익명성을 발견할 수 있으며, 레비나스가 말한 '있음(l'il y a)'은 곧 존재의 외재성 또는 익명성을 나타낸다. '있음'은 타아로서의 존재 또는 타자성을 본질로 하는 자립체라고 말할 수 있다.[8] 그래서 우리는 그가 말한 존재에 대한 개념들로서 타자성, 익명성, 외부성, 초월성 등을 이해할 수 있다. 그에게 있어 주체의 초월성은 논란의 여지를 불러일으킨다. 사실 주체의 주체성은 자신에게 있는 것이 아니라 자신 바깥에 존재한다. 그래서 우리가 주체의 주체성에서 초월성을 보고자 한다면 이런 초월성은 다산성으로 나타난다. 다산성의 주체는 인간이 아니라 신적인 실체로부터 주어진다. 따라서 신적인 실체의 초월성은 자신의 타자성이기도 한 다산성으로 드러난다. 현대의 현상학에서 주로 다루게 되는 주체의 초월성을 레비나스의 타자철학에서는 찾아볼 수 없다.

특히 우리는 여성성이라는 관념에 주목할 필요가 있다. 이것은 마치 관념주의 철학에서 말하는 사유의 작용과 같이 주체의 운동을 주도해 나가는 역할을 한다. 그것은 존재의 거주와 타자에 대한 가까움을 가져다주는 친근성이며, 주체와 타자의 관계를 원천적으로 구성하고 지속시킬 수 있는 원동력이다. 또한 여성성은 존재의 다산성(fécondité)을 가져오는 근거가 되기도 하며, 신 자신의 초월성과 통시성이 실현될 수 있는 가능

---

8 "내가 '있음'이라고 부르는 '존재자 없이 존재하는 것'은 실체가 생산되는 장소다." (TA, p.28)

성을 주기도 한다. "여성적인 것은 빛을 지향하는 초월성이 아닌 수줍음을 통해 존재자로서 완성된다."[9] 가장 인간적인 감성과 환대가 결국 초월성을 지향한다.

그러나 타자철학은 인간이 중심이 되는 철학이라고 말하기에는, 무엇보다 인간 주체가 자신이 극복할 수 없는 영원한 과제를 갖고 있는 것처럼 보인다. 이것은 인간의 운명이며 숨어 있는 존재 이유, 어쩌면 구원의 길이 타자에게서 제시된다는 것에서 타자가 윤리적 대상이 아니라 초월의 대상이라는 것을 이해하게 된다. "끝으로 타인, 여성적인 것, 아이에 대한 관계에 관해서, 그리고 나(Moi)의 다산성, 통시성의 구체적인 양태, 즉 시간의 초월성이 갖는 분절과 불가피한 탈선에 관해서 말했다."[10] 우리는 여기서 인간의 운명이 다른 생명의 존재들과 같이 시간과 생성을 지닌 존재, 지속과 분화(分化)의 존재라는 것을 시사받을 수 있다. 그리고 이런 점은 주체성, 타자성, 여성성, 다산성, 초월성 등이 서로 밀접한 관계를 맺은 것에서 나타난다. 그런 관점에서 우리는 레비나스의 타자철학에서 배워 나갈 수 있는 초월의 가치란 무엇인가, 인간의 운명이란 무엇인가 등을 생각할 수 있다.

우리는 레비나스의 타자철학이 우주와 세계에 대한 인간의 근본적인 물음, 자연과 생명의 일부로서의 삶의 가치, 역사와 사회 공동체 속에서 타인과 나의 관계 등을 묻는 사유들과 깊은 연관이 있다는 것을 발견할 수 있다. 그래서 우리는 가치로서의 타자철학의 문제, 즉 우주·생명·존재의 문제를 던져 주고 이에 호응할 수 있는 철학적 문제의식을 예술적 감상과 비평을 통해 검토해 나가고자 한다. 그의 타자철학에서 향유의 정

---

9   TA, p.81.

10   TA, p.13.

신을 설명함에 있어서도, 세계로부터 양식을 얻고 자연과의 원초적 교감을 얻어 가는 주체의 타자성이 단순히 철학적 관념으로서 사유될 수 있는 것이 아니라, 보편적인 삶의 가치와 이것을 표현하는 장르들에서도 흡입될 수 있는 중요한 부분이다. 그리고 오늘날 존재의 이해를 타자성의 관점에서 사유하고자 하는 새로운 관심들도 철학의 영역에서뿐 아니라 존재의 형상을 이미지-재현에 의해 드러내곤 하는 예술적 착상들에서도 어렵지 않게 찾아볼 수 있다.

특히 현대의 예술은 작가의 상상력과 문제의식을 표현하는 장르로서 주목받고 있으며, 타자성의 존재 이미지는 예술적 형상을 그려 낼 수 있는 중요한 테마로서 여겨지고 있다. 그리고 그런 예술에 대한 철학자들의 비평도 현대적인 사유의 방식으로 자리 잡고 있다. 타자성은 무한성을 표현한다. 예를 들어 세잔의 〈목욕하는 사람들〉(1875), 〈수욕도〉(1908) 등도 주체의 타자성과 원천적인 자연성을 드러내는 이미지가 될 수 있다. 그리고 매 순간 빛의 불가환원성을 그려 나간 모네의 작품에서도 시간의 타자성을 상상할 수 있으며, 마르크 샤갈(Marc Chagall, 1887~1985)의 회화적 정서에서 볼 수 있는 타자와의 교감으로서 에로스의 이미지도 타자철학의 사유를 통해 비평할 수 있다.[11] 특히 지각의 주체와 사물세계 사이에 내재하는 긴밀한 지각의 관계를 사유했던 메를로퐁티도 세잔의 작품 이미지들에 대한 비평을 통해, 〈수욕도〉에서도 볼 수 있듯이, 존재론적 '살'(chair)의 의미를 궁극적으로 살펴 나가고 있다. 체화된 원리로서의 '살'은 우주의 원소가 될 수 있다. 모든 종(種)은 자신들의 살을 지니고 있다. 그렇다고 모든 종의 살이 실체에 있어 다르다는 것은 아니다. 또한 종

---

11 모네에게 있어 색채의 근원은 빛으로부터 주어지며, 빛의 파장은 타자성이 되어 캔버스에 그려진다. 빛은 타자세계의 근원이 되며, 그 무엇에도 환원될 수 없는 순간순간의 자연적인 색채들로 존재한다.

으로부터의 유(類)들은 서로 이웃한 색채의 살을 맞대고 융화하면서 각자의 타자성을 주고받는다. 즉 체화된 살은 타자성의 교차로부터 주어진다.

메를로퐁티에게 타자성은 곧 자연성이며, 존재의 본질은 자연적 근원에서 찾아 볼 수 있다. 그가 말하는 살은 무수한 원소들이, 종들끼리 짝을 이루며, 표현하고 있는 자연의 색채다. "살은 물질이 아니고, 정신이 아니며, 실체가 아니다. 살을 지칭하기 위해서는 '원소(élément)'라는 옛 용어를 써야 하지 않을까 싶다."[12] 자연의 살은 도처에 존재한다. 이 살은 동물과 식물의 살이기도 하고, 나무와 바위도 자신의 살을 갖고 있다. 그래서 타자성과 같은 것이 살의 개념이다. 그리고 그는 《눈과 마음》에서 회화예술의 근본적인 정신을 밝히고 있다.

우리는 들뢰즈의 철학에서도 타자성의 원리를 발견할 수 있다.《감각의 논리》에서 베이컨의 회화적 감각은 궁극적으로 존재 자신의 생성적 과정으로 이해될 수 있다. 감각은 차이로부터 발생하는 존재의 운동이며, 서로 다른 존재의 층리들이 교차하면서 낯설게 표현되는 것이 그 현상이다.[13] 그래서 신체는 감각의 중심이다. 그에 따르면 색채는 신체로부터 나온다고 한다. 그래서 색채는 곧 색감(色感)을 나타낸다. 그러니까 색채는 이미 신체 속에 잠재된 원초적인 타자성을 표현한다. 그리고 그에게 있어 예술적 형상(形像, figure)은 존재들의 상이한 단계들, 그리고 여기서 차이들을 반영하는 것에서 구현된다. 그래서 그런 예술적 형상은 플라톤이 말한 형상(形相)과는 전혀 다른 의미로 해석될 수 있다.

---

12 《보이는 것과 보이지 않는 것》, 200쪽.

13 들뢰즈는 이렇게 말한다. "각 감각은 여러 영역 속에, 또는 서로 다른 범주들의 여러 층에 위치한다는 사실이다. 따라서 여러 다른 범주의 여러 다른 감각들이 있는 것이 아니라 하나의 유일하고 동일한 감각의 여러 다른 범주들이 있다. 감각은 구성적 층리의 차이(différence de niveau constitutive)와 여러 다양한 구성적 영역들을 포괄한다." 《감각의 논리》, 50쪽)

이와 같이 철학적 반성과 마찬가지로 예술정신은 삶의 가치를 재현하며 창조하기도 한다. 회화 또는 조형예술에서 표현되고 있는 예술적 형상은 작가의 상상력, 더 나아가 집단적인 무의식의 세계를 나타내고 있기 때문에 우리는 작품 비평을 통해 그 의미를 짐작하고 설명할 수 있다. 그래서 예술은, 들뢰즈도 지적하듯이, 하나의 회화적 존재론과 다를 바가 없으며 작가의 사유가 회화적 형태와 색채로 표현되고 있는 셈이다. 특히 현대 예술에서는 그런 관계가 뚜렷이 조망되고 있다. 필자는 이 글에서 레비나스의 타자철학을 예술적 관점에서 돌이켜 생각해 보면서 타자성과 함께 이해할 수 있는 작품들을 중심으로 타자 개념의 의미 확장을 가져오고자 한다.[14]

(2) 시간의 이미지

우리는 타자성을 본질로 하는 존재가 시간과 공간, 그리고 타자로부터의 실존에 의해 자신의 원초적인 생명과 그 활동이 주어진다는 것에 주목할 수 있다. 존재는 레비나스의 정의에 따르면, 외부성의 존재 즉 '있음'으로부터 나타난 자립체이며 죽음의 공포로 인해 전율을 느껴야 하는 실존적 존재다. 그런데 그 '있음'은 존재가 빠져나올 수 없는 실존을 야기하며, 이런 실존은 존재의 원천적인 타자성 때문에 고독이나 고통을 체험할 수밖에 없다. "'있음'에 참여하는 실체는 자신을 고독으로서 발견한다."[15] 마치 시간은 영원한 부재로서 주어지는 것처럼 보인다. 이런 시간은 근

---

14 오귀스트 로댕(Auguste Rodin)의 조형 작품 〈성당〉은 레비나스의 타자철학을 적절히 설명할 수 있는 예술 작품 가운데 하나다. 신은 인간에게 어떻게 존재하는가? 레비나스에 따르면 타자로서 존재한다. 이런 타자와의 만남은 곧 신과 계시의 그것이며, 신의 뜻을 실천하는 곳에 신이 존재한다. 즉 사랑과 희생이 있는 인간의 삶 속에 신이 함께한다는 의미를 그 작품에서 이해할 수 있다.

15 EE, p.142.

〈그림2〉 이름 없는 꽃이 피고 열매 맺
어 가을에 씨앗들이 뿌려지면 그 생명
은 죽지만 이듬해 다시 새 생명들이 꽃
을 피우게 된다. 생명, 죽음, 타자들은
지속의 관계에 있다.

본적으로 존재에게 분리(séparation)와 단절 (rupture)을 부여한다. 단절의 삶은 삶의 현 실이며, 자연적으로 이 세상에 주어진 삶을 의미한다. 이런 이유로 인해 존재에게 있어 타자가 있는 분리와 단절의 삶은 도리어 인 간이 찾아야 할 가치가 있는 곳이다. 이런 삶 속에 운명의 시작과 끝이 있으며 구원의 가능성도 여기서 찾아야 한다. 그래서 끊임 없이 타자와 함께 살아야 한다. "진정한 삶 은 부재다. 그러나 우리는 세계에 존재한 다. 형이상학은 이런 알리바이에서 등장하 고 유지된다. 그것은 '다른 곳'으로, '다른

것'으로 그리고 '타자'로 향한다."[16] 바로 이 점에서 타자에게로 향하는 지 속으로서의 삶이 운명처럼 주어진다.

우리가 그의 타자철학에서 주의해야 할 점은 타자성에는 지속의 동기 를 가져다주는 초월성과 여성성이 내재한다는 사실이다. "초월적인 타 자성의 관념은 시간을 열게 하는 것이며 여성성에서 찾아지는 것이다."[17] 레비나스의 타자철학에도 플로티노스가 말한 에로스에 의해, 신 앞으로 나아가는 궁극적인 회귀가 존재할 수 있다.[18] 그의 일자사상에서도 영혼 의 회귀 관념을 볼 수 있지 않은가. 레비나스에게 있어 시간 너머에 있는

---

16 TI, p.21.

17 TA, p.14.

18 "만일 영혼이 에로스의 어미라면 아프로디테가 곧 영혼인 셈이요, 에로스는 선을 향해 긴
    장을 고무시키는 영혼의 능력인 셈이다. 그러므로 이 에로스가 각각의 영혼을 선의 본성으
    로 이끄는 점에서 저 위에 머물러 있는 영혼의 에로스를 우리는 신이라고도 부를 수 있을
    것이다."(Enn, III 5)

초월성이 신이 주체가 되어 실현될 수 있는 영원한 지속 그 자체라면 에로스는 타자성의 실현을 위해, 단절의 시간 속에서, 그러니까 타인에게로 향하는, 부단한 시간이 될 수 있다. 따라서 초월로서의 다산성은 주체성의 구조가 바깥 세상에서 구현되는 것을 나타낸다. 그래서 "나의 다산성은 초월성 자체다."[19] 여기서 나는 초월의 주체가 아니며 '나로 인해, 본의 아니게' 나와 함께 하는 것들은 나의 다산성이며 내가 소유할 수 없는 초월의 타자성이다.

우리가 존재의 정체성을 사유하게 될 때 무엇보다 지금 여기에 있는 실존의 형상(形像)을 떠나서 논할 수는 없을 것이고, 주체와 타자의 시간이 단절의 삶과 경험의 영역 속에 위치한다는 것도 피할 수 없다. 그렇다고 레비나스에게 있어 시간의 관념이 죽음에 의해 지배되는 것은 결코 아니며, 오히려 이것을 극복해 나가는 데 시간의 의미가 있는데, 그는 타자와의 시간, 즉 '가까움'에 의해 이를 수 있는 초월성 또는 영원성을 제안한다. 그리고 이런 실존의 시간과 역사 속에서 궁극적으로 메시아니즘이 실현되는 세계관이 나타난다. 우리는 레비나스의 타자철학에서 발견할 수 있는 시간의 관념들에 관한 몇 가지 주요 관점을 살펴볼 수 있다.

첫째, 메시아니즘으로서의 시간에 관한 이해다. 그것은 신의 이름으로 실현되는 초월적인 역사를 나타내며 구원을 희구하는 역사관을 반영한다. 레비나스는 과거 이스라엘이 모세에 의해 이집트의 속박에서 벗어나 새로운 땅으로 들어간 것도 신의 계시와 인도라고 여긴다. 그럼에도 불구하고 그런 메시아니즘은 미지의 시간이며, 주체들의 죽음 저 너머 타자들의 세계에서 실현될 수 있는 구원의 역사관이다. 불멸의 생명이 박탈당한 이런 척박한 세계는 역설적으로 미래의 구원에 대한 희망, 즉 메

---

19 TI, p.254.

시아니즘을 발생시킨다. 전통적으로 유대인들은 구원에의 희망과 꿈을 버리지 않는다. 중세의 유대 철학자 마이모니데스(Maimonides, 1135~1204)도 죽음 이후의 삶의 부활을 예찬하며 이방에서의 삶의 현실과 고통을 이겨 내고자 했다. 그에 따르면 우주의 섭리로서의 토라(Torah, 신의 말씀)도 시간과 역사를 지배하는 법과 근본적으로 다르지 않다. 레비나스도 그런 섭리에 대해 지적 공감을 하고 타인에의 책임감과 사랑을 통해 그 실현을 주장한다.[20]

〈그림3〉 로댕의 〈성당〉(1908).

예를 들어 왼쪽의 작품에서 생각할 수 있는 것은 타인과의 관계에서 발생할 수 있는 사랑, 희생, 책임감이다. 메시아니즘은 구원을 위한 역사적 소망이며, 타인과의 관계를 새롭게 요구한다. 즉 타인들이 서로 마주 잡고 토라를 실천함으로써 메시아니즘의 실현을 기대할 수 있다. 한마디로 사랑이 있는 곳에 메시아니즘이 존재한다. 일반적으로 토라는 예언과 계시에 의해 밝혀진다고 하지만, 레비나스에게 있어 그것은 '사람에게서 사람에게로' 전해지는 '마주보기'에 의해, 타인으로부터의 영적인 교감, 즉 전승(transmission)에 의해 주어진다. 그런데 〈성당〉이라고 이름 붙여진 로댕의 조형 작품에는 성당의 이미지는 없고 단지 두 사람이 손을 맞잡고 있다. 그것은 무엇을 의미하는 것일까? 일반적으로 성당

---

20 "신적인 가르침, 선지적인 말씀과 같은 토라는 유다이즘을 통해서 밝혀지는데, 즉 대가들이 남긴 주석서의 지혜는 토라를 새롭게 인식시키며 또한 법들의 정의는 어느 누구와의 일체성이 망각될 수 없는 사랑 가운데 언제나 제어된다." (ADV, pp.99~100)

은 신이 지상에 거주하는 신성한 장소이며, 이곳에서 인간들은 두 손을 모아 그에게 기도를 올린다. 기도를 올리면서 신으로부터 계시를 받거나 성령의 존재를 체험할 수도 있다. 기독교의 전통에서 그런 성스러운 장소를 성당 또는 교회라고 부른다.

"무엇보다 우리는 서로 다른 두 인간이 손을 맞잡는 순간, 여기에 성스러운 지고의 가치가 존재한다는 암시를 받을 수 있다. 즉 사람들이 서로 기대고 나눌 수 있는 사랑과 희생의 실천 속에 초월의 가치가 있다는 것이다. 그리고 타인과의 사랑 속에서 신이 인간에게 은혜로서 베푼 초월의 가치를 만날 수 있는 것은 아닐까? 인간들은 서로 사랑하는 것에서 신적인 존재와 체험적으로 만날 수 있는 것이며 인간들끼리 두 손을 맞잡고 있는 만남은 곧 신과의 만남이다. 그래서 로댕의 작품은 그런 신과의 만남이 타인과의 만남에서 가능하다는 의미에서 〈성당〉이라고 이름이 붙여진 것은 아닐까?"[21] 즉 굳이 성당이 아니어도 그 바깥에도 사람들이 있고 사랑이 있는 곳에 신도 함께 존재한다. 레비나스의 타자철학에서도 신과 무한성과의 조우는 타자와의 그것에서 가능한 것이 매우 자명하다.

둘째, 단절의 시간에 대한 레비나스의 긍정이다. 매 순간 반복되지 않고 다시는 돌아올 수 없는 존재의 시간은 '자립체로서의 시간(temps hypostasié)'이다. 한마디로 희로애락이 있는 삶의 시간이 그것이다. 단절의 시간은 시간의 공시성에 관한 체험을 주며, 순응과 좌절의 길을 걷기도 하고, 죽음 앞에서 공포를 느끼기도 하는 실존적인 시간이다. 그런데 근본적으로 신이 주재하고 있는 시간의 영원성은 인간과 세계에 있어서는 마치 단절의 시간 속에 타자성으로서 들어와 있는 것처럼 보인다. 그래서 속세의 시선에서 볼 때 영원한 시간은 부재(absence)로서 존재한다.

---

21 《레비나스의 타자철학》, 21쪽.

그리고 부재는 다시 현존으로서 존재한다. 사실 단절과 부재의 시간은 메시아의 별을 볼 수 없는 황량한 땅 위에서 인간 스스로 삶의 지침을 찾아야 하는 현실적 암담함과 고통을 가져다준다. 그런데 타자들의 세계에서 시간의 영원성은 부재의 시간 속에서 계시로서 출현한다. 물론 레비나스에게 그 계시는 바로 타인의 얼굴들에서 비롯되며 세상의 법이 된다. 따라서 세상을 지배할 수 있는 권력은 그 얼굴들에서 나온다는 논리가 성립된다.

인간에게 있어 시간이란 무엇인가? 유한한 존재인 인간에게 있어 영원한 시간이라는 것은 감히 사유될 수 없는 것처럼 보인다. 그럼에도 불구하고 레비나스에게 있어 시간은 거듭되는 창조의 시간이며, 신의 말씀이 계시되는 시간이다. 어쩌면 인간은 그런 시간을 미처 알기도 전에 죽음이라는 미지의 세계로 들어가고, 주체의 죽음 이후에도 타자들의 세계는 영속적으로 존재할 것이다. 레비나스에게 죽음은 실존을 지배하는 것이 아니라 실존의 마지막 과정이다. 그렇다면 영원한 시간의 현재적 이미지는 어떻게 표현될 수 있을까? 마치 나무의 나이테와 같이 생성의 이미지들로 보여지는 것은 아닐까? 그에게 있어 시간의 영원성은 타자들의 세계에서 부재의 형상 또는 흔적으로서 존재한다. 근본적으로 나와 타자의 관계는 분리와 단절의 시간을 가정하며, 이런 세계에서 신과 영원한 시간은 타자들로서 존재할 수밖에 없다. 타자에게 절대성이 부여되는 이유는 타자와의 관계를 떠나 초월적인 것을 사유할 수 없기 때문이다.

셋째, 레비나스에게 있어 시간의 영원성은 통시성에 의해 설명된다. 이것은 인간의 죽음을 뛰어넘어 존재하는 초역사성의 시간으로서 그 주체는 인간에게 있지 않다. 타자에게의 에로스가 절대적인 까닭은 신 자신의 섭리이기도 하지만 그렇기 때문에 목적론적 시간의 관념도 생각해 볼 수 있기 때문이다. 일단 인간이 지니고 있는 생명의 혼은 일자의 정신에서 비롯되었다는 플로티노스의 영혼 이해를 떠올려 보자. 그 혼은 늘 신적인 정신과 연결되어 있다. 레비나스에게 있어서도 생명의 혼은 인간과 타자들의 세계에 들어와서 존재하며 지속의 시간을 뿌리내린다. 이런 시간은 마치 우주론적 관점에서 신의 씨앗 또는 영적인 유전자가 세계와 우주에 뿌려져서 그 열매를 맺어 가는 시간일 수 있다. 이런 시간은 인간에게 있어 디아스포라(Diaspora)의 시간이며, 또는 생성의 시간이 되기도 한다. 현실 긍정적인 유대인들의 현세관이 만물과 자손의 번영에 관심을 갖는 것도 그런 시간의 통시성을 현세적 삶의 지속 속에서 보고자 하는 긍정 때문일 것이다.

생명의 지속은 타자들 세계에서 실현되어 나타나는데, 그 생명은 개체의 그것이 아니라 초월적인 실체로부터 비롯된다. 레비나스는 모순적일수 있는 말을 한다. "나는 나의 자손을 소유하지 못하며 나는 나의 자손이다. 부성은 전적인 타인된 나로서 존재하는 이방인과의 관계다."[22] 어쩌면 그 자손들은 신의 초월성이 인간의 몸으로 태어나는 기적의 형상들일 수 있다. 그래서 나는 그 초월성을 소유할 수 없으며, 오히려 내가 거기에 귀속되기 때문에 '나는 나의 자손이다'라고 말한다. 그리고 초월적인 부성은 이방인과의 관계들 가운데 나타나는데, 그 이방인은 '타자로서의 나'다. 레비나스에게 있어 부성적인 에로스(Eros paternel)는 역사 속에서 초실체성이 지속될 수 있는 제일의 원인이 된다. 그는 이렇게 말한다. "전체적인 초월성, 초실체성의 초월성으로 말미암아, 즉 나는 자손(enfant)으로 인해 또 하나의 타자다."[23] 타자는 공시적 관계뿐 아니라 통시적 관계에서도 주어지며, 주체가 전적으로 여기에 귀속된다. 단절의 시

22 TI, p.254.
23 TI, p.299.

간 속에 죽음은 인간의 운명이며 자손을 남기는 것도 운명이지만, 궁극적으로 신의 역사가 실현되는 초월의 시간 속에 죽음은 존재하지 않는다. 따라서 그는 이렇게 말한다. "자손과의 관계는 타자와의 관계이며 권력이 아니라 다산성인데, 절대적인 미래 또는 무한한 시간과의 관계다."[24] 통시적 관계를 형성하는 자손들과의 관계는 나의 주체성이 바깥에서 형성되는 신적인 초월성이며 다산성을 의미한다. 이와 관련된 주제는 레비나스의 초기 작품《시간과 타자》(1948)나 주저《전체성과 무한》(1961)에서 핵심적으로 다뤄지고 있다.

(3) 공간의 이미지

《전체성과 무한》의 부제가 '외부성에 관한 에세이'이듯이, 외부성은 세계에 위치한 존재의 공간이면서 타자들에 의해 '있음'이 결정되는 공간이다. 이런 세계는 추상적이면서 관념적인 통일을 꾀하는 동일자(Même)의 세계와 구분된다. 그는 이런 세계를 전체성(totalité)이라고 부른다. 이에 비해 존재의 실제적인 공간은 앞서 언급했던 분리와 단절이다. 그에게 있어 분리의 공간으로서 이 세상은 신이 부재하는 전율스러운 장소이며, 존재는 이런 공간에 떨어져 나왔다. 그래서 이 공간은 근본적인 부재이며 때로는 실존적 고독을 주는 곳으로서, 이런 물질적 세계에서 존재는 노동에 의해 삶의 양식을 얻어야 한다. 이런 세계는 삶과 죽음을 겪어 가는 실존의 공간이지만 그래도 생명을 이어 갈 수 있는 터전이다. 그래서 그에게 있어 타자성의 공간은 단순히 유배된 세계가 아니라 향유와 안식 그리고 구원에의 희망이 존재하는 곳이다. "실존의 본질적인 것은 무한의 관점에서 실존의 분리로 이뤄져 있다. 이 분리는 단순히 부정이

---

24 TI, p.300.

아니다. 그것은 심령주의(psychisme)로 자신을 완성하며 무한의 관념에 대해 정확하게 열려 있다."[25]

분리된 세계에서 존재하는 모든 것은 각자의 운명을 타자들에게 위탁하거나 볼모로 잡힌다.[26] 말하자면 존재의 주체적인 인격이 박탈당하고 비인칭적인(impersonnel) 존재로서 나는 세계 내에 위치한다. 이런 존재의 위상은 역설적으로 나 자신이 대타적인(pour l'autre) 존재이기에 다른 실존적인 가능성을 얻게 된다. "나(moi), 말하자면 타자들에 대해서 '나 여기 있다'라는 것은 근본적으로 자신의 자리 또는 존재 안의 은신처를 상실한다는 것이며, 유토피아적 편재(遍在)에 들어서는 것이다."[27] 여기서 주목해야 할 점은 분리 또는 단절의 세계에서 유토피아의 실현이 가능하다는 것인데, 이런 세계에서 나 자신을 버린다는 것은 갇혀진 세계에서 빠져나오는 방법이다.

즉 나 자신의 것을 보존하려는 자아의 동일성이 상실되고 타자의 세계에서 자아를 실현한다는 것은 이 세계가 더 이상 유배의 공간이 아니며, 타자들로 인해 생성의 풍요로움을 가져다주는 삶의 터전이 된다는 것이다. 이런 세계 속에서 주체성은 자신의 바깥에서 타자들과 함께 자신을 구체적으로 실현하며, 이런 생산성은 주체성의 범주에 들어가는 것이 아니라 타자로서 존재하는 나 자신, 나 자신이 상실되는 세계를 실현한다. 그리고 이런 타자세계가 유토피아에 가까워지는 초월의 세계라고 볼 수 있다. 이제 존재와 공간의 관계, 타자성의 이미지들에 대해 살펴보도록 하자.

첫째, 세계는 삶과 죽음이 운명으로서 기다리는 존재론적 분리의 공간

---

25 TI, p.78.
26 "주체는 볼모다." (AE, p.142)
27 AE, p.233.

이다. 이런 분리된 공간은 신으로부터 유배된 삶의 현실이며 물질적인 세계인데, 인간은 여기서 양식을 얻어 가며 실존과 향유의 삶을 개척해 나가야 한다. 분리는 유다이즘의 전통에서 볼 때 창조 또는 생성과 연관되는데, 근본적으로 분리의 삶은 타자관계를 요청한다. 분리된 삶 속에서 생명의 영속성은 타자들과의 결속을 통해 실현될 수밖에 없다. 그런 삶에는 거주를 위한 집이 있고 생명을 영위해 나갈 터가 있다. "집의 본래적인 기능은 건물의 건축양식에 의해 존재를 위치시키고 장소를 발견하는 것이 아니라 내가 자신 속에 머물면서 스스로 자성하는 곳에서 유토피아를 열게 하는 것에 있다."[28]

전통적으로 유대인들에게 있어 분리는 곧 파종(播種)의 의미를 지닌다. 파종은 곡식의 씨앗을 뿌리는 것이다. 어떻게 보면 분리는 섭리로부터 주어진 원천적인 운명이다. 이런 세상은 아브라함이 양 떼를 먹이고, 이삭이 우물을 파고, 야곱이 집을 지었던 땅이며 신의 보호가 있는 안식처가 되기도 한다. 말하자면 분리의 삶은 영속성을 이 땅에서 얻어 가는 인간의 운명이며 계시가 존재하는 곳이다. 이런 삶 속에서 인간이 세우고 터를 잡은 집은 마치 자신의 안식을 위한 작은 우주와 같으며, 인간은 여기서 무한의 초월자에게 돌아갈 준비를 하는지도 모른다. 초월자에게 의지하고 희망하는 마음을 레비나스는 형이상학적 욕망이라고 부른다.

둘째, 인간이 거주하는 이 세계는 자연의 빛과 섭리에 의해 지배되고 창조적 생성이 이루어지는 생명의 공간이다. 레비나스의 타자철학은 생명을 얻고 섭리가 편재(遍在)하는 곳에서 찾을 수 있는 인간의 철학이다. 플로티노스에게 있어서도 신적 정신이 유출된 공간은 버림받은 땅이 아니라 세계영혼이 자연의 질서와 목적을 실현하는 곳이다. 직관과 관조는

---

28 TI, p.167.

곧 섭리가 있는 자연에 대한 내적 성찰을 가져온다. 이런 우주는 빛이 있는 세상으로서 저편의 세계를 향한 영혼의 운동과 에로스가 세상의 생성을 가져온다. 레비나스는 이렇게 말한다. "햇빛 비춰지는 나의 자리 여기에 모든 땅들을 점거한 시작과 이미지가 있다."[29] 세상의 이미지는 모두 나와 다르며 낯선 모습들임에도 불구하고 이런 것들 가운데서 삶을 영위하는 곳에 진리가 있다. 자기의식을 중시하는 관념의 세계에서는 낯선 것들이 존재할 것도 없이 동일자에게의 환원만이 사유의 전체성을 유지할 수 있다. 이에 반해 타자의 세계는 사유 중심적인 주체성의 영역에 갇혀 있는 인간의 지적 이기심을 버릴 것을 요구한다.

오른쪽의 그림에서 자연의 빛으로 인해 만물의 생명이 소생하고 그 생기가 가득한 공간을 볼 수 있다. 현대 이미지 예술의 효시라고 할 수 있는 모네의 회화적 이미지는 생동하고 변화하는 자연의 현상들을 포착하기 위해 순간적인 빛의 관념에 주목한다. 대상의 이미지는 빛에 의해 형태와 색채를 갖는다. "예술사에 있어

〈그림4〉 모네의 〈수련〉. 빛은 자연의 색채들로 존재한다. 작가는 그 영롱한 빛을 그리고자 한 것이 아닐까?

모네와 같은 인상파 화가들은 회화적 이미지들의 본질이 빛으로부터 비롯된다고 믿고 있으며 대상세계는 자연스럽게 빛의 다양한 파장들을 통해 묘사될 수 있다. 모네의 수련 이미지도 생동하는 자연의 다채로운 빛을 그려 내고 있으며 창공으로부터 넘쳐나는 빛의 외관을 표현한 것과 다

29   EN, p.148.

름없다. 원천적인 빛은 구름, 호수, 수풀, 수련들에 의해 비춰져서 여러 가지의 무수한 자연의 빛으로 존재한다. 하늘의 빛은 타자들의 옷을 입고 다시 태어나며 타자들의 빛은 빛 자체이다."[30]

빛 자체는 순간순간의 자연의 빛으로 무한히 존재하는 셈이다. 여기서 자연의 빛은 타자성의 빛으로 존재한다. 빛이 비춰지는 외부성은 사물 그 자체가 아니라 빛을 드러내는 일종의 비전(vision)이다. 이 비전은 가장 원초적인 빛이 외부의 대상들 가운데 들어오는 것과 같이 이미 그들과 함께 빛이 존재한다. 이런 빛은 초월적 내부성의 '타자화'다. 마치 인상파 화가가 화폭 위에 빛의 모양을 색채로 드러내고 대상들을 음영으로 표면화하는 것과 같다. 빛의 무한의 형상(形相)이 타자들과의 형상(形像)들로 존재한다. 그렇다고 그려진 대상들이 빛 자체를 의미하지는 않으며 빛의 흔적이다. 왜냐하면 빛은 물질을 초월하기 때문이다.

우리는 이런 입장에서 인간과 세계를 타자의 시선으로 성찰할 수 있는 타자철학을 이해할 수 있다. 죽음의 의미가 하이데거에게 있어서는 인간과 그의 존재 현상들을 파악하기 위한 존재론적 본질로서 해석될 수 있듯이, 타자의 의미 역시 인간의 원초적인 본성, 세계를 움직이는 자연적인 원리, 인간 사회의 역사적인 변천 과정 등을 설명하는 중요한 단서가 될 수 있다. 우리는 진화의 세계에서도 타자성을 성취하지 못한 번식 활동은 오랜 생명의 역사를 갖지 못한다는 것을 잘 알고 있다. 타자성은 유기체의 삶을 역동적으로 가져오며 생명의 지속을 가져올 수 있다. 끊임없이 생산되고 번식하는 자연적 생성은 타자세계의 토대이며, 인간의 현실세계 역시 생성하는 세계다.

셋째, 단절의 공간은 삶의 터전이며 관계들의 총체성으로 이뤄진다. 타

---

30 《레비나스의 타자철학》, 264쪽.

자들과의 세계에서 모든 존재는 서로에 대한 타자성을 나눠 갖고 있다. 이런 타자성은 주체와 사물들의 총체성을 결정할 수 있는 본질이다. 레비나스에게 있어 타자성은 가까움(proximité)과 같이 서로에 대한 다가섬을 가정하며, 인간과 사물들은 자신들 속에서 존재-이미지를 선취한다. 존재하는 사물들은 자신들로부터 '있음(l'il y a)'을 결정한다. 곧 '있음'은 사물의 사물성을 설명할 수 있다. 사물은 본질(esse)로부터 주어진 것이 아니라 존재자(existant)와의 관계로부터 주어진다. 즉 사물의 사물성은 자칫 주체성이 개입될 수 있는 내연성에 의해 지지되고 있는 것이 아니라 사물 바깥의 구조, 즉 외연성에 의해 결정된다.

예를 들어 오른쪽 세잔의 정물화에서 볼 수 있듯이 각각의 사과는 이웃한 다른 개체들, 바구니, 병, 보자기, 테이블 등과 더불어 자신들의 사물관계를 유지하며 배열되어 있다. 각 사물은 배타적인 있음을 각자 갖는 것이 아니라 주어진 관계들 속에서 상호 간의 거리와 공간을 갖고 자

〈그림5〉 세잔의 〈사과 바구니가 있는 정물〉(1895). 역동적인 사물의 구도는 사물 자체를 드러내는 방법이다.

신들의 형태와 색채를 드러내고 있다. 일반적으로 세잔의 정물화에서는 원근법을 발견하기 어렵다. 즉 '사물 그 자체로'를 주장하고 있는 세잔은 사물세계의 관점에서 대상들을 바라본다. 그래서 다원적인 초점들은 사물들을 그려 나가는 중요한 구도로서 주어진다.[31]

31 "세잔은 역동적이고 총체적인 시점을 형상화하여 입체주의 회화의 대담함을 예고하고 있는 것이다. 소실점으로 향하는 선은 여러 개이며 직각으로 교차한다. 이 선들은 입체감을 강조해 보는 사람에게 오른손잡이뿐만 아니라 왼손잡이도 사물을 쥐고 있다는 느낌이 들

357쪽의 그림에서 주체의 시선을 중심으로 한 질서 정연한 원근법적 조감은 배제된다. 회화적인 모티프는 사물세계와 그 관계들로부터 전적으로 주어진다. 그리고 개개의 사물이 지닌 즉자성(卽自性)은 다른 사물들과의 총체성 속에 위치하며, 형태와 색채도 그런 관계에서 결정된다. 결과적으로 사물의 즉자성은 총체적인 사물세계 가운데서 자신의 형상을 노출한다. 우리는 여기서 레비나스의 타자관계들로부터 주어진 존재의 '있음'을 이해할 수 있다. 그 있음은 타자로부터의 타자성에 본질적으로 종속되는 것이고, '있음'은 거기에 숨겨진 익명성을 속성으로 한다.

(4) 타자의 이미지

필자가 이 글에서 제시하고자 하는 것은 타자성의 이미지들에 관한 것이다. 타자에 대한 레비나스의 사유는 매우 다양하면서도 일관되어 있다. 타자는 주체의 바깥에 있으며 신이기도 하고 자손이기도 하다.[32] 또한 그것은 주체를 볼모로 잡아 두고 있다. 타자는 생명의 원천이기도 하고, 주체에 대해 주권을 행사하며, 초월적이다. 먼저 그는 《시간과 타자》(1948)에서 주체의 고독이 왜 발생하는지를 설명한다. 주체는 근본적으로 자신에게 존재의 기반을 두지 않는 대타적인 존재다. 그리고 그 기반은 '있음'의 근거, 즉 주체의 바깥으로 환원되며, '있음'의 본질은 타자성이다. 그래서 외부세계에서 주체의 타자성과 익명성이 원천적으로 발생하고, 존재는 실체로서 생산된다. 이런 의미에서 '나는 자립체(Je suis hypostasié)'라고 말할 수 있다. 존재는 타자들에게 주권을 양도하기 때문에 비(非)인칭성의 존재다.[33] 즉 그들로부터 얽혀 있는 존재의 타자성으로 인해 '있음'

게 한다." (《세잔》, 뒤랑, 64쪽)

32 "신의 에피파니(Epiphanie)는 인간의 얼굴에서 간구된다." (ADV, p.139)

33 존재는 마치, '비가 온다'(il pleut), '밤이 되었다'(il fait nuit)에서와 같이 주체 없는 'il', 비인칭

의 존재 형식은 외부성이다. 결국 '나'의 존재는 시간과 공간 그리고 타자의 차원에서 '있음'의 존재이고, 자기 정체성(identité de soi)의 실현을 위한 가능성을 열어 둔다. 여기서 자기실현이란 나에게 원천적으로 내재하는 타자성의 실천을 의미한다.

그에게 있어 그런 타자성은 자아의 속성을 지니고 있지 않은 낯선 것이며, 존재하는 모든 것들의 타자성은 근본적 있음을 주는 존재 이유다. 예를 들어 인간도 타인들로부터 생명을 받고 태어났고 존재하는 모든 것들이 생성하듯이, 타자성은 존재의 기원이며 또한 타자들로 인해 영속성이 존재한다. 이런 이유에서 우리는 레비나스의 타자철학을 윤리적 가치에 치중해서 보는 것이 아니라 타자성에 관한 존재론적 이해를 검토해 볼 수 있는 것이다. 특히 타인의 얼굴은 초월성의 현시이며 근거다. 그 얼굴은 마치 성전(聖殿)과 같은 것으로 주체에게 있어 경배의 대상이며, 계시의 출현이 얼굴에 있기 때문에 모든 윤리의 원천이 되기도 한다. 말하자면 타자는 주체에게 존재의 정체성과 소통을 위한 물음을 던지며 새로운 차원을 제시한다. 곧 타자에의 물음은 나의 정체성을 묻는 것과 같다. 이런 측면에서 우리는 타자의 근원성과 초월성에 관한 이미지를 살펴보고자 한다.

첫째, 타자는 존재의 내재적 근원이다. 그래서 그 근원은 신 또는 세계로 이해되기도 한다. 우리는 이런 이유 때문에 타자철학을 계시 또는 생명의 철학으로 사유할 수 있다. 타자는 다(多)로서 현시하는 무한 자체이며 영원성이 되기도 한다. 이런 이유 때문에 레비나스의 타자철학을 윤리학의 한 장르로 제한하기보다는 형이상학 또는 삶의 철학으로 설명할 수 있다. 그에게 있어 타자성은 존재의 기원을 생명의 지속과 우주의 창

대명사와 같다. 즉 인격적 지위가 부여되지 않는다.

조성에서 발견하고자 하는 심층적인 통찰에서 비롯된다. 그래서 레비나스에게 있어 타자 중심적인 삶의 가치는 윤리적 차원에서 자아에 대한 실천적 명령으로서 요구되기 이전에 에로스에 대한 근본적 성찰에서 비롯될 수 있다. 그리고 타인에의 욕망은 피할 수 없는 인간 주체의 본성이다. 타자철학은 이타성과 심령주의(psychisme)의 실천에 관한 삶의 가치이며 철학이다. 그것은 우주와 존재, 신과 인간, 이웃과 '나'의 관계를 근본적으로 성찰하는 것이다. 그래서 우리는 그의 철학에서 삶의 가치로서 타자윤리를 자연스럽게 이끌어 낼 수 있다.

우리가 인간의 본래적인 형상을 상상하게 될 때, 타자성을 배제하고 논의할 수 없다. 마티스의 현대적인 형태주의는 시각적 대상들의 이미지 해체를 통해 원초적 관념의 부재를 회화 이미지로 표현한다. 왼쪽의 그림에서 필자는 타자관념의 부재와 이것을 재현하는 신체의 형상들을 주시하고자 한다. 신체 이미지는 리듬, 율동 등과 같은 추상적인 관념을 연출하고 있다. 원초적인 세계를 반영하듯 보색대비의 색채 효과, 형태들의 자율성 등이 그런 관념을 생기 있게 해준다. 회화적으로 구성된 이미지는 허구적인 환상을 미적으로 표현하는 데 그치는 것이 아니라 본래적인 형상을 환기해 준다.

〈그림6〉 마티스의 〈춤〉. 신체들은 서로 어울리며 본래적인 신체의 형상을 표현한다.

우리는 이 그림에서 손과 손을 맞잡고 하나의 타원에 의해 여럿의 신체 형상들을 묶어 내고 있는 인간의 신체적 율동에 주목할 수 있다. 마치 군무(群舞)와 같은 이런 율동은 본래적으로 신체들 속에 내재되어 살아 있는 신체 원형을 상상할 수 있게 한다. 말하자면 인간들이 모두 서로

손을 잡고 춤을 추면서 비로소 그들의 형체가 본래적인 하나의 인간으로 완성된다는 것을 사유할 수 있다. 즉 각자의 신체 속에는 이미 타자성이 내재된 것이다. 이런 타자성은 타자에 대한 욕망으로 자연스럽게 나타나며 정체성을 지배한다.

그래서 인간들의 원초적인 만남은 타자들과의 신체적 교감을 하는 것에서 숨겨진 욕망을 발산한다. 불완전한 개개의 인간은 서로가 하나로 묶여질 때 원형으로서의 정체성을 재현할 수 있는 것이다. 여기서 우리는 레비나스에게 있어서 타인의 얼굴이 갖는 의미를 적절히 이해해 볼 수 있다. 즉 인간은 서로의 얼굴들을 마주 보는 것에서 하나의 형상을 실현하며, 이런 형상에서 궁극적인 주체성이 확보될 수 있다. 말하자면 인간은 원래 둘 또는 여럿이 아니라 하나로서 존재했던 것이고, 이것을 상기할 수 있는 기억이 인간에게 남아 있는 셈이다. 레비나스에게 그런 기억은 바로 에로스를 발생시키는 중요한 이유가 된다.

둘째, 타자는 이웃하는 자아(soi prochain)다. 그 타자는 본질로서의 타자관념을 갖는 것이 아니라 나와의 '마주보기(face-à-face)'에서 등장하는 낯선 존재이면서, 이런 존재는 나 자신성(ipséité)과 다를 바 없다.[34] 오히려 자아는 그런 타자존재를 표상하는 것에서 의미를 가질 수 있으며, 마주 보는 타자의 얼굴은 자아의 중심이며 코기토 자체다. 따라서 타인들은 실존의 근거이며, 그 얼굴들은 모든 윤리의 기원이다. 자아의 주체성은 이미 그 얼굴들로부터 빚어진 것이거나 그들에게 귀속된다. 한편으로는 그 얼굴들은 나의 얼굴과 다른 것이 아니다.[35]

그래서 궁극적인 자아의 자화상은 자신의 얼굴을 그려 가는 것이 아니

---

34 "얼굴들은 서로가 다른 이들로 향한다. 이것은 서로가 서로에 대해 존재하는 인간의 현존과 이런 상호적인 관계들로 만들어진 작은 사회다."(ADV, p.38)

35 "마치 타자의 얼굴은 나의 그것을 연장했던 것처럼 타자에 대한 책임이 있다."(DSAS, p.133)

라 타인들의 얼굴을 부단히 스케치해 나갈 때 완성될 수 있다. 이런 자화상에서 자아의 생김새는 전혀 찾아볼 수 없으며, 이런 불평등의 관계 속에 타자는 우월한 위치에 있고 그를 향한 비상호적인(non-réciproque) 소통은 '마주하기'의 본질이다. 그래서 나와 타자존재는 비대칭적인 관계에 있으며, 그 소통의 방식은 불평등하며 무조건적이다. 사실 타인의 얼굴은 그 자체가 초월성이라기보다 빛과 영원성이 지나간 통로이며, 다만 그 부재로 남겨진 흔적이다.[36] 그러나 '현재, 여기서' 내가 마주한 그 얼굴로 인해 계시가 출현하는 것이므로 가장 구체적인 계시다.

타자는 신의 세계를 들여다볼 수 있는 계시의 출현이며, 인간은 그 타자를 통해서만이 신을 바라볼 수 있다. 그래서 타자와의 만남과 마주보기 속에 무한성이 존재한다. 일례로 종교적인 관심을 회화적인 이미지로 표현하고 있는 유대인 샤갈의 그림을 살펴보면, 여기서도 '마주보기'에 의해 무한성과 계시의 이미지가 드러난다.

예를 들어 작품 〈나와 마을(Moi et le Village)〉(1911)에서 볼 수 있는 중요한 주제는 '만남'이며, 만남의 주체들을 감싸고 있는 둥근 원과 그들 사이의 황금수(黃金樹)는 그 만남에 지고한 의미를 부여한다. "얼핏 보기에 주인공과 당나귀의 만남일 수 있지만 당나귀는 목가적인 분위기를 연출하면서 기억 속에 남아 있는 고향의 정서 또는 타자성을 어렴풋이 전달한다. 고향은 생명 활동이 시작됐던 영원한 과거이며 실제 마주 보고 있는 당나귀는 그런 기억을 환기시켜 준다. 그런 타자성은 '나'의 기억을 지배한다. 그림에서 볼 수 있듯 둥근 원의 형태는 기하학적 구도의 의미 즉 완전, 통일, 만남 등을 상징한다. 연인, 당나귀 등과 같은 타자들과의 구체적인 만남을 통해 기억 속에 흐릿하게 남아 있는 삶의 정체성에 대한 애

---

36 "얼굴은 절대적으로 전개되고 무한성이 지나가는 부재의 흔적으로서 존재한다." (EDE, p.198)

정을 떠올리며 나아가 삶의 구도적인 자세마저 이끌게 한다."[37]

여기서 엿볼 수 있는 에로스의 교감과 정서는 자연과 삶에 대한 친화적인 태도이며, 구원적인 삶에 대한 기대를 엿보게 한다. 자기정체성의 근원에 관한 관심은 삶에 대한 애착으로 나타나고, 타자들에 대한 이해와 관심은 곧 인간 자신의 삶을 보편적으로 성찰하는 계기를 가져다준다. 이런 점에서 샤갈의 회화 이미지는 유토피아적인 삶에의 에로스를 표현한다. 따라서 "얼굴이란 것은 보여지는 것이 아니며 또한 어떤 대상도 아니다. 그 나타나는 것(apparaître)은 그 어떤 외부성으로 유지되고 있는데, 이것은 당신의 책임감에 부여된 호출이거나 명령이다. 얼굴을 대면한다는 것은 즉시 이러한 요구와 질서를 이해하는 것이다."[38] 유대인 학자 게르숌 숄렘이 이해하고 있듯이 타인의 얼굴은 신의 말씀으로 일컬어지는 토라의 각 음절들이라고 한다.[39] 결국 타인의 얼굴들은 다와 타로 존재하는 신의 무한성과 토라를 열게 한다. 데카르트에게 있어서도 코기토의 관념은 신의 무한성을 표상하지만 신 자체는 아니듯이, 레비나스에게 있어 타인의 얼굴도 신의 계시를 현시할 수 있지만 신 자신은 아니다.

(5) 그 밖의 타자성의 미학적 차원들: 샤갈과 에셔

현대 작가 샤갈과 마우리츠 코르넬리스 에셔(Maurits Cornelis Escher, 1898~1972)는 가장 독창적인 방법으로 새로운 회화의 장르를 개척했던 화가다. 샤갈은 주로 삽화적인 이미지들을 활용하여 원색적인 색채와 초

---

37 《레비나스의 타자철학》, 322~323쪽.

38 François Poirié, *Emmanuel Lévinas, Qui êtes-vous?*, Lyon: La Manufacture, 1987, p.94.

39 "토라의 각 음절은 시나이 산에서 자신들을 발견한 이스라엘 자손들의 숫자만큼과 같이 60만 개의 '얼굴들'을 갖는다." (Gershom G. Scholem, *La Kabbale et sa symbolique*, Paris: Ed. Payot, 1966, p.21)

〈그림7〉샤갈의 〈Le Cantique des candiques IV, 구약 아가서 4장〉(1960). 작가에게 타자는 꿈이고 환상이다. 이런 욕망이 간직된다는 것은 삶의 축복이다.

현실주의적인 형태들로 그림의 독창성을 구성했고, 에셔는 작업의 특성상 주제의 설계에 따라 판화의 구도를 밀도 있게 가져가며 비구상적인 형태들의 조합과 배열을 중시하면서 작품을 완성한다. 그들이 이해하는 삶과 세계는 낙천적이고 긍정적이며, 자신들의 신념과 가치관이 명확히 드러날 수 있도록 예술적 메시지를 그려 넣는다.

두 작가의 작품은 구성적인 면에서 서로 뚜렷이 비교될 수 있는 회화 이미지를 보여주지만, 무엇보다 주목해야 할 부분은 감상적인 입장에서 보자면 만남과 소통이라는 측면에서 주제의식이 분명하다는 점이다. 그리고 두 작가 모두 공통적으로 인간의 환상과 비현실성을 그려 낸 초현실주의 작가이지만, 샤갈의 작품이 직관적 상상을 중시한다면 에셔의 그 것은 이성적 논리를 바탕으로 한다. 필자는 타자성의 관점에서 비평할 수 있는 이들 작품의 이미지에 대해 소개하고자 한다.

야수파 작가 샤갈은 성경이나 서사적 이야기를 소재로 몽상과 환상의 이미지를 그리는 화가다. 꿈과 기억은 중요한 소재를 차지한다. 특히 그는 〈나와 마을〉(1911)의 예와 같이 유대인들의 정서 또는 종교적인 계시 관념을 부각한다. 그래서 일상적인 리얼리티 또는 사물의 형태 등을 있는 그대로 표현하기보다는 신적 존재의 영원성과 삶에 대한 축복, 타자의 존재들로부터 암시되는 계시, 기억 속에서 하나의 빛과 같이 떠오르는 구원의 메시지 등을 중요한 회화 주제로 다룬다.[40] 이런 점에서 샤갈의 예술은 상상과 기억에서 되살린 자유로운 형태의 이미지들로써 원초적인 꿈과 욕망을 재현한다. 원색적인 색채 효과를 통해 회화적 주제를 뚜렷이 부각하며 이야기의 메시지를 전달하기 때문에 마치 무대 위의 동화적 연출을 보는 듯하다.

그래서 스토리텔링의 효과를 주는 서사적 이미지는 샤갈의 작품에서 매우 특징적인 부분이다. 주로 목가적인 서정성, 사랑, 환희, 축제 등을 표현하기도 하지만 때로는 비극과 분노 등을 상기하기도 한다. 샤갈의 작품들이 감상자에게 주는 것은 감정의 순화이며 미래에 대한 낙관적 시선이다. 그의 작품은 서사적 소재를 드러내고 있지만 여기에 암시된 성경적 메시지와 구원에의 신앙을 주제로서 명확히 드러내고 있다. 그의 작품은 체험적인 소재를 재구성했기에 감상자들도 함께 상상하고 그림 속의 주제와 이야기를 나눠 가질 수 있는 즐거운 호응을 얻는다.

회화, 판화, 그래픽 디자인 등 다양한 영역에 관심을 갖고 있는 초현실주의 작가 에셔는 사물의 있음과 형상을 표현하는 데 있어 변화와 순환적 질서를 배치한다. 따라서 대비와 배치는 사물과 공간의 어우러짐을 이해하는 그의 예술적 착상이며, 일부 비평가들이 말할 수 있는 착시 현상의 이미지는 아니다. 때로는 뫼비우스의 띠와 같은 모순적인 배치를 초점에 두기도 하지만 판화에 각인된 이미지는 숙명적인 평면예술의 한계를 있는 그대로 보여주는 듯 형태의 단조로움, 반복과 대칭성 등을 주요 기법으로 활용하고 있다. 질서 정연한 규칙성 등은 작품의 특징이다. 그러나 이와 같은 것들은 에셔가 연출해 낼 수 있는 주제의 구상을 감상

---

40 작품의 제목이기도 한 아가서 4장은 주로 연인의 아름다움을 칭송하고 그녀에 대한 사랑을 고백하고 있다. "내 사랑 너는 어여쁘고도 어여쁘다. 너울 속에 있는 네 눈이 비둘기 같고 네 머리털은 길르앗 산기슭에 누운 염소 떼 같구나." (구약 아가서 4장 1절)

〈그림8〉에셔의 〈낮과 밤〉. 낮의 타자성은 밤이고 밤의 타자성은 낮이다. 타자성은 존재의 본질이다.

하는 데 있어 더 큰 상상을 필요로 하는 것처럼 보인다.

그런 예가 바로 〈낮과 밤〉(1938) 이나 〈만남〉(1944) 등이다. 특히 〈낮과 밤〉은 대칭과 균형의 미를 구성하면서 변화에 대한 성찰을 표현하고 있는 작품이다. 마치 낮에도 밤이 있고 밤에도 낮이 있는 삶과 세계의 이면을 보여주는 듯하며, 새들의 형상이 다른 개체들의 그것들로부터 자신의 형태가 주어져 있다는 것이 이채롭다. 모든 사물적인 형태와 변화가 이웃과 어울리며 존재한다는 것은 작가의 특별한 문제의식을 보여준다. 결국 형상들의 존재의 근거라고 할 수 있는 타자성은 모든 존재의 형상을 원천적으로 만들어 왔던 근원인 셈이다.

그런 타자성의 이미지들을 그려 나갈 때 형상 바깥의 구성과 배열의 배경은 존재의 원천, 즉 상호 간의 타자관계를 보여준다. 존재의 생성과 변화에 대한 사유를 담고 있는 〈만남〉의 작품 주제도 에셔의 그와 같은 작가적 문제의식을 표현하고 있어 매우 인상적이다. 사물의 형태들이 하나의 일체로부터 발생하고 각각의 피조물들이 다시 현상세계에서 서로 만나는 형태론은 순환적인 삶의 가치를 암시한다. 이런 점은 존재의 형상들이란 무엇인가, 세계의 변화와 섭리란 무엇인가 등의 작가적 문제의식을 바탕으로 반복과 순환, 대칭과 균형, 통일과 무한성 등의 가치를 표현한다.[41]

---

41 에셔의 첫 국내 전시회(세종문화회관 미술관, 2017.7.17~10.15)는 예술과 과학의 조화라는 관점에서 이해될 수 있는 주요 작품 130여 점을 선보였으며, 일상의 공간과 대상을 이성적 구조

그는 목판화에 새겨진 형태들의 조합을 통해 보이지 않는 삶의 이미지를 재현하고 있다. 사실 수학적 배열로써 사물의 질서를 평면의 구도 속에 재현한다는 것은 불가능성하다. 에셔가 가늠할 수 있는 3차원적인 무한과 생성은 그런 평면 구도 안에서는 뫼비우스의 띠와 같이 무한 반복적으로 각인된 이미지로 나타날 뿐이다. 그가 알고 있는 평면의 구도는 그래서 불합리한 공간을 갖고 있다. 그가 예술적 소재로 삼고 있는 반복, 대칭, 때로는 합리적인 모순 등은 그런 한계를 조명하고 있는 것처럼 보인다. 그는 작품들 속에서 끊임없이 교차, 만남, 연속성 등을 그려 나간다. 이것은 작품의 모티프로서 작용한다.

그렇다면 그가 구현하고 싶었던 것은 무엇일까? 바로 공간을 넘어서 있는 시간의 순환과 그 무한성이었는지도 모른다. 그리고 작품 주제의 일부를 차지하고 있는 '존재와 생성'은 타자성의 이미지를 통해 극대화되고 있다. 특히 이 가운데 만남의 운명과 절대적 생성을 사유하지 않았을까? 에셔의 예술적 상상은 모순과 대립을 넘어서 있는 융합과 통일을 보여준다. 모든 존재의 형상들이 만날 수밖에 없다는 것은 세계의 필연적 구조에서 비롯되는 것은 아닐까? 이렇듯 예술적 상상은 이미 삶의 현상과 본질을 직관하고 나와 세계를 이해하는 소통의 미학을 제공한다.

사진작가이자 일러스트레이터로 활동하고 있는 토드 셀비(Todd Selby, 1977~)는 전시회 〈The Selby House: 즐거운 나의 집〉(서울 대림미술관, 2017. 4.27~10.29)에서 익숙한 일상의 공간과 사람들의 관계 속에서 매 순간의 아름다운 정서와 즐거움, 삶의 긍정적 에너지를 사진들에 담아 전시했다. 특히 필자는 작가와 타자들의 관계에 주목했다. 그가 좋아하는 사람들, 동물들 등을 일러스트 작업으로 표현했으며, 일상에서 간직한 소중한 경

나 그 너머의 상상에 의해 보고자 하는 작가의 주제의식을 감상하기에 충분했다.

〈그림9〉 셀비의 〈즐거운 나의 집〉. 작가는 마음속에 소중하게 간직하고 있는 가족, 이웃, 친구의 얼굴들을 누구나 자신의 생각과 느낌으로 표현할 수 있는 방법으로 그림에 남긴다.

험을 작품의 소재로 삼았다. 작가의 지난 시절을 상기하는 설치 용품들은 인상적이며, 그의 집 내부와 작업실을 전시장에 재현하기도 했다. 마치 나의 일상과도 같은 삶의 공간을 소재로 해서 이곳에서 자신의 기억에 남을 만한 것들을 만들고 그리고 사진 찍고 한 것들, 즉 그 누구의 것도 아닌 소중의 자신의 것들이 곧 중요한 예술품으로 간주될 수 있다는 것은 이번 전시회의 중요한 메시지다.

전시된 작품 중에는 셀비가 국제적으로 만났던 많은 예술가들과 친구들의 이야기를 사진으로 담아 그들과 함께했던 소중한 일상의 만남을 기억하는 것도 상당수 있다. 무엇보다 그의 전시회는 마치 초대받은 손님들과 함께 즐기는 듯 자유로운 분위기를 더하면서 요즘처럼 자유로운 세대의 생각과 느낌을 반영하며 꽤 많은 관객들의 호응을 얻어 냈다. 누구나가 유희적인 삶의 주체가 될 수 있다는 점은 예술의 가능성과 참다운 의미로서 관객들에게 친근하게 다가온다. 작가로서 그가 만났던 사람들은 타자들이다. 그리고 그들과의 관계는 그의 작품세계를 형성하는 중요한 모티프가 되고 있다. 일상에서 만났던 사람들, 소중하게 간직하고 있는 시간과 공간의 추억, 그리고 자신의 입장과 생각·느낌들에 의해 재현된 그의 세계가 작품 속에 생생하게 나타나 있다.

(6) 실존적 삶의 타자성과 그 이미지에 관해

필자는 이 글에서 레비나스의 타자철학이 갖는 타자성의 존재론적 의미를 살펴보고자 했으며, 타자성의 예술적 표현과 이미지가 어떻게 이해되고 비평될 수 있는지를 몇몇 작품을 중심으로 검토해 나가면서 궁극적으로 삶의 타자성이란 무엇인지 고찰해 나가고자 했다. 예술적 사유를 가능케 하는 타자성의 존재론을 시간·공간·타자의 관점에서 개론적으로 살펴보고, 그들의 타자성 및 이미지에 일치할 수 있는 작품들을 해석해 나가면서 레비나스의 타자철학의 보편성을 확인해 보고자 했다. 우리가 그의 타자철학과 타자성의 관념으로부터 특화하여 주시할 수 있는 가치는 에로스에 관한 것이다. 시간, 공간, 그리고 타자의 이미지들 속에서 그런 가치는 생성과 자기정체성의 문제에 관해 나름의 해답을 제시해 준다.

레비나스에게 있어 타자로 현시하는 무한의 이념은, 그에 따르면, 사유에 의한 재현의 대상이 아니라 활동성 자체를 지닌다. 그리고 그는 형이상학은 타자로 향한다고 말한다. 그 타자에게로 나아가는 인간의 에로스는 생명의 원천지로 되돌아가고자 하는 회귀본성과 같이 삶을 지배한다. 타자성에는 이미 물질성 이외에도 친근성, 여성성 등을 느끼게 하는 에로스가 존재한다. 그래서 그는 에로스는 죽음보다 더 강한 욕망이라고 말한다. 이와 같이 타자 중심적인 그의 사유는 전통적인 철학의 세계관에서 일탈하고 있는 것처럼 보인다.

그렇다고 우리는 그의 타자철학을 헤브라이즘과 같은 종교 전통에서 전적으로 설명할 수 있는 것이라고 말할 수는 없다. 그의 타자철학은 신앙적인 메시지가 아니며, 비록 초월적인 신의 존재를 타인의 얼굴에서 찾아야 한다고 말하고 있지만, 범속한 삶 속에서 실천해야 할 생명과 그 영속성에 관한 가치를 타자와의 관계를 통해 근본적으로 제시한다. 즉 그는 타자의 얼굴들로부터 초월성과 휴머니즘의 가치를 깊이 성찰하고 있으며, 주체와 타자의 관계에 관한 현대적인 사유를 '있음'의 관점에서 이해한다.

필자는 이 글에서 그의 타자철학 중에서도 삶에 있어서의 타자성의 관념에 특히 주목하고자 한다. 그에게 있어 주체의 형상은 시간, 공간 그리고 타자의 관계들로부터 형성된다. 그 형상은 관념이 아니라 실존이며, 감수성이 예민한 주체가 세상의 모든 것을 자신의 타자성으로 받아들이는 그 자신의 형상이다. 이런 형상은 실존의 타자성으로 인해 그려지는 것이며 우리는 그 형상에서 존재의 모습을, 그 타자성에서 존재의 근원을 사유할 수 있다. 이런 타자성에는 시간성과 물질성 그리고 여성성이 내재한다. 따라서 타자성의 존재론적 이해는 존재의 분리와 부재로부터 상상할 수 있는 회화적인 상상력을 가져오게 한다.

삶과 세계 속에서 사유된 타자성은 생성과 욕망을 표현한다. 필자는 이런 표현이 철학에서뿐만 아니라 예술에서도 중요한 사유가 될 수 있다고 생각한다. 우리는 레비나스의 타자철학이 세계와 실존 그리고 삶에 대한 이해라는 것에 착안해서 그런 철학적 주제들에 대한 이미지의 표현, 즉 예술적 사유의 길을 시도해 봄으로써 삶의 철학으로서 타자철학의 지평을 확대할 수 있다고 생각한다. 그래서 우리는 타자철학의 문제와 의미를 시간과 공간 그리고 타자의 이미지의 관점에서 이해함으로써 그 철학에서 암시하는 존재의 정체성과 실천적 가치를 좀 더 명확하게 찾을 수 있는 방법을 모색하고자 했다.

먼저 타자철학을 구성하고 있는 초월의 가치로서 메시아니즘을 예로 들 수 있는데, 이것은 신앙을 가진 사람들의 역사관이며 사랑·희생과 같은 실천적 가치를 중시한다. 이런 의미에서 로댕의 〈성당〉은 타인과의 만남과 관계를 중시하는 예술 작품이며, 이 작품을 통해 삶에 있어서도 궁극적인 선의 실현이 타인들과의 관계에 있다는 것을 결코 부정할 수 없을 것이다. 타자철학은 삶의 철학이라는 안목을 그런 작품을 이해하면서 충분히 가질 수 있다. 또한 그 철학은 생명의 철학에 관한 비전을 개척해 나갈 수 있다.

타자성은 존재의 근거이며, 이것을 통해 생명의 지속이 존재할 수 있다. 그런데 이런 지속에는 죽음이 없으며 죽음을 넘어서 시간의 영원성이 존재할 수 있다는 것을 이해할 수 있는데, 그 초월의 주체는 타자들의 저편에서 지속을 주재한다. 따라서 우리는 타자철학을 삶의 철학으로서, 그리고 초월의 철학으로서 이해해 나갈 수 있다. 레비나스의 타자철학에 나타난 타자성의 쟁점들은 전통적인 자아의 세계관으로부터 형성되어 온, 그러니까 데카르트에서 후설의 철학에 이르기까지의 코기토주의를 떠나 사유 바깥에 엄연히 존재하는 타자의 세계를 총체적으로 반성해 볼 수 있는 근본적인 가치관을 암시해 준다. 그리고 우리는 이런 가치관이, 예술적 표현과 이미지들을 비평하면서 충분히 발견할 수 있는, 실존적 삶의 보편성을 반영하는 것이라고 판단할 수 있다.

2장

메를로퐁티의
지각 중심주의와 살의 현상학

(1) 철학과 예술의 새로운 소통 가능성

예술 작품은 삶의 가치를 역동적으로 재현한다. 이런 예술적 장르는 창조적인 문화 세계를 개척해 나갈 수 있는 가능성을 인간에게 본질적으로 부여한다. 그래서 인간의 예술적 행위는 삶에 관한 사유를 선구적으로 표현하며, 삶을 전위적으로 해석해 나가기도 한다. 말하자면 예술은 인간의 삶과 세계를 사유하는 창조적인 장르다. 우리가 메를로퐁티의 삶의 세계에 대한 사유와 현대 예술의 아버지라고 일컬어지는 세잔의 예술 세계를 이해하고자 하는 것은 일상적으로 마주하고 무심코 넘어갈 수 있는 삶의 공간에 대해 철학적 시선을 갖고 관조하고 삶의 풍요로움에 대한 믿음을 갖기 위해서이고, 이런 세계를 상상과 감성으로 다시 발견하기 위해서다. 특히 프랑스의 학술적·문화적 정서는 철학, 예술, 문학 등의 인문학적 가치들이 서로 융합하여 형성된 특징을 갖고 있기에 메를로퐁티와 세잔의 만남은 우연한 것도, 낯선 것도 아니다.

그들의 철학과 예술에서 인간의 정신과 눈은 자신이 몸담고 있는 세계를 체험적인 삶 속에서 지각하며, 이런 삶은 사유 주체 또는 화가에게 있어 시선 속에 들어와 있는 세계이면서 신체의 지각과 융합된 세계다. 그래서 주체의 몸은 이미 세계 속에 존재하고, 세계와 몸은 불가분의 관계에서 일체를 형성한다.[42] 그렇기 때문에 근본적으로 세계는 계량화된 물리학적 법칙에 의해 자신의 메커니즘을 구성하는 것이 아니라 주체의 몸과 마음속에 선재(先在)해 있는 체험적인 세계를 형성한다. 예를 들어 아침 산책길에 내가 몇 킬로미터를 걸었는지를 생각한다면 이것은 계량적인 사고다. 만약 다음과 같이 나의 시간과 공간을 얘기한다면 삶의 세계를 표현한 것이 된다. "아침 산책길에 골목길을 우측으로 돌고 몇 걸음 걸어서 좌측으로 파란색 기와집이 눈에 띄기가 무섭게 이내 개 짖는 소리가 들려왔다." 메를로퐁티에게 있어 신체적인 지각의 장을 가정하는 것이 체험적인 공간이며, 물리적인 공간에 우선한다. 칸트의 생각과 달리, 그에게 사물의 존재 근거가 될 수 있는 논리적인 순수공간은 존재하지 않는다. 그가 세잔의 회화예술을 높이 평가하는 이유도 세잔이 회화예술로 새로운 공간 구도를 창조해 냈기 때문이다. 세잔에게도 원근법적인 회화 공간은 존재하지 않는다. 모든 공간은 사물과 그 관계로 가득 차 있기에 충분하며, 그 공간은 사물들의 공간이기 때문이다.

"데카르트는 공간이라는 나름대로 온전하고, 명료하고, 논의하기 쉽

---

42 메를로퐁티는 전통적인 심신이원론의 가치를 부정하고 몸의 철학을 주장한다. 지각의 세계는 그 중심에 있다. "우리의 개성이 드러나고 파악되고 있는 것은 우리의 응시 속에서인데, 이 응시라는 것은 색들의 결합에 지나지 않는 것이다. 타인의 마음이라는 것도 육화된 모습으로서만이, 즉 그 사람의 표정, 제스추어 등에 속해 있는 것으로서 우리에게 주어지는 것이다. 영혼과 신체의 구별이 아무런 소용이 없는 것과 마찬가지로, 사유와 비전의 구분 역시 무의미한 것이다. 고로 이러한 개념들이 유도되며, 동시에 양자가 분리될 수 없게 되어 있는 바의 원초적인 경험으로 세잔느는 돌아가고 있는 것이다."(〈세잔느의 회의〉,《현상학과 예술》, 메를로퐁티, 오병남 옮김, 서광사, 1989, 196~197쪽) 이 논문이 처음 발표된 때는 1945년으로서 그의 신체도식 이론이 체계화되고 있는 주저《지각의 현상학》이 발표된 연도와 일치하며, 이후《의미와 무의미(Sens et non-sens)》(1948)에 수록된다. 그에게 있어 '세잔의 회의'는 마치 데카르트의 회의와 같이 세계를 사유하는 원천이다.

고, 동질적인 존재를 구상했다. 데카르트가 구상한 공간은 사유가 관점을 초월하여 내려다보는 공간이요, 직각으로 교차하는 세 축 위로 통째로 옮겨지는 공간이다."[43] 즉 그가 기하학적·물리적 구조를 갖고 공간을 재단한다고 메를로퐁티는 비판한다. 세상은 어떻게 우리에게 나타나는 것일까? 예를 들어 긴 복도를 멀리 쳐다보면 복도 끝이 이내 소실점으로 자리 잡고 있을 것이고, 넓은 복도 폭이 점점 좁아지고 있는 구도를 보게 된다. 그 이유는 무엇일까? 이것은 우리의 둥그런 동공의 형태대로 세상이 보이기 때문이다. 철학자는 과학자가 아니다. 물리적 세계를 보는 것이 아니라 삶의 세계를 보고자 한다. 따라서 철학자가 사유하는 세계는 단순히 거울에 비친 사물의 형태로서 존재하는 것이 아니며, 예술가에 의해 캔버스에 그려진 세계 역시 단순히 대상을 바라보는 이미지가 아니라 총체적인 삶 속에서 그려지는 창조의 이미지들이다. 이런 이미지들 속에는 관조의 미가 있고 즐거움이 있으며, 때로는 우울함도 있다.

　메를로퐁티에게 있어 현상적인 이미지는 지각에 의해 주어지며, 지각은 몸과 마음으로부터 느껴지면서 사물세계에 반응하는 것에서 발생한다. 예컨대 나는 상대방에게 고마운 마음을 어떻게 표현할까? 일단 눈웃음을 지어야 하고 어깨를 낮추고 머리를 조아려야 할 것이다. 나는 나의 마음을 신체적으로 표현하고, 상대방은 이것을 지각하고 나의 진심을 받아들일 것이다. 따라서 지각의 원천은 몸 또는 몸속에 내재된 다른 형상에 있다는 것이 아니다. 몸은 지각작용을 통해 세계, 타자들과 끊임없이 교섭하면서 바깥 세계로 향한다.

　지각은 일종의 체화 작용이며 세계 속에 지각의 주체, 즉 몸을 위치시킨다. 신체는 근본적으로 세계와 지향적인 관계에 놓여 있다. 왜냐하면

---

43 《눈과 마음》, 83쪽.

신체는 세계 속에 존재하고 세계는 신체의 원초적인 지각을 통해 자신을 드러내기 때문이다. 그에게 있어 세잔이 표현하고 있는 대상의 구조와 형태 그리고 색채는 몸의 시선에 의해 의식에 선재해 있는 사물의 비가시성(invisibilité)을 드러낸 것과 같은 것이며, 이것은 체험적 삶과 밀착된 사물세계의 원형을 낯설지 않게 표현한다. 우리가 삶의 세계 속에 있는 사물들을 본다는 것은 무엇일까? 그는 말한다. "사물들의 견실성(solidité)은 정신이 위에서 내려다보는 순수 대상에 든 견실성이 아니며, 그것은 내가 사물들 가운데 그 하나로 있는 한도에서, (…) 나에 의해 내부로부터 느껴진 견실성이다."⁴⁴

그에게 있어 특히 세잔의 색채 미학은 사물의 견실성과 그 깊이를 사유한 시도라고 볼 수 있다. 즉 그는 새로운 지각의 논리에 의해 세계에 대한 인간 경험과 이해가 어떻게 가능한 것인지를 보며, 그런 몸의 지각이 체험하는 것은 세잔의 예술적 이미지들과 같은 형태로 형상화될 수 있는 것이다.⁴⁵ 그에게 있어 지각은 몸을 세계로 실어 나르면서 세계를 바라보는 눈이며 사유하는 근원지다. 삶의 공간은 신체 지평 속에 존재하기 때문에 서구 지성사의 전통, 즉 주체 일반과 대상을 가정하는 이분법적인 지성주의는 가식일 수 있다. 사유 중심적인 그런 이분법주의는 세계와 신체 사이의 내밀성, 즉 지각현상의 본질을 왜곡한 결과다. 지각은 사유

---

44 《보이는 것과 보이지 않는 것》, 165쪽.

45 메를로퐁티에게 사물의 내재성 또는 그 깊이는 원초적인 지각을 통해 체득될 수 있는 것이며 세잔의 예술 작품은 이것을 형상화하는 것이다. 그리고 그 내재성은 곧 사물들 사이의 관계들이며 외부성이라는 것이 밝혀진다. "따라서 이 같은 맥락 속에서 예술 작품의 세계가 신체와 비교되는데, 인간과 세계가 얽혀 있는 것과 같은 시각의 깊이 속에서 그런 세계-내-존재의 개념이 드러난다는 것이다. 다시 말해 메를로퐁티는 세잔느 회화를 통해서 예술 작품의 세계를 밝히면서 신체 개념을 통한 예술적 진리 또는 의미를 시각의 깊이로 가늠한다는 것이고, 신체-지각에 대한 하나의 사실성의 깊이를 제시하는 것이다. 그 대표적인 저서가《눈과 마음》이다." (박준원, 〈메를로퐁티와 예술의 문제〉,《미학》제29집, 2000, 86쪽)

작용에 앞서 이미 세계와 지향적 관계에 놓여 있다. 따라서 이런 관계에서 삶의 공간은 신체가 숨 쉬는 지각의 장(場)이다.

메를로퐁티에 따르면 지각은 가장 원초적인 것이며, 이미 신체 속에 체화되어 내재성을 구성하고 있다.[46] 따라서 "지각한다는 것은 수많은 인상들을 완성할 수 있는 기억들(souvenirs)을 수반하는 그와 같은 인상을 겪는다는 것이 아니며, 기억에 대한 어떤 호소도 불가능하게 되는 바, 내재적 의미가 주어진 것의 성좌(constellation)로부터 솟아오르는 것을 보는 것이다."[47] 그래서 그의 현상학은 지각현상의 기원과 신체와 세계 사이의 존재론적 교감을 사유해 간다는 의미에서 곧 지각 또는 신체의 현상학으로 불린다. 지각의 주체와 사물세계 사이에는 긴밀한 관계가 존재한다. 이것은 정신과 신체라는 이분법적인 인식 관점에서 설명될 수 없는 부분이다.

"나는 지각 가운데 사물 자체를 가지고 있는 것이요, 표상을 가지고 있는 것이 아니거니와 이제 나는, 여기에 사물은 나의 시선의 끝에 있으며 일반적으로 나의 탐사의 끝에 있다는 점만을 덧붙이겠다. 나는 과학이 타인의 신체에 대해 나에게 가르쳐 줄 수 있을 것으로부터 아무것도 전제하지 않고서도, 나의 앞에 있는 테이블이 나의 눈과 몸과 특이한 관계를 유지하고 있음을 확인할 수밖에 없다. 요컨대 나는 테이블이 나의 눈과 몸의 행동반경 속에 있을 때에만 테이블을 본다."[48]

---

46 과거 조지 버클리(George Berkeley, 1685~1753)나 데이비드 흄(David Hume, 1711~1776) 등의 근대 경험주의자들도 감각적 경험을 중시했으나 물자체에 대한 관념적인 사유는 거부했다. 그래서 사물 자체는 감각들의 묶음이나 인상의 연합에 의해 구성된다고 보았다. 특히 버클리는 존재는 피지각되는 것이라고 말했다.

47 《지각의 현상학》, 64~65쪽.

48 《보이는 것과 보이지 않는 것》, 22쪽.

우리는 위에서 신체공간이 지각과 사물들 사이의 관계를 반영한다는 것을 확인할 수 있다. 예를 들어 내가 수산물시장의 좌판에 진열된 명태들을 본다는 것은 단지 이것들만을 보는 것이 아니라 비릿하고 신선한 바닷물 냄새가 시장을 진동하고 있다든가 가게들마다 줄지어 올려놓은 다양한 생선들이 윤기 있는 빛깔을 드러내고 있다든가 하는 관계들 속에서 본다는 것이다. 따라서 사물들을 본다는 것은 정신적 판단보다 신체지각이 선행하는 것이며 이것도 눈, 코, 귀 그리고 촉각 등에 의해 지각된 신체공간 속에서 본다는 것이 형성된다.

화가는 특히 색채의 미를 갖고 그런 체험적인 세계를 표현하고자 한다. 다만 회화적 미의 공간은 3차원적인 현실이 아니라 평면의 구성을 통해 배치된다. 메를로퐁티에게 있어 물리학적인 공간 이해가 존재론적인 신체 구성을 통해 가능한 것과 같이 세잔에게 있어 그런 공간은 색채의 대비와 효과 등에 의해 그 깊이를 표현한다. 여기서 색채란 크레파스와 같이 가지런히 '정의된' 색채가 아니며, 마치 카멜레온이 자신의 피부색을 변양시키듯이 같은 색채도 이웃한 다른 색채들과 대비되면서 무수히 변화한다. 그리고 세잔에게 있어 현실적인 공간에 대한 회화적인 평면의 이해는 그런 무수한 색채들에 의해 회화적인 원근법을 재해석한다.

메를로퐁티에 따르면 사물 자체는 원근법적인 구도를 갖고 있지 않다. 인간의 눈은 둥글기 때문에 그런 구도는 신체로부터 반응하는 것이 아닐까? 그런데 원근법은 르네상스 이후 서서히 사유의 재단을 피할 수 없이 물리적 세계를 효율적으로 표현할 수 있었다. 그리고 원근법은 어느덧 사물의 구도가 되어 버렸고, 회화예술도 자연스럽게 사유의 구도 속에 종속된 것이다. 그래서 멀리 있는 것은 작고 가까이 있는 것은 크다는 것, 이것은 세잔에 따르면, 사물세계에 대한 왜곡이다.

이런 측면에서 메를로퐁티도 지각에 앞서 존재하는 사유를 비판한다.

〈그림10〉 메를로퐁티에 따르면 세잔의 풍경은 지질학적 골격을 바탕으로 그 안에 다양한 사물들의 풍요성과 밀도를 그려 나가면서 풍경의 전체성을 완성한다. 사물 이미지의 연쇄적인 모티프는 예술적 행위의 전적인 과정을 주도한다.

예술은 사유에 대한 반응이 아니라 지각에 대한 그것이기 때문이다. "데카르트가 르네상스 원근법으로부터 영감을 취한 것도 옳은 일이었다. 르네상스 원근법 덕분에 회화는 깊이의 다양한 경험을 산출하는 등 큰존재를 자유롭게 제시할 수 있었다. 그러나 르네상스 원근법은 회화의 모색과 역사를 마감한다고, 정확하고 오류 없는 회화의 기초를 놓는다고 자처했다. 그리고 그럴 때에 한해, 르네상스 원근법은 오류였다."⁴⁹ 메를로퐁티에 따르면, 세잔은 그런 전통적인 구도를 뛰어넘고자 평면의 회화 공간 속에서 색채의 채도와 변화를 통해 공간의 내면적 깊이를 새롭게 재현한 화가다. 여기서 그 깊이는 사물 그 자체를 평면 위에 재현하려고 했던 세잔의 의도를 고려해서 이해되어야 한다. 세잔은 개별적인 사물의 현상이 아니라 이런 현상의 현상적 배후를 파악하고자 한다. 예를 들어 사물의 회화적 이미지는 화가가 보고 있는 사물들 사이의 총체적인 구도 속에서 그려져야 한다. 개개의 사물은 이웃한 다른 사물들, 이것을 구성하고 있는 총체성 속에서 존재한다는 점을 메를로퐁티는 강조한다.

---

49 《눈과 마음》, 84~85쪽.

"화가의 손놀림을 유도하는 것은 원근법이나 기하학 또는 색채에 관한 규칙 등이거나 혹은 그런 것을 위한 특수한 지식이 아니다. 화가의 모든 행위를 주도하여 서서히 작품을 형성시키는 것 같은 유도체는 오직 하나가 있을 뿐이다. 그것은 전체성 혹은 절대적 풍요성으로 나타나는 풍경이며, 정확히 말해 세잔느가 말한 '모티프'라고 하는 것이다. (…) 그는 지질학적인 골격을 그린 처음의 목탄 스케치를 둘러싸기 위해 색채를 사용하여 그림의 모든 부분을 칠하기 시작했다. 그의 그림은 먼저 풍요성과 밀도를 가지며, 다음으로 구조와 균형 속에서 자랐다. 그러다가 어느 한순간에 갑자기 완성되는 것이다. [세잔느에 따르면] '그러므로 풍경은 내 속에서 자기 자신을 사유하고 있는 것이며, 그리고 내 자신은 풍경의 의식이다.'"[50]

위에서 메를로퐁티와 세잔이 서로 공감하고 있는 부분은 자연의 풍경을 그려 나갈 때 사유적인 구도나 기획에 의해 배경이 설정되는 것이 아니라 눈앞에 펼쳐진 사물들과 심지어 지형적 토대까지 고려하면서 회화적 맥락, 즉 모티프가 주도적으로 그림을 완성해 나간다는 점이다. 더 나아가 메를로퐁티는 그런 풍경 속에 그림을 그리는 나 자신도 하나의 구성물과 같이 의식된다는 점을 부각한다. 즉 나 자신 속의 사물들, 그리고 사물들 속의 나 자신 즉 나와 사물들 사이에는 불가분적인 관계, 신체공간이 이미 생성되어 있는 것이다.

그가 비평하고 있는 새로운 예술정신은 이성적인 구도에 의존해서 대상 세계를 이미지로서 재현하는 것이 아니라 신체의 언어일 수 있는 총체적인 지각의 논리에 의해 대상 세계를 인식하는 것이다.[51] 이런 세계는

---

50 〈세잔느의 회의〉, 《현상학과 예술》, 198~199쪽.

51 메를로퐁티가 세잔의 예술 세계를 현상학적으로 조명한 것은 회화 분야에서 현대적인 사유를 제시한다는 점에서 매우 각별하다. 이것은 새로운 지각의 논리가 회화적인 형태와 색

궁극적으로 인간의 몸과 마음 그리고 자연이 유기적인 일체를 형성하는
삶의 공간을 의미한다. 즉 메를로퐁티는 세계의 품속에 이미 들어와 있
는 신체 주체와의 관계를 표현하고 있는 것이 세잔의 회화적 또는 지각
의 이미지라고 판단하고 있는 듯하다. 그리고 바로 여기에 사물의 내재
적 깊이가 존재하게 될 것이다. 우리는 세잔의 작품 세계에 관한 메를로
퐁티의 비평들을 통해서 이미지로 형상화된 그의 철학적 사유를 구체적
으로 성찰해 나갈 수가 있다.

(2) 몸과 공간의 현상학적 사유: 메를로퐁티의 신체도식과 나르시시즘

세계에 대한 신체적 지각은 존재의 몸을 세계로 실어 나르며 원초적인
교감을 가능케 한다. 우리는 그런 지각 활동을 단순히 감각 작용으로서
볼 수 있는 것이 아니라 무엇보다 몸의 근원지인 '세계로 향하기 위해' 신
체적인 의식을 본래적으로 실현하기 위한 존재 활동으로서 이해해 볼 수
있다. 메를로퐁티는 바로 그것을 현대적으로 사유한 중요한 사례를 제시
한다. 그에게 있어 신체적인 지각현상은 사물세계와의 본래적인 상호작
용이며, 이미 몸속에 침투해 내재해 있는 존재론적 요소의 자연적인 활
동일 수 있다.[52] 이런 작용은 신체와 자연 사이에서 존재론적으로 발생하
는 필연적인 사건이며, 어느 한편의 속성에 의해 일방적으로 인식될 수

채로서 정의될 수 있는 가능성이기도 하다. 더 나아가 세잔의 예술적인 가능성은 색과 형
태의 이미지 구성에 있어 회화적인 혁명을 가져온 마티스의 야수파, 추상적인 입체 구도를
추구하는 피카소의 큐비즘 등에 영향을 주었다.

52 지각현상은 궁극적으로 세계로 향하는 존재 활동이며 타자들과 상존하는 내재적인 삶 속
으로 복귀하는 체험적인 요소를 지닌다. "메를로퐁티는, 지각현상이 지각하는 몸과 대상
간의 상호 공동작용에 의해 실현되며, 주관과 대상의 대립적 딜레마를 극복한 '몸의 지향
적 특성'에서 나온다고 규정했는데, 이는 후설이 말한 '의식의 지향적 구조'보다 훨씬 독창
적인 개념이라고 볼 수 있다."(《해제—메를로퐁티의 현상학에 나타난 언어와 회화의 표현성》(김화
자),《간접적인 언어와 침묵의 목소리》, 책세상, 모리스 메를로퐁티, 김화자 옮김, 2005, 106쪽)

있는 것이 아니다. 존재의 그런 신체적인 지각 활동은 근본적으로 세계와의 교섭 과정이기 때문에 존재 자신의 본성을 실현하기 위한 소통 과정이라고 해도 과언이 아니다.

메를로퐁티의 자연을 향해 끊임없이 나아가는 지각 작용은 세잔에게는 마치 이것이 자연적 형태들을 체험적으로 구성하고 다양한 색채들의 파노라마에 의해 새로운 공간을 창조해 내는 것과 같다. 메를로퐁티에게 지각 작용은 세계라는 몸의 근원과 교섭하는 존재의 원초적인 운동이며, 세잔에게 그것은 회화적인 형태와 색채로서 세계의 형상을 재현해 낸 근거라는 것이다. 따라서 세잔의 회화적 기법이 자연적인 구도를 새롭게 발견하고 예술적인 사유에 의해 세계의 이미지를 완성하는 것이라면, 메를로퐁티는 체험적인 지각의 논리와 그 존재론적인 근거를 현상학적인 지각의 장(場) 속에 두고 예술적 비평을 하게 된다.

무엇보다 이런 체험적인 삶의 공간은 인간과 자연 사이의 원초적인 교감을 가정하기 때문에 상호주체성의 영역을 자연스럽게 이끌어 낸다. "사물들과 내 몸이 똑같은 재질로 되어 있으므로, 내 몸의 시지각은 어떤 식으로든 사물들 안에서 생겨나야 한다. 다시 말해, 사물들의 공공연한 가시성은 은밀한 가시성을 내 몸 안에 안감처럼 대야 한다. '자연은 내면에 있다'는 세잔의 말도 그래서 나온다. 질감, 빛, 색, 깊이가 우리 앞에 존재한다."[53] 여기서 내면성은 사물과의 교섭을 가능케 하는 자아의 근거이며, 이것은 몸을 가정한다. 그리고 몸의 지각현상은 사물들과의 상호작용을 통해 몸의 내재적 속성을 실현하는 구조를 갖는다. 그런데 사물의 구조와 형태는 주체에 의해 지각된 물질성 속에 존재하는 것이고, 회화적인 색채는 그런 사물의 깊이를 표현한다. 따라서 세잔에게 있어 색감의

---

53 《눈과 마음》, 43~44쪽.

미학은 이미지의 물질성을 통해 곧 '보이지 않는' 사물의 구조를 표현하고 있는 셈이다.

메를로퐁티는 몸과 사물의 형태들이 상존하면서 체험적인 공간을 선객관적으로 구성하는 '신체도식(schéma corporel)'을 제안하는데, 이것은 칸트의 선험적 인식론에서 볼 수 있는 12도식과 구분된다. 이렇게 물리적 공간을 새롭게 구성하는 신체도식은 이성적 능력에 의해 정형화된 내적 원리가 아니며 신체성과 지각의 활동에 근거해서 삶의 공간과 세계를 해석한다. 이런 신체성은 마치 물고기의 몸이 물속에 있고 나무뿌리가 땅속에 있듯이 인간의 몸이 자신의 세계에 속해 있도록 하는 근거다. 다음의 인용문에 신체도식이 설명되어 있다. 각 신체의 기관들은 서로 연관되면서 사물들을 지각하며 고유한 신체공간을 만들어 간다. 신체도식은 칸트의 선험적 감성형식에 의해 주어진 세계를 나의 신체 지각을 통해 우선적으로 인지하는 형식을 갖는다.

> "먼저 고유한 신체의 공간성(spatialité)을 기술해 보자. 나의 팔이 탁자 위에 놓인다면, 나는 재떨이가 전화기 곁에 있듯이 팔이 재떨이 곁에 있다고 말할 생각은 갖지 않을 것이다. 나의 신체의 윤곽은 일상적인 공간적 관계들이 넘지 못하는 경계이다. 그것은 신체의 부분들이 원래적 방식으로 상호 관련되어 있기 때문이다. 즉 그 부분들은 하나를 다른 하나의 곁에서 펼치지 않고 서로가 서로에게 둘러싸여 있다."[54]

---

54 《지각의 현상학》, 165쪽. "따라서 사람들은 신체도식에 대한 제2의 정의로 향한다. 즉 그것은 더 이상 경험 과정에서 확립된 연합들의 단순 결과가 아니라, 상호 감각적 세계(monde intersensoriel)에서 나의 자신에 대한 전체적인 의식적 파악이고, 형태심리학이 말하는 의미에서의 '형태(forme)'이다."(같은 책, 167쪽) "그리고 마침내 '신체도식'은 나의 신체가 세계를 향해 내적으로 존재하고 있다(mon corps est au monde)는 것을 표현하는 하나의 방식이다."(같은 책, 169쪽)

그에게 있어 물리적인 공간은 지각하는 의식에 의해 인식되는 신체적인 공간에 우선할 수 없다. 따라서 지각의 의식은 공간 체험의 근거이며, 데카르트의 코기토(*cogito*)와 같이 세계를 사유하는 원천이다. 메를로퐁티가 "나는 지각한다, 고로 존재한다"고 주장한 것과 같이 사유가 아니라 지각에 의해 나와 세계에 대한 확실성이 존재한다는 것이다.

오른쪽의 그림을 예로 들어보자. 소년의 수심 어린 표정은 다소 과장되게 그려진 자신의 긴 팔을 다른 대상에 의지한 채 화가의 체험적인 공간 구도를 유도하고 있으며, 그런 윤곽들은 색채적인 뚜렷한 형태들이 가져다주는 인상적인 대비에 의해 그려지고 있다. 형태와 색채들이 구도를 지배하고 있다. 채색된 공간은 자로 잴 수 있는 측정을 불허하며, 신체적인 형태는 다른 대상들과 이

〈그림11〉〈붉은 조끼를 입은 소년〉(1890~1895).

웃하며 공간 구도를 '비(非)이질적으로' 분배하면서 소년과 소년의 방을 구성하고 있다. 여기서 소년과 소년의 방의 구성적인 형태들 사이에는 공간적인 단절이 없으며, 소년의 방은 소년의 신체가 귀속되어 있는 공간이기도 하다. 소년의 신체는 이런 신체공간 속에 용해되는 듯하며, 자신의 체험적인 공간을 형성한다. 물론 이런 회화적 현상은 세잔이 연출한 색채의 미에 관한 안목 때문에 가능한 것이기도 하다.

여기서 회화적으로 재현된 공간은 빈 공간이 아니며 지각의 장(場) 속에 이미 들어와 있다. 신체와 방 안의 공간 사이에는 동질적인 색감들이 채워져 있다. 그래서 메를로퐁티에 따르면 물리적 공간에 앞서 몸의 안

과 밖에 체험적으로 존재하는 선객관성(préobjectivité)의 영역이 존재하는 것이며, 이것은 이론적인 신체도식을 구성하는 동기다. "신체도식의 이론은 암시적으로 지각의 이론이다. (…) 우리가 우리의 신체에 의해서 세계에 존재하는 한, 우리의 신체로 세계를 지각하는 한, 세계의 경험을 세계가 우리에게 나타나는 대로 소생시키는 것이 필요할 것이다. (…) 왜냐하면 사람들이 자신의 신체를 가지고 지각한다면 신체는 자연적 자아(un moi naturel)이자 말하자면 지각의 주체이기 때문이다."[55] 여기서 지각은 신체공간을 원초적으로 발생시키는 근거이며, 세계로 향한 자연적 자아의 표현이다. 그림에서 볼 수 있듯이 '소년이 존재한다'는 것은 등을 자연스럽게 구부리고 팔꿈치로 몸을 탁자에 의지하며 앞을 응시하고 있다는 것에서 밝혀진다. 이것이 그 소년의 신체 자아다. 메를로퐁티가 말하는 신체 자아, 자연적 자아 등은 그렇게 그려질 수 있는 것이다.

그런데 신체가 자연적 자아라고 한다면 신체 밖의 자연은 자아의 근원이고 인간의 신체와 자연 사이에는 내재적인 소통 구조가 존재한다. 우리는 이렇게 열려진 구조의 이해를 통해 심미적인 나르시시즘의 근거를 사유할 수 있다. 일반적으로 나르시시즘은 자화상과 신체적인 누드화로 표현된다. 이것은 회화적인 자아성찰이며 인간의 내적 가치를 드러낸다.[56] 그런 본성은 단순히 미적인 도취나 자아에의 심취 등으로 추구되는

---

55 《지각의 현상학》, 316쪽.

56 "나르시시즘은 '나'를 추구해 나가는 심리적인 현상으로 보일지는 모르지만 또한 '나'를 해체해 나가는 것이 나르시시즘의 본질일 수도 있다. 즉 '나'를 넘어서서 삶에의 근원적 본능을 찾아 나가는 것이 그것의 내적 동기일 수 있는 것이다. (…) 무엇보다 나르시시즘을 인간의 이기적인 심리 현상으로서 받아들이기보다는 근원적인 삶의 현상으로 이해하게 될 때 그것은 자기성찰을 위한 시도와 결부된다. 따라서 꿈을 꾸면서 나르시시즘을 사유한다는 것은, 주체 없이 자기의 꿈이 존재하지 않듯이, 비로소 자기애의 근원이 무엇인가를 사유하는 것과 같은 것이다." (졸고 〈새로운 소통 가능성으로서 페미니즘 미학의 내적 지향성에 관한 사유〉, 《철학논총》 제53집, 새한철학회, 2008, 162~163쪽)

것만은 아니다. 메를로퐁티에게 있어 나르시시즘은 예술적인 가능성이 면서 원초적인 자기 본성을 사유하는 것이다. 그것은 자신 속에 숨겨져 있는 내밀한 '나'를 들여다보기 위해 내 몸에 존재하는 원천적인 자연성 (naturalité)을 사유하고 궁극적으로 본질적인 '나'에 관한 성찰을 시도하는 것과 같다.

데카르트에게 있어서도 의심될 수 없는 '나'의 직관적인 포착은 곧 우주적인 이성을 발견하는 것과 같다. 다만 메를로퐁티에게 자신에의 성찰은 이성의 코드가 아니라 감성의 그것을 통해서 가능한 것이다. 그에게 있어 인간의 본성은 데카르트의 사유적인 이성에 의해서 신적인 존재와 우주적인 이성에 다가갈 수 있는 것이 아니라 바로 '보는 행위'와 같은 지각의 의식을 통해 자연세계에 연결된다.[57] 그런 지각 활동은 '나' 자신성을 밖으로 향하게 하고 자연성과 같은 근원적인 자아와 교섭하는 존재의 본래적인 활동이다. 그래서 궁극적으로 '나'에 대한 미적인 이해의 코드는 역설적으로 '나를 떠나' 타자의 세계로 향하면서 근원적인 '나'를 찾아 도취되는 카타르시스를 제공한다. 따라서 미적인 감동은 정신적인 쾌락을 도모하는 보충적인 것이 아니라 하이데거식으로 말하자면 존재론적인 '나(현존재)'를 있게 하는 본래적인 기분성이다. 이런 이유 때문에 우리는 예술적인 미에 대한 감상의 태도가 바로 자아성찰을 위한 사유 활동에 다름 아님을 이해할 수 있다. 그에게 있어 나르시시즘은 만지고 느끼고 체득하면서 자아의 확실성에 도달할 수 있는 가능성이다. 그는 신체

---

57 보이는 세계가 보이지 않는 세계와 엄격히 구분되는 것은 결코 아니다. "철학자는 시각이나 감각 자체를 데카르트의 말처럼 '본다는 생각과 감각한다는 생각(pensée de voir et de sentir)'으로 대치해서는 안 된다. 본다는 생각, 감각한다는 생각이 확고부동한 것으로 간주되는 까닭은 다만 그것이 실질적으로 존재하는 것에 대해 지레짐작으로 예단하지 않기 때문이며, 생각에게 나타난 생각된 것 가운데 단호히 머무르기 때문이다." (《보이는 것과 보이지 않는 것》, 61쪽)

자아에 대해 이렇게 말한다.

"내 몸은 하나의 자아(un soi)다. 그러나 사유가 그렇듯 투명성을 통해서
자아가 되는 것은 아니다. (…)

내 몸이 자아가 되는 것은, 혼란을 통해서요, 나르시시즘을 통해서요, 내
속(inhérence)을 통해서다. 보는 이가 보이는 것에 내속하고, 만지는 이가 만
져지는 것에 내속하고, 느끼는 이가 느껴지는 것에 내속한다.

따라서 내 몸은 사물들 사이에 잡혀 있는 자아요, 얼굴과 등이 있는 자아
요, 과거와 미래가 있는 자아다……."[58]

사실 이 정도면 장자(莊子)의 물아일체(物我一體)의 세계관과 매우 흡
사하다. 인간은 만물의 자연물 가운데 한 일부로서 자신의 근원을 사유
해 나갈 때 진정한 자신의 정체성을 발견할 수 있는지도 모른다. 메를로
퐁티는 그런 자연에의 몰입과 희열을 나르시시즘으로서 긍정하고 있는
듯하다.

이제 우리는 메를로퐁티가 이해하고 있는 현상학적 사유의 근거와 방
법론에 관해 개략적으로 살펴보면서 그의 철학적 사유가 어떻게 예술적
시선과 일치될 수 있는지를 제시해 보고자 한다.[59]

첫째, 현상학적 세계는 상호주체성의 세계다. "현상학적 세계란 순수

---

58 《눈과 마음》, 39쪽.

59 메를로퐁티와 세잔은 몸이 본질적으로 지향하고 있는 자연성에 관해 사유한다. "세잔의 작
품에 대한 메를로퐁티의 연구를 고찰하면서 우리는 회화뿐 아니라 주체의 지각 과정도 이
해하게 된다. 메를로퐁티는 예술이란 내가 외부 세상과 어떻게 연관을 맺는가의 문제이며,
세계가 단순히 사고되는 외적 대상이 아니라는 것을 깨닫게 해준다. 세계는 우리의 의식이
대상을 인식하여 나오는 생산물이 아니라 우리의 신체가 이를 어떻게 경험하는가에 따라
지각되는 대상이다. 이와 같은 메를로퐁티의 근본적인 시각을 염두에 두고 세잔의 작품을
볼 때 가장 연관성이 큰 것이 그의 수채화이다." 《세잔의 사과》, 전영백, 한길아트, 2008, 348쪽)

존재가 아니라 나의 경험들의 교차, 그리고 나의 경험들과 타자의 경험 사이의 상호 맞물림을 통한 교차에서 비쳐 드러나는 의미이다. 그러므로 그 세계는 나의 지나간 경험들을 나의 현재의 경험 속에서, 타인의 경험을 나의 경험 속에서 되찾음으로써 통일(unité)을 이루는 주체성과 상호주체성으로부터 분리될 수가 없다."[60] 그리고 상호주체성의 근거는 신체성에 있다. 나의 신체 각 부위들이 하나의 체계를 이루고 있듯이 타인의 신체와 나의 신체는 하나의 전체(un seul tout)이고 현상의 안과 밖이며 나의 신체가 언제든지 흔적이 되는 익명적 실존은 두 신체에 거주한다.[61] 메를로퐁티는 앞서 우리가 언급했던 신체도식으로 신체와 세계의 관계를 설명했으며, 이제 익명적 실존에 상호주체성의 토대를 만들어 간다. 나의 실존은 신체를 가진 존재로서 그 본질이 자연성에 있다는 원천적 존재 이유뿐만 아니라 나의 실존이 타인과 유대를 맺는 데서 그 실존이 보증될 수 있다는 신체 자아의 확실성을 말하고자 하는 것이다. 나의 실존이 타인들 사이에 익명적으로 숨겨져 있다는 것은 레비나스에게서도 쉽게 읽히는 부분이다. 즉 메를로퐁티는 신체의 자연성과 자아의 타자성에서 상호주체성을 발견하려고 한다.

그렇다고 우리는 누구나 똑같이 지니고 있는 신체를 매개로 해서 지각의 확실성에 도달할 수 있다고 주장할 수 있는 상호주체성을 말하려고 하는 것은 아니다. "개개의 감각(sens)이 큰 세계의 내부에 작은 세계를 구

---

60 《지각의 현상학》, 31쪽. "진정한 사물들과 지각하는 신체들은 서로 가깝게 또는 멀리 있지만 하여간 세계 가운데 나란히 있으며, 지각은 아마 '나의 머릿속에' 들어 있지 않을 터이나 그래도 세계에 속해 있는 사물로서의 나의 몸속 이외의 다른 어느 곳에도 있지 않다."《(보이는 것과 보이지 않는 것》, 26쪽)

61 《지각의 현상학》, 529쪽 참고. "l'existence anonyme dont mon corps est à chaque moment la trace habite désormais ces deux corps à la fois" (*Phénoménologie de la perception*, p.406.) 또한 그에 따르면 타인(un autre)은 '제2의 나(un second moi-même)'다.

성하는 것은 모순적인 것도 불가능한 것도 아니며, 감각이 전체(tout)에 필수적이고 전체에 열려 있다는 것은 그 자신의 특수성에 의한 것이기도 하다."[62] 일단 우리는 메를로퐁티의 철학에서 의미하는 상호주체성이 비록 신체적인 지각의 장에서 획득될 수 있는 보편성이기는 해도, 그런 의식 현상이 모든 개체들에게 똑같이 적용될 수 있는 '논리적인 주체성'이라기보다는 각 개체들이 지향하는 큰 세계 또는 그것들을 발생적으로 아우르는 구조적인 전체성을 가정할 수 있다. 예를 들어 교차로에서 신호 체계에 따라 모든 차가 규칙대로 움직인다면 안전사고는 발생하지 않을 것이다. 내 차가 좌회전하면서 정면의 차로에서 다른 차가 이편으로 올 것이라고 생각하지 않는 '상호 주체적인' 믿음이 있기 때문에 정상적인 주행을 할 수 있다. 그래서 그는 인간의 몸을 신체 세계에 이미 존재하는 현상 또는 그 일부로서 보고 있는 것이다.

둘째, 현상학은 발생의 현상학이며 이것은 의미의 기원을 탐구하는 데 목적이 있다. "이제 현상학은 발생의 현상학이 될 수 있다. (…) 말하자면, 객관적 사유로 접근 가능한 물리적·수학적 법칙이 아니라 타자, 자연, 시간, 죽음에 관한 유일한 행동의 공식, 즉 역사가가 되찾아서 자신의 연구 대상으로 삼아야 하는 세계에 관한 어떤 형상화 방식을 발견하는 것이 문제라는 것이다. 그것이 바로 역사의 **차원**들이다."[63] 그에게 있어 존재

---

62 《지각의 현상학》, 339쪽. 메를로퐁티의 상호주체성은 존재론적인 이해에서 비롯된다. 그가 상호주체성을 말한다고 해서 이것이 같은 대상을 만지는 느낌에 있어서 나와 타인의 경험이 같다는 것을 의미하지는 않는다. 이런 상황은 한 몸을 가진 왼손과 오른손 사이에도 적용된다. 여기서 왼손과 오른손이 각각 느끼는 세계는 다르다. "나의 두 손이 단 하나의 세계로 열리기 위해서는, 나의 두 손이 단 하나의 의식에 주어지는 것으로 충분하지 못하다. (…) 그리고 내가 타인들의 몸을 나의 몸처럼 알고 있기에, 타인들의 몸이 관련된 세계와 내 몸이 관련된 세계는 여전히 동일한 세계일 것이다. 하지만 그렇지 않다." (《보이는 것과 보이지 않는 것》, 202쪽)

63 《지각의 현상학》, 29쪽. 그에 따르면 "현상학은 발자크, 프루스트, 발레리, 세잔의 작업처럼

론적인 지각현상도 하나의 의식에 환원 가능한 것이 아니며, 궁극적으로 그것은 의식을 넘어서서 나와 세계를 잇는 초월적인 현상으로 나타난다. 그에 따르면 선객관적인 것으로의 환원(réduction au préobjectif)은 객관적이고 연속적인 시간성을 가정하는 앎의 보편성으로부터 정의되는 것이 아니다. 이런 앎의 세계 속에서 "진정한 우주의 관계들은 지각이라는 지름길을 통해 축약·요약되어, 끝내 지각을 '기억'의 한 사실로 만들어 버린다. 우리가 따라야 할 길은 반대 방향의 길이다."[64]

메를로퐁티는 베르그송의 지각 이미지들과 여기서 응축된 순수기억의 관계를 지각 중심적인 현상학으로 발전시키고 있다. 물론 그들 사이에는 지각에 대한 견해차가 있다. 그는 지각을 철저하게 신체 자체 또는 이미 체화된 반응이라고 일관되게 주장하고 있다. 지각에 의해 체험된 세계는 신체와 사물세계 사이의 통일성을 우선 가정해야 한다. 세잔의 경우 사물의 이미지는 사물이 내속하고 있는 자연물들 가운데 발생적인 근거를 갖는데, 사물의 역사성은 바로 사물 자체의 구조를 완성하는 근거가 된다. 예를 들어 세잔에게 있어 산과 나무 등은 마치 동일한 토양과 지형적인 구조에 근거를 둔 것처럼, 그들의 회화적인 형태와 색채는 상호 침투적인 이미지를 드러낸다.

셋째, 현상학적 세계는 애매성(ambiguïté)의 세계를 지향한다. "우선 지각은 사람들이 이를테면 인과성의 범주를 적용할 수 있는 세계의 사건으로서가 아니라 매 순간 세계의 재창조나 재구성으로서 주어진다."[65] 그에게 있어 지각은 정신적인 판단을 위해 외부세계에 반응하는 데 목적이

힘든 작업이다. 그것은 (…) 세계 또는 역사의 의미를 태동 상태에서 알려고 하는 동일한 의지 때문이다. 현상학은 이런 관점에서 보면 현대의 사유 노력과 합류한다." (같은 책, 33쪽)

64 《보이는 것과 보이지 않는 것》, 226쪽.
65 《지각의 현상학》, 317쪽.

있는 것이 아니라 그 자체가 창조의 현상이다. 따라서 인간이 지각하는 사물의 현상들은 단순히 보이는 현상들로 제한될 수 있는 것이 아니라 비가시성(invisibilité)의 세계가 자신을 드러내는 흔적이며, 이런 세계의 내부성은 지각의 대상으로서 나타날 뿐이다. 그에게 있어 사물세계의 메커니즘을 객관적으로 추구하고자 했던 데카르트주의는 인식론적 범주 속에 감각 현상을 제한할 뿐이다.

"데카르트주의는 물리적 세계를 완전히 본질 내재적인 특성들에 의해 정의하여, 순수화된 사유 자체 앞에서 순수한 객관(객체) 존재로서의 물리적 세계가 무엇인가 하는 것에 의해 정의하여 물리적 세계를 '관념화함'과 동시에, 데카르트주의는 그것이 원했건 말았건 인체의 과학에 영감을 고취했다. 이리하여 인체의 과학은 인체 역시 객관적 과정들의 얽힘으로 간주해 버리며, 또한 감각의 개념을 통해 이런 식의 분석을 '정신 현상'의 분석에까지 연장시킨다."[66]

메를로퐁티에게 그런 데카르트주의는 신체 지각의 말살에 가깝다. 즉 과학적 이성은 지각의 현상을 단순히 감각 작용으로 인지할 뿐이다. 지각은 세계에 내적으로 열려 있는 현상이며, 공간을 선객관적으로 이해할 수 있는 선험적 근거다. 말하자면 지각의 속성은 일반적인 사유 일반에 의해 분류되거나 개념적인 정의에 의해 재단되는 것이 아니라 오히려 선객관성의 영역을 형성한다.[67] 이런 의미에서 그에게 데카르트적인 명확

---

66 《보이는 것과 보이지 않는 것》, 47~48쪽.
67 예를 들어 색채의 감각은 사물들 세계의 상호성 또는 지향성의 관계들로부터 주어진다. "청색의 감각(sensation)은 기하학자의 원이 파리나 도쿄에서 동일하듯이 그렇게 내가 가지는 모든 경험들을 통한 어떤 확인 가능한 것의 인식이나 정립이 아니다. 그것은 틀림없이

성(clareté)은 존재론적으로 애매성에 우월할 수 없다. 명증적인 사고는 사물 현상을 개념화하면서 지각의 애매성을 제거한다. 우리는 이와 관련한 지각의 이해를 베르그송에게서 이미 찾아볼 수 있다. "생명체(être vivant)가 처리하는 독립성의 몫은, 또는 앞으로 말할 것처럼, 그의 활동을 둘러싸고 있는 비결정성의 지대는, 생명체가 관계하는 사물들의 수와 거리를 선험적으로 평가하게 해준다. (…) 지각은 행동이 시간을 처리하는 정확한 비율로 공간을 처리한다."[68] 메를로퐁티에게 있어서도 비결정성은 본래적인 지각의 차원에서 사물세계를 인지하는 데 있어 이미 선객관적으로 존재한다. 이런 의미에서 현상학적 지각은 인간의 인식 활동을 구성하는 기반이며, 인간과 사물세계를 내밀하게 잇는 소통의 근거를 제공한다. 지각은 세계 속에서 숨 쉬는 생명 활동의 자연적 본성이며, 이렇게 파악된 사물세계는 명확성이 아닌 또한 애매성의 관계에서 설명될 수 있다.

(3) 자연과 사물세계의 예술적 사유: 세잔의 회화 구도, 형태, 색채

세잔에게 있어 자연은 시간이 흘러가도 변하지 않는 사물세계다. 그렇다고 이런 자연이 화가의 눈에는 물질적인 대상 그 자체로서 존재하는 것은 아니며, 화가의 눈앞에 놓인 시각적 형태를 갖고 자신의 모습을 드러

지향적이며(intentionnelle), 즉 그것은 사물처럼 즉자적으로(en soi comme une chose) 놓여 있지 않으며 자신을 넘어 겨냥하고 의미한다. 그러나 그것이 겨냥하는 항은 나의 신체와 그것과의 친숙성에 의해 맹목적으로만 인식될 뿐이고 충분히 명료하게는 구성되지 않으며, 잠재되어 그것에 불투명성과 개체성을 허용하는 지식에 의해서 재구성되거나 되찾아진다. 감각은 지향적이다."(《지각의 현상학》, 326~327쪽)

68 《물질과 기억》, 62쪽. 여기서 신경계의 활동을 통한 지각 자체의 풍부함은 비결정성의 몫의 증가가 상징하는 것이라고 베르그송은 말한다. (같은 책, 60쪽) 그리고 메를로퐁티와 베르그송 사이에는 신체와 지각의 차이점이 분명히 존재한다. "나는 이미지들의 전체를 물질이라고 부르고, 나의 신체라는 어떤 결정된 이미지의 가능적 행동에 관련된 이 같은 이미지들을 물질에 대한 지각이라고 부른다." (같은 책, 45쪽)

낸다. 그리고 그런 형태가 회화적 구도 속에서 표현될 때 그것은 이미 화가의 시선에 의해 포착된 것이며, 세잔에게 있어 이것은 특히 색채의 윤곽들이 두드러진 회화적인 이미지로 옮겨진다. 그에게 있어 자연세계는 인간의 체험적인 지각에 의해 투시된 세계이며, 이렇게 사유된 형상은 회화적인 평면예술에 의해 재구성된다. 우리는 이런 이미지 속에서 사물의 형태들이 보여주고 있는 형상적인 구도와 이것을 예감하는 지각의 논리에 주목해 볼 수 있다.

무엇보다 우리가 세잔의 형상적인 예술 이미지들에서 주의를 기울여 찾고자 하는 자연세계와의 소통 가능성은 인간과 자연 사이를 하나로 묶는 자연의 자연성을 사유하는 것에 도달할 수 있으며, 이것을 원초적으로 받아들이는 지각의 가능성은 자연세계와 인간을 소통적으로 이끌어 나가는 근거가 될 수 있다. 그렇다면 세잔에게 있어 자연세계의 자연성은 어떻게 표현될 수 있는가? 그리고 대상을 구성하는 지각의 존재론적인 정체는 무엇인가?

세잔에게 있어 자연세계는 창의적인 영감을 불러일으키는 근거이며, 색채들의 통일적인 조화는 자연세계의 원형적인 존재 방식을 표현한다. 그리고 원색적인 자연의 빛을 드러내는 채도적인 색감은 자연과 교섭하는 인간의 내면적인 자연성과 상징적인 조화를 이룬다. 우리가 주목하고자 하는 것은 그의 예술적 사유가 사물세계의 자연성을 형상적으로 표현한다는 것이며, 이런 시도는 그가 독창적으로 모색해 나갔던 새로운 회화적 형태와 색채들로 재현된다. 그래서 우리는 인간과 자연 사이에 내재적으로 존재하는 소통 가능성에 주목하고자 한다.

메를로퐁티가 지각의 선객관성에 관한 철학적 이해를 갖고 세잔의 회화 작품들을 비평하려 한 것은 세잔의 회화적인 구도와 사물의 형태들에 숨겨져 있는 지각의 논리에 관한 관심이기도 하다. 무엇보다 자연과 존재의 지각 사이에 내재하는 원초적인 자연성에 관한 해석은 흥미로운 논제를 던져 주게 된다. 아울러 세잔의 예술에 관한 그의 비평은 존재론적 회화론의 영역을 열고 있는 셈이다. 필자는 몸과 지각 운동에 관한 메를로퐁티의 현상학적 이해를 논거로 해서 세잔의 예술 세계를 비평하면서 이런 영역에서 주어질 수 있는 존재와 자아에 관한 사유를 발전시켜 나가고자 한다. 이를 위해 세잔의 예술 이미지들에 나타난 구성적인 특징과 의미를 살펴보고자 한다.

첫째, 세잔에게 있어 원초적인 자연성은 인간과 자연세계를 연결하는 회화적인 구도의 근거이며, 여기서 인간과 자연의 형태가 그려진다. 특히 〈수욕도〉 시리즈에서 수욕을 즐기는 인간들의 이미지는 원초적인 건강과 자연 친화적인 내적 유대와 소통을 표현한다. 이런 정서는 신체적인 자연성을 통해 대자연과 친밀하게 어울리는 비도시적인 인간성을 드러낸다. 예를 들어 오른쪽의 그림에서 일광욕을 즐기는 인간들은 원초적인 유희를 생동감 있게 발산한다. 햇빛·물·하늘·나무 등은 인간의 신체성에 생기를 가져다주는 자연세계의

〈그림12〉 세잔의 〈목욕하는 사람들〉(1875)은 피카소의 〈아비뇽의 아가씨들〉(1907)을 연상시킨다.

요소이며, 일광욕을 즐기는 사람들은 그런 자연 속에 동화되어 자연의 일부로서 존재한다. 일찍이 자연주의적인 정취에 심취했던 세잔에게 인간의 이미지들은 그들의 관계들로부터 벗어나지 않는다.

자연적인 햇빛과 물 그리고 토양은 존재의 자양분이다. 따라서 나무와 구름들 사이에서 어울리는 인간의 신체는 자연과의 교감을 통해 얻어지

는 생기 있는 에너지로 충전되며 본래적인 자연성을 성취해 나간다. 말하자면 세잔이 구성주의적인 예술적 감각을 갖고 회화적인 조화와 통일을 추구하게 된 것은 자연적인 영감에서 비롯된다.[69] 그래서 그의 자연화, 정물화 등에서 볼 수 있는 사물들의 회화 이미지는 이들이 내적으로 서로 지탱되어 있는 통일적인 파노라마를 보여준다. 이것은 바로 사물 그 자체에 대한 형상의 이미지들인 것이다.

그래서 그는 모네(1840~1926)가 그려 내고자 했던 빛의 파장들이 펼쳐 놓은 색과 형태들의 파노라마가 아니라 사물의 형태들이 서로 맞물리면서 발산하는 오묘한 색채들의 미에 더욱 심취한 것이다. 세잔에게 있어 사물세계를 지각하는 신체성은 대자연과 내적으로 맞닿아 있는 원초적인 자아의식을 제공하며, 신체적인 지각은 사물의 자연성을 내적으로 형성한다. 말하자면 그의 작품들에서 볼 수 있듯이, 화가가 사물세계를 바라보는 시선의 괄호 속에는 내적인 감성이 이입되어 있는 신체적인 자율성(autonomie)이 자리 잡고 있다. 마치 눈으로 냄새를 맡고 코로 앞을 보는 것과 같이 세잔에게 있어 대상 세계를 파악하는 그런 통일된 지각의 장(場)은 물리학적인 공간 개념에 앞서서 대상 세계를 구성한다. 이런 총체적인 지각 작용은 주체의 체험적인 공간을 허용하는 것이며, 물리학적인 공간 측정에 앞서서 존재한다. 궁극적으로 신체적인 지각의 장은 자연 또는 사물세계와의 일체를 형성한다. 그런 관계에 대해 메를로퐁티는 이렇게 말한다.

---

69 "세잔은 일찍부터 자연에 대한 이해가 색채와 빛을 통해서만 이루어진다고 믿었다. 그는 이런 확신을 갖고 색조를 병치하는 기법을 고안해 내기에 이르렀다. 그는 이 기법을 '변조'라고 불렀다. 그는 이런 터치를 통해 인간과 사물의 외관과 구조를 동시에 표현하기를 바랐다. (…) 그에게 모티프는 물질과 지각이 결합된 신비였다."(《세잔》, 뒤랑, 60쪽) 예술적 이미지는 사물을 지각하는 시선 속의 물질성을 재현한다. 그런데 이런 시선은 사물의 형태를 단순히 복제해 내는 이미지가 아니라 사물의 역동적인 움직임을 사유하는 이미지다.

"사람들은 본원적 사고(pensée primitive)를 다음과 같이 묘사했다. 즉 그것은 원시인의 반응들, 그들의 진술들, 사회학자의 해석을, 이 모두가 번역하고자 애쓰는 지각적 경험의 토대에로 도로 가져오는 경우에만 잘 이해된다고 했다. 때로는 지각된 것 속에 그 점도로서 적극적인 미규정성(un indéterminé positif)이 현존하고 있기 때문에, 공간적, 시간적, 수적 전제는 조작 가능하고 분별 확인 가능한 용어들로 분절할 수 없다. 그리고 우리가 감각함(sentir)을 이해하고자 한다면, 우리 내부에서 탐구해야 하는 것은 이러한 선객관적 영역(domaine préobjectif)인 것이다."[70]

여기서 비결정성은 세계와 신체 사이의 분리 불가능한 관계이며, 인지적인 사유능력으로는 판단할 수 없는 영역이다. 그래서 세계에 대한 최초의 신체 지각, 즉 지각의 원초성은 그 무엇에도 환원될 수 없는 세계에 대한 선험적인 현상이며 이런 현상은 주체와 세계 사이의 끊임없는 자연적인 교섭을 가정한다. 그리고 이런 철학적인 이해는 주체와 사물세계 사이의 경계를 허무는 우주론적인 사유로 발전할 수 있게 된다. "세계가 표상에 의해서 화가 앞에 놓여 있다는 말은 더 이상 통하지 않는다. 오히려 집중에 의해서, 그리고 보이는 세계의 자기복귀에 의해서 사물들 틈에서 탄생하는 것이 화가라고 해야 한다. 사물들 틈에 존재하는 것이 화가가 되었든 뭐가 됐든, 그림과 그것이 연결되기 위해서는 무엇보다도 그림이 '자가 형상적'이어야 한다."[71] 따라서 체험적인 지각은 명석한 판단 작용을 위해 제공되는 감각작용에 그치는 것이 아니며, 이런 사유 중심적인 범주를 넘어서서 세계와 타자를 지향하여 자기운동을 하는 근원

---

70 《지각의 현상학》, 50쪽.
71 《눈과 마음》, 115쪽.

적인 지각의 논리를 이해하는 방식이다.

둘째, 세잔은 특히 1870년대 이후 모네, 마네 등 인상주의 화가들과 교류하며 형태와 색채의 이미지에 골몰하면서 그들과 차별화될 수 있는 회화적인 사물의 구도에 집착한다. 즉 그에 의해 시도된 새로운 구성주의는 사물세계의 내적 역동성을 그려 나가기 위해 회화적인 형태와 색채들을 관계 지향적인 타자성에 의해 표현한다. 메를로퐁티에 따르면 사물존재는 지각의 현상과 그 이미지들을 통해 드러나는 것 이외의 아무것도 아니다. "나는 주사위가 엄밀하게 말해서, 시각에 의해서만 나에게 주어진다는 것을 주목하며, 드디어 나는 전체적 주사위의 외피밖에 가지는 것이 없고 주사위는 자신의 물성(matérialité)을 상실하고 비어지며, 시각적 구조, 즉 형태와 색깔, 그림자와 빛으로 환원된다. 적어도 형태, 색깔, 그림자, 빛은 진공 속에 있지 않으며 여전히 받침대를 가진다. 즉 그것은 시각적 사물이다."[72] 이론적으로 말하자면 칸트에게 있어서의 시간과 공간의 직관적 이

〈그림13〉〈푸른 꽃병〉(1883~87).

해는 선험적인 감성형식으로서 주어지는 것이지만, 세잔에게 있어서 사물의 회화적인 형태와 색채의 이미지는 이미 공간을 선점한 지각의 구도에 의해 그려진다. 즉 사물의 근거는 공간에 있는 것이 아니라 사물들 사이에 존재한다.

왼쪽의 그림에서 볼 수 있듯이 한쪽으로 기울어진 회화 구도는 공간 구도가 아니라 주체의 다(多)

---

72 《지각의 현상학》, 487쪽.

초점적인 지각에 들어온 사물들이 통일된 구도를 형성한 것이다. 서로 이웃하면서 대비되고 있는 사물의 형태와 색채들은 공간적인 중심 구도에 의해 배치된 것이 아니며, 그에게 있어 균일한 공간 구획을 시도하는 회화적인 구도와 원근법은 배제된다. 즉 사물 그 자체들의 세계는 다층적인 이미지들의 형태를 통해 그들이 상호 연관 짓는 방식으로 조형적인 미를 성취하며 새로운 구성주의적 구도를 형성한다. 그렇다고 세잔의 이런 회화적 배치가 큐비즘 예술에 영향을 주었던 기하학적인 입체주의를 시도했다고는 볼 수 없으며, 사물세계를 형상적으로 표현하기 위해 사물의 이미지를 구성하는 지각의 다원적인 시선들에 주목한 것이다.[73]

다만 세잔에게 있어 회화적인 입체성이란 사물의 형태들이 자신들을 내적으로 드러내는 깊이이며 곧 사물성이다. 그래서 그의 구성주의적인 구도는 즉자적인 사물 그 자체라고 평가하기 이전에 사물의 외형적인 형태들이 서로 맞춰지듯 드러내는 사물세계의 구도다. 그래서 일반적으로 세잔의 정물화는 공간적인 불안정성에도 불구하고 사과, 바구니, 접시, 탁자, 물병 등의 다양한 오브제가 동적으로 배치되고 공간을 역동적으로 지배하면서 회화적인 사물세계의 통일성을 유지할 수 있도록 한다.

여기서 세잔은 '대상으로서 존재하지 않는' 새로운 사물세계를 그려냄으로써 회화 역사상 가장 주목해 볼 만한 구도, 형태, 색채의 미를 시도하고 있다. 무엇보다 기울어진 전체 구도는 대상을 바라보는 화가의 시선에서 일탈하고 있다. 세잔에게 있어 사물의 입체성은 평면 구도를 통

---

73 "1907~08년 피카소와 브라크가 제작한 입체주의 그림들은 세잔이 보여준 지각의 논리를 발전시켰다. 그의 평면적 면, 얕은 깊이, 동요하는 시각을 심화시킨 것이다. 그들이 3차원의 시각을 2차원의 평면으로 통합시켰던 것은 세잔의 회화적 구조를 발전시킨 것이었다. (…) 즉 입체주의자는 지각과정에 대한 관심이 회화의 근본이라고 여겼다. 세잔은 선택적 초점의 결과들을 동시에 그려서 다시점을 연합하는 전체성을 포착한 첫 화가인 것이다." 《세잔의 사과》, 380~381쪽)

해 사실성을 표현할 수 있어야 하는데, 기울어진 공간 구도와 균일한 크기의 잉크병과 사과 이미지는 원근법적인 시선에 상관없이 사물 자체의 객관적인 이미지를 보여준다. 사물세계의 형태와 색채의 미는 회화적인 조화와 통일을 부여받으며 재현된다. 따라서 사물들 사이의 상호적인 침투와 대비적인 효과는 회화적인 공간을 새롭게 창조한다.

"〈푸른 꽃병〉에서 세잔은 사물들의 배치를 자유롭게 구성하면서 기하학적인 구도에 의해 그 배치를 어지럽게 하지는 않지만 한쪽으로 쏠리는 듯 전체의 이미지가 감상자의 주관성을 이탈하고 있다. 즉 주체의 시선 앞에 고정된 이미지가 아니라 그들끼리의 형태들이 회화 이미지를 연출하고 있는 것이다. 왼편의 잘려져 나간 긴 병과 화병 뒤의 접시는 사물들에게 입체감을 부여하고 있으며 잉크병과 사과의 크기는 감상자의 시선에는 아랑곳없이 크기가 같다. 사물들에 대한 현상학적인 감상은 주관적인 시선을 벗어나 마치 판단 중지와 같은 과정을 거친 듯 '있는 것 자체'의 형상을 보여주면서 그들끼리의 전체적인 조화가 형성되고 있는데 세잔의 예술적인 천재성은 형태적인 미에 대한 안목과 함께 마치 채광 바깥의 대상들이 어우러져 만들어 낸 듯이 오묘한 색채들의 구성에서 잘 드러나고 있다."[74]

세잔의 회화 이미지들은 인간들이 서로 말을 하듯 사물들도 자신들의 형태와 색채들을 갖고 서로의 존재감을 교환한다. 캔버스에 배치된 사물들은 이야기 속의 캐릭터들처럼 상호 지향적인 사물의 속성을 드러내고 있는 것과 같다. 즉 회화적인 사물들의 형태적인 대비와 교차, 색채의 호환성 등은 사물세계와 이것을 바라보는 화가의 시선이 결부되어 만들어 낸 공간 속에 존재한다.

---

74 졸고 〈예술의 대상 이미지와 실재에 관한 철학적 해석〉,《해석학연구》제19집, 한국해석학회, 2007, 251쪽.

셋째, 세잔의 회화 이미지는 사물세계의 입체적인 깊이를 색채에 의해 표현하는 평면예술이다. 회화적인 사물의 입체성은 지각의 통일에 의해 주어지는 것이며, 그 구도는 2차원적인 평면에 그려지는 것이다. 여기서 우리는 지각하는 주체의 시선과 사물의 관계를 주목해 볼 수 있다. 예를 들어 설탕과 물이 융합되어 설탕물에서 그 어느 것을 구분할 수 없듯이, 주체와 사물은 주체의 시선 또는 평면적인 이미지 속에서 자신들의 대립적인 관계를 해소한다. 오른쪽의 그림에서 볼 수 있듯이 사물들의 형태는 색채적인 대비와 효과에 의해 3차원적인 공간 점유를 2차원적인 평면 구도에 의해 표현하고 있으며, 사물 그 자체의 구

〈그림14〉〈비베뮈스의 채석장〉(1895). 회화적 구도가 사물 자체들로부터 나온다는 관점을 보여주고 있다.

조는 사물들 상호간의 타자 지향적인 관계성을 근거로 한다. 그 예로 그림 속의 바위, 나무, 하늘 등의 이미지들은 그 자체로 비(非)단절적인 공간을 형성하고 있다. 사물의 외형적인 구도는 형태의 어울림으로 완성되는 동적인 그것이며, 인상파 화가들이 주목했던 빛의 외면화가 가져다주는 비사물성의 구도와 차별화된다.

구도는 대상이 위치해 있는 공간의 비례적인 분할 속에 존재하는 것이 아니라 대상 자체들의 배치와 이들 가운데 존재하는 상호 침투적인 관계 속에 존재한다. 즉 공간적인 구도에 앞서 대상들끼리 서로 어울리는 형태가 우선적으로 존재하며, 이런 대상들의 나열과 배치는 회화 구도를 지배한다. 세잔에게 있어 평면 구도는 바로 이것을 실현하며 입체적인

사물을 있는 그대로 평면에 표현하기 위해 회화적인 원근법을 배제한다. 즉 대상은 다른 대상들과의 대비의 형태들로 위치됨으로써 자신의 공간을 만들어 낸다. 따라서 그런 대상들의 형태와 색채 등과 같은 외관은 전체적인 통일성을 견지하게 되고 여기서 회화 구도가 새롭게 탄생한다.[75]

"세잔은 3차원 세계의 환영을 전달하는 데는 관심이 없었고 오히려 그림의 2차원적인 평면을 이용하고 새로운 현실을 창조하는 데만 관심이 있었다. 그는 그림이 2차원의 평면이라는 것을 깨닫게 하고 자연을 새롭게 '구현'하는 데만 관심이 있었다. 그리하여 그에게는 3차원의 깊이감이라는, 환영을 창출하는 전통적인 선 원근법을 피하는 것이 중요했다."[76] 그에게 있어 회화 구도란 평면적인 캔버스에서 그려지는 것이며, 이런 구도 속에서 표현되고 있는 모든 대상은 상호적인 형태와 색채를 유지하면서 그들끼리의 공간 구도를 만들어 낸다. 즉 캔버스에 그려진 대상들은 서로에 대해서 자신들을 융합시키면서 회화적인 평면 구도를 실현한다.

그런데 우리는 그런 평면 공간을 예술작가 자신의 내면적인 공간으로 치환하여 생각해 볼 수 있다. 마티스(1869~1954)는 그런 세잔의 의도를 나름대로 해석하고 보다 내면적 공간에 존재하는 형상적인 이미지를 그려 낸다. 말하자면 그는 평면적인 구도 속에서 다층적인 이미지들의 중첩을 단순화하여 재현한다. 이에 앞서 세잔의 형태 이미지는 단일한 시각 이미지의 표현이기보다는 '있는 그대로의' 실제적인 조형 이미지를 지향한다.[77] 무엇보다 사물들의 실제적인 형태가 이미지의 재현 수단으

---

75 "오브제는 공간과 결코 떼려야 뗄 수 없게 되며, 오브제는 공간과 더불어 새로운 통일체를 만드는 것이다. 〈에스타크의 집들〉의 다양한 버전에서 색채는 오브제의 세계를 구성하는 요소가 된다."(《세잔》, 마리아 테레사 베네데티, 조재룡 옮김, 마로니에북스, 2007, 66쪽)

76 《폴 세잔》, 울리케 베크스 말로르니, 박미연 옮김, 마로니에북스, 2007, 48~49쪽.

77 "세잔은 차츰씩 사물에 어떤 구조를 부여하는 동시에 사물과 확고하게 연관된 공간을 창조하는 데도 성공을 거두게 된다. 이 순간부터 세잔은 본질상 지울 수 없는 것을 고정하고 인

로서 평면예술로 다시 태어난다고 했을 때, 사물의 형태는 마치 마음속의 거울에 비춰지듯 이미 굴절된 이미지들로 보일 수밖에 없다. 그럼에도 불구하고 우리는 여기서 마티스, 피카소 그리고 다른 추상작가들로 이어지는 현대 예술의 가능성을 짐작할 수 있게 된다.

단적으로 세잔에게 있어 그런 구조와 형태의 미는 모네가 선호하는 '빛'의 관념을 배제한 사물 그 자체에 관한 관념이다. 마치 사물들 사이에도 소통을 위한 언어가 존재하듯이, 그는 그들 세계의 내적인 연관성을 그려 내고자 한다. 언어가 사람과 사람 사이를 잇게 해주듯 사물들 사이에도 서로를 잇게 하는 구조가 존재하며 형태와 색채는 이것을 표현한다. 그런 구조는 대상을 앞에 두고 직접적인 감각을 받아들이는 일인칭적인 화가의 시선을 벗어나는 것이다.[78]

세잔에게 있어서 빛은 주체의 시선 속에 들어오는 사물세계를 보이게 하고 보이지 않게 하는 이미지 효과에 불과한 것이지, 사물세계를 직접적으로 드러낼 수 있는 중요한 요소를 차지하지 않는다. 이에 반해 사물들의 색채는 본질적으로 자신들로부터 주어지는 것이며, 이것은 사물들의 형태들마저 구성한다.[79] 왜냐하면 그에게 있어 회화는 평면예술이며,

상주의를 '박물관의 예술처럼 지속적인' 예술로 변형하려는 경향을 지닌다."(《세잔》, 베네데티, 54쪽)

[78] 세잔은 자연의 원형적인 구조를 캔버스에 그려 넣고자 한다. "세잔 자신의 기질과 잘 맞아떨어지는 엄중한 미를 담고 있는 고향의 자연과 접촉하면서, 세잔은 점점 더 견고한 구조의 필요성에 이끌린다. 이것이 바로 '구성적'이라고 일컫는 시기이다. 세잔은 자연에 존재하는 대상들 사이에서 선택하며, 현실세계를 용이하게 반영할 분위기를 구별해 낸다. 우주의 복잡성을 대표하는 다양한 요소들을 통합하면서, 세잔은 대상들의 물리적 측정 가능성을 더 명확히 정의한다."(《세잔》, 베네데티, 18~20쪽)

[79] 철학자들이 사유에 의해 사물들의 형태들을 개념화하듯이 세잔과 같은 예술가들은 색채에 의해 그것들을 그려 나간다. 색채 이미지는 예술가들의 시선과 사물세계가 공존하는 세계를 표현한다. 때때로 그것은 사물세계의 내적인 것을 드러내기 때문에 색채에 관한 예술가들의 사유는 본질에 관한 사유 행위이기도 하다.

이런 공간은 물리학적인 공간이 아니라 예술가의 반성적인 구도와 색채 감각에 의해 현실을 재현하는 공간이기 때문이다.[80] 그래서 그는 사물세계의 깊이를 표현하기 위해 다양한 채도를 이용하여 사물들의 색감을 표현하기 때문에 회화적인 색채는 전체의 통일성과 조화를 형성한다. 무엇보다 그에게 있어 사물의 구조는 형태와 색채의 이미지를 통해 표현되는 것 이외에 아무것도 아니며, 이로 인해 사물세계는 평면의 공간에서 새롭게 창조된다.

(4) 자연성과의 내적 소통을 위한 미학

메를로퐁티에게 있어 대상들의 사물성은 즉자적으로 존재하는 것이 아니라 주체와의 내면적인 교섭 또는 지각 작용을 통해 비로소 존재한다. 그가 표방하는 신체주의는 그런 교감을 가정하며, 이에 따라 정의된 사물성은 주체와 대상들이 융합하는 관계들 속에 내재한다. 그는 사물, 신체, 세계의 관계에 대해 다음과 같이 말한다. 지각을 통해 사물과 융합하는 신체 주체와 이것이 또한 지향점을 갖고 운동하는 세계와의 관계를 살펴볼 수 있다.

"사물은 지각에서 실제적으로 주어지지 않는다. 그것은 우리에 의해서 내적으로 다시 잡히고, 사물이 우리가 우리 자신과 함께 근본 구조들을 가져오는 세계이자, 사물이 세계의 가능적 구체성들일 뿐인 것으로 되는 그런 세계와 결합되는 한에서 우리에 의해 재구성되고 체험(vécue)된다. 그

---

80 세잔은 사물의 깊이를 평면 위에 재현한다. "2차원의 평면성이 현대 회화에서 왜 그렇게 중요한지를 설명하려면 (…) 그것은 평면과 추상의 관계라고 할 수 있다. (…) 3차원의 실제 세계를 2차원의 평면 구조에 안착시키고 녹아들게 하려면 재현을 벗어나야 한다. 재현은 3차원적 입체에 대한 모사이고 평면화는 이를 해체할 수밖에 없는 과정인 것이다."(《세잔의 사과》, 131쪽)

것은 우리에 의해 체험되지만 그래도 역시 우리의 삶을 초월한다. 왜냐하면 인간의 신체는 그 주위에 인간적 주위를 윤곽 짓는 자신의 습성과 함께 세계 자체를 향한 운동(mouvement vers le monde lui-même)에 의해 관통되기(traversé) 때문이다."[81]

근본적으로 사물세계는 그 자신 속에 자연성을 내재하고 있으며, 예술가는 이것을 '있는 그대로'의 형태로서 구성하고자 한다. 세잔에게 있어서 '있는 그대로'는 시선 속의 구도를 결정하는 3차원적인 입체감, 그리고 사물들의 색감들을 덮어씌우는 빛의 파장들을 배제하는 의미를 갖는다. 색채는 빛의 파장들에 의해 생산되는 것이 아니라 사물세계의 자연적인 조화와 통일 속에서 조형적인 가치를 드러내는 것이다. 빛의 미학을 출현시켰던 모네 이후의 인상파 화가들과 어느 정도 거리를 유지하며 세잔 자신만의 색채주의가 탄생하게 된 것이며, 이것은 메를로퐁티가 신체 주체와 사물세계의 관계를 설명하는 것에 부합한다. 따라서 새로운 색채미학의 가능성은 사물세계의 형태들을 조형적으로 표현하는 것에 있으며, 색채의 근원은 궁극적으로 사물세계가 펼쳐 놓은 자연의 빛에 귀속되는 것이다. "세잔 자신이 주장하는 것처럼 자연은 그에게 근본적인 요소, 예술보다 앞서 존재하는 하나의 기원처럼 나타난다. 단순하게 재생산하는 것이 아니라, 조형적인 균형과 색채의 도움을 통해 자연을 해석하는 것이 관건이다."[82]

특히 우리가 세잔의 회화 이미지에서 관심을 갖고자 하는 특징은 구도적인 '맞물림'의 형태와 채도적인 '어울림'의 색채다. 즉 구조적인 맞물림

---

81 《지각의 현상학》, 490쪽.
82 《세잔》, 베네데티, 64쪽.

은 대상적인 이미지를 지배하며 여기서 사물 자체가 총체적으로 구성된다. 따라서 다양한 색채들의 조화, 곧 어울림은 그런 사물의 구조를 채도적인 효과를 이용해 기민하게 드러낸다. 일반적으로 세잔의 예술 세계에서 주목할 만한 회화적 기법은 새로운 구조와 형태로서 현실세계를 사유하고 재현하는 것이다. 무엇보다 그에게 있어 지각의 공간 속으로 들어온 대상 세계는 조형적인 색채들 간의 조화와 통일에 의해 사물의 구조와 형태를 표현하며, 여기서 사물세계의 원형적인 이미지가 캔버스에 그려진다.[83]

그렇다면 지각이란 무엇인가? 메를로퐁티는 지각의 근원성에 관해 이렇게 말한다. "자연적 사물과의 만남으로서의 지각은 우리의 연구에서 제일선을 차지한다. 그러나 그것은 다른 기능들을 설명해 줄 하나의 단순한 감각기능으로서가 아니라 원초적 만남의 원형, 과거·상상적인 것·관념과의 만남 속에서 모방되고, 쇄신된, (원초적 만남의) 원형(archétype)으로서의 지각이다."[84] 즉 그의 지각이론은 단순히 감각론에 그치는 것이 아니다. 그렇다면 세잔에게 있어 사물세계의 원형적인 물질성은 어떻게 이해될 수 있을까? 그것은 예술가의 지각을 통해 인지되며, 캔버스에서 다시 형태와 색채를 갖춘 물질성의 이미지로서 나타난다. 다만 사물세계와 캔버스의 세계 사이에는 차이가 있다. 그럼에도 불구하고 세잔은 사물의 물질성을 채색해서 표현하는데, 사물세계에 원형적인 물질이 존재

---

83 "세잔이 말한 자연의 재창조는 그의 작업에서 두 단계로 일어난다. 그는 그림을 시작하기 전에 대상을 오랫동안 바라본다. 그림을 시작하기 앞서 대상을 '읽고' 그 본질을 이해해야 한다고 생각했기 때문이다. 그리고 난 후, 두 번째 단계에서는 머릿속에서 구상한 사전 이미지를 형태, 색채, 구조에 기반해 그림의 구조를 '실현한다.' 이 과정에서 중요한 점은 형태를 예술가의 상상이 아니라 자연세계에서 취한다는 점이다. 형태는 자연과의 유사성을 보유한다." (《폴 세잔》, 47쪽)

84 《보이는 것과 보이지 않는 것》, 228쪽.

하듯이 캔버스의 세계에도 이것을 표현하는 통일성이 존재한다. 이런 관념은 세잔이 사물세계에서 자연성을 구성하는 요소들을 발견하고, 이것들의 발생적인 변화와 운동을 캔버스에 옮겨 놓게 하는 예술적인 영감을 준다.

우리는 세잔의 예술 세계를 살펴보면서 앞서 언급했듯이 사물세계를 드러내는 이미지의 형태와 색채 등이 '맞물림', '어울림' 등과 같은 조화와 통일의 회화 관념을 내적으로 유지하고 있음을 알 수 있다. 그리고 그런 배치를 통해 보편적인 자연성에 일치하는 회화적인 코드, 즉 원초적 삶에의 본성과 이것에 대한 세잔 나름의 미학인 해석이 표현되고 있음을 이해할 수 있다.

이 점에 있어 우리는 메를로퐁티의 신체성을 뒷받침하는 '가시적인' 개념으로서 '살(chair)'이라는 현상학적 요소를 소통적인 의미의 매개체로서 환기할 필요가 있다. 그에 따르면 살은 곧 세계를 구성하는 '환원적인' 성분이면서 존재의 원소다.[85] "살은 물질이 아니고, 정신이 아니며, 실체가 아니다. 살을 지칭하기 위해서는 '원소(élément)'라는 옛 용어를 써야 하지 않을까 싶다. 물, 공기, 흙, 불을 말하며 사용했던 의미에서, 요컨대 시간과 공간상의 개체와 관념의 중간에 있는 것, 존재 양식이 조금이나마 존재하는 곳에서는 어디서나 그것을 입수하는 일종의 육화된 원리라는, 유(類)에 속하는 사물이라는 의미에서의 원소. 살은 이러한 의미에서

---

[85] '살'은 마치 베르그송이 말한 중추적인 이미지로서의 신체와 유사한 개념이다. 여기서 신체는 실체가 아니며, 그럼에도 불구하고 신체 이미지는 주체를 둘러싼 모든 것을 지각현상들로 가능케 한다. "모든 일이 진행되는 모습을 볼 때 내가 우주라고 부르는 이 이미지들의 총체 속에서, 그 유형(type)이 내 신체에 의해 제공되는 어떤 특별한 이미지들을 매개로 하지 않고서는 진정으로 새로운 것은 산출될 수 없는 것 같다.
나는 이제 내가 나의 신체라고 부르는 이 특별한 이미지의 윤곽을 나의 신체와 유사한 신체들 위에서 연구하기로 한다."(《물질과 기억》, 39~40쪽)

존재의 한 '원소'이다."[86]

여기서 그가 살이라고 지칭하는 것은 지각의 대상이고 곧 사물세계의 이미지이며 넓게는 세계의 살이라고 해야 할 것이다. 그런데 이런 살은 예컨대 하늘의 그것, 바다의 그것, 대지의 그것, 나무들의 그것 등 신체 주체와 교감할 수 있는 세계의 신체라고 해야 하지 않을까? 그리고 인간의 살도 그 일부라고 볼 수 있는 것은 당연하다. 그래서 인간과 세계 사이의 일체감이 존재할 수밖에 없다. 살은 세상의 모든 사물이 서로 이웃하거나 마주치면서, 인간에게는 원초적인 지각 활동을 가져올 수 있는, 물질적인 또는 비물질적인 그러나 가시적인 형태를 지니며, 세잔에게 있어 그런 원초적인 원소는 회화적인 채색을 통해 마치 카멜레온의 빛깔과 같이 주변부의 색채들과 어울린다. 한마디로 살은 애매성의 가시성 또는 타자성이라고 해야 할 것 같다.

세잔의 수채화는 바로 살의 색채들의 섞임을 드러낸다. 채도에 따른 갈색의 배치가 땅과 그 위의 인간과 나무 그리고 하늘 위 구름까지 형성되어 있음을 볼 수 있다. 그리고 푸른 하늘의 색채는 나뭇잎들, 인간들 사이에 맞물려 있는 물가의 그것들과 유사하게 어울려 표현되고 있다. 이렇듯 〈수욕도〉 등에서 볼 수 있는 푸른색, 황토색에 의한 두 색채의 채도적인 배치는 교묘하게 서로 섞이면서 원초적인 자연 공간과 여기에 거주하는 인간들 사이에 내재하는 불가분한 형상을 드러내기도 한다. 이것은 메를로퐁티가 제시한 '살'의 보편적 존재가 가시적으로 채색된 형태일 수 있다. 이 점에서 〈수욕도〉 시리즈는 하늘, 땅, 인간, 나무 이미지들에서 볼 수 있는 중심적인 색채들의 섞임과 수채화적인 채도를 통해 자연과 인간에 내재하는 일체적인 관념 즉 '살'의 가시성을 표현하고 있는 셈이다.

---

86 《보이는 것과 보이지 않는 것》, 200쪽.

특히 세잔은 수채화 기법에 의해 나름대로 변하지 않는 자연적 요소를 찾아내며 독창적인 채색을 시도하게 되는데, 이것은 마치 모네가 불변의 요소인 빛의 명도를 사용하며 자연의 색채를 그려 낸 것과 같다. 세잔의 말년에 그려진 〈수욕도〉 시리즈는 바로 인간세계의 원초적인 어울림과 자연과의 조화 일체를 표현하며 삶의 유토피아를 자연스럽게 그려 내고 있다. 메를로퐁티는 자연인(homme naturel)으로서의 인간, 즉 사물들 가운데, 타인들 사이에, 그리고 우리들 가운데 존재하는 우리의 존재를 세계에 위치시키고자 한다. 그래서 '교차(交叉, chiasma)'는 나와 우리 그리고 세계 사이를 이어 주는 소통의 역할을 한다. 따라서 그가 취하고 있는 철학의 목적은 다음과 같다. "자연인이 그렇듯 철학은 자기로부터 세계로, 그리고 타자에게로 이행이 이루어지는 지점에, (…) 몸을 위탁하고 있다."[87]

메를로퐁티에게 있어 존재의 지각은 단순히 경험주의적인 감각의 활동 또는 신체 주관적인 활동을 의미하는 것이 아니다. 그것은 세계 지평을 함께 나누고 있는 '나'의 분신과 같은 타자들이 근원적으로 위치해 있는 우리의 삶에의 자연적인 복귀이며, 살은 이것을 가능케 해주는 형이상학적 근거다. 따라서 지각현상은 '세계'로 향하는 존재의 형이상학적 사건이기도 하다. 만약 우리가 그런 보편적인 삶에의 사건을 세잔의 〈수욕도〉에서 이해할 경우 여기서 볼 수 있는 색채적인 살의 실재는 궁극적으로 신체적인 '나'의 살로 머무는 것이 아니라 '인간'의 살이며, 구름과 나무 그리고 땅 사이에 교차하는 '세계'의 살이기도 한 것이다. 우리는 그의 철학에서 레비나스의 철학에서와 같이 나를 떠나 함께 있는 타인들의 삶, 그리고 세계로 넓혀 나가면서 거기에 머무르는 자아의 지평을 발견할 수 있다.

---

[87] 《보이는 것과 보이지 않는 것》, 230쪽.

3장 ────

들뢰즈의 신체 형상과
지각의 형이상학

이제 필자는 메를로퐁티와 세잔 사이에서 찾아볼 있는 철학과 예술의 특
별한 만남을 들뢰즈(1925~1995)와 베이컨(1909~1992)의 관계에서도 발견
하고자 한다. 베이컨의 작품들에 대한 그의 비평을 통해 우리가 알 수 있
는 것은 메를로퐁티의 경우와 마찬가지로 그 철학자들이 공통적으로 존
재와 세계의 관계를 아우르는 구조적인 철학의 틀을 제시하고 있다는 점
인데, 특히 존재의 정체성과 관련해서 존재 바깥의 세계가 존재의 근원
을 차지하고 있다는 것은 레비나스의 타자세계와 더불어 20세기 형이상
학의 흥미로운 국면을 개척하고 있다는 것을 보여준다. 따라서 필자는
이런 점에 착안해서 그 철학자들이 존재의 타자성에 초점을 맞추고 현대
적 의미의 탈존(脫存)의 형이상학을 구성한 것이라고 판단하고자 한다.
우리가 이런 관점을 갖고 그 철학자들의 세계관을 이해한다면 복잡해 보
이는 형이상학이지만 좀 더 뚜렷한 철학적 가치관을 얻을 수 있다고 생
각한다. 한 가지 분명한 점은 20세기 전반에 겪었던 부조리한 인간의 위
기를 극복하고 세계의 주체로서 인간의 보편적인 위상이 재조명되고 있
다는 사실이다. 예를 들어 베르그송은 생명, 레비나스는 타자, 메를로퐁

티는 지각, 들뢰즈는 신체의 문제에 각각 주목해서 우주와 세계에 연계되는 존재의 보편성을 주장하고 있는 것이다.

(1) 존재의 형상을 표현하는 회화예술

오늘날 새로운 회화예술이란 무엇인가? 20세기 이전의 대부분의 예술적 이미지가 이젤 앞에 놓인 대상들의 세계와 그 질서를 재현하는 것에 목적을 두었다면, 그 이후 회화적 경향은 내면적인 가치의 세계에 대한 성찰을 중요한 과제로 받아들이며 변화하기 시작했다. 그래서 현대의 예술작품들에 대한 감상과 비평이 과거와 달리 점차 어려워지고 있다는 것은 누구나 공감할 수밖에 없는 사실이다.[88] 특히 현대 예술의 효시를 보여주고 있는 세잔은, 앞서 우리가 메를로퐁티와의 관계를 통해 소개했지만 구도, 형상, 색채의 통일성을 창의적으로 구상하며 그런 경향의 중심에 있다고 해도 과언이 아니다. 메를로퐁티는 그의 작품들을 비평하면서 자연성에 근거하는 신체적인 지각의 운동을 특화된 가치로서 발전시키기도 한다. 예를 들어, 세잔의 대표작 가운데 하나인 〈수욕도〉(1906)를 보더라도 인간의 신체 이미지들은 단순히 모사적인 형태로 그려지고 있는 것이 아니라 천지인(天地人)의 융합을 표현하기 위해 회화적인 삼각 구도를 사용하고 있으며, 그런 존재의 차원을 색채의 채도적인 변화로 표현한다. 이런 예술적 요소들은 메를로퐁티가 구상한 인간과 자연의 관계를

---

[88] 마티스(1869~1954), 칸딘스키(1866~1944) 등의 현대 작가들도 무엇보다 그들이 지향하고자 하는 가치의 세계를 적극적으로 표현한다. 예를 들어 칸딘스키의 회화예술에 있어 예술적 이미지는 '사물의 지각' 또는 구상이라는 전통적인 이해를 떠나 작가의 내면적 관념을 회화적 이미지들로 나타낸다. 즉 실재가 무엇인지에 대한 성찰이 즉물적인 대상 세계와 그 구도로 옮겨지는 것이 아니라 작가의 내면세계로 향하게 된 것이다. 작가의 내적 의식에 의해 마련된 형상(形像)이야말로 지각에 의해 주어진 실제적인 대상보다 앞서 존재한다는 것이다.

탁월하게 나타낸 것이기도 하다.

메를로퐁티가 세잔의 작품들을 비평하고 설명하면서 그의 철학 세계를 '눈으로 볼 수 있는' 지적 흥밋거리를 독자들에게 선물할 수 있었듯이, 들뢰즈도 베이컨의 작품세계를 비평하면서 그의 형이상학적·존재론적 가치를 가시적으로 감상할 수 있는 기회를 독자들에게 주었다. 특히 들뢰즈가 사유하고 있는 개체성과 형상의 문제와 관련해 그 철학적 근거가 무엇인지 살펴볼 수 있을 것이다. 그의 회화 예술론은《감각의 논리》(1981)를 중심으로 개진되었으며, 그 후《시네마1: 운동-이미지》(1983)도 그의 철학적·예술적 사유의 지평을 영화 장르로 옮겨 심층적으로 발전시킨 계기가 되었다. 전자의 경우 감각의 운동에 대한 존재론적 사유가 회화 이미지들을 통해 어떻게, 무엇을 표현하는 것인가에 초점을 두었다면, 후자의 경우 영상 이미지의 기술적 재현에 나타난 존재의 운동과 지속에 대한 사유를 비평했다.[89]

필자는 이 글에서 베이컨의 회화 이미지들에 대한 철학적 사유를 개진하는 들뢰즈의 말기 저서《감각의 논리》를 중심으로 여기서 심층적으로 분석되고 있는 신체 이미지의 형상들을 설명하고자 한다. 우리는 철학자 들뢰즈가《감각의 논리》에서 예찬에 가까울 정도로 탁월한 비평을 쏟아내고 있는 베이컨의 예술 세계를 조명해 나가면서, 들뢰즈의 철학적 사유의 세계가 어떻게 회화적 이미지들로서 설명되고 있는지를 살펴보고자 한다. 우리는 들뢰즈의 그런 돈독한 예술비평을 이해하면서 어렵게만 느껴지는 그의 철학을 눈으로 확인할 수 있는 재밋거리를 찾고, 이 글의

---

89 들뢰즈는 영화적 재현에 대해서도 '운동-이미지'를 중심으로 다음과 같이 설명한다. "영화의 시작에서부터 끝에 이르기까지 무언가가 변화하며 또 이미 변했다. 단지 변화하는 이 전체, 이 시간 혹은 이 지속은 그것을 표현하는 '운동-이미지'와의 관계 속에서 간접적으로밖에 파악될 수 없다. 편집은 전체, 관념, 말하자면 시간의 이미지를 끌어내기 위해 '운동-이미지'에 대해 이루어지는 조작이다." 《시네마1, 운동-이미지》, 62쪽)

주제, 즉 레비나스와 메를로퐁티의 철학과 연관해서 공통적인 주제로서 다루고자 하는 존재의 타자성과 '탈존의 형이상학'에 관한 문제를 미학적 차원에서 살펴보고자 한다.

무엇보다 그가 베이컨의 작품들에서 주목하고 있는 회화적 이미지는 형상(形像, Figure)에 관한 것이다. 그에게 있어 베이컨의 회화적 형상은 존재의 신체 이미지이며, 특히 신체의 형체를 추상적으로 재구성한 것이다. 그리고 그것은 신체 이미지의 다양한 변용에 의해 그려지곤 하는데, 들뢰즈가 《감각의 논리》에서 중점적으로 비평해 나가듯이, 우리는 그런 형상으로부터 실체·힘·지속·지각·신체 등에 관한 철학적 사유의 단서를 발견해 나갈 수 있다. 이것들에 관한 사유의 방법들은 들뢰즈가 특히 주목하고 있는 철학자들, 그러니까 스피노자, 니체, 베르그송 등이 개진해 나가고 있는 존재의 근본적인 '있음'에 관한 사유의 전통으로부터 발전해 온 것임은 분명하다.

필자는 들뢰즈의 예술적 관점을 설명하기 이전에 베이컨의 작품세계를 좀 더 쉽게 이해할 수 있는 작품을 소개하고자 한다. 구스타프 클림트(Gustav Klimt, 1862~1918)는 페미니즘 작가로 알려져 있다. 그의 예술 세계는 인간의 원초적 관능과 여성성 등을 창조적으로 이해하고 있으며, 그런 이미지 구성은 새로운 존재 가치를 해석한다. 그가 예술적으로 사유하고 상상하고자 했던 존재의 근원적 원형과 그 이미지, 여기에 나타난 욕망이란 무엇인가? 철학적·예술적 가치로서 우리가 보고자 하는 그의 존재 이해는 단순히 여성성 자체에 관한 미적 사유에 의해 제한되는 것이 아니라 생명의 기원과 창조에 관한 이해를 암시받을 수 있으며, 인간의 원초적인 본성을 생각해 볼 수 있다.

412쪽의 작품 〈물뱀 I(Water Serpents I)〉은 생명과 존재에 관한 근원적 상상을 보여준다. 여기서 여인의 하반신은 물고기로 그려져 있는데, 이런 묘사는 생명의 기원이 근원 그 자체인 물로부터 비롯되며 인간으로 거듭된 최초의 생명체가 여성적 형상을 갖고 태어난다는 것을 암시한다.[90] 그리고 그리스로마 신화에서 물에서 자신을 잉태하고 태어난 신이 가이아라는 것과 맥락을 같이한다. 들뢰즈가 존재의 형상이 물적 구조로부터의 잠재성을 갖고 생성된다고 주장하는 것과 쉽게 비교할 수 있다. 물고기

와 같이 묘사되고 있는 신체의 하반신으로부터 변신을 통해 여성적 형상의 이미지가 그려진 것을 확인할 수 있다. 즉 그래서 물로부터 갓 태어난 이 신비적 형상의 존재가 인간의 원형으로서 간주될 수 있는 것이다. 그리고 아직 인간의 형상을 갖지 못한 다른 물고기는 남성성을 상징한다고 말한다. 이런 인간의 원형에 관한 신화적 이미지는 성경에서 아담과 이브가 최초의 인간으로서 순차적으로 등장하는 것과 다른 관점을 제시하고 있는 셈이다.

〈물뱀 I〉은 인간의 원형과 본성을 원초적으로 구성하며 타자로서의 여성성을 내적으로 갖고 있는 존재를 상징적으로 표현한다. 여성성은 몸속에 존재하는

〈그림15〉 클림트의 〈물뱀 I〉(1904~1907).

---

90 자연의 근원인 물과 여성성은 밀접한 관계를 갖는다. "클림트가 회화에 사용한 또 다른 주제는 인어였다. 인어는 두 가지 상반되는 감정을 가진 모순적이면서도 유혹적인 창조물로, 사람들에게 사랑의 마법을 걸어 바다 속 푸른 침실로 유인한다."(《구스타프 클림트》, 에바 디 스테파노, 김현주 옮김, 예담, 2006, 96쪽)

타자다. 그림을 볼 때 몽상적인 나르시시즘의 이미지를 눈여겨볼 수 있는데, 인간의 내적 본능, 그 타자와의 교감을 끊임없이 추구하면서 내면 세계와의 합일이 이루어지는 것 또한 볼 수 있다. 즉 근원적 내재자로서의 타자는 물질적 개체성을 통해 애매성(ambiguïté)의 형상으로 끊임없이 드러나곤 한다. 즉 들뢰즈가 말하고 있는 형상과 물적 구조의 관계라고 짐작해 볼 수 있다.

들뢰즈에게 있어 개별자로서의 존재들은 운동과 연결점 등에 의해, 그 차이의 과정에서 야기될 수 있는 변이적인 형체들로 표현되면서 개체성의 근본적인 '있음'의 문제를 던져 준다. 즉 그에게 있어 회화적 존재는 물론 이미지로서의 형상이다. 그런데 이미지로서의 존재의 '있음'은 베르그송으로부터 그 지적인 사유가 시작된다. 베르그송은 《물질과 기억》(1907)에서 이렇게 말한다. "이 모든 이미지들은 내가 자연의 법칙들이라고 부르는 항구적인 법칙들에 따라, 그것들의 모든 요소적인 부분들 속에서 서로에게 작용하고 반작용한다. (…) 다른 모든 이미지들과 뚜렷이 구별되는 하나의 이미지가 있다. 그것은 나의 신체이다."[91]

그에 따르면 신체도 이미지이지만 그렇다고 실재가 아니라는 것은 결코 아니다. 신체의 이미지들은 운동, 즉 작용과 반작용으로부터의 전이(轉移)들에 의해 신체의 다양성을 현시하며, 그런 이미지들은 근본적인 '있음'의 성격을 보여준다. 들뢰즈는 《감각의 논리》에서 존재의 이미지들이 회화적 형상들로 구성될 수 있다는 것을 보여주지만 이미지라는 의미는 이 자체가 배타적이거나 고정된 존재가 아니라는 내연적 뜻도 갖고 있다. 그에 따르면 베이컨이 그린 형상의 색채들은 신체에 원초적으로 내재된 색감(色感)들이며, 신체적 형상들의 윤곽은 존재의 동적인 운

---

91 《물질과 기억》, 37~38쪽.

동을 나타내는 활동의 이미지다. 즉 존재는 동적인 존재로서 자신을 형상의 이미지로 표현할 수 있다는 것이 아닐까? 사실 영화도 마찬가지로 끊임없는 이미지들의 연속이며, 이것들은 영화 전체의 흐름과 동적 관계 속에서 의미를 갖는다.

〈그림16〉〈존 에드워드의 초상화〉(1985)

우리는 현대의 예술에서 아주 극단적인 형상들로 인간의 이미지를 그려 내고 있는 베이컨의 회화적 사유를 주목해 볼 수 있는데, 들뢰즈는 그런 형상들로부터 인간 자신의 정체성을 원초적으로 이해하고자 한다. 왼쪽의 그림에서 볼 수 있듯이, 실제 베이컨의 회화 작품들 속에 나타난 신체적인 형상들을 보면 대부분의 얼굴 형태가 퇴색된 채로 남아 있거나 반쯤 돌려져 있으며 심지어 뭉개져 있다. 머리 부분은 다리나 팔과 같은 다른 신체의 부위들과 전혀 다를 바 없는 유기체의 일부다. 물론 현대의 사상에서 신체 중심적인 인간의 이해가 그렇게 특별한 것은 아니지만, 들뢰즈는 《감각의 논리》에서 신체의 이미지들 속에 숨겨져 있는 근본적인 '있음'의 문제를 생성의 관점에서 사유하고자 한다. 그리고 그는 그런 '있음'을 각각의 회화 이미지들의 구성을 예로 들어 설명하고 마침내 '있음'의 존재 배후를 밝히고자 한다.

예를 들어, 그는 베이컨의 작품에 대해 이렇게 말한다. "베이컨에게서 동그라미(圓, rond)는 흔히 인물, 즉 형상이 앉아 있는 장소를 제한한다. 인물은 앉아 있기도 하고 누워 있기도 하며 몸을 구부리기도 하고 전혀 다른 모습을 띠기도 한다. (…) 동그라미는 자주 인물이 앉아 있는 동그란 의자나 인물이 누워 있는 타원형의 침대에 의해 대체되기도 하고 반복되기도 한다. 또 동그라미는 인물의 신체 일부를 감싸는 원형물이나 인물의 신체를 둘러싼 빙빙 도는 원들에 의해 반복된다."[92] 그런데 왜 우리는 '원'에 주목해야 하는가? 이것은 신체 이미지들을 생산해 내는 운동의 근원적 이치(理致)다. 연못에 돌을 던졌을 때 동그라미 물결이 이는 모습, 생명을 잉태했을 때 마치 양수로 차 있는 둥근 보금자리를 연상할 수도 있으며, 누구든지 어렸을 적에 해보았던 우산놀이를 떠올리면서 원의 이미지를 생각할 수 있다.

베이컨의 그림에서 원은 신체적 형상을 감싸거나 고립시키며, 타원형의 침대 또는 난간과 같은 것으로 상징적으로 나타난다. 그것은 신체 자신의 일부이거나 혹은 신체를 넘어서 있다. 그러니까 원은 시간의 순환성 내지 여기에 조응하는 존재의 순환적 운동 또는 회귀를 상징적으로 나타내는 생성적인 '있음'의 트랙이다. 원은 운동의 방향을 설정하기도 하고, 신체가 타고 들어가야 할 트랙이기도 하다. 원은 신체적 형상을 관통해 들어가고 또한 높은 차원에서 비롯될 수 있는 힘의 발생을 암시한다. 신체의 움직임 또는 고립을 근본적인 '있음'의 차원에서 중심을 잡아주는 타원형의 궤도는 반복적인 생성 또는 운동의 목적을 지시하며 신체 속에 내재된 잠재성을 높은 차원으로 다시 소환하기도 한다. 이런 관계 속에서 신체적 감각은 잠재성을 실어 나르는 운동을 나타내며, 존재는 이것을 반복한다. 들뢰즈는 《감각의 논리》에서 존재하는 것들의 근본적인 '있음'의 논리, 말하자면 생성·힘·지속의 이치를 회화비평으로 설명하고 있는 셈이다.

---

92 《감각의 논리》, 11쪽.

베이컨의 작품 이미지들 속에서 흔히 찾아볼 수 있는 원색적인 색채의 배치들은 인간의 원초적인 감정과 야성적인 본능을 표현한다고 한다. 들뢰즈는 여기서 인간의 내적 충동과 근원적인 '있음'의 문제를 사유한다. 예술가들에게 있어 근원적 세계는 윤리 또는 규범이 부재할 수 있는 최초의 자연이다. 그들은 회화 이미지에 의해 원초적인 사유를 시도한다. "베이컨은 오히려 인간들을 동물들로 변환시키기보다는 인간들과 동물들의 결정 불가능한 공통지대를 묘사한다. 들뢰즈는 그것을 살 혹은 고기와 같은 신체와 연결시킨다."[93] 그렇다고 들뢰즈의 철학적 사유가 인간과 동물들 사이의 경계를 와해할 수 있는 존재론의 문제로 좁혀질 수 있는 것은 결코 아니다. 그에게 있어 신체는 근원적인 '있음'의 형상이며 그 이미지다. 그래서 그가 《감각의 논리》에서 예시하는 원, 트랙 등은 그런 형상을 실어 나르는 기차의 궤도와 같이 무한성의 지평을 가로질러 상징적으로 존재한다.

들뢰즈에게 있어 회화적 공간은 존재의 위상과 소통의 가능성을 회화적으로 재현해 나갈 수 있는 사유의 장이다. 그리고 그가 사유하는 예술의 중심에 바로 형상이라고 하는 신체 이미지가 있다. 그에게 있어 신체는 영혼의 무덤도 아니고 금기나 통제의 대상도 아니며, 물심이원론은 애초부터 존재하지 않는다. 신체 이미지는 감각의 운동과 파장에 의해 자신의 윤곽을 드러낸다. 감각은 신체 속에 내재하며 신체로부터 나오고 색채들로 나타난다. 그는 신체와 색채의 관계에 대해 이렇게 말한다. "색은 신체 속에 있고 감각은 신체 속에 있다. 공중에 있는 것이 아니다. 그려지는 것은 감각이다. 그림 속에서 그려지는 것은 신체이다. 그러나 신체는 대상으로서 재현된 것이 아니라, 그런 감각을 느끼는 자로서 체험

---

93 《들뢰즈와 음악, 회화 그리고 일반예술》, 176쪽.

된 신체이다."[94] 그가 베이컨의 작품들에서 주시하고 있는 것은 신체적인 형상들을 드러내고 있는 형태적인 윤곽과 색채들의 표현이다.

들뢰즈에게 있어 그런 회화적인 이미지들은 존재의 잠재적인 본질과 운동을 추상적으로 드러낸 것이다. 그래서 그는 이렇게 말한다. "회화란 재현할 모델도, 해 주어야 할 스토리도 없다. 그런데 회화가 구상적인 것을 피하기 위해서는 두 가지 방법에 의해서만 가능하다. 하나는 추상을 통해 순수한 형태를 지향하는 것, 다른 하나는 추출 혹은 고립을 통해 순수하게 형상적인 것으로 향하는 것이다."[95] 그에게 있어 회화예술은 관념의 추상적 표현이고 실존을 사유하는 예술이다. 그리고 회화적 형상들은 모방해야 할 그 어떤 형태도 없이, 추상적인 모습으로 자신들을 낯선 형상들로 나타낸다.

들뢰즈에게 있어서 예술적 비평은 무엇보다 존재에 관한 그의 사유 관념들을 표현하고 있다고 해도 과언이 아니다. 즉 그가 미학적인 관심을 통해 구성하고 있는 존재의 형상들에 관한 이해는 이미《차이와 반복》 (1968),《천 개의 고원》(1980) 등에서 제시되는 근본적인 존재론을 떠나서는 결코 생각될 수 없다. 우리는 존재가 자신의 내부에 본질적으로 숨기고 있는 잠재성, 그리고 이것이 드러날 수밖에 없는 관계 지향적 구조로서의 차이, 더 나아가 존재의 생성과 운동을 다층적인 차원에서 사유하고 있는 지속의 관념들을 중심으로 베이컨의 회화 작품들에 대한 그의 예술적 비평들을 분석해 볼 수 있다.

---

94 《감각의 논리》, 48쪽. 베르그송은 모든 이미지들이 신체라고 하는 중추적인 이미지에서 나온다고 말한다. "모든 일이 진행되는 모습을 볼 때 내가 우주라고 부르는 이 이미지들의 총체 속에서, 그 유형이 내 신체에 의해 제공되는 어떤 특별한 이미지들을 매개로 하지 않고서는 진정으로 새로운 것은 산출될 수 없는 것 같다."《물질과 기억》, 39쪽.)
95 《감각의 논리》, 12~13쪽.

다시 말해, 우리는 들뢰즈의《감각의 논리》에서 철학적 사유의 주요 관점인 잠재성, 차이, 그리고 지속 등의 예를 통해 이것들을 회화적으로 이해해 볼 가능성을 가져 볼 수 있다. 그런 관점들은 존재의 역동적 발생과 형이상학적 지위를 심층적으로 탐구할 수 있는 근원적인 '있음'의 논리이기도 하다. 그가《감각의 논리》에서 비평하고 있는 베이컨의 신체 이미지들은 곧 존재의 형상들을 표현하고 있으며, 이것들은 삶과 죽음 사이에서 애매하고 모순적으로 보일 수 있는 실존의 이미지들을 생산한다. 우리는 이 책에 제시된 베이컨의 작품들에 대한 서술적인 비평들을 통해 회화예술로 표현될 수 있는 존재의 새로운 형상들을 사유해 나갈 수 있다. 그리고 이런 형상들이 바로 '있음'의 형태라는 것에 주목해 보자.

(2) 감각의 근거: 잠재성, 형상과 아플라 사이에서

들뢰즈의 철학은 존재에 내재된 잠재성의 영역을 독창적으로 다루고 있다. 그에게 있어 그것은 아리스토텔레스에서와 같이 하나의 개체를 실현하기 위한 가능성의 역량이 아니다. 즉 들뢰즈에게 있어 잠재성과 가능성은 같은 것이 아니다. 그가 말하는 잠재성은 늘 현실화될 수 있는 가능성이 아니라 개체의 형상(形相, eidos)을 버리기도 하고, 다른 이질적인 존재들과 언제든지 합쳐질 수 있는 내재적인 요소다. 예를 들어, 그리스 시대의 엠페도클레스(Empedocles, B.C.490?~B.C.430?)에게 있어 물·불·흙·공기 등이 자연을 구성하는 잠재적인 질료이고, 이런 것들이 사랑과 증오의 힘에 의해 결합·분리 등의 운동을 일으킬 수 있듯이, 잠재성은 존재의 변화와 지향적인 움직임을 초래할 수 있는 원인이 된다. 들뢰즈에게 있어 죽음과 이것에 간여하고 있는 에너지의 운동도 잠재성을 형성한다.[96]

---

96 "죽음이 우리 자신의 내부에 있다고 믿게 만드는 것은 죽음의 필연성이다. 그러나 사실 파괴나 해체는 우리의 관계들 자체에도 우리의 본질에도 관련이 없다. 그것은 오로지 일시적

그리고 우리는 그런 잠재성과 죽음의 관계를 《감각의 논리》에서도 찾아볼 수 있다. 그에게 있어 잠재성은 이론적으로 실체의 영역을 점하고 있다. 잠재성은 무한성 그 자체이며 무한의 속성들로서 존재하는 실체다. 그는 스피노자로부터 실체의 존재에 대한 이해를 받아들인다. 그는 스피노자의 실체에 관해 이렇게 설명한다. "모든 형상적 본질들은 '절대적으로 하나인 실체'의 본질을 형성한다. 〔속성에 따라〕 질화된 모든 실체들은 양의 관점에서는 하나의 유일한 실체를 형성한다. (…) '존재론적으로는 하나이면서 형상적으로는 다양함', 이것이 바로 속성들의 지위이다."[97]

우리는 들뢰즈의 잠재성의 실체를 이해하기 위해 그의 '기관 없는 신체'의 존재론에 주목할 수 있다.[98] 그런 신체는 초월적 경험을 이행하는 질료적인 근거이며, 우리는 그런 신체에 내재되어 있는 본질의 영역을 추론해 볼 수 있다. "사실 기관 없는 신체란 기관이 없는 것이 아니라 단지 유기적 조직이 없다는 것이다. 즉 기관들의 구성이 없다. 따라서 기관 없는 신체는 결정되지 않은 기관에 의해 정의되는 반면, 유기체는 결정된 기관들에 의해 정의된다."[99] 우리는 유기체로서의 그런 질료적 신체에 대한 가정과 함께 운동의 이미지를 발생시키는 감각 또는 그 파장들이 신체적 활동을 생기 있게 한다는 것을 알 수 있다. 그는 이렇게 말한다.

으로만 우리에게 속하고, 이제 우리의 관계가 아닌 다른 관계들 속으로 들어가도록 결정되어 있는 우리의 외연적 부분들에만 관련이 있다."(《스피노자의 철학》, 질 들뢰즈, 박기순 옮김, 민음사, 1999, 66쪽)

97 《스피노자와 표현의 문제》, 질 들뢰즈, 이진경 외 옮김, 인간사랑, 2003, 92~93쪽.

98 그에게 있어 신체는 '기관 없는 신체(corps sans organes)'다. 그렇다면 이것은 존재의 실체를 지시하고 있는 것인가? 존재는 '욕망하는 기계(machines désirantes)'이며, 열려진 유기체의 일부다. 존재의 '있음'이란 단순히 신체적인 존재로서 있다는 것이 아니다. 디오니소스가 생성과 힘의 권력을 상징하고 있듯이, 만약 내재성의 실체가 주어지지 않는다면 존재의 '있음'은 박제된 존재에 지나지 않을 수 있다.

99 《감각의 논리》, 60쪽.

"다양한 파장의 파동이 기관 없는 신체를 주파한다. 이 파동은 그 파장의 변화에 따라 신체에 영역과 층리(層理, niveau)를 새긴다. 한 층리에서 이 파동과 외적 힘이 만나면 감각이 발생한다. 따라서 하나의 기관은 이러한 만남에 의해 결정될 것인데, 잠정적인 기관에 불과할 것이다. 이 기관이 지속되는 것은 파동의 통과와 힘의 작용이 지속될 때뿐이고, 또 이 기관은 다른 곳에서 자리 잡기 위해 이동할 것이기 때문이다."[100]

그렇다면 그에게 있어 파장과 운동을 일으킬 수 있는 존재의 실체란 무엇일까? 이것은 잠재성을 가늠할 수 있는 사유의 실마리가 될 수 있다. 그 존재의 실체는 바로 '리좀(rhizome, 뿌리줄기)'으로 불린다. 리좀은 잠재성의 영역을 하나의 네트워크로서 구성한다.

"나무나 나무뿌리와 달리 리좀은 자신의 어떤 지점에서든 다른 지점과 연결 접속한다. 하지만 리좀의 특질들 각각이 반드시 자신과 동일한 본성을 가진 특질들과 연결 접속되는 것은 아니다. 리좀은 아주 상이한 기호 체제들 심지어는 비-기호들의 상태들을 작동시킨다. 그것은 〈하나〉로도, 〈여럿〉으로도 환원될 수 없다. (…) 그것은 단위들로 이루어져 있지 않고, 차원들 또는 차라리 움직이는 방향들로 이루어져 있다."[101]

그에게 있어 리좀은 그 어떤 것으로도 환원 불가능한 최소의 실체이면서도 개체적인 단위를 나타내지 않으며 '움직이고 결합하는' 속성을 지

---

100 《감각의 논리》, 60쪽. 들뢰즈에게 있어 층리는 새겨지고 만들어지며 축적되기도 하는데, 이런 변화들로부터 신체적 형상들이 출몰한다. 그리고 감각은 층리들의 교차로부터 발생한다.
101 《천 개의 고원》, 30쪽.

니고 있다. 그것은 잠재성의 단위이면서 방향을 갖고 운동하는 존재다. 들뢰즈에게 있어 그런 리좀은 회화적 형상들이 다양한 이미지로 연출될 수 있는 존재론적 근거다. 그에 따르면 존재의 회화적 재현에 있어서도 모든 리좀이 공유하는 잠재성은 아플라(Aplat, 물적 구조)와 형상(Figure)의 관계에서 드러난다. 그는 그 관계에 대해 이렇게 말한다.

"그림이란 이러한 모든 움직임의 공존이다. 구조, 형상, 윤곽이라는 세 요소가 일단 주어지면, 첫 번째 움직임(혹은 '긴장은')은 구조로부터 형상으로 간다. 구조는 아플라로서 제시된다. 하지만 구조는 윤곽 주위에서 원통형처럼 감기려 든다. 그러면 윤곽은 동그라미, 타원형, 막대 혹은 막대 체계들과 같은 고립시키는 요소로서 제시된다. 그리고 형상은 윤곽 속에서 고립되어 완전히 밀폐된 세상이다. 그러나 이제 두 번째 움직임, 즉 두 번째 긴장이 형상에서 물질적 구조로 향한다. 윤곽은 변한다. 그리고 변형시키는 기능을 담당하며 세면대나 우산의 반원, 거울의 두터움이 된다. 형상은 구멍을 통해 혹은 거울 속으로 통과하기 위하여 수축하거나 팽창한다."[102]

여기서 들뢰즈가 말하듯이 회화적 구조가 원통형으로서 존재한다는 것은 시사하는 바가 매우 크다. 존재하는 모든 것이 그렇게 표현된다는 것은 형상들의 원형(原形)을 암시한다. 왜냐하면 원통형은 순환하는 물적 구조이며 운동의 영속성을 가능케 하는 근거이기 때문이다. 그런데 그에 따르면 그런 순환성은 베이컨의 작품 이미지들 중에서 세면대, 수

---

102 《감각의 논리》, 44쪽. 신체적 형상의 수축과 팽창의 개념은 공간에서 발생하는 물질적 운동 또는 에너지의 흐름에 비유될 수 있다. 그림 속의 형상과 아플라는 마치 부분과 전체의 관계와 같다. "신체의 수축은 아플라로부터 형상으로 향하고, 신체의 팽창 운동은 형상으로부터 아플라로 향한다." (김영희, 〈들뢰즈의 예술론에 관한 연구〉, 《동서철학연구》 제36집, 2005, 168쪽)

챗구멍 등으로 드러나기도 한다.

물론 우리는 들뢰즈의 비평적 관점에 의존해서 베이컨의 작품세계를 전적으로 그렇게 해석할 수는 없다. 무엇보다도 우리가 주시하고 있는 점은 들뢰즈에게 있어 베이컨의 회화적 공간은 하나의 존재론적 공간이라는 사실이다. 실제로 들뢰즈에게 있어 존재는 잠재성과 질료적인 조건을 가진 존재이면서, 이것이 위치하고 있는 실존적 공간은《감각의 논리》에서 그도 지적하듯이 회화적 평면 구도에서 윤곽과 색채들로 드러나는 형상과 아플라, 그리고 그 관계들 사이에서 나타난다. 이들의 관계들은 '있음'을 위한 내적 유대를 지니고 있으며, 들뢰즈가 말하는 잠재성의 영역에서 발생하고 서로 융합하는 소통의 관계들을 형성한다. 회화적 표현에 나타난 아플라와 형상은 잠재성의 영역 속에서 전체와 전체의 한 부분으로서 존재한다. 그에게 있어 아플라는 곧 형상의 물적 구조다. "신체는 형상이다. 아니 형상의 물적 재료이다. 형상의 물적 재료를 다른 편에 있는 공간화하는 물질적 구조와 혼동해서는 안 된다. 신체는 형상이지 구조가 아니다. 거꾸로 형상은 신체이기에 얼굴이 아니며, 얼굴도 없다. 형상은 머리를 가진다. 머리는 신체에 귀속된 신체의 일부이기 때문이다."[103]

과연 형상이란 무엇인가? 신체는 형상이며 구조가 아니다. 아플라는 형상의 배후를 구성하는 물적 구조이며, 이것은 신체로서의 형상과 구분된다. 신체는 물적 구조의 일부이며 구조에 편입될 수 있는 감각과 운동을 갖고 있다. 그것은 곧 형상이다. 예를 들어 머리로서의 형상은 있지만 얼굴로서의 형상은 없다. 머리는 신체에 귀속된다. 여기에 머리와 신체의 관계가 있다. 그리고 신체에 부여된 운동 또는 기운은 형상들을 움직이

---

103 《감각의 논리》, 31쪽.

게 하는 힘이다. 형상의 형태를 살펴
보자. "얼굴은 머리를 덮고 있는 구조
화된 공간적 구성이지만 머리는 신체
의 뾰족한 끝으로서 신체에 종속되어
있다. 그렇다고 기(氣)가 없다는 것은
아니다. 기는 신체다. 기는 살아 있는
신체적인 숨결이고 동물적인 것이다.
인간의 동물적 기다."[104] 여기서 잠재
성은 하나의 기운으로서 존재하며 그
런 기운이 개체의 특질을 고집하지는
않는다. 즉 형상을 지탱하는 기운은

〈그림17〉 〈자화상〉(1973).

아플라의 구조로부터 발생하는 힘의 현시다.

　예를 들어 위의 회화 작품을 살펴보자.[105] 그림 속에서 하나의 형상으로
표현되고 있는 신체의 이미지에는 잠재성이 숨겨져 있다.[106] 의자에 앉아
있는 사람의 검은 그림자는 언제든지 신체적 형상을 무(無)로 되돌릴 수

104　《감각의 논리》, 31쪽.

105　1976년의 〈세면대에 서 있는 형상〉이 그 좋은 예가 될 수 있다. "신체-형상은 타원형적인
　　세면대에 매달려 있고 그의 손은 수도꼭지를 붙들고 있다. 이 신체-형상은 수챗구멍을 통
　　해 빠져나가기 위해 자신에 대해 강도 높은 부동의 노력을 한다."(《감각의 논리》, 26쪽)

106　들뢰즈에게 있어 잠재성은 존재의 내적인 본질이며 외연적인 형상을 가져오는 이유가 될
　　수 있지만, 그렇다고 외연성의 영역들이 잠재성에 대해 종속적인 현상을 갖고 있는 것은
　　아니다. 외연성과 잠재성은 서로 안으로, 밖으로 연결되어 있다. 스피노자에게 있어 실체
　　는 수없이 많은 속성으로 이뤄져 있으며 이것들은 상호 평행적인 지위를 가지면서 실체
　　자체를 형성한다. "스피노자는 어떤 때는 각각의 속성이 영원하고 무한한 어떤 하나의 본
　　질, 즉 그 속성이 장르에 대응하는 하나의 본질을 표현한다고 말하고, 어떤 때는 각 속성
　　이 실체의 본질, 실체의 존재(임) 혹은 실체성을 표현한다고 말하며, 또 어떤 때는 각 속성
　　이 실체적 실존의 무한성과 필연성, 다시 말해 영원성을 표현한다고 말하기도 한다."(《스
　　피노자와 표현의 문제》, 19쪽)

있는 죽음을 상징한다. 그리고 배경에 그려진 거울은 신체 이미지를 다시 비추면서 신체 이외의 다른 존재에로의 출구가 없다는 것과 신체 자신을 떠나서 그 이외의 다른 어떤 본질도 없다는 것을 암시한다. 거울은 현재의 형상을 있는 그대로 비춘다. 그리고 형상을 감싸줄 어떤 아우라도 없다는 것을 암시한다. 그림의 가운데 천장에 걸려 있는 전등은 어떤 의미일까? 이것은 독자들의 상상에 맡기기로 하자.

그림에서 인간은 신체로서 자신의 형상을 주장할 수 있지만, 그 실존적 형상에 깊이 내재된 죽음과 같은 불가항력적인 한계로 인해 신체 그 자신을 떠나지 못하고 스스로 그 주변을 맴도는 것처럼 보인다. 그래서 고독과 신음하는 고뇌는 인간의 전유물인 것만 같다. 그럼에도 불구하고 신체적 형상은 자신 밖으로의 통로 또는 탈출구(脫出口)를 찾아내야만 한다. 그래서 그 형상은 본능적인 압박에 휩싸이며 손목시계를 차고 있는 한 팔로 머리를 조아리고 배수관이 있는 세면대에 몸을 기댄 채 깊은 상념에 잠겨 있다. 그런데 배수관이 의미하는 것은 무엇인가? 신체적 분비 또는 배설만이 나갈 수 있는 밖으로의 유일한 통로인 것처럼 보이며, 이 배수관은 다시 벽면과 바닥면의 경계를 짓고 있는 하나의 둥근 윤곽을 그리고 있다.

그렇게 그림 속에 원통형이 존재한다. 이런 윤곽은 둥글게 순환하는 듯 무한적인 트랙을 달리면서 다시 신체의 형상을 아우르고 고립시키는 듯이 보인다. 그 라인은 신체적 운동의 근거다. 그리고 한 남성이 팔꿈치로 기대고 있는 세면대의 수도꼭지, 배수관 등은 외부로 이어져 있는 통로일 수 있으며, 이것은 극히 실존적인 신체 이미지를 형상화한 것이다. 따라서 들뢰즈는 이렇게 말한다. "베이컨에게 있어서 성교, 구토, 배설 등 모든 일련의 경련은 이러한 유형이다. 언제고 신체는 아플라, 즉 물질적 구조와 결합하기 위해 자신의 기관을 통해 빠져나가려 한다."[107] 이에 반해 거울에 비친 신체 이미지는 신체 그 자신 이외의 다른 것에 근거를 두지 않고 있는 격리된 형상을 나타내며, 신체의 탈자적인 형상을 표현한다. 신체는 즉자적인 존재가 아니다. 그런 탈자성에서 아플라와 겹쳐지는 신체의 동적인 형상을 예감할 수 있는 것이다.

들뢰즈에 따르면 신체는 물질적 재료이며 감각을 갖고 있다. 그리고 신체 이미지의 형상은 그런 두 가지 측면을 드러낸다. 물질은 형태적인 윤곽을 드러내며, 감각은 신체 이미지의 색채를 구성한다. 그에게 있어 아플라는 형상의 물적인 구조다. 그렇다고 아플라 자체가 실제로는 물질적인 요소로 만들어졌다는 것이 아니라, 단지 형상들의 질료적인 배경 또는 생산적인 근거로서 존재하는 것이며 회화 속의 아플라는 존재의 전체(Tout)를 재현한다. 그리고 신체 이미지들로 그려진 형상은 아플라에 귀속되면서 그 일부를 구성한다. 그는 물적 구조에 대해 이렇게 말한다.

"아플라는 배경처럼 작용하기도 하는데, 그것은 단지 아플라가 형상들과 가지는 엄밀한 상관관계 덕이다. '이 상관관계란 고르게 근접한 하나의 동일 면(Plan) 위에 놓인 두 구역 간의 상관관계이다.' 이 상관관계 혹은 이러한 연결은 두 구역, 즉 아플라와 형상을 가르는 공통의 경계에 의해, 다시 말해 그들의 윤곽에 의해 주어진다. 그 공통의 경계가 바로 장소, 즉 트랙이거나 동그라미이다."[108]

그렇다면 들뢰즈가 말하는 원, 트랙이란 무엇을 의미하는 것일까? 이

---

107 《감각의 논리》, 26~27쪽.
108 《감각의 논리》, 16쪽.

것은 그에게 있어 신체적 형상을 근본적으로 배치하려는 태도에서 나타난다. 형상은 아플라와의 밀접한 관계를 통해 자신의 존재 이유를 설명한다. 아플라는 형상의 전적인 타자성이라고 볼 수 있다. 존재의 물적 구조의 기능을 하는 아플라의 관계들에 대해 그는 이렇게 말한다.

"세면대의 대야는 하나의 장소이고 윤곽이다. 이것은 동그라미의 반복이다. 그러나 여기서 윤곽에 대한 신체의 새로운 위치는 우리가 베이컨의 회화에서 훨씬 복잡한 양상에 이르렀다는 사실을 보여준다. (…) 형상을 감싸기 위하여 윤곽 주위를 둘러싸는 것은 이제 더 이상 물질적 구조가 아니다. 형상 자신이 스스로 물질적 구조 속으로 사라져 가기 위하여 윤곽 속에 있는 어떤 도피점을 통해 간다."[109]

들뢰즈에게 있어 아플라는 형상을 구성하는 질료적 자연이며 근원적인 세계다. 베이컨의 회화 이미지들에 있어 대부분의 상징적인 형상들이 이미지 그 자체들이라면 이런 것들은 회화적 배경인 아플라에 원천적으로 귀속되어 있다.[110] 그래서 아플라는 회화적인 전체성을 지배하고 있으며 형상 이미지들을 생산해 내는 존재의 물적인 근거다. 또한 그것은 동적인 구조를 갖고 있으면서 다원적인 층리들을 형성한다. 말하자면 하나의 형상들 각각에도 층리의 구조를 지닌 잠재성이 내재되어 있고, 형상은 그런 잠재성의 이미지를 연출한다. 그래서 그에 따르면, "격리된 형상

---

109 《감각의 논리》, 27쪽.
110 기본적으로 들뢰즈의 회화론에서 신체는 형상이며 우주는 물적 구조를 의미하는 아플라에 해당된다. 즉 그는 부분과 전체를 아우를 수 있는 융합적인 차원에서 형상과 아플라의 관계를 이해하며, 이 관계에서 발생하는 존재의 운동은 특화된 시각, 즉 회귀, 순환 등에 의해 설명될 수 있다.

은 하나의 이미지, 또는 하나의 아이콘이 되는 것이다."[111] 무엇의 이미지
인가? 우리는 그 형상을 잠재성의 이미지라고 불러야 할 것이다. 들뢰즈
에 의해 사유되는 신체에 내재된 잠재성은, 스피노자에게 있어서도, 수많
은 양태들로 자신을 표현하는 실체 그 자체다.

(3) 감각의 발생: 차이, 층리들의 교차들 사이에서

스피노자에게 있어 신 또는 자연으로서의 실체는 자신을 무한한 속성들
로 구성하기 때문에 이런 속성들은 개체들의 본질이 아니라 개체들을 끊
임없이 생산해 내고 양태들로서 자신을 드러내는 무한성의 실체에 귀속
된다.[112] 그래서 정신과 물질은, 데카르트가 주장한 물심이원론의 존재론
적 기조와 달리, 다만 자연을 구성하는 일부의 속성들로서 존재한다. 우
리는 들뢰즈가 말하는 실체의 관념 또는 신체 등에 관한 인식을 넓혀 갈
때 특히 스피노자의 자연철학이 그의 사유에 적지 않게 자리 잡고 있음
을 알 수 있다. 들뢰즈는 이렇게 말한다. "실체는 유(類)가 아니고, 속성들
은 종차(種差)들이 아니며, 질화된 실체들은 종(種)들이 아니다."[113] 스피
노자와 마찬가지로 들뢰즈는 무한성의 관념을 우주적인 실체로부터 파
악하고자 하며, 그것은 유기체를 움직이게 하는 힘이기 때문에 유적인
한계를 지닌 것이거나 개체를 보존하기 위한 활동으로 머물고 있는 것은
아니다.[114] 그렇다면 그가 말하는 실체는 어디에, 어떻게 존재하는가? 그

---

111   "La Figure ainsi isolée devient une Image, une Icône." 《감각의 논리》, 12쪽)

112   들뢰즈에게 있어 존재하는 모든 것들의 속성은 개체적인 고유성이 아니라 개체들에 의해
       윤곽이 잠혀질 수 있는 실체로부터의 양태들이다. "속성들은 실체의 본질을 구성하지만
       결코 양태나 피조물들의 본질을 구성하지는 않는다." 《스피노자와 표현의 문제》, 65쪽)

113   《스피노자와 표현의 문제》, 52쪽.

114   니체의 힘에의 의지와 생성에 관한 관념은 들뢰즈가 우주관을 형성하는 데 많은 영향을 주
       었다. 니체에게 있어 존재하는 모든 것은 더 높은 힘의 고양을 위해 존재 이유를 갖고 있으

리고 그것은 개체들에 대해 어떻게 존재하는가? 이에 대한 철학적 이해는 베이컨의 회화 이미지들에 나타나는 아플라와 형상들의 관계에 대한 들뢰즈의 비평들을 가져오는 사유의 원천이 된다.

만약 유적인 계보에 의해 개체들이 분류될 수 있다면 당연히 이들 사이에는 종차들이 존재할 수밖에 없다. 그러나 들뢰즈에게 있어 개체들 사이의 종차는 본질적으로 존재할 수 없다. 그렇다고 그들 사이에 차이가 없다는 것은 결코 아니다. 그러나 그 차이는 개체들 사이의 차이가 아니라 근본적으로 우주 속에 존재하는 수많은 층리들의 차이, 그러니까 스피노자가 말한 수많은 속성들 사이에 존재하는 차이가 될 수 있다. 그렇다면 인간, 동물 그리고 식물들 사이에 존재하는 질료적인 형태들의 차이는 그들을 본질적으로 분류할 수 있는 기준이 될 수 없다. 만약 그런 차이가 존재한다면 다만 박물학적인 분류들 사이에 존재하는 차이에 불과할 것이다.

들뢰즈에게 있어 우주적인 전체성을 구성하는 무수한 속성들 또는 층리들은 종차적인 차이의 구분을 떠나 개체들 사이에 잠재적으로 존재한다.[115] 즉 하나의 개체 안에도 다른 기질들을 가진 속성들이 각각의 층리를 주장하며 내재할 수 있으며, 따라서 하나의 개체가 영위될 수 있다는 것은 곧 그런 속성들의 차이가 상보적인 관계를 형성한다는 것이며 서로 모순되지 않는다는 것이다.[116] 설사 그들 사이에 모순적인 차이가 있다

며, 어떤 개체라 할지라도 유적인 것을 넘어서서 존재의 본질인 힘을 실현하려고 한다.

115 개체들의 고기는 영육(靈肉)을 상징한다. "고기는 인간과 동물의 공통 영역이고 그들 사이를 구분할 수 없는 영역이다. 고기는 화가가 그린 공포나 연민의 대상과 일체가 되는 바로 그 '일'이며 그 상태이기조차 하다. 화가는 확실히 도살자이다. 그러나 그는 십자가에 박힌 고기와 함께 교회 같은 도살장에 있다. 오직 도살장 안에서만 베이컨은 종교화가가 된다." (《감각의 논리》, 34쪽)

116 스피노자에 따르면 인간의 지성에 의해 정신과 신체로서 인간을 말할 수 있지만 신의 지

하더라도, 그것은 존재의 운동이 발생할 수 있는 이유가 된다. 그래서 차이는 우주의 모든 운동을 가져오며 개체들의 운동이 발생하는 원인이 된다. 예를 들어 상류와 하류 사이의 높이 차이가 있기 때문에 물이 흐르는 운동이 발생하는 것과 같다. 차이로부터의 존재의 운동은 생명을 지속시키기 위한 개체의 활동을 가져오지만, 근본적으로 그것은 우주를 구성하는 층리들의 차이들로부터 비롯되는 것이니만큼 생성의 발단을 제공하는 셈이다.

이제 우리는 들뢰즈에게 있어 실체와 신체적 형상이란 과연 각각 어떤 존재론적 지위를 갖고 서로 관계하고 있는지, 그리고 그것들은 회화적 표현들에 의해 어떻게 제시될 수 있는지를 베이컨의 그림들을 통해 살펴볼 수 있다. 전통적인 회화 작품과 그 이미지들은 작가 앞에 놓인 대상이 적절한 구도에 의해 표현되거나 신화 또는 종교 관념들로부터 빌려온 구상적인 상상력에 의해 재현되었다고 해도 과언이 아니다.[117] 그런데 들뢰즈에 따르면, 그런 회화적 통념은 새로운 예술을 추구하기 위해서는 반드시 극복되어야 한다. 즉 그가 말하고자 하는 예술적 이미지의 재현은 표상이 아니라 창조이어야 한다. 따라서 그에게 있어 예술은 존재의 위상과 변화를 반영할 수 있는 창조의 미학이며, 살아 있는 감각에 의해 고전적인 전형들을 파괴해 나가야 한다. 마치 동력과 같이 만유(萬有)의 차이는 모든 것들을 역학적으로, 창조적으로 움직이는 절대 원칙이다. 차이는 불균형, 비대칭이며 힘의 균형이 깨지고 끊임없이 운동을 초래한다.

성 안에서는 그것들은 각각의 실체가 아니라 자연에 내재된 속성들 중의 일부다.

117 "회화란 형상을 구상적인 것으로부터 잡아 뜯어내야 한다. (…) 과거 회화는 아직도 구상에 회화적 의미를 부여하던 몇몇의 '종교적인 가능성들'에 의해 조건 지어졌지만 현대 회화는 무신론적인 유희이다." 《감각의 논리》, 19쪽)

"예술가는 한 도형의 표본들을 병치하지 않는다. 그는 매 순간 한 표본의 한 요소를, 뒤따르는 표본의 또 다른 요소와 결합한다. 그는 역동적인 구성의 과정 속에 어떤 불균형, 불안정, 비대칭, 일종의 입 벌림 현상 등을 끌어안으며, 이런 요소들은 오로지 총체적 결과 안에서만 사라지게 된다."[118]

근본적으로 사물들은 이질적인 것들과의 총체성 속에서 관계를 맺고 상호 접속하면서 존재하기 때문에 각각의 사물성은 즉자적으로 존재하지 않으며 다층적인 관계들로부터 빚어질 수 있는 불균형, 비대칭 등이 사물들의 이미지를 생성해 낸다. 실제로 베이컨의 형상 이미지들은 비대칭적인 배치에 의해 그려지곤 한다. 심지어 입 벌림 현상도 그런 관계, 운동 등을 표현하는 이미지이며, 그럼에도 불구하고 각각의 불균형적인 모순들이 총체성 속에서 해소된다.[119]

그런 점에서 들뢰즈가 베이컨에게서 주목하고 있는 회화적 재현들이란 특히 격리된 의식의 외곬, 그리고 이것으로부터 '다른 곳으로' 또는 바깥으로 나아가는 형상의 이미지들을 암묵적으로 나타낸다. 들뢰즈에게 있어 예술적 미는 곧 감각의 재현이다.[120] 그런데 감각은 차이로부터 발생하는 존재의 운동이며, 서로 다른 층리들이 교차하면서 발생한다. 따라서 그에 따르면 베이컨의 회화 이미지들에 나타난 신체적 형상의 격리는

《차이와 반복(Difference et Répétition)》(1968), 질 들뢰즈, 김상환 옮김, 민음사, 2004, 65쪽.

119 들뢰즈의 비평에 따르면 고함을 치듯 입 벌린 신체적인 형상은 신체 자신이 입을 통해 빠져나가는 것이라고 한다. 단순히 입이 아니라 구멍 또는 탈출구인 셈이다. "입은 더 이상 특수한 기관이 아니라 그것을 통해서 몸이 빠져나가고 살이 흘러내리는 구멍이다."(《감각의 논리》, 37쪽)

120 들뢰즈에게 있어 회화적 표현은 존재의 형상을 드러내는 방식이다. 그렇다고 그 표현이 곧 재현이라고 단정적으로 말할 수는 없다. 그는 베이컨에게서 나름대로 다이어그램(diagramme)을 인정하는데 이런 회화적 도식은 창의적인 감각을 진행시킨다.

바로 그런 존재론적 차이로부터 비롯되는 것이지 결코 실존적인 모순으로부터 발생하지 않는다. 그러니까 베이컨에게 있어서도 신체적 형상이 격리된 이미지로 나타나곤 하는 것도 존재의 근본적인 격리가 아닌 셈이다. 오히려 격리된 신체의 이미지를 통해 구상적인 편견을 제거할 뿐이다. "격리는 재현과 단절하고 서술을 깨뜨리기 위해, 삽화성을 방해하고 형상을 해방하기 위해 충분치는 않더라도 필요한 가장 단순한 방법이다."[121] 즉 신체의 격리는 삽화적인 구상으로부터의 차단을 의미한다. 예를 들어, 그에 따르면 예수의 몸은 신격화하는 종교적 삽화의 환상으로부터 나온 것이다. 그리고 그 몸은 모든 차이들로부터 빚어진 몸의 형상들을 무력화하는 것이다. "신적 형상들은 자유로운 창조적 작업에 의해 활기를 찾고, 자신에게 모든 것을 허용하는 환상에 의해 고취되기 때문이다. 예수의 몸은 그 몸을 모든 '감각 영역', 모든 '다양한 감각 층리'를 통과시키는 악마적인 영감으로부터 작업된다."[122]

그렇다면 들뢰즈에게 있어 비구상적인 형상 또는 신체 이미지란 무엇인가? 그에게 있어 신체성에 내재된 감각의 차원은 신체적인 개별성으로부터 나오는 것이 아니며, 그렇다고 개별성의 총체성이라고 가정되기는 해도 바로 여기서 감각이 발생할 수 있는 것은 아니다. 감각은 층리들 사이의 교차적인 작용 또는 이 층리들을 유기적으로 묶고 있으면서 서로 섞이게 하는 차이의 운동으로부터 발생한다. 모든 운동에는 수축과 팽창이 존재한다. 예를 들어 H_2O라는 성분이 기체, 액체, 고체 등의 상태 또는 형상들로 존재하듯이, 형상들의 운동은 곧 반복이다. 베르그송에게 있어서도 그런 운동은 다만 정신적인 것과 물질적인 것으로 가시화될 뿐이

---

121 《감각의 논리》, 13쪽.
122 《감각의 논리》, 21쪽.

며, 이런 현상들은 궁극적으로 지속의 이미지를 반영한다. 들뢰즈는 베르그송에게서 그런 운동의 개념으로부터 지적인 영향을 받았다. 그러나 근본적으로 그에게 있어 운동의 수축과 팽창을 논할 때 그 근거가 지속일 수는 있지만, 그가 말하는 지속은 내적인 시간성이 아니라 층리들로부터 형성되고 있는 공간의 특질로부터 기인하는 것이다.

즉 들뢰즈에게 있어 차이의 관념은 시간적인 지속을 가정하는 일양성(一樣性)으로부터 발생하는 것이 아니다. 같은 공간처럼 보이더라도 운동의 관점에 따라 그런 공간은 항상 차이들을 두고 존재하며, 이런 차이에서 시간의 관점이 발생한다. 이런 공간의 차원에서는 현실적인 것과 잠재적인 것이 존재하되 그렇다고 잠재성이 현실의 배후에 숨어 있는 본질계로서 존재하는 것은 아니다. 존재하는 모든 것들이 마치 직물과 같이 서로 엮어져 있는 그런 공간의 차원은, 우주의 모든 지평들이 서로 합쳐지고 유기적으로 이어져 있듯이, 이 안에서 과거, 현재, 그리고 미래의 시간관념들이 존재하기도 한다. 그 어떤 부분들도 다른 것들에 대해 차이를 두고 존재하지만 그 차이는 본질적인 차이를 갖지 않는다. 들뢰즈는 감각이 발생하는 이유를 이렇게 설명한다.

"각 감각은 여러 영역 속에, 또는 서로 다른 범주들의 여러 층에 위치한다는 사실이다. 따라서 여러 다른 범주의 여러 감각들이 있는 것이 아니라 하나의 유일하고 동일한 감각의 여러 다른 범주들이 있다. 감각은 구성적 층리의 차이(différence de niveau constitutive)와 다양한 구성적 영역들(pluralité de domaines constituants)을 포괄한다. 전체 감각과 전체 형상은 석회암적인 형상에서처럼 이미 '축적되고' '응결된' 감각이다."[123]

---

123 《감각의 논리》, 50쪽.

그에게 있어 감각은 잠재성을 차이로부터 특성화하는 하나의 존재론적 운동이다. 또 하나 중요한 점은 그것이 다양한 범주들 사이의 차이에서 발생하며, 범주 내에서 구성적 영역들의 축적과 교차점에서도 다양하게 발생한다는 것이다. 즉 감각은 일종의 차이와 교차운동이며, 모든 이종(異種)들과 이질적인 것들 사이에서 자연스럽게 나타나는 반응이다. 예를 들어 나의 체온과 동일한 외부의 물질을 만졌을 때 나는 온기나 냉기를 특별히 느낄 수가 없다. 그리고 지각에도 축적된 역사가 있다는 것은 베르그송이 '오랜 시간 이미 누적되어 온 지각'을 설명할 때와 거의 다르지 않다.

이제 오른쪽 베이컨의 그림을 예로 들어보자. 아플라와 신체 형상들 사이의 경계는 둥근 난간의 이어짐으로 가로질러져 있으며, 그 차이 또는 경계에서 운동 또는 감각이 발생한다. 신체적 형상의 물적 근거인 아플라의 원초적인 색채들은 이미 두 개의 형상들 안에 내재되어 있는 속성들이다. 그래서 그림에서 볼 수 있는 두 개의 신체적 형상은 내재된 본질, 즉 근원적인 잠재성을 형상적인 운동을

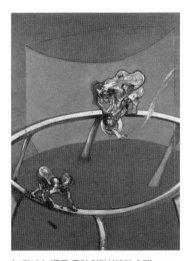

〈그림18〉〈운동 중인 인간신체의 습작〉(1965).

통해 표현한다. 따라서 그런 형상은 감각의 운동을 드러내는 윤곽이면서 전체 또는 회화적인 아플라의 한 부분으로서 존재한다. 즉 그것은 아플라와 상호작용을 하면서 그와의 형태와 색채에 대해 융합하는 동적인 양상을 띤다.

따라서 신체적 형상은 하나의 운동 이미지이면서 들뢰즈가 말하는 동

적인 단면(斷面)으로서의 플랑(plan)을 의미한다. 그래서 그는 이렇게 말한다. "플랑은 운동 이미지다. 그것은 운동을 하나의 변화하는 전체에 연결시키므로 지속의 동적인 단면이다."[124] 그가 말하는 플랑은 고착된 단면을 의미하는 것이 아니라 마치 지평적인 융합의 한 일부와 같이 다른 단면들과 연쇄적으로 이어져 있으면서 전체의 한 부분으로서 존재한다. 그래서 그림 속에 나타난 개개의 형상들은 원의 형태를 지닌 난간 또는 신체적인 윤곽을 통해 아플라와 맞닿아 있으면서 전체 또는 아플라의 한 일부로서 귀속된다.

형상은 전체의 한 부분으로서의 단면(斷面)과 같은 이미지이며, 이것은 상이한 층리들 사이에서 발생할 수밖에 없는 차이에서 비롯된다. 즉 형상은 역동적인 차이로부터 주어지는 현재다. 이런 현재는 과거와 미래의 차이이며, 그 자체 재단될 수 없는 생성의 한 위치이기도 하다. 따라서 들뢰즈에게 있어 존재는 바로 차이의 존재이며 현재이기 때문에 동적인 단면으로 그려질 수 있는 하나의 형상이다. 존재의 형상은 다차원적인 운동들로부터 자신을 구성한다. 그리고 그런 존재의 형상은 회화적인 이미지로, 즉 형태와 색채에 의해 표현될 수 있는 가능성을 지닌다. 들뢰즈가 베이컨의 회화예술에서 주목하고 있는 것은 바로 그런 형상의 표현에 관한 것이다. 그에게 있어 아플라는 존재의 형상을 만들어 가는 운동의 공간인 셈이다. 이 공간 속에는 다차원적인 층리들이 공존하며 서로를 잇대고 있다. 이런 공간은 물리적인 공간이 아니라 모든 사물의 형상들이 새롭게 만들어지는 생성의 공간으로서 시간의 관념마저 생성되는 공간이다.

들뢰즈에게 있어 존재는 동적인 단면으로서 정의되며 그 사유의 단서

---

124 《시네마1, 운동-이미지》, 47쪽.

는 베르그송의《물질과 기억》에서 비롯된다. "단면은 공간적 범주이기를 멈추고 시간적 생성이 되는 것이다. 그리고 단면은 부동의 것이 아닌 동적인 단면이 된다. (…) 그러나《물질과 기억》이 다룬 논제, 즉 동적인 단면, 시간적 단면들이 있다."[125] 존재는 하나의 이미지다. 즉 개체적인 존재는 그 자신이 실체가 아니며 운동과 작용에 의해 자신을 하나의 형상으로서 드러낸다. 그것은 지속의 한 단면이면서 마치 실타래의 한 가닥과 같이 자신의 형상을 주장할 수 있다. 그리고 그 단면은 마치 사과를 잘라냈을 때 드러난 양쪽 단면들과 다르지 않다.

존재는 지속의 잠재성에 의해 자신을 생기 있게 한다. 곧 들뢰즈가 말하는 플랑은 잠재성 또는 내재성을 가정한다. 그런데 그 플랑은 단일한 실체 또는 실재가 아니라 동적인 이음새로서 존재하며, 그에 따르면 이것은 기계적인 배치들로 구성된다. 그런데 왜 그는 동적인 단면을 기계로서 비유하는 것일까? 기계는 배치된 각 부속물에 동력과 힘이 연쇄적으로 작용할 수 있도록 하며, 그렇게 각각의 기계적인 부품들은 동적으로 연결되어 있다. 따라서 각 부속품들은 전체 속에 존재하면서 동적 단면들로서 이해될 수 있다.

"내재성의 평면(plan d'immanence)은 각 체계의 부분들 사이에서, 그리고 하나의 체계와 다른 체계 사이에서 성립되는 운동으로서 무한한 일련의 그러한 블록들, 또는 동적 단면들이 존재할 것이며, 그것은 우주의 운동들의 연속성에 상응하는, 그만큼의 수를 지닌 면의 제시가 될 것이다. 이것은 메커니즘이 아니라 기계주의(machinisme)이다. 물질적 우주, 내재성의 평면이

---

125 《시네마1, 운동-이미지》, 13~14쪽. 이미지로서의 신체에 대해 베르그송은 이렇게 말한다. "따라서 나의 신체는 물리적 세계의 전체 속에서 다른 이미지들처럼 운동을 받고 되돌려 보내면서 작용하는 이미지이며, (…)"《물질과 기억》, 41쪽)

란 운동-이미지들의 기계적(machinique) 배열인 것이다."[126]

들뢰즈는 내재성을 주장하는 철학자로 불린다. 플랑(단면)은 그것과 상반되는 개념인 것처럼 보인다. 그러나 내재성의 플랑들은 무한히 서로 잇대어져 있기 때문에 각각의 플랑은 기계적으로 이어진 동적인 속성을 지니고 있다. 즉 그들에 의해 무한히 확장된 우주 전체는 실제로 수없이 많은 그런 플랑들의 기계적인 또는 자동적인 배열들로 가득 차 있다. 마찬가지로 그에게 있어 동적인 단면으로서의 신체적 형상은 기계적 배열들로부터의 차이를 반영한다. 따라서 그것은 즉자적으로 실재하는 것 그 자체를 의미하는 것도 아니고, 이미지 그 자체의 허구성을 의미하는 것도 아니다. 그것은 존재의 현재적인 형상이며 동시적인 관계들로부터 차이를 구성한다. 들뢰즈는 상이한 단계들로부터 형태를 얻게 되는 존재의 형상들, 그리고 그런 단계들 사이의 가능적인 교차들로부터 발생하는 새로운 감각을 주장한다.[127] 이것은 초월에의 가능성을 의미한다.

(4) 감각의 분화와 무한성: 지속, 선형적 존재들의 동선들 사이에서

우리는 들뢰즈의 철학에 적지 않은 영향을 끼친 세 철학자에 주목할 필요가 있다. 스피노자의 실체와 속성, 니체의 힘에의 의지, 베르그송의 지

---

126 《시네마1, 운동-이미지》, 117~118쪽.

127 그에 따르면 예를 들어 베이컨의 그림들에 있어 여과 없이 폭로되고 있는 신체 이미지는 마치 고기의 형태와 같다. "전혀 다른 상황 속에서 베이컨은 머리를 아래로 숙인 뒤틀린 형상의 척추를 그렸다. 살과 뼈는 이런 정도의 긴장에 도달하여야 한다. 따라서 회화 속에서 이러한 긴장을 실현한 것은 바로 고기이다. 물론 색채의 화려함에 의한 긴장도 거기에 포함된다. 고기는 살과 뼈가 서로를 구조적으로 구성하는 대신에, 국부적으로 서로 맞부딪힐 때의 신체 상태이다." 《감각의 논리》, 33쪽)

속의 관념 등은 들뢰즈의 철학에서 살펴볼 수 있는 잠재성, 운동, 그리고 무한성의 관념들을 심화할 수 있었던 사유의 전형들이다. 만약 들뢰즈가 욕망의 철학자로 통속적으로 불릴 수 있다면, 바로 그런 철학적 사유들을 토대로 이해되어야 한다. 또한 그를 '변하지 않는 것은 존재하지 않는다', '만물은 유전(流轉)한다' 등의 주장으로 알려진 헤라클레이토스(Heracleitos, B.C.540?~B.C.480?)의 후예라고 부르는 데 주저할 필요가 없다. 그리고 우리는 니체에게 있어 힘의 관념이 만물의 생성과 운동을 가져오는 존재의 본질이라는 점에 주목해야 한다. 마찬가지로 들뢰즈도 존재의 생성과 변화에 사유의 중심을 두고 존재의 정체성을 발견하고자 했고, 특히 '실체란 무엇인가', '지속이란 무엇인가' 등의 철학적 문제의식은 그의 예술적 사유를 제고하는 데 중요한 단서를 제공한다. 먼저 우리는 베르그송의 지속에 관한 그의 비평을 참고할 필요가 있다. 여기서 들뢰즈의 철학적 문제의식이 드러난다.

"세 개의 근본적인 개념, 즉 '지속'과 '기억'과 '생명의 도약' 간의 관계는 무엇인가? 베르그송의 철학에서 그 개념들은 어떤 발전 과정을 표시해 주는가? 우리가 보기에 '지속'은 본질적으로 잠재적 다양성(본성상의 차이가 나는 것)을 정의한다. 그 다음에 '기억'은 이 다양성, 이 잠재성 안에서의 모든 **차이**의 정도들의 공존인 것처럼 보인다. 끝으로 '생명의 도약'은 그 정도들과 상응하는 분화(分化, différenciation)의 계열들에 따라서 (…) 이 잠재성의 현실화를 가리킨다."[128]

여기서 우리가 주목할 만한 들뢰즈의 관심은 영속적인 생명의 지속을

---

128 《베르그송주의》, 160쪽.

실현하기 위한 생명의 도약(élan vital)이다. 그에 따르면 이것은 곧 잠재성의 현실화이며 분화로부터 가능하다. 그가 말한 잠재성은 베르그송이 말한 기억(Mémoire)의 장(場) 속에 내재된 것이다. 그런데 들뢰즈에게 있어 잠재성은 분화된 모든 것들이 서로 섞이고 공존할 수 있는 가능성이며, 지속은 잠재성이 다양성으로서 존재할 수 있는 영속성의 현실화다. 말하자면 그는 베르그송의 기억과 지속의 관념으로부터 '잠재적 다양성'을 주장한다. 이것은 단순히 존재의 분화들을 일으키는 가능성을 지시하는 것이 아니라 하나의 지속이 아닌 여럿의 지속이 존재하되, 그런 여럿의 다양성은 차이를 갖고 있으면서 근본적으로 실체를 표현하며 상보적으로 존재하기 때문에 서로 교차하면서 잠재성의 현실적 실현을 가져온다는 것이다. 즉 그의 철학에 있어 차이의 관념은 본성상 융합될 수 없는 것이 아니라 존재의 운동을 일으키면서 지속을 실현하기 위한 존재론적 발생의 이유가 된다.[129] 들뢰즈는 베르그송으로부터 기억과 지속에 관한 문제의식을 가져오지만 여럿의 지속을 주장하는 바는 베르그송의 입장과는 다르다. 그러나 그들은 실체가 생성에 의해 존재한다는 지속에 대한 관점에 있어서는 서로 같은 입장을 취한다.

그렇다면 들뢰즈에게 있어 개체들은 어떻게 이해될 수 있는가? 그에게 있어 존재는 형상들이다. 이것은 본질 또는 실체 그 자체라는 의미가 결코 아니며, 실체에 대해서 일종의 이미지의 존재다. 그렇다면 그에게 있어 개체성을 부여하는 신체란 무엇이고, 왜 이것은 회화적인 재현에

---

129 들뢰즈는 베르그송의 지속과 물질의 관계에 대해 이렇게 비평한다. "지속, 기억 또는 정신은 즉자적으로 그리고 대자적으로 본성상의 차이이다. 그리고 공간 또는 물질은 그 자신 바깥에서 그리고 우리에 대해서 정도상의 차이이다. 따라서 그 둘 사이에는 모든 **차이**의 정도들이 또는, 사람들이 더 좋아하는 표현을 쓰면, 모든 **차이**의 본성이 존재한다. 지속은 단지 물질의 가장 수축된(contracté) 정도일 뿐이며, 물질은 지속의 가장 팽창된(détendu) 정도이다."(《베르그송주의》, 129쪽)

서 그 어떤 형상이라고 불릴 수 있는 것인가? 그는 이렇게 말한다. "형상은 윤곽의 중개를 통해 마지막 웃음과 함께 아플라와 결합하려 하고 구조 속에서 사라지려고 한다. 이때 윤곽은 더 이상 변형자로서 작용하는 것이 아니라 형상이 무한으로 사라지는 커튼으로 작용한다. 따라서 가장 밀폐된 이 세계는 동시에 가장 무제한적인 세계이다."[130] 여기서 중요한 것은 신체의 윤곽이다. 이것은 존

〈그림19〉〈인체 연구(Study from the human body)〉(1949). 베이컨이 그린 신체는 애매성 그 자체다.

재의 동선(動線), 곧 떨림, 울림, 파장 등과 같은 움직임을 나타내는 신체의 이미지로서 마치 바람의 실체가 커튼의 흔들림에 의해 드러나듯이 신체는, 물론 실체 그 자체는 아니지만, 실체로의 이행 또는 그 방향을 암시한다.[131] 그리고 그런 신체적 형상이 무한으로 사라져 가는 것은 회화적인 아플라로 불리는 근원적 세계 또는 물적 구조와의 교차를 의미한다. 사실 위의 그림은 인상파 화가 드가의 작품을 연상케 한다. 신체의 동적인 연속성과 떨림의 이미지는 잠재된 내면의 욕망을 드러낼 수 있는 표현이 된다.

---

130 《감각의 논리》, 44쪽.

131 우리가 감각의 잠재성, 차이 등으로부터 사유할 수 있는 역설의 논리란 무엇인가? 곧 무한성과 유한성 사이에 존재할 수 있는 이행은 여럿의 지속이 하나의 그것으로서 존재하는 것이며 하나의 지속이 여럿의 그것으로서 존재하는 것이다. "문제가 되는 것이 무한의 유한한 형식으로의 이행이라고 한다면, 중요한 것은 이행 그 자체이며, 이행하는 것(ce qui passe)과 그 형식적 표현 사이의 차이, 따라서 그 이행의 영원성이다." (박기순, 〈들뢰즈와 낭만주의의 문제〉, 《미학》제52집, 2007, 117쪽)

아래의 그림에서 볼 수 있듯이, 흐릿한 신체의 윤곽과 그 이미지는 검정색의 통로로 그려진 아플라로 향한다. 이 아플라의 상징은 형상에 대해서 미지의 낯선 세계이면서, 신체적 형상과 근본적으로 모순을 갖고 있지 않은 존재의 근거다. 그 아플라는 신체의 색채에 스며들면서 신체 안에 이미 내재해 왔던 것처럼 신체의 윤곽과 움직임을 마치 흡입하고 있는 듯이 보인다. 이 그림에서 형상은 아플라로 향한다. "혹은 형상이 거울이나 벽 속으로 통과할 때 형상이 취한 상태에서 보았다. 하지만 아직 형상은 물질적 구조에서 해체되지 않았다. 형상은 아직 아플라 속에서 정말로 해체될 정도로, 밀폐된 우주의 벽 위에서 지워질 정도로, 분자적 직물과 혼합될 정도로 아플라에 합쳐지지 않았다."[132]

그림에서와 같이 신체의 유동적 이미지는 하나의 형상이다. 각각의 신체 부위들은 자신들의 형태를 구분 짓는 것 없이 일정한 움직임을 향해 나아가는 유기적인 형상을 보여준다. 검정 색채의 통로와 붉은 단색은 아플라를 의미한다. 화살표의 방향 표시는 운동의 연속성을 신체적 형상에 부여한다. 검정 색채로 물들여진 신체는 검정 색채의 통로로 향하면서 이것과 일체가 되어 가는데, 이것은 중심을 향해 가는 신체 자신의 본래적인 운동 또는 지향성을 나타낸다. 그리고 두 다리 사이의 색채의 연결 부분은 신체 자신의 그림자로서 신체로부터 떼어질 수 없는 운명적인 현실, 곧 죽음의 잠재성을 나타

〈그림20〉 〈인간 신체의 습작〉 (1987).

---

132 《감각의 논리》, 39쪽.

낸다. 그리고 그 이음새의 색채는 베이컨에게 있어 검정색에서 살색으로 차츰 변화하는데, 죽음에 대한 실존적 운명이 체화(體化)되는 것을 의미한다. 인간의 실존적 운명을 단적으로 보여주고 있는 비구상 작품이다.

형상의 움직임은 물적 구조인 아플라를 향해 간다. 형상 안에 내재된 잠재성으로 인해 신체 자신이 밖으로 나가고자 한다. 그런데 이렇듯 무엇인가를 향해 빠져나가려는 신체적인 유동성은 무한성을 향해 나아가는 운동 그 자체라고 볼 수 있다. 데카르트가 사유의 행위를 통해 이성의 근거인 무한성을 파악하려고 했듯이, 들뢰즈는 신체의 운동·감각을 통해 존재의 근거인 무한성을 이해하려고 한 것이 아닐까?

무엇보다 중요한 사실은 그 그림에서도 볼 수 있듯이 형상과 아플라 사이에는 교차와 방향이 존재한다는 것이다. 들뢰즈는 개별자와 전체 사이의 존재론적 관계를 설명하려는 듯 이렇게 말한다.

> "문제를 제기하게 하는 것은 차라리 윤곽의 색이다. 윤곽의 색은 이중적인 역동적 관계 속에서 포착되기 때문이다. 사실 윤곽은 장소로서 물질적 구조에서 형상으로, 형상에서 아플라로라는 두 방향으로의 교환 장소이다. 윤곽은 일종의 이중적 교환이 일어나는 동식물의 막과 같은 것이다. 이 방향에서 저 방향으로 무언가가 통과한다."[133]

그에 따르면 회화적인 형상들을 가로지르는 타원형은 아플라와 신체적 형상의 경계다. 이것은 아플라와 형상이 합쳐진다는 것을 나타내며, 이중적 교환이 발생하는 차이의 교차 지대를 의미한다. 그에게 있어 바로 이런 교차 지대는, 존재가 발생하고 사라지는 잠재적인 현실을 의미

---

133 《감각의 논리》, 23쪽.

한다. 다만 교차적인 공간 속에는 신체가 앞으로 나아가는 움직임이 존재하듯이 근본적인 방향이 '있음'을 결정한다. 즉 지속으로부터 '있음'이 존재한다. 말하자면 그에게 있어 지속은 곧 형상이 윤곽을 갖고 움직이는 동선(動線)에 의해 그려질 수 있으며, 아플라로 향하는 방향을 갖고 있다. 지속은 동선들 사이에서, 운동의 방향을 설정한다. 이런 점에서 베르그송에게 있어 지속이 시간의 영속성으로서 주장될 수 있다면, 들뢰즈에게 있어서는 일정한 방향을 갖는 운동으로서 간주될 수 있다.

이제 우리는 잠재적인 다양성에 존재하는 '여럿의 지속'을 이해하기 위해 신체적 형상과 리좀의 관계에 대해 더 설명할 수 있어야 한다. 신체는 리좀의 외형적인 윤곽이다. 그렇다고 이 윤곽이 신체적인 외형으로 그려진다고 말하기보다는 일정한 방향을 갖고 힘을 표현하는 것이라고 보는 것이 정확할 수 있다. 그런 존재의 방향은 단지 윤곽으로서 한정되는 것이 아니라 트랙을 갖고 존재한다. 아플라와 형상 사이에는 차이가 존재하며, 차이는 곧 형상에 이동의 공간을 부여하는 셈이다. 즉 형상은 물적 토대인 아플라에 귀속될 수 있는 다른 요소들과의 차이 또는 아플라 자체와의 차이로 인해 방향성을 갖고 운동을 한다.

물론 형상과 리좀은 다르다. 리좀은 방향으로 구성되어 있으며, 이 점은 리좀이 차이로부터의 운동들 속에 존재한다는 것을 의미한다. 그렇다면 들뢰즈에게 있어 신체적 형상이란 방향성을 지닌 선형적(線形的) 형상 또는 리좀의 외형적인 윤곽으로 볼 수 있는 것은 아닌가? 하나의 선, 아니 무한의 선들이 다양한 형체들의 생김새와 꼴들을 만들고 또 다른 형태들을 만들어 갈 수 있듯이 그 생김새들은 형상들을 늘 변조해 나간다. 들뢰즈가 사유한 공간 속에는 무한한 수의 형체들이 서로 얽혀 존재한다.[134] 그런데 이것들은 서로 간의 이동을 통해 연결 접속하며 자신들을 변조해 나가거나 그 자체 즉자적인 것을 부정해 나가면서 새로운 차원의 존재들을 생성해 나가는 실재다.[135]

살펴본 바와 같이 들뢰즈에게 있어 신체 이미지는 움직이는 형상이다. 《감각의 논리》에서 회화적 이미지의 형태로 그려진 신체적인 출현과 그 윤곽은 형상을 구성하며 이것은 아플라, 즉 회화적 배경에 귀속되어 있으면서 이것으로부터 다시 낯선 형태로 자신을 만들어 낸다. 존재하는 모든 것들은 동선을 갖고 있다. 형상들로 그려진 존재들 사이에 내재된 감각의 가능성은 이웃한 층리들 사이의 수축과 팽창에 의해 다른 차이의 존재들과 내적인 유대를 갖는다. 그에게 있어 형상과 아플라는 곧 인간과 우주 전체의 관계일 수 있으며, 다만 우리는 이런 관계에서 존재의 전체성을 사유할 수 있다. 감각의 층리들 사이에서 발생하는 운동은 감각을 통해 드러난다. 감각은 운동의 파장이다.

그리고 회화적 감각은 예술가로 하여금 창조적 행위를 가져올 수 있는 회화적 테크닉의 원천이다. 그에게 있어 회화적인 색채들은 감각의 색채

---

134 들뢰즈에게 있어 공간은 무한 수가 존재하는 n차원으로 불리며, 이것은 물리적 공간을 의미하지 않는다, "이념은 n차원을 띤, 정의되어 있고 연속적인 다양체이다. 색 또는 차라리 색의 이념은 삼차원의 다양체이다. 여기서 먼저 차원은 하나의 현상이 의존하고 있는 변항이나 좌표들을 의미한다. 다른 한편 연속성은 이 변항들의 변화들 사이에서 성립하고, 더 정확히 이 변화들 간의 비율적 관계들의 총체를 뜻한다." 《차이와 반복》, 399쪽)

135 들뢰즈에게 있어 존재는 곧 운동이다. 예를 들어, 존재하는 모든 것들은 자신들의 형태들을 일종의 변용들로서 나타낸다는 것, 그런 형태적인 것들은 일종의 작용들에서 비롯되며 '무엇으로' 귀속되는 힘의 현시들이라는 것, 그리고 존재들 사이의 운동은 수축과 팽창의 관계들로 표현된다는 것이다. "모든 것은 각각의 층리에서 반복되어 나타나는 심장의 수축과 팽창으로 나뉠 수 있다. 신체를 쥐어짜는 수축은 구조로부터 형상으로 향하고, 신체를 펼치고 흩뜨리는 팽창 운동은 형상으로부터 구조로 향한다." 《감각의 논리》, 45쪽) 그에게 있어 존재의 수축과 팽창의 운동은 물질의 운동과 에너지의 발생, 순환 등을 연상시킨다. 존재의 형상은 구조로부터 생산되고 또 그것에 회귀하는 운동을 통해 드러난다. 그리고 그런 관계가 신체의 회화적 이미지로서의 형상과 구조로서의 아플라에 의해 표현된다.

이며 감각이 신체에 근거를 둔 것이라면, 결국 모든 색채들은 신체로부터 발생하며 신체적인 특질과 움직임을 표현한다. 그는 이렇게 말한다. "긍정적으로는, 베이컨은 감각은 하나의 '범주'에서 다른 범주로, 하나의 '층'에서 다른 층으로, 하나의 '영역'에서 다른 영역으로 이동하는 것이라고 항상 말한다. 그 때문에 감각은 변형의 주역이고 신체를 변형시키는 행위자이다."[136]

들뢰즈에 따르면 스피노자의 철학에도 지속이 존재한다. "본질의 영원성은 지속 속에서의 존재 이후에 오는 어떤 것이 아니라 그것과 정확하게 동시적인 것이며 공존하는 것이다. 영원하고 단일한 본질은 영원한 진리인 어떤 관계 속에서 표현되는 우리 자신의 내포적 부분이다. 그리고 존재는 지속 속에 있는 이 관계 아래서 우리에게 귀속되어 있는 외연적 부분들의 전체이다."[137] 그리고 베르그송에게 있어 지속은 실체 그 자체로서의 변화로서 생성을 위한 내적인 시간의 영속성이다. 마치 스피노자에게 있어서의 능산적 자연이 베르그송에게 있어서는 지속, 그리고 소산적 자연은 물질이 될 수 있는 것과 같다. 그런데 들뢰즈에게 있어 지속은 잠재성의 실현이지만, 이것은 앞서 말한 기억으로부터 비롯되는 것은 아니다. 그에게 있어 지속은 생성적인 분화를 목적으로 하고 있듯이, 다양성 그 자체를 실현해 나가는 것이 궁극적으로 전체의 생성을 가져올 수 있는 구체적인 원동력이다. 그는 베르그송의 지속의 개념을 분화의 관계를 통해 창의적으로 이해한다.

---

136 《감각의 논리》, 49쪽. 더 자세한 언급을 살펴보자. "그의 대담 도처에서 베이컨이 항상 '감각의 범주들(ordres de sensation)', '감각의 층들(niveaux sensitifs)', '감각의 영역들(domaines sensibles)' 또는 '움직이는 일련의 것들(sequences mouvants)'에 대해 말할 때, 그는 과연 무엇을 의미할까? 우리는 우선 각각의 범주와 층리 혹은 영역에 하나의 특화한 감각이 상응한다고 믿을 수 있을 것이다." (《감각의 논리》, 49~50쪽)

137 《스피노자의 철학》, 64쪽.

"지속이 분화되는 것은 그 자체 안에서, 내적인 폭발력에 의해서이다. 지속은 가지를 뻗거나 여러 갈래로 갈라진 시리즈들 안에서만 긍정되고, 연장되고, 진전할 뿐이다. 정확히 말해, '지속'은 이 운동 속에서 나타날 때 생명이라고 불린다. 분화가 왜 '현실화'인가? 그것은 분화가 잠재적·원생적인 단일성(통일성) 및 총체성을 상정하고 있기 때문인데, (…) 본능 안에는 지성의 성운이 있다. 식물 안에는 일말의 동물적인 것이, 동물에게는 일말의 식물적인 것이 있다. 분화는, 현실적으로 갈라지는 그것의 계열들을 가로질러 존속하는 잠재성의 현실화이다."[138]

그렇다면 들뢰즈에게 시간은 어떻게 존재하는 것인가? 이것은 그의 지속의 관념을 이해할 수 있는 방법을 제시한다. 베르그송에게 공간은 물리학적 공간이며, 균일한 것들로 구성되어 있으며, 분할 가능한 것이기 때문에 그것은 부동적인 단면들의 전체다.[139] 그런데 들뢰즈에게 있어 공간은 생성의 공간이며 분화된 현실이다. 그 공간은 시간적 관념마저 생산해 낼 수 있는 다층적인 공간이며, 이런 공간은 나누어질 수 있는 것이 아니기 때문에 동적인 단면들의 전체다. 더 나아가 베르그송에게 공간을 지배하고 있는 것이 물질이고 이것에 저항하고 지속의 삶을 실현해 나가는 것이 생명의 약동이라면, 들뢰즈에게 있어 공간을 지배하고 있는 것은 공간의 층리들 사이를 오고가는 운동이다. 이런 운동은 정신과 물질

---

138 《베르그송주의》, 132~133쪽.

139 들뢰즈는 베르그송의 지속을 운동 그 자체로 해석한다. "(베르그송에게 있어 운동의) 첫 번째 논제에 의하면 운동은 그것이 가로지를 공간과는 분명히 다르다. 가로질러진 공간은 과거이고 운동은 현재이면서 가로지름의 행위인 것이다. (…) 운동이 가로지른 공간들은 모두 하나의 균질적인 공간에 속하지만 운동들은 이질적이고 서로 환원될 수 없다. 운동은 항상 구체적인 지속 속에서 이루어지며 개개의 운동은 자신의 고유한 질적 지속을 갖게 될 것이다."(《시네마1, 운동-이미지》, 10쪽)

이라고 부르는 것들 사이에서도 이들 사이를 와해하면서 새로운 공간을 또한 발생시킨다.

들뢰즈에게 있어 공간은 단순히 연장성(延長性)의 특징을 갖고 있는 것이 아니라 다양한 층리들로 구성되어 있으며, 이것들은 존재하는 모든 것들의 상호적인 이행(移行)을 가져오는 존재론적 공간이다. 그에게 있어 공간 속에서의 이행은 곧 운동의 지속이며, 여기서 시간의 관념이 발생한다. 즉 공간은 생성의 지류들이 합쳐지고 갈라지며 분화를 일으키면서 진화하는 창조적인 공간이며 물리학적 공간과는 엄연히 구분된다.

그에게 있어 지속은 존재의 운동이며 이 운동은 서로 다른 존재들의 끊임없는 분리와 결합에 의해 우주적인 변화를 구성하는 원동력이다. 지속은 그 자체로 동적인 실체로서 하나가 아니라 다수의 지속에 의해 전체를 구성한다. 여럿의 지속은 무수히 많은 동적인 단면, 즉 플랑으로 설명될 수 있다. "플랑은 끊임없이 지속을 서로 이질적인 하위의 지속들로 나누며 이것들을 우주라는 전체에 내재하는 지속에로 결합시킨다. 그러므로 이런 분리와 결합들을 구사하는 것이 의식이라고 한다면, 우리는 플랑이야말로 흡사 의식처럼 작용한다고 말할 수 있다."[140] 그에게 있어 동적인 플랑들은 시간의 최소 단위이기도 하며, 이런 단위는 회화적인 형상들로 존재하는 움직임들 속에서 생산된다. 그리고 동적인 단면들이 서로 결합하고 잇대어지며, 즉 이질적인 것들의 차이 또는 교차에 의해 운동이 주어지면서, 여기서 시간의 관념이 발생한다. 따라서 시간은 균일한 것들의 연속성이 아니라 원래는 차이들 사이에서 발생하는 '되어가기', 즉 생성으로부터 주어지는 관념이다. 그에게 있어 회화적인 형상들은 분화의 이미지, 즉 여럿의 지속들이 서로 교차하면서 만들어 내는 낯

---

140 《시네마1, 운동-이미지》, 43쪽.

선 이미지들이며, 여기서 유동적인 윤곽들은 분화를 지속시키는 근본적인 '있음'의 이미지를 나타낸다.

(5) 회화적 형상이 갖는 의미란?

뒤샹의 예술 파괴 이후 주목할 수 있는 현상은 인간 자신의 해체다. 베이컨의 작품들이 그 대표적인 예다. 야수적인 본성을 몸 안에 그대로 갖고 있는 인간은 그 원초적인 면을 숨기고 권위로 자신을 위장한다. 이것은 위선이다. 인간의 위대성이 정신에 있다고 해도 사실 본능으로부터 자유로운 것은 아니다. 탈권위적 사회와 가치의 실현이 인간의 불평등을 해결할 수 있는 중요한 고민이 될 수 있다면, 그런 예술적 고발과 실험은 계속될 것이다. 이런 점에서 베이컨의 새로운 인간 형상은 인간의 지성과 권위를 비판하고 동물적인 형상의 표현을 통해 억압된 내면적 감정의 표출을 시도하며 가장 인간적인 카타르시스를 재현하고자 한다. 그의 작품들은 인간의 지위를 격하하고 있는 것이 아니라 전통적으로 인정되어 왔던 존엄의 가치가 오히려 위선이며 불평등한 사회적 가치를 만들어 왔다고 주장하고 있는 것이다. 그에게 있어 신체적 본능과 지위는 정신보다 존재론적으로 우위에 있다. 그리고 신체는 가장 실존적인 방식으로 자신을 표현하는, 원초적이고 자연적인 존재인 셈이며 자신 속에 인간의 잠재성을 간직하고 있다.

신체의 야수성을 표현하고 있는 예로 448쪽의 작품을 보자. 작가는 인간의 정체성을 드로잉 작품으로 말하고 있다. 투견의 몸을 지닌 인간의 동물성을 폭로하고 그런 존재의 위협적인 감정들을 손동작으로 표현하고 있다. 특히 인간의 몸과 감정들이 여과 없이 드러난 채 숨겨진 야수적 본능을 보여준다. 작가의 의도는 인간의 폭력성을 경계하는 것일 수도 있다. 그럼에도 불구하고 신체성 자체는 예술가들에게 신비의 대상이기

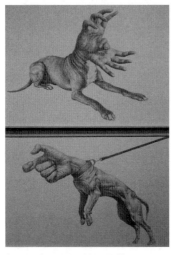

<그림21> '내가 사는 피부'(소마미술관.
2017.3.17~4.30)에 전시된 박승예 작가의 드
로잉 작품 〈개가 짖는다〉 시리즈.

도 하고 인간의 정신적 위선을 고발하는 중요한 모티프가 되기도 한다. 이와 같이 존재의 파격적인 형상을 추상적으로 표현하는 것이 가장 극단적인 예술 전시회가 될 수 있는 것처럼, 최근의 전시회는 점차 해석이 난해해져 가고 있다. 그러나 여기에 작가의 실험적인 가치가 표현되며 첨예한 문제의식이 드러나곤 한다. 그래서 병들어 가는 주체를 극단적인 형태들로 표현하거나 인간의 숨겨진 본성을 단적으로 드러내서 인간의 위기를 경고하기도 한다. 특히 추상적인 예술 기법은 '관점'에 바탕을 두고 작가의 문제의식을 드러내는 경우가 많으며, 전통적인 회화에서 발견할 수 없었던 인간과 사물세계에 대한 '여과 없는' 새로운 인식의 확장을 가져다준다. 그만큼 신체는 거울을 통해 나를 들여다볼 수 있는 자화상이며, 여과되지 않은 인간의 형상을 있는 그대로 표현하기 때문에 때로는 현대적인 인간의 문제를 폭로하고 있다. 그리고 그 형상에는 철학이 있다. 이것은 필자가 들뢰즈와 베이컨의 신체의 존재 이유를 살펴보고자 하는 동기를 제공하고 있다. 이와 함께 타자로서의 인간 존재에 대한 형이상학을 이해하고자 한다.

베이컨의 회화 세계를 비평하고 있는《감각의 논리》는 존재의 형상과 감각에 관한 들뢰즈의 미적 사유를 서술한 것이다. 그는 그런 비평을 통해 존재의 본질과 운동이 회화적으로 재현될 수 있는 가능성을 주장한다. 그리고 그 테마는 회화적 형상과 아플라의 관계로부터 비롯된다. 한

마디로 인간의 존재 이유를 외재성에서 찾고자 하는 것이다. 탯줄을 잇고 태어나는 생명체처럼 누구든 근원적 존재와 연결되어 있다. 들뢰즈는 바로 이것을 철학적으로 밝히고자 한다. 그에 따르면 작품에서의 형상 이미지는 곧 근본적인 '있음'으로서의 존재의 재현이다. 즉 카메라의 렌즈에 의해 모사된 형상이 아니라, 회화 작가에 의해 사유되고 감각적인 손끝의 터치로부터 직관적으로 그려진 형상의 재현이다. 그렇다면 우리는 그렇게 그려진 형상의 이미지로부터 무엇을 배울 수 있는가?

이 글은 근본적인 '있음'에 관한 들뢰즈의 존재론을 구성할 수 있는 세 가지 측면의 관점들, 즉 잠재성·차이·지속을 제시하면서 이런 세 가지 사유의 관점들이《감각의 논리》에서 어떻게 회화적으로 그려질 수 있는지를 검토하고 있다. 그에게 있어 실제로 감각은 존재의 운동을 표현하는 것이며, 리좀(rhizome)의 선형적인 파장, 움직임 등에서 나타난다. 그리고 이런 것들은 회화 이미지에서 신체적 형상의 윤곽, 방향 등을 결정할 수 있는 중요한 요소를 차지하고 있다. 그에게 있어 감각은 신체 속에 내재되어 있으면서 또한 신체 자신을 빠져나오면서 신체 자체를 생기 있게 하는 범(凡)개체적인 기운이라고 할 수 있다. 그리고 생명체는 이것을 갖고 태어난다. 그 기운은 마치 전통적인 철학에서 볼 때 플로티노스의 영혼의 운동에 비유될 수 있는데, 영혼의 본질이 무한성을 지향하고 있듯이 들뢰즈에게 있어 감각의 차원도 그런 운동을 반영한다. 그에게 있어 감각은 에너지처럼 발생하기도 하며 소멸하기도 한다. 즉 감각은 생명체의 분화적인 생성을 지속적으로 실현할 수 있는 잠재성으로부터 특화될 수 있을 것이다.

들뢰즈에게 그런 존재의 운동에 관한 사유는 베이컨의 작품 이미지들 속에서 회화적으로 재현될 수 있는 것임은 분명하다. 왜냐하면 들뢰즈의 비평에 따르면, 베이컨의 회화적인 색채들은 신체 속에 내재된 감각을 표현하며 신체적 형상의 윤곽은 존재의 잠재성을 드러내기 때문이다. 즉 회화 작품에서 신체적 형상과 아플라의 두 요소는 곧 근본적인 '있음'을 표현하고 있는 셈이다. 우선 베이컨에게 있어서도 인간의 원초적인 감정은 점재성에 근거하는 것이며, 이것은 인간과 동물, 심지어 유기체와 무기체 사이의 경계를 와해할 수 있는 잠재성이다. 실제로 그의 작품들을 보더라도 유기체의 한 부분으로서의 신체 이미지, 삶과 죽음 사이에 형성되고 있는 인간의 잠재적 의식에 대한 회화적 반성 등이 추상적으로 표현되고 있음을 알 수 있다.

무엇보다 《감각의 논리》는 베이컨의 회화 작품들이 들뢰즈의 사유의 세계를 통해 여과되고 이해된 것이다. 그래서 들뢰즈의 비평과 베이컨의 작품 세계가 궁극적으로 일치할 수는 없다. 예를 들어 들뢰즈에게 있어 존재의 형상이 물적 구조를 끝없이 형성해 나가는 동적인 평면들로 구성되어 있고 그런 구조로부터의 이미지를 반영하고 있다면, 베이컨에게 있어 회화적 형상은 그런 근본적 '있음'을 그려 나가기보다는 사실 실존적 '있음'에 대한 즉흥적인 표현을 중시한다. 그래서 베이컨의 신체 이미지는 고립되어 있는 실존의 고독, 그리고 여기서 빠져나갈 수 있는 밖으로의 통로를 늘 무의식적으로 의식하는 존재다. 들뢰즈의 비평에 따르면 회화적 형상들이 지향하는 목적은 물적 구조인 아플라 또는 근원적인 '있음'의 세계다. 이에 반해 베이컨의 그것들은 거울에 비친 자신의 형상들 이외의 다른 어떤 실체에도 의지할 수 없는 고독을 표현하거나 무(無), 죽음 등과 같은 회의적인 관념들을 가져다주는 세계에로의 해체 또는 소멸을 보여주고 있다.

들뢰즈의 철학적 사유는 존재의 힘과 운동을 우주적인 차원에서 설명하려고 한다. 그리고 그런 사유의 회화적 표현을 위해 베이컨의 작품 이미지들로부터 회화적 형상이 갖는 의미를 찾고자 한다. 베이컨에게 있어서도 회화적 형상은 경계를 갖지 않는 유기체의 한 일부로서 신체를 그려 나가고 있으며, 부르짖는 외침의 이미지는 자연성 또는 유기체로의 회귀(回歸)를 보여준다. 이것은 바로 그의 신체 형상이 그 자체에 있어 전적으로 타자성으로 구성되어 있다는 것을 의미한다.

베이컨은 원초적인 인간의 형상과 내적인 감정을 강렬하게 표현하고 있는 화가이며, 무엇보다 들뢰즈는 그런 이미지들로부터 분화에 의해 진화하는 존재의 창조적인 형상을 비평하고자 했다. 그런 사유들을 중심으로 해서 우리가 탐구하고자 했던, '들뢰즈에게 있어 신체의 형이상학이란 무엇인가?'라는 물음은 존재 너머에서 그 정체성을 이해하려는 그의 철학적 문제의식을 가정하고 있으며, 따라서 그에게 있어 예술적 미의 관념은 재현의 미를 넘어서서 창조의 미라는 것에 주목해야 한다.

찾아보기

지은이 윤대선

서울에서 출생하여 고려대학교의 학부와 대학원에서 철학을 전공했다. 1995년 프랑스 파리1대학 철학과 기술인류학 분과에서 DEA과정을 마쳤으며 2001년 파리10대학 철학과에서 윤리학, 형이상학 등을 전공하고 레비나스의 제자 F. Laruelle 교수의 지도로 논문 〈Identité et Alterité chez E. Lévinas et dans la non-philosophie〉로 철학박사 학위를 받았다. 이후 파리 EHESS(사회과학 고등연구원)의 CEIFR(종교학 비교 연구소)에서 유다이즘에 관한 연구로 박사후 연수과정을 마치고 귀국하여 고려대, 연세대, 중앙대, 경희대 등에서 철학 강의를 맡았으며 강원대 학술연구교수를 지낸 바 있다. 현재 경기대학교 교양학부 교수로 재직하고 있다.

저서로는 《레비나스의 타자철학》(문예출판사, 문광부 선정 2010년 우수 학술도서)가 있으며 주요 논문으로는 캐나다 학술지에 실렸던 첫 논문 〈La communication lévinassienne de l'un-pour-l'autre dans la non-indifférence〉(《Science et Esprit》, 2002) 이후 〈베르그송 이후 애매성의 존재물음과 형이상학〉(《철학논총》, 2013), 〈레비나스의 타자로서의 주체물음과 정신분석학〉(《동서철학연구》, 2016), 〈상상과 치유, 행복의 가치로서 현대미학 이해하기〉(《철학논집》, 2018) 등이 있다.

레비나스의 타자물음과 현대철학

1판 1쇄 발행   2018년 8월 20일

지은이 윤대선
펴낸곳 (주)문예출판사 | **펴낸이** 전준배
출판등록 1966. 12. 2. 제 1-134호
주소 03992 서울시 마포구 월드컵북로 6길 30
전화 393-5681 | **팩스** 393-5685
홈페이지 www.moonye.com | **블로그** blog.naver.com/imoonye
페이스북 www.facebook.com/moonyepublishing | **이메일** info@moonye.com

ISBN 978-89-310-1106-7 93160

이 도서의 국립중앙도서관 출판예정도서목록(CIP)은 서지정보유통지원시스템 홈페이지(http://seoji.nl.go.kr)와 국가자료공동목록시스템(http://www.nl.go.kr/kolisnet)에서 이용하실 수 있습니다.(CIP제어번호: CIP2018022312)